Sittenwidrige Rechtsgeschäfte
in der höchstrichterlichen Rechtsprechung
aus den Jahren 1948-1965

Rechtshistorische Reihe

Band 239

Peter Lang
Frankfurt am Main · Berlin · Bern · Bruxelles · New York · Oxford · Wien

Alexander Herzog

Sittenwidrige Rechtsgeschäfte in der höchstrichterlichen Rechtsprechung aus den Jahren 1948-1965

Peter Lang
Europäischer Verlag der Wissenschaften

Die Deutsche Bibliothek - CIP-Einheitsaufnahme

Herzog, Alexander:

Sittenwidrige Rechtsgeschäfte in der höchstrichterlichen Rechtsprechung aus den Jahren 1948-1965 / Alexander Herzog. - Frankfurt am Main ; Berlin ; Bern ; Bruxelles ; New York ; Oxford ; Wien : Lang, 2001
(Rechtshistorische Reihe ; Bd. 239)
Zugl.: Kiel, Univ., Diss., 2000
ISBN 3-631-37693-6

Die vorliegende Arbeit wurde von
Prof. Dr. Werner Schubert
zur Aufnahme in die Reihe empfohlen.

Gedruckt auf alterungsbeständigem,
säurefreiem Papier.

D 8
ISSN 0344-290X
ISBN 3-631-37693-6

Printed in Germany 1 2 3 4 6 7

www.peterlang.de

Vorwort

Die vorliegende Arbeit wurde im Wintersemester 2000/ 2001 von der Christian-Albrechts-Universität in Kiel als Dissertation angenommen.

Danken möchte ich zunächst besonders herzlich meinem Doktorvater Prof. Dr. Werner Schubert, der die Anregung zu diesem Thema gegeben hat und der das Entstehen der Arbeit stets in vorbildlicher Weise betreut hat. Auch habe ich ihm für die rasche Erstellung des Erstgutachtens zu danken. Prof. Dr. Jörn Eckert gilt mein Dank für die zügige Erstellung des Zweitgutachtens.

Mein Dank geht an Herrn Pannier, der mir am BGH die Einsichtnahme in die vollständige Sammlung der OGH- und BGH-Urteile ermöglichte. Auch möchte ich mich herzlich bei den Mitarbeitern des BGH bedanken, durch deren tatkräftige Unterstützung es mir möglich war, trotz eines defekten Kopiergerätes und hochsommerlicher Temperaturen alle erforderlichen Urteile abzulichten.

Besonders bedanken möchte ich mich für die aufopferungsvolle Hilfe meines Bruders Benjamin, der mir sowohl bei der Reise zum BGH als auch in allen anderen Phasen der Arbeit stets eine große Hilfe war.

Für Korrekturarbeiten möchte ich mich bei Maike Morawietz, Christoph von Burgsdorff, Gerd Kasten und Lars Koltermann bedanken.

Ich widme diese Arbeit meinen Eltern, denen mein größter Dank gilt. Ohne ihre ständige Unterstützung und Zuwendung wäre es mir kaum möglich gewesen, dieses Werk zu vollenden.

Oelixdorf, im November 2000

Inhaltsverzeichnis

1. Teil: Einleitung

Zur Rechtsprechung der frühen Bundesrepublik Deutschland existieren bisher nur wenige rechtshistorische Arbeiten, die der Frage nachgehen, wieweit die Judikatur des Reichsgerichtes (RG) fortgesetzt wurde[1]. Für eine solche Untersuchung bietet sich die Rechtsprechung des Obersten Gerichtshofes der Britischen Zone (OGH) und des Bundesgerichtshofes (BGH) zu den sittenwidrigen Rechtsgeschäften gemäß § 138 BGB an, und zwar bis etwa 1965, als die Judikatur des BGH in ihrer ersten Phase einen gewissen Abschluß gefunden hatte. Als Generalklausel ließ § 138 BGB sehr viel Raum für eine Auslegung, so daß stets die höchstrichterliche Rechtsprechung zu dieser Norm von großer Bedeutung war und die Grundsätze vorgab, nach denen im Einzelfall entschieden werden mußte.

Der Gesetzgeber veränderte die seit Inkrafttreten des BGB geltende Fassung des § 138 BGB dagegen bis 1976[2] nicht, so daß die Rechtsprechung stets auf der gleichen Rechtsgrundlage beruhte. § 138 BGB lautete:

"Ein Rechtsgeschäft, das gegen die guten Sitten verstößt, ist nichtig.

Nichtig ist insbesondere ein Rechtsgeschäft, durch das jemand unter Ausbeutung der Notlage, des Leichtsinns oder der Unerfahrenheit eines anderen sich oder einem Dritten für eine Leistung Vermögensvorteile versprechen oder gewähren läßt, welche den Wert der Leistung dergestalt übersteigen, daß den Umständen nach die Vermögensvorteile in auffälligem Mißverhältnisse zu der Leistung stehen."

Da bei der Nichtigkeit des Rechtsgeschäfts allgemein auf die guten Sitten abgestellt wurde, unterlag die Rechtsprechung zu § 138 BGB noch stärker den zeitlichen und gesellschaftlichen Besonderheiten, als dies bei anderen Generalklauseln der Fall gewesen sein mag. Die vorliegenden Urteile zeigen daher auch, wie die Rechtsprechung auf wirtschaftliche und gesellschaftliche Besonderheiten der Zeit zwischen 1948 und 1965 reagierte, um zu gerechten Ergebnissen zu kommen.

---

1 Vgl. z.B. folgende Arbeiten: Zimmermann, Reinhard "Der oberste Gerichtshof für die Britische Zone (1948-1950) und die Fortbildung des Bürgerlichen Rechts" (in: ZNR 1981,158); Hetzke, Meike "Die höchstrichterliche Rechtsprechung von 1948-1961 zum Scheidungsgrund des § 48 EheG 1946 wegen unheilbarer Zerrüttung", 2000.

2 1. Gesetz zur Bekämpfung der Wirtschaftskriminalität vom 29.7.1976, BGBl. 1976, I S.2034.

Besonderes Augenmerk wird in dieser Arbeit der Frage gewidmet, wieweit der BGH der RG-Judikatur aus der NS-Zeit folgte. Die Judikatur war, wie *Wanner* nachgewiesen hat[3], teilweise stark durch die nationalsozialistische Weltanschauung geprägt worden. Der nach dem Krieg als Revisionsinstanz tätige OGH und danach der BGH, der im Oktober 1950 eröffnet wurde, mußten nun festlegen, ob dieser Rechtsprechung auch nach Bereinigung der Gesetze von nationalsozialistischem Gedankengut gefolgt werden sollte oder ob eine andere Lösung gewählt werden mußte. Dabei bot sich zum einen ein Anknüpfen an alte, bereits vor Machtergreifung der Nationalsozialisten herrschende Grundsätze an. Zum anderen konnten auch völlig neue oder bisher nur in der Literatur vertretene Ansichten entwickelt oder aufgegriffen werden. Es wurde daher in der Zeit von 1948-1965 die Grundlage für die heute herrschende Rechtsprechung geschaffen.

In einem einführenden Abschnitt werden zunächst die Grundprobleme des § 138 BGB aufgezeigt, die sich bei der Anwendung dieser Norm stellten. Hierbei war auf die Entwicklung der Rechtsprechung des RG seit dem Inkrafttreten des BGB in aller Kürze und auf die wichtigsten Literaturmeinungen in der Zeit zwischen 1946 und 1965 einzugehen.

Im Hauptteil der Arbeit wird die Entwicklung der Rechtsprechung des OGH und des BGH zur Sittenwidrigkeit von Rechtsgeschäften dargestellt. Als zweckmäßig erwies sich eine Einteilung der Thematik in drei große Bereiche, die wieder danach unterteilt wurden, aus welchen Gründen den rechtsgeschäftlich Handelnden ein Sittenwidrigkeitsvorwurf gemacht werden konnte. Bei der ausführlichen Darstellung von Urteilen wurden im Interesse der Übersichtlichkeit und Klarheit zunächst der Sachverhalt und dann die Entscheidungsgründe herausgestellt. Im Mittelpunkt steht jeweils die Urteilsanalyse und die Kritik, bei der neben dem Echo, das die Urteile in der Literatur fanden, vor allem der Bezugnahme zu anderen Urteilen und zu tatsächlichen Begebenheiten im Deutschland der Nachkriegszeit besondere Bedeutung beigemessen wurde. Den Abschluß bildet eine Gesamtbetrachtung der Entwicklung der Rechtsprechung zu § 138 BGB in den Jahren 1948-1965.

Es wurde versucht, für die vorliegende Arbeit alle veröffentlichten und die nicht veröffentlichten Urteile des OGH und des BGH aus der Zeit von 1948 bis 1965 zu sichten, die § 138 BGB zum Thema hatten. Von den nicht veröffentlichten Urteilen wurden jedoch grundsätzlich nur solche berücksichtigt, auf die es in der Rechtsprechung oder Literatur Hinweise gab. Da alle Senate des OGH und des BGH Urteile zu § 138 BGB gefällt hatten, war eine systematische Suche nach allen einschlägigen unveröffentlichten Entscheidungen nicht möglich. Ein

3 Wanner, vor allem S.210 ff..

Verzeichnis sämtlicher gesichteter Urteile, auch der in den folgenden Ausführungen nicht erwähnten, findet sich im Anhang.

Neben Urteilen zu § 138 BGB wurden auch Urteile zu § 826 BGB herangezogen, soweit diese ein sittenwidriges Handeln betrafen, das den Abschluß eines sittenwidrigen Rechtsgeschäfts beinhaltete.

Für die Analyse wurde die ungekürzte Originalfassung der Urteile zugrunde gelegt, wie sie in der Sammlung des BGH in Karlsruhe vorhanden ist. Soweit die Urteile veröffentlicht wurden, findet sich ein Verweis in der Fußnote. Wurde die Entscheidung mehrfach veröffentlicht, so wurde die ausführlichste der dem Verfasser bekannten Veröffentlichungen genannt.

2. Teil: Grundprobleme zu § 138 BGB

Bald nach Inkrafttreten des BGB hatten sich insbesondere fünf Probleme bei der Anwendung des § 138 BGB herausgestellt. Dies waren die Definition der guten Sitten, die Frage nach dem Maßstab, der bei der Ermittlung dieser guten Sitten anzulegen war, der Zeitpunkt, zu dem ein Sittenverstoß festgestellt werden mußte, die Frage, inwieweit der Tatbestand des § 138 BGB eines subjektiven Elements bedurfte und das Problem, ob Verfügungsgeschäfte sittenwidrig sein konnten. Zu diesen Fragen hatten sich in der Rechtsprechung des Reichsgerichts gefestigte Ansichten gebildet. Auch in der Zeit des Nationalsozialismus fand keine einschneidende Änderung in der methodischen Handhabung des § 138 BGB statt, obwohl die Ergebnisse für die Zeit vor und nach 1933 teils stark differierten. Der BGH fand daher eine in Grundsätzen gefestigte Rechtsprechung vor.

In der Rechtslehre fanden diese Problemstellungen auch in der Zeit von 1946-1965 noch eine große Beachtung. Da diese Fragestellungen zum Grundverständnis des § 138 BGB beitragen und der BGH bei einigen Lösungsansätzen zu Spezialproblemen auf diese Grundsätze zurückgegriffen hat, sollen hier kurz die Ansichten der Rechtslehre dazu erörtert werden.

A. Definition der guten Sitten

Der erste grundlegende Streitpunkt ergab sich bereits aus dem Tatbestand des § 138 BGB. Dieser besagte, daß ein Rechtsgeschäft nichtig sei, wenn es gegen die guten Sitten verstoße. Die guten Sitten waren aber kein so selbstverständlicher Begriff, daß sie nicht der Auslegung bedurften. Wie der unbestimmte Rechtsbegriff der guten Sitten definiert werden mußte, war deshalb in Rechtslehre und Rechtsprechung lange umstritten.

Die Rechtsprechung hatte früh eine festehende Definition entwickelt. So sollten die guten Sitten das sein, was dem Anstandsgefühl aller billig und gerecht Denkenden entsprach[4]. In der Zeit des Nationalsozialismus wurde dieser Begriff vom RG zunächst in den meisten Fällen übernommen[5], wandelte sich dann aber

4 Urteil vom 11.4.1901 (RG VI 443/00) = RGZ 48,114 (124).

5 Urteil vom 16.4.1934 (RG VI 456/33) = RGZ 144,242 (244f.); Urteil vom 16.5.1935 (RG VI 583/34) = RGZ 148,48 (51); Beschluß vom 13.34.1936 (RG V

in den Begriff des "gesunden Volksempfindens" um[6]. Dieser Begriff diente dazu, nationale Akzente bei der Feststellung des Sittenverstoßes zu betonen und teils die nationalsozialistische Weltanschauung direkt mit den guten Sitten gleichzusetzen[7]. Nach Ende des zweiten Weltkriegs konnte diese Begriffsbestimmung daher nicht mehr aufrecht erhalten werden. Äußerte sich der OGH noch nicht zum Begriff der guten Sitten, so griff der BGH schnell ohne weitere Begründung auf die alte Formel des RG zurück[8], von der er auch nicht mehr abrückte. In der Rechtsprechung konnte man die Definition der guten Sitten daher als geklärt ansehen.

Die Literatur folgte vielfach dem Begriff der Rechtsprechung, und die guten Sitten wurden als Anstandsgefühl aller billig und gerecht Denkenden definiert[9]. Es gab zudem zahlreiche Autoren, die im Grundsatz mit der Definition der Rechtsprechung übereinstimmten, aber eine andere Wortwahl mit teils leicht geänderten Schwerpunkten favorisierten, so daß die guten Sitten teilweise als die "Regeln der im Volk ganz überwiegend anerkannten und geübten Rechtsmoral" bezeichnet wurden[10]. Größtenteils übereinstimmend wurde für die Definition der guten Sitten ein ethisches und ein soziologisches Element gefordert, wobei das ethische Element in den Moralvorstellungen zu sehen war und das soziologische in der Bezugnahme auf das Volksbewußtsein[11]. Dabei wurde das Volksbewußtsein nicht in seiner nationalsozialistischen Bedeutung benutzt, sondern als Begriff, der am besten die in der Bevölkerung herrschenden Anschauungen wiedergab.

Neben diesen grundsätzlich übereinstimmenden Definitionen wurden auch andere Ansätze verfolgt. So stellte sich die Frage, ob der Begriff der guten Sitten gleichbedeutend mit dem Verhalten war, das in der Bevölkerung gewohnheits-

---

184/35) = RGZ 150,1 (5); Urteil vom 24.11.1936 (RG II 131/36) = RGZ 153,280 (284,286); Urteil vom 1.6.1937 (RG III 289/35) = RGZ 155,257 (284); Urteil vom 12.8.1939 (RG II 67/39) = RGZ 161,153 (155,157).

6 Urteil vom 30.10.1936 (RG VII 65/36) = RGZ 152,251 (254,258); Urteil vom 12.8.1939 (RG II 67/399) = RGZ 161,153 (155,161); Urteil vom 22.6.1940 (RG II 141/39) = RGZ 164,162 (175); Urteil vom 29.7.1940 (RG V 199/39) = RGZ 165,1 (9); Urteil vom 14.12. 1940 (RG II 68/40) = RGZ 166,65 (74); Urteil vom 24.4.1941 (RG II 117/40) = RGZ 167,65 (74); Urteil vom 8.6.1942 (RG V 129/41) = RGZ 169,180 (182).

7 Vgl. Wanner S.140-142.

8 Urteil vom 5.3.51 (BGH IV ZR 107/50)= NJW 1951,397;Urteil vom 29.4.53 (BGH VI ZR 207/52)= LM § 138 (Ca) BGB Nr.1; Urteil vom 9.7.53 (BGH IV ZR 242/52)= BGHZ 10,228 (232); Urteil vom 25.9.53 (BGH I ZR 104/52)= GRUR 1954,129 (130); Urteil vom 2.1.55 (BGH IV ZR 252/54)= NJW 1955,1272 (1273).

9 Staudinger-Coing, 11. Auflage, § 138 Rdn. 3; grundsätzlich auch Flume S.365.

10 Lehmann/Hübner, S.129; Enneccerus/Nipperdey, 15. Auflage, S.1164.

11 Staudinger-Coing, 11. Auflage, § 138 Rdn.3.

mäßig befolgt wurde[12]. Dieser Gedanke lag nahe, da bei der Beurteilung der guten Sitten nach herrschender Meinung auf das Volksbewußtsein zurückgegriffen werden mußte. Trotzdem wurde eine solche Ansicht fast einhellig abgelehnt[13]. Die Begründung dafür war bereits aus dem Begriff der guten Sitten abzulesen. Griff man auf das tatsächlich ausgeübte Verhalten zurück, so waren dies nur die "Sitten", nicht aber die "guten Sitten". Zudem sollten Fehlentwicklungen in der Einstellung der Bevölkerung nicht durch das Recht gefördert werden.

Desweiteren wurde teilweise die bloße Bezugnahme auf das Volksbewußtsein bekämpft. So sollten die guten Sitten nicht nur die herrschenden Moralauffassungen wiedergeben, sondern ebenso die der Rechtsordnung selbst immanenten rechtsethischen Prinzipien und Wertungsgrundsätze umfassen[14]. Die Verwirklichung dieses Ansatzes wurde vor allem in zwei Grundvarianten angestrebt. Die eine wollte neben die Sozialvorstellungen die der Rechtsordnung zu entnehmenden leitenden Ordnungsvorstellungen, den ordre public, stellen[15]. Wie im einzelnen dabei das Verhältnis von guten Sitten und ordre public ausgestaltet war, war höchst umstritten[16]. Teilweise sollte der ordre public bereits im Begriff der guten Sitten enthalten sein, so daß immer bei der Prüfung des § 138 BGB die öffentliche Ordnung zu beachten war[17] oder eine Beachtung der öffentlichen Ordnung zusätzlich zu den guten Sitten unterbleiben konnte[18]. Partiell wurde festgestellt, daß der ordre public neben den guten Sitten stehen sollte und daher als ein aliud nicht im Rahmen des § 138 BGB Anwendung finden konnte[19]. Nach anderer Anschauung wiederum sollte der ordre public als Oberbegriff die guten Sitten beinhalten und im Rahmen einer Erweiterung des § 138 BGB Beachtung finden[20]. Gegen die Ansichten, die für eine Einbeziehung des ordre public bzw. der öffentlichen Ordnung waren, sprach nach damaliger Meinung, daß diese Begriffe auch sehr unbestimmt waren und so zur Festlegung der guten Sitten wenig beitragen konnten. Vor allem aber hatte der Begriff der öffentlichen Ordnung bei den Entwürfen zum BGB zunächst neben den guten Sitten Erwähnung gefunden, wurde dann aber nicht mit in das Gesetz aufgenommen, weil bereits die guten Sitten alle relevanten Rechtsgeschäfte erfaßten und die Erwähnung der öffentli-

---

12 Vgl. Meyer-Cording, JZ 1964,273 (273).
13 Lehmann/Hübner, S.199; Meyer-Cording, JZ 1964,273 (273); Lange, S.326.
14 Larenz JurJb 7 (1966/67),98 (109).
15 Vgl. Larenz JurJb 7 (1966/67), 98(102); Enneccerus/Nipperdey, 15. Auflage, S.1164 (Fn.6); abl. Flume S.365.
16 Flume S.365-367.
17 Enneccerus/Nipperdey, 15.Auflage, S.1165 Fn.6.
18 Flume, S.367.
19 Larenz, JurJb 7 (1966/67),98 (117).
20 Simitis, S.197.

chen Ordnung als überflüssig angesehen wurde[21]. Zudem wurde der Begriff der öffentlichen Ordnung bereits damals als zu unbestimmt angesehen[22]. Trotzdem waren die Bestrebungen, den ordre public bei der Definition der guten Sitten miteinzubeziehen in der Zeit von 1946-1965 sehr stark. Die Grundidee, auf dem Recht immanente ethische Grundprinzipien und Wertungen bei der Bestimmung eines Sittenverstoßes zurückzugreifen, wurde niemals aufgegeben und ist inzwischen größtenteils anerkannt[23].

Umfassende Zustimmung findet inzwischen vor allem die damals entwickelte Ansicht, daß bei der Bestimmung der guten Sitten auf grundrechtlich gewährte Freiheiten zurückgegriffen werden soll[24]. Es sollte die Generalklausel des § 138 Abs.1 BGB neben anderen Generalklauseln der Berührungspunkt mit staatlich gewährleisteten Grundrechten sein. Sinn dieser Erwägungen war es vor allem, dem Richter neben der Beachtung der Volksanschauung, die häufig nicht leicht zu ermitteln war, eine weitere Möglichkeit zu eröffnen, durch Abwägung von anerkannten Rechten ein interessengerechtes Ergebnis zu erzielen[25]. Bereits vor Entstehung des Grundgesetzes hatte das RG in einer Entscheidung vom 24.3.1930[26] einen Eingriff in die durch die Weimarer Reichsverfassung gewährleisteten Grundrechte als Verstoß gegen § 138 Abs.1 BGB gewertet. Der Gedanke, im Rahmen des § 138 BGB auf Grundrechte zurückzugreifen, war daher nicht neu, erlangte aber erst Ende der 50er und Anfang der 60er Jahre vor allem in der Rechtslehre große Bedeutung. Die weitere Entwicklung zeigte dann, daß zunehmend auch die Rechtsprechung auf Grundrechte im Rahmen des § 138 BGB zurückgriff und diese Ansicht heutzutage allgemeine Anerkennung gefunden hat[27].

Nach einer weiteren Ansicht sollte durch eine Interessenabwägung ein Sittenverstoß festgestellt werden[28]. Es sollte dabei aber eine reine Interessenabwägung erfolgen, wobei bei der Betrachtung eines Einzelfalles immer zu fragen war, in welchem Maße die Beteiligten schutzwürdig waren und dann die Interessen nach dem Grade der Schutzwürdigkeit berücksichtigt werden sollten. Diese Ansicht wurde zunächst jedoch nur für den Begriff der guten Sitten in § 1 UWG entwik-

---

21 Prot. I,258 (S.124); Mugdan I,725; Jakobs/ Schubert, S.730,735.

22 Prot. I,258 (S.124); Mugdan I,725.

23 MüKo-Mayer-Maly, 3. Auflage, § 138 Rdn.11; Palandt-Heinrichs, 58. Auflage, § 138 Rdn.3; noch str. nach Erman-Brox, 8. Auflage, § 138 Rdn.32.

24 Flume, S.366; Leisner, S.362 ff.; Geiger, S.23.

25 Leisner, S.362 ff; Geiger, S.23.

26 RG VI 383/29 = RGZ 128,92 (95).

27 Urteil vom 12.3.1981 (BGH III ZR 92/79) = BGHZ 80,153 (157); Urteil vom 26.1.1959 (BGH X ZR 23/87) = BGHZ 106,336 (338); Staudinger-Sack, 13.Auflage, § 138 Rdn.40; MüKo-Mayer-Maly, 3. Auflage, § 138 Rdn.16; Palandt-Heinrichs, 58.Auflage, § 138 Rdn.4.

28 Kraft, S.175.

kelt, der nicht Gegenstand dieser Arbeit sein soll. Da diese Ansicht zudem kaum auf Anerkennung traf, ist eine weitere Betrachtung entbehrlich.

Somit zeigte sich in der Rechtslehre für den Untersuchungszeitraum ein recht geschlossenes Bild bei der Definition der guten Sitten. In der Regel wurde der Ansicht der Rechtsprechung gefolgt. Nur in Nuancen zeigten sich Unterschiede, wobei die Einbeziehung des ordre public und der Rückgriff auf die Grundrechte bis in die heutige Zeit Anerkennung gefunden haben.

B. Maßstab der guten Sitten

Eng verbunden mit der Grunddefinition der guten Sitten war die Frage danach, welcher Maßstab anzulegen war, wenn nach der Anschauung aller billig und gerecht Denkenden gefragt wurde.

Bereits die Definition, daß es auf die Anschauung aller billig und gerecht Denkenden ankomme, deutete darauf hin, daß die herrschende Volksauffassung wiedergegeben werden sollte. So bestand in diesem Punkt auch grundsätzliche Einigkeit, indem gefordert wurde, einen durchschnittlichen Maßstab und nicht das Ideal einer verfeinerten Moral anzulegen[29]. Vor allem sollte eine besondere Sittenstrenge, die nur von einzelnen Personenkreisen geübt wurde, nicht miteinbezogen werden[30]. Es sollte nicht nach den Lehren einer bestimmten Klasse oder Partei, sondern nach der Denkweise des gesamten Volkes, nach den Anschauungen der verständigen, billig und gerecht denkenden Bürger entschieden werden[31]. Dabei war jedoch zu beachten, daß die Denkweise des gesamten Volkes aus tatsächlichen Gründen nicht zu ermitteln war und es selbst bei einem bloß repräsentativen Querschnitt zu abweichenden Meinungen kommen konnte. Auch dabei herrschte aber Einigkeit, daß nicht eine einstimmige Überzeugung aller gefordert wurde, sondern die Moralauffassung des anständigen Durchschnittsmenschen ermittelt werden mußte[32].

Fraglich war, wie der Umstand zu bewerten war, daß sich in bestimmten, klar abgrenzbaren Volksgruppen besondere Anschauungen herausgebildet hatten, wie es z.B. bei den Berufsgruppen der Ärzte und Rechtsanwälte der Fall war. Nach der eben gegebenen Defintion hätten diese Ansichten keine Beachtung finden dürfen. Teils wurde daher auch festgestellt, daß nicht die Moralanschauungen einer bestimmten Gruppe oder Partei, sondern die tatsächlich in der Volksgesamt-

29 Larenz JurJb 7 (1966/67), 98 (105); Lehmann-Hübner, S.199.
30 Larenz JurJb 7 (1966/67), 98 (105).
31 Enneccerus/Nipperdey, 15.Auflage, S.1165.
32 Staudinger-Coing, 11. Auflage, § 138 Rdn.5a.

heit herrschenden Durchschnittsanschauungen maßgebend waren[33]. Eine besondere Standesmoral sollte keinesfalls zu beachten sein, wenn sie mit der anerkannten Volksmoral in Widerspruch stand[34]. Teils wurde aber ein Bedürfnis dafür erblickt, die Anschauungen besonderer Berufsgruppen zu berücksichtigen. So sollten im Rahmen des § 1 UWG die Maßstäbe des "Durchschnittsgewerbetreibenden" zugrunde gelegt werden[35]. Jedoch sollten auch bei der Prüfung des § 138 BGB die Ansichten bestimmter Berufsstände relevant sein, wenn die Beteiligten des Rechtsgeschäfts zu ihnen gehörten[36]. Dabei zeigte sich aber eine restriktive Behandlung dieser Fälle. Wie diese Einschränkung erfolgen sollte, war dabei strittig. Teils sollten nur strengere Anforderungen berücksichtigt werden, die sich bei den Berufen entwickelt hatten, nicht dagegen laxere Ansichten[37]. So waren bei kollidierenden Ansichten stets die strengeren zu beachten[38], weil bestimmte Berufsgruppen ihren Beruf auch im öffentlichen Interesse wahrnahmen und dadurch strengere Maßstäbe als gerechtfertigt angesehen wurden[39]. Dagegen sollten Unsitten, die in einigen Kreisen bestanden oder sich in unruhigen Zeiten, wie z.B. Kriegszeiten, entwickelten, nicht gefördert werden und somit keine Berücksichtigung finden[40]. Betont wurde aber, daß es bei dieser Beurteilung weiterhin auf die Moralanschauungen und nicht die jeweils geübte Praxis ankam[41].

Desweiteren wurde vehement und einheitlich bekämpft, daß der Richter sein sittliches Empfinden bei der Beurteilung der Sittenwidrigkeit zugrunde legte[42]. Dies mag zwar tatsächlich häufig der Fall gewesen sein, durfte aber nicht als Grundlage der Entscheidungsfindung dienen. Hier sollte der dem Richter durch den unbestimmten Rechtsbegriff der guten Sitten bereits zustehende Ermessensspielraum nicht zu einer reinen Willkür erweitert werden.

Somit zeigte sich bei dem Maßstab, der bei der Ermittlung der guten Sitten anzulegen war, Einigkeit dahingehend, daß von der Volksanschauung des Durchschnittsbürgers auszugehen war und die persönlichen Ansichten des Richters dahinter zurückstehen mußten. Differenzen gab es nur bei der Frage, ob besondere Ansichten bestimmter Berufsgruppen zu berücksichtigen waren.

---

33 Lehmann/Hübner, S.199.

34 Lehmann/Hübner, S.199.

35 Vgl. Meyer-Cording, JZ 1964,273 (275).

36 Enneccerus/Nipperdey, 15.Auflage, S.1165; Staudinger-Coing, 11. Auflage, § 138 Rdn.5a.

37 Enneccerus/Nipperdey, 15. Auflage, S.1165.

38 Vgl. Meyer-Cording, JZ 1964,273(275).

39 Enneccerus/Nipperdey, 15. Auflage, S.1165 Fn.11.

40 Enneccerus/Nipperdey, 15. Auflage, S.1165.

41 Staudinger-Coing, 11.Auflage, § 138 Rdn.5a.

42 Staudinger-Coing, 11.Auflage, § 138 Rdn. 5a; Enneccerus/Nipperdey, 15.Auflage, S.1165; Lehmann/Hübner, S.199.

C. Zeitpunkt der Beurteilung

Nachdem nun die Definition der guten Sitten und deren Maßstab erörtert wurde, zeigt sich ein weiteres Problem. Ein Verstoß gegen die guten Sitten war anzunehmen, wenn das Rechtsgeschäft gegen das Anstandsgefühl aller billig und gerecht Denkenden verstieß. Dieses Anstandsgefühl konnte sich aber im Laufe der Zeit wandeln. Auch konnten veränderte tatsächliche Umstände dazu führen, das Rechtsgeschäft anders zu bewerten. Fraglich war daher, welcher Zeitpunkt für die Beurteilung relevant war, ob ein Rechtsgeschäft mit den guten Sitten im Einklang stand.

In der Zeit bis 1933 zeigte sich in Rechtsprechung und Literatur ein einheitliches Bild zu diesem Problem. Regelmäßig war die Vornahme des Rechtsgeschäfts der für die Beurteilung maßgebende Zeitpunkt[43]. Anders lautende Ansichten waren vereinzelt und ließen eine fundierte Begründung ihrer abweichenden Meinung vermissen[44]. Erst zur Zeit des Nationalsozialismus setzte eine Wandlung der Anschauungen ein. Dort wurde bereits früh in der Literatur gefordert, daß Generalklauseln unbedingt und vorbehaltslos nach nationalsozialistischen Wertanschauungen auszulegen seien[45]. Wenn Rechtsgeschäfte zu beurteilen waren, die vor 1933 geschlossen wurden, hätten nach bisheriger Ansicht die damals geltenden Anschauungen zugrunde gelegt werden müssen. Diese Vorgehensweise widersprach aber der nationalsozialistischen Weltanschauung, die keine anderslautenden Ansichten duldete. So zeigte sich auch in der Rechtsprechung schnell die Tendenz, die Anschauungen zur Zeit der Urteilsfällung zugrunde zu legen[46]. Dabei wurde das Problem gesehen, daß einerseits das zur Zeit des Natio-

---

43 Urteil vom 4.3.1915 (RG VI 583/14) = RGZ 86,296 (298f.); Urteil vom 21.9.1917 (RG II 114/17) = JW 1918,35 (35); Urteil vom 7.6.1918 (RG III 175/18) = JW 1918,556 (556); Urteil vom 16.12.1919 (RG II 257/19) = WarnR 1920, 92 (92), Nr.72 ; grundsätzlich auch Planck, § 138 I 1. c); vgl. auch Schmoeckel AcP 197 (1997),1 (9) m.w.Nachweisen in Fn.41.

44 So Planck, § 138 I 1. c), der in nicht näher bezeichneten Einzelfällen den Zeitpunkt der Urteilsfindung ohne Begründung für relevant erklärt; Hachenburg, DJZ 1915,851 (855), der Verträge, die vor Erlaß der Verordnung gegen übermäßige Preissteigerung vom 23.7.1915 geschlossen wurden und die danach gegen sie verstießen hätten, für sittenwidrig erklären wollte, obwohl zum Zeitpunkt des Vertragsschlusses keine Sittenwidrigkeit vorlag.

45 Schmitt, JW 1933,2793 (2793f).; Schmitt JW 1934,713 (717).

46 Urteil vom 5.3.1934 (RG IV 382/33) = WarnR 1934, 193(195), Nr.91; Beschluß vom 13.3.1936 (RG V 184/35) = RGZ 150,1 (4); Urteil vom 8.1.1937 (RG II 126/36) = RGZ 153,294 (303f.); Urteil vom 12.8.1939 (RG II 67/39) = RGZ 161,153 (157); Urteil vom 16.1.1940 (RG VII 104/39) = RGZ 162,323 (326), wobei im letzteren Fall zusätzlich auf die Zeit abzustellen war, zu der das Rechtsgeschäft abgeschlossen wurde.

nalsozialismus herrschende Rechts- und Sittlichkeitsbewußtsein zur Geltung gebracht werden sollte, andererseits aber die Rechtssicherheit des rechtsgeschäftlichen Verkehrs vor allem in Form der Vertragstreue eine bedeutende Grundlage des Rechtssystems war[47]. Ein Vertrag durfte deshalb im nachhinein nur aus zwingenden Gründen als nichtig angesehen werden. Dies war jedoch immer dann der Fall, wenn der Vollzug eines Vertrages seinem Gegenstand nach mit der nationalsozialistischen Rechtsanschauung über das, was sittlich erlaubt sein sollte, unverträglich war[48]. Somit konnte bei der Bewertung, ob ein Rechtsgeschäft mit den guten Sitten übereinstimmte, regelmäßig auf den Zeitpunkt der Urteilsfällung abgestellt werden.

In ähnlicher Weise zeigte sich diese Änderung bei der Beurteilung von letztwilligen Verfügungen von Todes wegen. Dort wurde der Erbfall als relevanter Zeitpunkt gewählt. Begründet wurde dies damit, daß der Erblasser, der eine letztwillige Verfügung fortlaufend aufrecht erhielt, diese gewissermaßen stets neu errichtete und bestätigte[49]. Vom Ergebnis her entsprach dies der Bewertung der noch nicht abgewickelten Verträge, da regelmäßig bei Erbstreitigkeiten der Erbfall in der Zeit des Nationalsozialismus lag und so sowohl zur Zeit des Erbfalles als auch zur Zeit der Urteilsfällung die gleichen Ansichten herrschten.

Nach 1945 befaßte sich die höchstrichterliche Rechtsprechung mit dem Problem, welcher Zeitpunkt bei der sittlichen Beurteilung eines Rechtsgeschäfts zugrunde zu legen war, vor allem im Rahmen der letztwilligen Verfügungen[50]. In der Literatur entwickelte sich diese Frage aber darüber hinaus zu einem allgemeinen und hochumstrittenen Problemkreis.

Am weitesten verbreitet war dabei die Ansicht, die wiederum die Auffassung aufgriff, welche vor 1933 geherrscht hatte, wonach als relevanter Zeitpunkt der Abschluß des Rechtsgeschäfts dienen sollte[51]. Dabei wurde teilweise die rückwirkende Sittenwidrigkeit für zur Abschlußzeit sittengemäße Verträge kategorisch abgelehnt[52], teilweise wurden auch differenziertere Begründungen dafür angebracht. So wurde bemerkt, daß Anschauungen einem fortwährenden Wandel und im allgemeinen auch einer fortwährenden Verfeinerung unterworfen seien[53],

---

47 Beschluß vom 13.3.1936 (RG V 184/35) = RGZ 150,1 (6); Urteil vom 8.1.1937 (RG II 126/36) = RGZ 153,294 (303).

48 Urteil vom 8.1.1937 (RG II 126/36) = RGZ 153,294 (303).

49 Urteil vom 9.10.1942 (RG VII 57/42) = DR 1943,91 (93); Urteil vom 25.2.1944 (RG VI 115/43) = DR 1944,494 (495).

50 Siehe unten 3. Teil A. 2. a).

51 Enneccerus/Nipperdey, 15.Auflage, S.1165; Lehmann/Hübner, S.199; Rosenthal-Bohnenberg, Anhang zu § 138 Rdn.408; grundsätzlich auch Staudinger-Coing, 11.Auflage, § 138 Rdn.6 und Flume, S.377.

52 Enneccerus/Nipperdey, 15.Auflage, S.1165.

53 Lehmann/Hübner, S.199.

was nicht zu Lasten der rechtsgeschäftlich Handelnden gehen dürfe. Da § 138 BGB eine Einschränkung der Privatautonomie darstelle, müsse daher grundsätzlich der Zeitpunkt der rechtsgeschäftlichen Handlung den Maßstab für die sittliche Beurteilung liefern[54]. Auch spreche die Rechtsklarheit für den Zeitpunkt der Vornahme des Rechtsgeschäfts[55]. Trotz dieser überzeugenden Argumente fanden sich doch einige abweichende Lösungswege.

Es wurde zum Teil angenommen, daß zwar grundsätzlich die Umstände und Anschauungen zur Zeit der Vornahme des Rechtsgeschäfts heranzuziehen seien. Bei einem Wandel der Ansichten müsse dieser aber berücksichtigt werden, so daß sowohl der Zeitpunkt der Vornahme als auch derjenige der Entscheidung maßgeblich sein sollte. Nicht zu berücksichtigen seien aber Änderungen der tatsächlichen Umstände[56]. Eine Begründung dieser Differenzierung erfolgte nicht. Vor allem bestand bei dieser Ansicht die Gefahr, daß der Richter, der bei der Beurteilung zwischen zwei Zeitpunkten wählen konnte, eine zu starke Stellung erlangte und die Rechtssicherheit gefährdet war[57].

Nach anderer Ansicht war bei Wandlung der Ansichten stets der Zeitpunkt der richterlichen Würdigung entscheidend[58]. Der Vorteil dabei war, daß schnell auf solche Wandlungen reagiert werden konnte und der Richter kein Urteil fällen mußte, das mit den geltenden Anschauungen im Widerspruch stand. Der Nachteil war allerdings wiederum ein Verlust an Rechtssicherheit. Auch widerstrebte es dem Rechtsempfinden, ein Rechtsgeschäft für als von Anfang an nichtig zu erklären, das vielleicht jahrelang mit der Rechtsordnung in Einklang gestanden hatte und nur durch einen Wandel der Anschauungen gegen die guten Sitten verstieß.

Eine weitere Differenzierung wurde teilweise dahingehend gemacht, daß zwar grundsätzlich der Zeitpunkt der Vornahme des Rechtsgeschäfts heranzuziehen war und bei bereits erfüllten Rechtsgeschäften eine Änderung der Umstände oder Anschauungen irrelevant war. Wurde aber ein noch nicht erfülltes Rechtsgeschäft durch diese Änderung sittenwidrig, so durfte das Klagebegehren nicht mehr gehört werden und das Rechtsgeschäft war als sittenwidrig zu bewerten[59]. Mit dieser Ansicht wurden unbillige Ergebnisse weitgehend vermieden. Auch die Rechtssicherheit wurde besser geschützt als bei den übrigen differenzierenden Meinungen, indem hier bereits erfüllte Rechtsgeschäfte nicht mehr einer Änderung der Bewertung zugänglich waren. Allerdings war diese Ansicht recht for-

54 Staudinger-Coing, 11. Auflage, § 138 Rdn.6.
55 Lange, S.327.
56 Staudinger-Coing, 11. Auflage, § 138 Rdn.6.
57 Vgl. dazu auch Schmoeckel, AcP 197 (1997),1 (6).
58 Lange, S.327.
59 Flume, S.377.

malistisch und für den Bürger, der ein Rechtsgeschäft abschloß, schwer berechenbar.

Insgesamt wurde deutlich, daß eine interessengerechte und dogmatisch überzeugende Lösung dieses Problems nur schwierig zu finden ist und daher bis zum heutigen Zeitpunkt diskutiert wird[60].

D. Subjektives Element

Ein weiteres höchst umstrittenes Problem im Zusammenhang mit § 138 BGB war die Frage, ob ein subjektives Element erfüllt sein mußte, damit der Tatbestand des § 138 BGB gegeben war. Falls ein solcher subjektiver Tatbestand zu fordern war, so war die genaue Ausgestaltung des subjektiven Elements ebenfalls umstritten.

Im ersten Entwurf zum BGB sollte nach dem Tatbestand des § 138 BGB (damals noch § 106) ein Rechtsgeschäft dann nichtig sein, wenn dessen Inhalt gegen die guten Sitten verstieß[61]. Mit der Betonung auf den Inhalt sollte eine Bewertung des Rechtsgeschäfts nach rein objektiven Kriterien unter Ausschluß der subjektiven Seite erfolgen[62]. In der Kommission für die zweite Lesung des BGB wurde diese Fassung aber als zu eng abgelehnt. Es wurde anerkannt, daß es in einigen Fällen unerläßlich sei, die verwerfliche Gesinnung der Beteiligten zu beachten, weil erst durch die Hinzunahme dieses subjektiven Moments der Inhalt des Rechtsgeschäfts in das rechte Licht gesetzt werde[63]. Somit wurde die Erwähnung des Inhalts des Rechtsgeschäfts gestrichen und der Norm die heutige Fassung gegeben.

Das RG stellte zunächst dazu fest, daß es auf das Bewußtsein der Sittenwidrigkeit nicht ankomme[64]. Wohl aber müsse der sittenwidrig Handelnde die objektiven Tatumstände kennen, die zur Sittenwidrigkeit führten[65]. Dabei sollte be-

---

60 Vgl. dazu Schmoeckel, AcP 197 (1997),1-78; Eckert, AcP 199 (1999), 337-359, der als relevanten Zeitpunkt den Eintritt der Rechtswirkungen des Rechtsgeschäftes heranziehen möchte, was sich als eine sehr unkomplizierte und interessengerechte Lösung des Problems darstellt.

61 Vgl. Mot. I, S.211.

62 Mot. I, S.211.

63 Prot. I, S. 123f..

64 Urteil vom 6.12.1919 (RG I 123/19) = RGZ 97,253 (255); Urteil vom 9.2.1928 (RG VI 261/27) = RGZ 120,144 (148); Urteil vom 3.5.1932 (RG II 438/31) = RGZ 136,236 (240); Beschluß vom 13.3.1936 (RG V 184/35) = RGZ 150,1 (3).

65 Urteil vom 6.12.1919 (RG I 123/19) = RGZ 97,253 (255); Urteil vom 9.2.1928 (RG VI 261/27) = RGZ 120,144 (148); Urteil vom 3.5.1932 (RG II 438/31) = RGZ 136,236 (240); Beschluß vom 13.3.1936 (RG V 184/35) = RGZ 150,1 (3).

reits die grob fahrlässige Unkenntnis der Tatumstände ausreichen[66]. Diese Ansicht wurde vom RG konsequent durchgehalten, so daß es kaum Abweichungen von dieser Rechtsprechung gab. In einer vereinzelten Entscheidung wurde vom RG gefordert, daß sich das subjektive Element in einer verwerflichen Gesinnung des Handelnden zeige[67]. Dieses Element klang auch in zwei Entscheidungen des BGH an[68]. Ansonsten schloß sich der BGH aber doch weitgehend der oben ausgeführten Ansicht des RG an, was sich schließlich zur ständigen Rechtsprechung entwickelte[69] .

In der Literatur hielt *Oertmann* bereits vor 1933 einen anderen Ansatz fest, bei dem die objektive Sittenwidrigkeit des Geschäfts für die Nichtigkeit ausreichte und ein subjektives Element nicht erforderlich war[70]. Ab 1933 verstärkten sich diese Tendenzen in der Literatur[71]. Der Grund dafür war in der nationalsozialistischen Ideologie zu sehen, die eine Hinwendung zum Gemeinwohl propagierte, wobei Einzelinteressen zurückstehen mußten. Wenn aber ein Geschäft bereits objektiv gegen das gesunde Volksempfinden verstieß, so konnte dessen Nichtigkeit nicht mehr davon abhängig sein, ob den Handelnden dieser Sittenverstoß bewußt oder zumindest die objektiven Umstände, die zur Sittenwidrigkeit führten, bekannt waren[72].

Nach 1945 entwickelte sich ein reichhaltiges Meinungsspektrum zu diesem Thema. Dabei wurde grundsätzlich auf die bereits bei den Entwürfen zum BGB deutlich gewordene Unterscheidung zurückgegriffen zwischen Geschäften, die bereits nach ihrem objektiven Inhalt sittenwidrig waren und Geschäften, die erst durch die Zusammenfassung von Inhalt, Zweck und besonderen Umständen des Falles sittenwidrig wurden.

Teilweise sollte bei diesen ersten Geschäften die Kenntnis der Tatumstände, die das Geschäft zum sittenwidrigen machen, erforderlich sein, um eine Nichtigkeit des Geschäfts anzunehmen. Bei den anderen Arten von Geschäften mußte

---

66 Urteil vom 21.12.1933 (RG VI 196/33) = RGZ 143,48 (52).

67 Beschluß vom 13.3.1936 (RG V 184/35) = RGZ 150,1 (5).

68 Urteil vom 5.3.51 (BGH IV ZR 107/50) = NJW 1951,397: Urteil vom 21.5.57 (BGH VIII ZR 226/56) = NJW 1957,1274.

69 Urteil vom 9.7.1953 (BGH IV ZR 242/52) = BGHZ 10,228 (232f.); Urteil vom 29.4.1953 (BGH VI ZR 207/52) = LM § 138 (Ca) BGB Nr.1; Urteil vom 14.5.1959 (BGH VII ZR 108/58) = nicht veröffentlicht; Urteil vom 22.1.1976 (BGH II ZR 90/75) = WM 1976,289(291); Urteil vom 19.6.1980 (BGH III ZR 91/79) = NJW 1980,2407(2408); Urteil vom 12.3.1981 (BGH ZR 92/79) = BGHZ 80,153(160f.); Urteil vom 27.1.1988 (BGH VIII ZR 155/87) = WM 1988,624(625); Urteil vom 5.10.1993 (BGH XI ZR 200/92) = NJW 1994,187(188).

70 Oertmann, § 138 B. 1. c) β) a. E..

71 Süss, DRW 1 (1936),359 (361); Wanner S.175-179.

72 Süss, DRW 1 (1936),359 (368).

zudem das Bewußtsein der Beteiligten vorhanden sein, daß deren Handlungsweise sittenwidrig war[73]. Diese starke Betonung der subjektiven Elemente wurde damit begründet, daß sonst der Vorwurf eines sittenwidrigen Verhaltens nicht gerechtfertigt sei[74]. Dabei zeigten sich aber bereits Widersprüche bei der Argumentation, da der gleiche Autor an anderer Stelle ausführte, daß "keine Rede davon sein kann, daß in allen Fällen, in denen ein Verstoß gegen § 138 BGB angenommen wurde (und angenommen werden muß), ein moralisches Vorwurfselement liegt"[75]. Gegen diese Ansicht wurde vor allem im Hinblick auf die zweite Art von Geschäften angeführt, daß es bei § 138 BGB nicht um ein Verschulden im tatsächlichen Sinne gehe, weil es bloß auf die Mißbilligung des Zwecks oder einer derartigen Absicht im allgemeinen, nicht auf persönliche Vorwerfbarkeit ankomme. Daher dürfe ein Bewußtsein der Parteien gerade von der Sittenwidrigkeit des vorgenommenen Geschäfts nicht verlangt werden. Ein solches Bewußtsein wäre ein Verschuldensmoment, welches es bei § 138 BGB gerade nicht gebe[76].

Demgemäß gab es andere Ansichten, die bei beiden Arten von sittenwidrigen Geschäften die Kenntnis der Tatumstände durch die Beteiligten für ausreichend, aber auch für erforderlich hielten[77]. Ausnahmsweise sollte die auf grober Fahrlässigkeit beruhende Unkenntnis ausreichen. Das subjektive Element mußten grundsätzlich beide Parteien erfüllen. Eine Ausnahme wurde nur gemacht, wenn sich der sittenwidrige Zweck gerade gegen den anderen Vertragspartner richtete. Dann war dessen Kenntnis verständlicherweise nicht erforderlich[78]. Zur Begründung wurde angeführt, daß die Würdigung des Tatbestandes als sittenwidrig ein von außen angelegter Wertungsmaßstab sei[79]. Es müsse daher ein objektiver Maßstab bei der Beurteilung der Sittenwidrigkeit erreicht werden. Im Gegensatz zur erstgenannten Theorie werde bei dieser Ansicht dieser Maßstab erreicht. Bei Geschäften, die bereits einen objektiv sittenwidrigen Inhalt hätten, reiche die Kenntnis der Tatumstände zur Annahme der Sittenwidrigkeit aus. Bei Geschäften, die ihre Sittenwidrigkeit erst durch die Zusammenfassung von Inhalt, Zweck und besonderen Umständen des Falls erlangten, werde vom Anstandsgefühl aller billig und gerecht Denkenden ausgegangen und das Bewußtsein dieses Maßstabs bei den Handelnden unterstellt, wenn sie Kenntnis der Tatumstände hatten[80]. So

---

73 Enneccerus/Nipperdey, 15. Auflage, S.1167.
74 Enneccerus/Nipperdey, 15. Auflage, S.1167.
75 Enneccerus/Nipperdey, 15.Auflage, S.1164 Fn.6.
76 Larenz, JurJb 7 (1966/67), 98 (120f.).
77 Lehmann/Hübner, S.200; Lange, S.328.
78 Lehmann/Hübner, S.200; Lange, S.328.
79 Lange, S.328.
80 Lehmann/Hübner, S.200.

werde im Gegensatz zur erstgenannten Ansicht nicht auf den persönlichen Vorwurf abgestellt, sondern ein objektiver Maßstab erreicht.

Wenn man die Notwendigkeit eines objektiven Maßstabs anerkannte, so wurde dieser Gedankengang nun teilweise auch weitergeführt. So sollte bei einem Geschäft, das bereits einen objektiv sittenwidrigen Inhalt hatte, ein subjektives Element völlig entbehrlich sein, bei den anderen Geschäften aber weiterhin die Kenntnis der Tatumstände im oben angeführten Umfang erforderlich sein[81]. Nach dieser Ansicht wurde stärker betont, daß § 138 BGB keinen Vorwurfscharakter hatte und nicht die unmoralische Handlungsweise bestraft wurde[82]. Durch den Wegfall des subjektiven Elements bei einem Teil der sittenwidrigen Rechtsgeschäfte wurde deutlich, daß es bei der Beurteilung des Geschäfts als sittenwidrig immer nur um das Rechtsgeschäft als Regelung und nicht um das rechtsgeschäftliche Handeln als solches ging[83]. Hervorgehoben wurde, daß ein Werturteil der Rechtsgemeinschaft über das Rechtsgeschäft als solches gefällt wurde[84]. Es ging bei § 138 BGB auch nicht um Strafe oder Schadensersatz, sondern allein um die Grenzen zulässiger privatautonomer Rechtsetzung, so daß das Verschuldensprinzip, das ein subjektives Element erforderlich machen könnte, hiermit nichts zu tun hatte[85]. Andererseits wurde anerkannt, daß bei einem Teil der Geschäfte sich die Sittenwidrigkeit notwendig erst aus einem subjektiven Tatbestand, nämlich aus dem moralisch mißbilligten Zweck beider Parteien ergab[86]. Allerdings eröffnete sich bei dieser Theorie ein weiteres Problem. Fraglich war, ob das Rechtsgeschäft als Regelung überhaupt einer moralischen Bewertung, wie es die Feststellung der Sittenwidrigkeit war, zugänglich war. Die Normen der Moral waren unzweifelhaft in erster Linie Anforderungen an menschliches Verhalten, nicht aber Maßstäbe für die Beurteilung des objektiven Gehalts einer Regelung[87]. Dem konnte aber damit begegnet werden, daß ein rechtlicher und nicht rein moralischer Wertungsmaßstab angelegt wurde. Wie oben bereits erörtert, sollten auch die der Rechtsordnung selbst immanenten rechtsethischen Prinzipien und Wertungsgrundsätze bei der Ermittlung der guten Sitten Berücksichtigung finden[88]. So war eine objektive Bewertung des Rechtsgeschäfts als Regelung doch möglich.

---

81 Flume, S.368/372; Staudinger-Coing, 11. Auflage, § 138 Rdn. 12, 12a; Larenz JurJb 7 (1966/67), 98 (119).
82 So noch Enneccerus/Nipperdey, 15. Auflage, S.1167f., vgl. auch oben S.30.
83 Flume, S.368.
84 Staudinger-Coing, 11. Auflage, § 138 Rdn.12,12a.
85 Larenz, JurJb 7 (1966/67), 98 (120).
86 Larenz, JurJb 7 (1966/67), 98 (120).
87 Vgl. Larenz, JurJb 7 (1966/67) ,98 (101).
88 Oben S.21.

Diese letzte Ansicht hat heutzutage schließlich breite Zustimmung gefunden[89]. Auch der BGH ist inzwischen von seiner ständigen Rechtsprechung abgewichen und ist in einem Einzelurteil dieser Ansicht gefolgt[90].

E. Sittenwidrigkeit von abstrakten Rechtsgeschäften

Regelmäßig waren es die kausalen Verpflichtungsgeschäfte, die von ihrem objektiven Inhalt her oder durch das Zusammenspiel von Inhalt, Zweck und Gesamtumständen sittenwidrig sein konnten. Fraglich war, ob auch abstrakte Geschäfte (Verfügungsgeschäfte und abstrakte Schuldversprechen) als sittenwidrig bewertet werden konnten und ob es einen Zusammenhang zwischen der Sittenwidrigkeit des zugrundeliegenden Kausalgeschäfts und des abstrakten Erfüllungsgeschäfts gab.

In der Rechtsprechung des RG wurde früh betont, daß die Sittenwidrigkeit des Verpflichtungsgeschäftes nicht automatisch die Sittenwidrigkeit des dinglichen Erfüllungsgeschäftes nach sich zog[91]. Begründet wurde dies damit, daß der dingliche Vertrag lediglich die unmittelbare Rechtsänderung zum Gegenstand habe und deshalb seinem Inhalt nach keinesfalls unsittlich sei. Er könne allenfalls auf einem unsittlichen Beweggrund beruhen, der ihm aber für sich allein den Stempel der Unsittlichkeit nicht aufzudrücken vermöge[92]. Daß die Unsittlichkeit der causa die Wirksamkeit des Verfügungsgeschäfts nicht hindere, ergebe sich aus § 817 BGB, der davon ausgehe, daß das Geleistete trotz eines unsittlichen Zwecks in das Vermögen des Empfängers übergehe[93]. Für den Wucher gemäß § 138 Abs.2 BGB sollte die Besonderheit gelten, daß das Verfügungsgeschäft regelmäßig ebenfalls sittenwidrig war, was aus dem Wortlaut des § 138 Abs.2 BGB hergeleitet wurde, in dem es als sittenwidrig bezeichnet wurde, daß sich jemand eine Leistung unter bestimmten Voraussetzungen versprechen oder gewähren ließ[94]. Auch diese Sonderbestimmung des § 138 Abs.2 BGB diente zur

89 Palandt-Heinrichs, 58. Auflage, § 138 Rdn.7,8; Staudinger-Sack, 13. Auflage, § 138 Rdn.62,63; MüKo-Mayer-Maly, 3. Auflage, § 138 Rdn.112; Erman-Brox, 8. Auflage, § 138 Rdn.34; Soergel-Hefermehl, 12. Auflage, § 138 Rdn.31.

90 Urteil vom 8.5.1985 (BGH IVa ZR 138/83) = BGHZ 94,268 (272).

91 Urteil vom 21.4.1906 (RG V 505/05) = RGZ 63,179 (184f.); Urteil vom 17.12.1910 (RG V 62/10) = RGZ 75,68 (74f.); Urteil vom 18.11.1924 (RG VI 164/24) = RGZ 109,201 (202).

92 Urteil vom 21.4.1906 (RG V 505/05) = RGZ 63,179 (184f.).

93 Urteil vom 21.4.1906 (RG V 505/05) = RGZ 63,179 (185); Urteil vom 17.12.1910 (RG V 62/10) = RGZ 75,68 (75).

94 Urteil vom 22.1.1896 (RG V 219/95) = RGZ 36,308 (314f.) ; Urteil vom 19.2.1904 (RG VII 462/03) = RGZ 57,95 (97).

Begründung, daß Verfügungsgeschäfte regelmäßig nicht gemäß § 138 Abs.1 BGB sittenwidrig waren, da in § 138 Abs.1 BGB eine vergleichbare Festlegung fehlte[95]. Es wurde zudem darauf hingewiesen, daß aufgrund des Abstraktionsprinzips die Sittenwidrigkeit des Verpflichtungsgeschäfts nicht in jedem Fall die Sittenwidrigkeit des dinglichen Erfüllungsgeschäfts nach sich ziehen dürfe[96].

Neben diesen Grundsatz wurden aber immer wieder Ausnahmefälle gestellt, in denen das Erfüllungsgeschäft doch sittenwidrig sein sollte. Eine solche Ausnahme sollte dann vorliegen, wenn die causa in Form einer Bedingung in das abstrakte Rechtsgeschäft mit aufgenommen war[97] oder gerade das Erfüllungsgeschäft mit dem Makel der Sittenwidrigkeit behaftet war[98]. Diese Rechtsprechung wurde sowohl in der Zeit des Nationalsozialismus vom RG[99] fortgeführt als auch später vom BGH[100] unverändert übernommen.

In der Literatur zeigt sich dagegen kein einheitliches Bild. Schon zu Beginn des 20. Jahrhunderts gab es zahlreiche Ansichten, die nicht alle mit der Rechtsprechung des RG konform gingen. Es ließen sich dabei vor allem drei Grundströmungen erkennen. Teilweise wurde angenommen, daß ein abstraktes Geschäft einer sittlichen Bewertung überhaupt nicht zugänglich sei und so nicht gemäß § 138 Abs.1 BGB gegen die guten Sitten verstoßen könne[101]. Zum Teil wurde der Ansicht des RG gefolgt[102], wobei die Ausführungen im Detail variierten, aber im Ganzen mit der oben genannten Begründung des RG übereinstimmten. Schließlich wurde vertreten, daß die Sittenwidrigkeit des Verpflichtungsgeschäfts regelmäßig die Sittenwidrigkeit des Erfüllungsgeschäfts zur Folge habe[103]. Als Begründung wurde angeführt, daß die Trennung zwischen Verpflichtungs- und Erfüllungsgeschäft zu formalistisch sei und nicht mit dem wirklichen Leben übereinstimme[104]. Es müsse bei der Beurteilung der Sittenwidrigkeit vielmehr die

---

95 Urteil vom 21.4.1906 (RG V 505/05) = RGZ 63,179 (184).

96 Urteil vom 21.4.1906 (RG V 505/05) = RGZ 63,179 (184).

97 Urteil vom 19.2.1904 (RG VII 462/03) = RGZ 57, 95 (97).

98 Urteil vom 7.1.1913 (RG III 236/12) = RGZ 81,175 (176); Urteil vom 30.4.1917 (RG VI 92/17) = WarnR 1917,299(300), Nr.194 ; Urteil vom 8.1.1930 (RG I 178/29) = SeuffArch 84,97 (98), Nr.55; Urteil vom 13.4.1931 (RG VIII 582/30) = WarnR 1931,199(201f.), Nr.100.

99 Urteil vom 17.9.1934 (RG IV 75/34) = RGZ 145,152 (153f.).

100 Urteil vom 7.5.1953 (BGH 3 StR 485/52) = NJW 1954,1292(1292); Urteil vom 3.11.1960 (BGH II ZR 78/60) = WM 1960,1381 (1381); Urteil vom 28.10.1966 (BGH V ZR 208/63) = WM 1966,1221 (1223).

101 Eccius, DJZ 1903,41(42); Enneccerus, S.450.

102 Planck, S.363; mit anderer Begründung aber gleichem Ergebnis: Förster, Recht 1905,356(356f.).

103 Dernburg, Band 1, S.430f. , Band 3, S.225; Rumpf, AcP 117 (1919), 315(316f.).

104 Rumpf, AcP 117 (1919),315 (319).

Auffassung des Volkes die Grundlage bilden, wonach Grund- und Erfüllungsgeschäft zusammen gehörten[105]. Diese letzte Ansicht verstieß aber eindeutig gegen das im deutschen Recht geltende Abstraktionsprinzip und konnte in der Praxis keine interessengerechteren Ergebnisse als die übrigen Meinungen erzielen[106].

Trotzdem wurde in der Zeit des Nationalsozialismus die Meinung, welche Verpflichtungs- und Erfüllungsgeschäft gleich behandeln wollte, wieder verstärkt aufgegriffen[107]. Dies folgte unter anderem daraus, daß der Nationalsozialismus dem Abstraktionsprinzip ablehnend gegenüberstand[108] und so eines der Hauptargumente gegen diese Ansicht leicht zu überwinden war. Auch die bereits vor 1933 propagierte Beachtung der Volksanschauung, die sich in der einheitlichen Behandlung von Verpflichtungs- und Erfüllungsgeschäft niederschlagen sollte[109], entsprach dem nationalsozialistischen Weltbild. Desweiteren wurde diese Ansicht damit begründet, daß bisher die Ausfüllung der Generalklausel des § 138 BGB liberalistisch und im individualistischen Sinn erfolgt sei, so daß die Ausübung der subjektiven Rechte grundsätzlich keine Grenzen habe, was als unbillig angesehen wurde[110]. Das abstrakte Leistungs- und Erfüllungsgeschäft dürfe nicht fortbestehen, da es den verbotenen Zweck in besonders hohem Maße verwirkliche. Das schuldrechtliche Geschäft sei bloß die Vorbereitung, das Verfügungsgeschäft dagegen die Ausführung, die erst recht verboten werden müsse[111]. Auch wurde angeführt, daß die Rechtsprechung vor allem im Zusammenhang mit § 817 BGB zu teils absurden Ergebnissen führe und es nicht einzusehen sei, warum bei § 138 Abs.2 BGB das Erfüllungsgeschäft regelmäßig als sittenwidrig bewertet werde, bei den anderen Fällen des § 138 BGB dagegen nicht[112].

Diese Ansicht wurde nach 1945 in der Literatur nicht mehr aufgegriffen. Vielmehr wurde meist der Auffassung des RG zugestimmt, wobei es aber in einigen Teilbereichen Abweichungen gab.

Es wurde also davon ausgegangen, daß grundsätzlich die Sittenwidrigkeit des Verpflichtungsgeschäfts keine Auswirkung auf das Erfüllungsgeschäft habe und letzteres regelmäßig wirksam sei[113]. Begründet wurde dies vor allem damit, daß bei abstrakten Geschäften die Zweckvereinbarung nicht Teil des Geschäfts ge-

---

105 Rumpf, AcP 117 (1919),315 (371).

106 V. Thur, AcP 120 (1922),1 (3f.).

107 Wanner, S.165; Hubernagel, in Frank, S.971 (976); Paulus, S.36; Larenz, S.84 mit kritischer Betrachtung der Rechtsprechung.

108 Wanner, S.162 m.w. Nachweisen.

109 Vgl. Rumpf, AcP 117 (1919), 315 (371).

110 Hubernagel, in Frank, S.971 (974).

111 Hubernagel, in Frank, S.971 (974).

112 Larenz, S.84.

113 Lehmann/Hübner, S.161f.,200; Staudinger-Coing, 11.Auflage, § 138 Rdn.22; Enneccerus/Nipperdey, 15.Auflage, S.1168.

worden sei, so daß sie trotz Unsittlichkeit der causa regelmäßig gültig seien[114]. Auch hier wurde wiederum auf § 817 BGB zurückgegriffen. Dieses Verbot der Kondiktion wäre überflüssig gewesen, wenn das Verfügungsgeschäft gescheitert wäre und derjenige, der die Leistung erbracht hatte, vindizieren könnte[115]. Dagegen wurde geäußert, daß es methodisch abwegig sei, den Geltungsbereich für § 138 BGB in Hinsicht darauf zu bestimmen, daß auch für § 817 BGB ein ausreichend weiter Anwendungsbereich verbleibe. Es sei nicht einzusehen, warum § 817 BGB den Vorrang vor § 138 BGB haben solle[116].

Einhellig wurden aber Ausnahmen von diesem geltenden Grundsatz gefordert, die teilweise mit den vom RG[117] und vom BGH[118] zugelassenen Ausnahmen übereinstimmten, teilweise aber abwichen. Trotz zahlreicher Unterschiede in den Einzelheiten ergaben sich vor allem drei Gruppen von Ausnahmefällen. Zunächst sollte das Erfüllungsgeschäft dann sittenwidrig sein, wenn die Gültigkeit dieses Vollzugsgeschäfts von der Wirksamkeit des Grundgeschäfts als Bedingung abhängig gemacht wurde[119]. Dagegen brachte jedoch *Flume* vor, daß die Nichtigkeit des Erfüllungsgeschäfts nicht davon abhängen könne, ob die Parteien gewollt hätten, daß sich der Nichtigkeitsgrund der Sittenwidrigkeit auf das abstrakte Geschäft erstrecke[120]. Eine weitere Ausnahme sollte dann gelten, wenn Verpflichtungs- und Erfüllungsgeschäft so zu einem einheitlichen Ganzen verbunden waren, daß aus der Nichtigkeit des Grundgeschäfts nach § 139 BGB die Nichtigkeit des ganzen Geschäfts folgen mußte[121]. Selbst die Vertreter dieser Ansicht erkannten aber, daß damit das Abstraktionsprinzip leicht umgangen werden könnte und forderten daher, daß bei dieser Ausnahme besonders strenge Maßstäbe anzulegen seien[122]. So wurde dann auch Kritik an dieser Ansicht geäußert und sie für grundlegend falsch gehalten, weil Kausalgeschäft und abstraktes Geschäft nicht zu Teilen eines einheitlichen Geschäfts in der Weise gemacht werden

114 Enneccerus/Nipperdey, 15. Auflage, S.1168.

115 Enneccerus/Nipperdey, 15. Auflage, S.1168 Fn.28.

116 Flume, S.383.

117 Urteil vom 19.2.1904 (RG VII 462/03) = RGZ 57, 95 (97); Urteil vom 7.1.1913 (RG III 236/12) = RGZ 81,175 (176); Urteil vom 30.4.1917 (RG VI 92/17) = WarnR 1917,299 (300), Nr.194; Urteil vom 8.1.1930 (RG I 178/29) – SeuffArch 84,97 (98), Nr.55; Urteil vom 13.4.1931 (RG VIII 582/30) = WarnR 1931,199 (201f.), Nr.100.

118 Urteil vom 7.5.1953 (BGH 3 StR 485/52) = NJW 1954,1292(1292); Urteil vom 3.11.1960 (BGH II ZR 78/60) = WM 1960,1381 (1381); Urteil vom 28.10.1966 (BGH V ZR 208/63) = WM 1966,1221 (1223).

119 Lehmann/Hübner, S. 184, 193; Wolff/Raiser, S.121.

120 Flume, S. 383.

121 Lehmann/Hübner, S. 184,193; Enneccerus/Nipperdey, 15. Auflage, S.1168.

122 Lehmann/Hübner, S.193.

könnten, daß die Gültigkeit des abstrakten Geschäfts von derjenigen des kausalen Geschäfts abhängig sei[123]. Schließlich wurde das Erfüllungsgeschäft dann für sittenwidrig gehalten, wenn sich die Sittenwidrigkeit sowohl auf das Verpflichtungs- als auch auf das Verfügungsgeschäft erstreckte bzw.die Unsittlichkeit gerade in der Erfüllung des letzteren zu sehen war[124]. Diese letzte Ausnahme war ebenso wie die Sittenwidrigkeit des Erfüllungsgeschäfts beim Wucher allgemein anerkannt[125].

Eine insgesamt abweichende Ansicht wurde von *Flume* vertreten[126]. Er ging davon aus, daß abstrakte Zuwendungsgeschäfte nicht grundsätzlich sittlich indifferent seien[127]. Allerdings sei es selbstverständlich, daß das abstrakte Zuwendungsgeschäft nicht deshalb nichtig sei, weil das ihm zugrundeliegende Kausalgeschäft gegen die guten Sitten verstoße[128]. Die Sittenwidrigkeit müsse vielmehr selbständig für das abstrakte Zuwendungsgeschäft gegeben sein. Dabei müsse die Besonderheit der Verfügungsgeschäfte beachtet werden, und es dürfe nur geprüft werden, ob die mit der Verfügung verfolgte Rechtsänderung als sittenwidrig nicht anerkannt werden könne[129]. Würden durch die Änderung des Rechtszustandes auf Grund der Verfügung die Interessen des Zuwendenden, aber nicht sittenwidrig Handelnden, von Dritten oder das Gemeininteresse nicht betroffen, so bestehe für die Rechtsordnung keine Veranlassung, die Rechtsänderung nicht anzuerkennen[130]. In diesem Fall sei das Handeln zwar sittenwidrig, das Rechtsgeschäft selbst aber sittlich unbedenklich, so daß die Verfügung wirksam sei. In den Fällen, in denen die genannten Interessen verletzt würden, sei dagegen das Verfügungsgeschäft sittenwidrig und daher nichtig.

Bei der Anwendung auf den Fall kam *Flume* aber praktisch zu den gleichen Ergebnissen wie die Rechtsprechung und die übrige Literatur. Z.B. wurde bei Sicherungsgeschäften mit Gefährdung oder zur Benachteiligung dritter Gläubiger von Rechtsprechung und Literatur die Sittenwidrigkeit angenommen, weil gerade das zur Sicherung dienende Verfügungsgeschäft gegen die guten Sitten verstieß. Flume nahm in solchen Fällen Sittenwidrigkeit an, weil durch die Verfügung gerade die Interessen Dritter verletzt wurden.

---

123 Flume, S.383.

124 Lehmann/Hübner, S.184,193; Staudinger-Coing, 11. Auflage, § 138 Rdn.22; Wolff/Raiser, S.119 Fn.11.

125 Lehmann/Hübner, S. 184, 193; Wolff/Raiser, S.121.

126 Flume, S.382-384.

127 Flume, S.382.

128 Flume, S.383.

129 Flume, S.384.

130 Flume, S.384.

3. Teil: Die sittenwidrigen Rechtsgeschäfte in der Rechtsprechung von OGH und BGH

A. Sittenwidrigkeit wegen Verstoßes gegen übergeordnete Aspekte

Rechtsgeschäfte konnten sittenwidrig sein, weil sie gegen übergeordnete Aspekte verstießen. Ein solcher Verstoß lag dann vor, wenn nicht den Interessen bestimmter einzelner Personen oder der Allgemeinheit direkt zuwider gehandelt wurde, sondern eine Verletzung der Sittenordnung an sich festzustellen war.

Zu diesen sittenwidrigen Rechtsgeschäften gehörten z.B. die Pacht- und Mietverträge, die im Zusammenhang mit einem Bordellbetrieb abgeschlossen wurden. Es gab zahlreiche Entscheidungen des RG zu diesem Thema, in denen solche Verträge regelmäßig gemäß § 138 Abs.1 BGB nichtig waren[131]. Umstritten war jedoch, in welchem Umfang § 817 Satz 2 BGB auf solche Verträge Anwendung finden konnte[132].

Im Untersuchungszeitraum wurde nur ein Urteil des BGH zu diesem Komplex gefällt[133]. Darin wurde kurz festgestellt, daß ein Pachtvertrag über ein Haus dann sittenwidrig sei, wenn dieses nach dem Willen der Vertragsparteien als Bordell dienen sollte. So war der Pachtvertrag unzweifelhaft nichtig. Problematisch war lediglich, ob § 817 Satz 2 BGB auf solche Verträge anwendbar sei. Da der Pachtvertrag jedoch, wenn der Pächter sich mit § 817 Satz 2 BGB dem Herausgabeverlangen des Verpächters entgegenstellen könnte, faktisch legalisiert werden würde, wurde die Anwendbarkeit des § 817 Satz 2 BGB auf solche Verträge verneint.

131 Urteil vom 7.12.1896 (RG VI 234/96) = RGZ 38, 199 (200f.); Urteil vom 21.4.1906 (RG V 505/05) = RGZ 63, 179 (182); Urteil vom 29.5.1906 (RG II 519/05) = RGZ 63, 346 (351ff.); Urteil vom 5.2.1908 (RG V 236/07) = RGZ 68, 97 (98); Urteil vom 8.10.1909 (RG II 32/09) = RGZ 71, 432 (433); Urteil vom 7.12.1910 (RG V 58/10) = WarnR 1911, 123 (124) Nr.115; Urteil vom 30.10.1915 (RG V 190/15) = JW 1916, 180 (181).

132 Urteil vom 21.4.1906 (RG V 505/05) = RGZ 63, 179 (186 ff.); Urteil vom 29.5.1906 (RG II 519/05) = RGZ 63, 346 (353 ff.); Urteil vom 8.10.1909 (RG II 32/09) = RGZ 71, 432 (434 ff.); Urteil vom 7.12.1910 (RG V 58/10) = WarnR 1911, 123 (124 f.) Nr.115; Urteil vom 30.10.1915 (RG V 190/15) = JW 1916, 180 (181); Urteil vom 21.4.1920 (RG V 480/19) = JW 1920, 707 (707).

133 Urteil vom 20.5.1964 (BGH VIII ZR 56/63) = BGHZ 41, 341.

Der BGH führte mit diesem Urteil die Rechtsprechung des RG im wesentlichen unverändert fort[134]. Erst später veränderte sich die rechtliche Bewertung dieser Verträge. So war nun ein Vertrag, der mit einem Bordellbetrieb im Zusammenhang stand, nicht grundsätzlich sittenwidrig, sondern nur dann, wenn ein zusätzliches Element hinzukam, welches die Sittenwidrigkeit begründete. Dies konnte beispielsweise in der Ausbeutung der Prostituierten zu sehen sein oder durch ein auffälliges Mißverhältnis zwischen gefordertem Pachtzins und objektivem Pachtwert begründet werden[135]. Wenn ein solcher Vertrag sittenwidrig war, war wiederum die Anwendbarkeit des § 817 Satz 2 BGB umstritten[136]. Diese Problematik soll in der vorliegenden Arbeit jedoch nicht vertieft werden, da sie den Untersuchungsgegenstand des § 138 BGB nur am Rande betrifft und zudem im Untersuchungszeitraum keine große Bedeutung in der Rechtsprechung des BGH erlangt hat.

Rechtsgeschäfte konnten im übrigen vor allem wegen Verstoßes gegen übergeordnete Aspekte sittenwidrig sein, wenn gegen Standespflichten oder gegen ehe- und familienrechtliche Wertungen verstoßen wurde.

1. Sittenwidrigkeit wegen Verstoßes gegen Standespflichten

a) Entwicklung in der Rechtsprechung des RG

Es gibt einige Berufe, die mit besonderen Standespflichten verbunden sind. Dies sind meist höhere Berufe, bei denen zum einen der Berufstätige eine besondere Vertrauensstellung einnimmt und zum anderen bestimmte Werte von allgemeiner Bedeutung -wie die Rechtspflege oder das Gesundheitswesen- bewahrt werden sollen. Zu diesen Berufen gehören vor allem Rechtsanwälte, Richter, Ärzte und Steuerberater.

Schon früh hatte sich dabei die Frage ergeben, ob ein Standesverstoß gleichbedeutend mit Sittenwidrigkeit war und die Nichtigkeit eines damit verbundenen Rechtsgeschäfts zur Folge hatte[137]. Diese Gleichstellung wurde in der Rechtsprechung des Reichsgerichts aber nicht vollzogen. Es mußten vielmehr neben der

---

134 Ebenso mit dem Urteil vom 9.6.1969 (BGH VII ZR 52/67) = WM 1969, 1083.

135 Urteil vom 17.4.1970 (BGH I ZR 124/68) = NJW 1970, 1179 (1180); Urteil vom 8.1.1975 (BGH VIII ZR 126/73) = BGHZ 63, 365 (365f.); Urteil vom 16.5.1988 (BGH II ZR 316/87) = NJW-RR 1988, 1379 (1379).

136 Urteil vom 8.1.1975 (BGH VIII ZR 126/73) = BGHZ 63, 365 (368f.); Urteil vom 15.3.1990 (BGH III ZR 248/88) = WM 1990, 799 (802).

137 Z.B. Urteil vom 24.8.1913 (RG III 178/13) = RGZ 83,110 (114).

Standeswidrigkeit die Umstände des Einzelfalles betrachtet werden, um eine Sittenwidrigkeit festzustellen[138].

So wurde in einem Urteil vom 29.1.1926[139] das Verhalten eines Richters bewertet, der selbst mit einem Rechtsstreit befaßt war, welcher in einem schiedsgerichtlichen Verfahren beigelegt werden sollte, und der nun von den Parteien aufgefordert wurde, gegen Entgelt die Stelle eines Obmanns oder Schiedsrichters einzunehmen. Dadurch, daß der Richter diesem Begehren nachkam, handelte er zwar standeswidrig. Jedoch genügte dies allein noch nicht, um eine Sittenwidrigkeit anzunehmen. Auch in einem Urteil vom 17.12.1926[140], in dem es um die Vereinbarung eines Streitanteils für einen Anwalt ging, wurde festgestellt, daß ein Vertrag, der unter Verletzung der Standesehre geschlossen worden war, nicht ohne weiteres unsittlich war. In beiden Fällen führte dann aber die Einzelfallbetrachtung dazu, daß das Verhalten doch als unsittlich bewertet wurde. So lag die Besonderheit im ersten Fall darin, daß der Richter selbst auf die Einsetzung als Obmann oder Schiedsrichter gedrängt hatte. Im zweiten Fall wurde auf die Sittenwidrigkeit aus der wichtigen öffentlich-rechtlichen Funktion des Anwaltsstandes geschlossen, so daß an die Standesehre eines Anwalts hohe Anforderungen zu stellen waren, die eine Sittenwidrigkeit eher begründen konnten.

Dies zeigte, daß zwar grundsätzlich keine Gleichstellung von Standes- und Sittenwidrigkeit erfolgte, regelmäßig aber bei der Einzelfallbetrachtung Kriterien gefunden wurden, um einen Sittenverstoß zu begründen. Es wurde aber trotzdem deutlich, daß eine flexible Handhabung der Bewertung der Standeswidrigkeit beabsichtigt war, so daß durchaus standeswidriges Verhalten auch im Einzelfall nicht sittenwidrig sein mußte[141]. Daß standeswidriges Verhalten nicht sittenwidrig war, stellte im praktischen Ergebnis aber eher die Ausnahme dar.

Zur Zeit des Nationalsozialismus erfolgte eine strengere Bewertung der standeswidrigen Rechtsgeschäfte. Zunächst wurde nur eine weitere Ausweitung der Ausnahmen bekämpft[142], aber vehement daran festgehalten, daß eine Standeswidrigkeit nicht gleichbedeutend mit Sittenwidrigkeit sei[143]. Ein Wechsel erfolgte aber dahingehend, daß zunächst standeswidrige Rechtsgeschäfte regelmäßig sittenwidrig waren und sie nur in Ausnahmefällen nicht sittlich zu mißbilligen wa-

138 Urteil vom 17.5.1907 (RG II 22/07) = RGZ 66,139 (141); Urteil vom 29.1.1926 (RG III 220/25) = RGZ 113,1 (4).

139 Urteil vom 29.1.1926 (RG III 220/25) = RGZ 113,1 (4).

140 Urteil vom 17.12.1926 (RG III 21/26) = RGZ 115,141 (144).

141 Vgl. Urteil vom 29.1.1926 (RG III 220/25) = RGZ 113,1 (4); ebenso Wanner, S.188.

142 Urteil vom 20.10.1933 (RG III 406/32) = RGZ 142,70 (76).

143 Urteil vom 20.10.1933 (RG III 406/32) = RGZ 142,70 (82); Urteil vom 16.4.1934 (RG VI 456/33) = RGZ 144,242 (245); Kallfelz JW 1937,1513 (1518).

ren[144]. Es wurde wiederholt betont, daß standeswidrige Rechtsgeschäfte nur unter besonderen Umständen nicht sittenwidrig seien[145], während vor 1933 gerade erst die Umstände des Einzelfalls betrachtet werden mußten, um die Sittenwidrigkeit des Verhaltens zu begründen.

Obwohl es Tendenzen gab, standeswidriges Verhalten immer zugleich als sittenwidrig zu bewerten[146], wurde dieser Schritt in der Rechtsprechung des RG doch nicht vollzogen. So wurde in einem Urteil vom 8.1.1937 ausgeführt, daß selbst wenn "für die heute gültige Rechts- und Volksanschauung Standeswidrigkeit und Sittenwidrigkeit" zusammenfielen, "eine bedingte Standeswidrigkeit doch keine unbedingte Sittenwidrigkeit zur Folge haben könne"[147]. Die Verschärfung der Ansichten zeigte sich aber auf andere Weise. So wurden Handlungen, die den Verdacht eines Standesverstoßes trugen, nun verstärkt zugleich als standeswidrig angesehen. Da, wie festgestellt, standeswidriges Verhalten regelmäßig für sittenwidrig gehalten wurde, wurden fast sämtliche Fälle, in denen standeswidriges Verhalten in Betracht kam, als sittenwidrig bewertet.

So wurde im Urteil des RG vom 20.10.1933 die anwaltliche Beteiligung am Streitgewinn für sittenwidrig erachtet, wobei sich hier die Tendenz, Anwälte und Ärzte bei der Ausübung ihres Berufes besonders streng zu bewerten, deutlich zeigte. So sei "es gerade aus dem heutigen Rechtsempfinden heraus geboten, die Schranken, die bisher einer eigensüchtigen Berufsausübung der Rechtsanwälte entgegenstanden, nicht etwa zu lockern, sondern sie im Gegenteil aufrechtzuerhalten"[148]. Auch der Verkauf von Anwaltspraxen war regelmäßig als standes- und sittenwidrig zu bewerten[149]. Begründet wurde dies vor allem damit, daß der Beruf des Rechtsanwalts kein Gewerbe sei, sondern als Dienst am Recht zu bewerten sei[150]. Dem Rechtsanwalt komme demnach die Erfüllung einer wichtigen öffentlichen Aufgabe im Dienste des Allgemeinwohls zu, so daß er seinen Beruf weder als reine Gelderwerbsquelle betrachten noch seine Praxis zum Gegenstand eines Handelsgeschäfts machen dürfe[151]. Desweiteren waren Wettbewerbsverbote unter Ärzten regelmäßig standes- und sittenwidrig, was bereits vor der Machter-

144 Urteil vom 8.1.1937 (RG II 126/36) = JW 1937,923 (926); Urteil vom 24.11.1936 (RG II 131/36) = RGZ 153,280 (284); vgl. auch Urteil vom 12.8.1939 (RG II 67/39) = RGZ 161,153 (155).
145 Urteil vom 20.10.1933 (RG III 406/32) = RGZ 142,70 (77); Urteil vom 24.11.1936 (RG II 131/36) = RGZ 153,280 (284).
146 Wanner S.188.
147 Urteil vom 8.1.1937 (RG II 126/36) = RGZ 153,294 (302).
148 Urteil vom 20.10.1933 (RG III 406/32) = RGZ 142, 70 (76f.).
149 Urteil vom 24.11.1936 (RG II 131/36) = RGZ 153, 280 (284f.); Urteil vom 12.8.1939 (RG II 67/39) = RGZ 161, 153 (155).
150 Urteil vom 24.11.1936 (RG II 131/36) = RGZ 153,280 (284).
151 Urteil vom 24.11.1936 (RG II 131/36) = RGZ 153,280 (284).

greifung der Nationalsozialisten in aller Schärfe festgestellt worden war[152] und nun aufgegriffen und fortgeführt wurde[153]. Es wurde für unvereinbar mit der sittlichen Würde und der öffentlich-rechtlichen Bedeutung des ärztlichen Berufs und dem staatlichen Interesse an einer durch privatrechtliche Bindungen nicht gehemmten Gesundheitspflege gehalten, daß der Ausübung des ärztlichen Berufs durch Wettbewerbsvereinbarungen Schranken auferlegt wurden. An dieser Auffassung sollte um so mehr festgehalten werden, als der nationalsozialistische Staat die Verpflichtung des Arztes zum Dienst an der Gesundheit des gesamten Volkes besonders betonte und gerade in der öffentlichen Aufgabe des Arztes, sich für die Erhaltung der Volksgesundheit einzusetzen, die Bedeutung des ärztlichen Standes sah[154].

Nur ganz vereinzelt wurde ein standeswidriges Verhalten nicht als sittenwidrig bewertet. So wurde in einem Urteil vom 8.1.1937[155] der Verkauf einer Arztpraxis als zwar bedingt standeswidrig, aber nicht als sittenwidrig erachtet. Dies ergab sich aus den besonderen Umständen des Einzelfalles, wobei solche streng limitierten Ausnahmen, wie bereits festgestellt, stets für möglich gehalten wurden. Somit stand dieses Urteil der klaren Tendenz des RG zur Zeit des Nationalsozialismus, standeswidriges Verhalten regelmäßig als sittenwidrig zu erachten, nicht entgegen.

Insgesamt leitete sich die Verschärfung der Bewertung dieser Rechtsgeschäfte vor allem aus der verstärkten Beachtung des Gemeinwohlgedankens im Nationalsozialismus her. So ging der Gemeinnutz dem Eigennutz stets vor[156]. Die betroffenen Berufsgruppen dienten der Erfüllung einer wichtigen öffentlichen Aufgabe im Dienste des Allgemeinwohls[157]. Besonders betont wurde dabei die Abgrenzung dieser Berufe zum Gewerbe[158], so daß hier strengere Maßstäbe anzulegen waren als bei anderen Berufen. Zudem war eine weitere Besonderheit dieser Berufe, daß die Bürger den Vertretern dieser Berufsgruppen ein besonderes Vertrauen entgegenbrachten, was nicht durch leichtfertige Bewertung der Standespflichten enttäuscht werden sollte[159].

---

152 Urteil vom 11.6.1907 (RG III 21/07) = RGZ 66,143; Urteil vom 26.2.1909 (RG III 220/08) = RGZ 70,339;Urteil vom 16.3.1917 (RG III 395/16) = RGZ 90,36.
153 Urteil vom 17.12.1937 (RG II 99/37) = JW 1938,806.
154 Urteil vom 17.12.1937 (RG II 99/37) = JW 1938,806 (806).
155 Urteil vom 8.1.1937 (RG II 126/36) = RGZ 153,294 (302).
156 Hubernagel, in Frank: S.972.
157 Urteil vom 24.11.1936 (RG II 131/36) = RGZ 153,280 (284); Urteil vom 17.12.1937 (RG II 99/37) = JW 1938,806 (806).
158 Urteil vom 24.11.1936 (RG II 131/36) = RGZ 153,280 (284).
159 Urteil vom 24.11.1936 (RG II 131/36) = RGZ 153, 280 (285); Schulz JW 1937,1377 (1377).

b) *Entwicklung in der Rechtsprechung des OGH und des BGH*

(1) *Urteil vom 21.4.1952*[160] *(Verhandlungen mit dem Gegner ohne dessen Anwalt)*

In diesem Urteil äußerte sich der BGH erstmals zur Frage, wann ein standeswidriges Rechtsgeschäft sittenwidrig sei. Der Sachverhalt war dabei ein wesentlich anderer als bei den vom RG entschiedenen Fällen:

Der Kläger und die Beklagte stritten um die Folgen eines Erbvertrages, in dem die Beklagte zur Alleinerbin eingesetzt worden war. Die Klage wurde erstinstanzlich abgewiesen, worauf der Kläger Berufung einlegte. Die Beklagte brachte vor, daß in einer Unterredung im Juli 1950 der Kläger sich gegenüber dem Prozeßbevollmächtigten und dem Korrespondenzanwalt der Beklagten dazu verpflichtet habe, die Berufung zurückzunehmen. Als Gegenleistung sollten die Kostenerstattungsansprüche der Anwälte ermäßigt werden.

Aufgrund dieser Vereinbarung wurde die Berufung des Klägers als unzulässig verworfen. Auf die Revision hob der BGH das Berufungsurteil bereits wegen Verfahrensfehlern bei der Beweiserhebung auf. Es wurde dann aber auch darauf eingegangen, ob eine mögliche Vereinbarung zwischen dem Kläger und den Anwälten der Beklagten sittenwidrig sei.

Eine Sittenwidrigkeit könne festzustellen sein, weil die Anwälte der Klägerin bei Abschluß der Vereinbarung standeswidrig gehandelt hätten. Bei der Unterredung im Juli 1950 seien nur die Anwälte der Beklagten anwesend gewesen, der Kläger sei ohne Anwalt aufgetreten. Die Tatsache, daß die dabei getroffene Vereinbarung über die Rücknahme der Berufung ohne Beteiligung des Anwalts des Klägers erfolgt sei, mache die Vereinbarung zumindest standesrechtlich bedenklich.

Wenn man davon ausgehe, daß ein Verstoß gegen Standespflichten vorliege, so liege darin, wie der BGH feststellte, noch nicht notwendig ein Sittenverstoß. Nichtigkeit könne insbesondere nicht angenommen werden, wenn die Standespflichten, gegen die der Anwalt verstoßen habe, ihm allein oder doch vorwiegend im allgemeinen Standesinteresse mit Rücksicht auf die kollegialen Belange auferlegt seien. Ein Verstoß gegen solche Standespflichten, die nur oder doch ganz überwiegend dem Standesinteresse der Anwaltschaft dienten, könne sich nicht zum Nachteil der von dem Anwalt vertretenen Partei auswirken, da der vertretenen Partei solche Pflichten nicht obliegen. Nichtigkeit könne aber anzunehmen sein, wenn weitere Umstände hinzuträten, durch welche die zunächst nur als standeswidrig anzusehende Handlung den Charakter einer allgemein verwerfli-

160 BGH IV ZR 142/51 = AnwBl. 1952,118.

chen und sittenwidrigen annehme. Als Beispiel für solche Umstände wurde vom BGH der Fall angeführt, daß der Anwalt die Unentschlossenheit oder Furcht des Gegners vor hohen Prozeßkosten erkannte und ausnutzte.

Zunächst war festzustellen, daß der BGH den vom Reichsgericht entwickelten Grundsatz, daß Standeswidrigkeit nicht vornherein mit Sittenwidrigkeit gleichzusetzen sei, wieder aufgriff[161]. Er folgte damit nicht den im Nationalsozialismus[162] und teils danach[163] erkennbaren Strömungen, aus der Standeswidrigkeit gleich auf die Sittenwidrigkeit zu schließen. Bemerkenswert war im vorliegenden Urteil vor allem, daß zwischen verschiedenen Arten von Standespflichten unterschieden wurde. Dabei sollten vor allem Standespflichten, die dem Anwalt "allein oder doch vorwiegend im allgemeinen Standesinteresse mit Rücksicht auf die kollegialen Belange" auferlegt waren, nicht zur Sittenwidrigkeit führen. Diese Standesverstöße sollten sich zumindest nicht zum Nachteil der vertretenen Partei auswirken, da ihr solche Pflichten nicht oblagen. Diese Betrachtungsweise wich vor allem von den im Nationalsozialismus vertretenen Ansichten zur Standes- und Sittenwidrigkeit ab. Dort wurde beim Anwaltsberuf hervorgehoben, daß dieser ein "Dienst am Recht"[164] sei, was sich auch in der Reichs-Rechtsanwaltsordnung niedergeschlagen hatte[165]. Vor allem ging das Gemeinwohl den Interessen Einzelner immer vor[166]. Demzufolge wäre dort ein Standesverstoß auch dann als sittenwidrig beurteilt worden, wenn nur eine der vertretenen Partei nicht obliegende Pflicht verletzt worden wäre und sich die Nichtigkeit zu ihrem Nachteil auswirken würde, da immer noch eine Beeinträchtigung des Gemeinwohls vorgelegen hätte. Es zeigte sich daher bereits in diesem Urteil eine Abwendung von der starren Beurteilung der Standesverstöße als Pflichtverletzung gegenüber der Allgemeinheit und der daraus folgenden regelmäßigen Sittenwidrigkeit.

(2) Urteil vom 18.12.1954[167] (Arztpraxentausch und Wettbewerbsverbot)

Konnte das eben besprochene Urteil nur einen ersten Anhaltspunkt für die Tendenz der Rechtsprechung des BGH geben, so zeigte das Urteil vom 18.12.1954

---

161 Siehe oben S.38.
162 Paulus, S.15.
163 So wurde diese Gleichstellung noch 1953 in der 10. Auflage des BGB-RGRK von Oegg propagiert (§ 138 Anm.1 S.271).
164 Urteil vom 24.11.1936 (RG II 131/36) = RGZ 153,280 (284).
165 Vgl. Vorspruch zur Reichs-Rechtsanwaltsordnung vom 21.2.1936 (RGBl. 1936 I,107).
166 Vgl. dazu die Ausführungen bei Hattenhauer, Rdn.634ff..
167 BGH II ZR 76/54 = BGHZ 16,71.

eine Fortsetzung der Liberalisierung im Vergleich zur strengen Bewertung zur Zeit des Nationalsozialismus. Dem Urteil lag folgender Sachverhalt zugrunde:

Die Parteien vereinbarten im Februar 1951 den Tausch ihrer in Hamburg und Baden-Württemberg gelegenen Arztpraxen. Dieser Tausch wurde von den zuständigen Zulassungsausschüssen der Kassenärztlichen Vereinigungen genehmigt. Am 1.7.1952 wurde der Tausch vollzogen. Nachdem ein Rücktausch zwischenzeitlich aufgrund des Verhaltens des Klägers gescheitert war, erklärte der Beklagte, daß er den Tauschvertrag für unzulässig hielt und focht ihn zudem am 19.1.1953 wegen arglistiger Täuschung an. Dabei kündigte er an, er werde sich zu gegebener Zeit in unmittelbarer Nähe seiner früheren Praxisräume wieder als Arzt niederlassen.

Der Kläger beantragte nun Feststellung der Wirksamkeit des Tauschvertrags und die Verurteilung des Beklagten, es zu unterlassen, sich in der Nähe der Praxisräume als Arzt niederzulassen. Der zweite Klagantrag wurde vom Landgericht abgewiesen. Die Berufung hatte keinen Erfolg.

Der BGH stellte zunächst fest, daß der Tausch einer Arztpraxis sowohl nach der neueren Rechtsprechung des Reichsgerichts[168] als auch inzwischen durch die Gesetzgebung[169] anerkannt sei. Daher unterstellte der BGH, daß der Praxistauschvertrag rechtswirksam sei.

Nun wurde durch ergänzende Vertragsauslegung begründet, daß der Praxistauschvertrag ein Rückkehrverbot enthalte. Fraglich war die Rechtswirksamkeit dieses Rückkehrverbots.

Der BGH ging dabei zunächst auf die Rechtsprechung des RG ein, das Wettbewerbsverbote jeder Art unter Ärzten für standes- und sittenwidrig gehalten hatte[170]. Begründet hatte das RG diese Entscheidungen damit, daß es der sittlichen Würde und der öffentlich-rechtlichen Bedeutung des Arztberufes und dem Interesse der Allgemeinheit an einer guten Gesundheitspflege widerstrebe, die freie Ausübung dieses Berufes durch irgendwie geartete Wettbewerbsverbote zu beschränken.

Nun stellte der BGH fest, daß sich die grundsätzliche Einstellung zum Arztberuf nicht entscheidend gewandelt habe. Wohl hätten sich aber die für die Ausübung des Arztberufes maßgeblichen wirtschaftlichen Verhältnisse und dadurch bedingt auch die Organisation des Ärztestandes seit Beginn der Rechtsprechung des RG zu diesem Thema tiefgreifend verändert, so daß Wettbewerbsver-

---

168 Urteil vom 8.1.1937 (RG II 126/36) = RGZ 153,294.

169 Vgl. § 22 Abs.2 der ZulassungsO f. Ärzte v. 26.11.1953 - GVBl. Bad.-Württ. 1953,197.

170 Urteil vom 11.6.1907 (RG III 21/07) = RGZ 66,143; Urteil vom 24.3.1908 (RG III 416/07) = RGZ 68,186; Urteil vom 16.3.1917 (RG III 395/16) = RGZ 90,36 ; Urteil vom 17.12.1937 (RG II 99/37) = JW 1938,806.

bote unter Ärzten milder bewertet werden müßten. Die Veränderungen seien darin zu sehen, daß die Zahl der Ärzte fortschreitend gestiegen und durch zwei Kriege und ihre Folgeerscheinungen eine Notlage großer Schichten des Volkes entstanden sei. Daraus habe sich eine bedeutende Minderung des Einkommens vieler Ärzte und die Erschwerung einer Existenzgründung ergeben. Als Folge daraus hätten sich die Fälle gehäuft, in denen nicht charakterlich gefestigte Elemente von der im ärztlichen Stand bisher üblichen, sittlich hochstehenden Berufsauffassung abgewichen seien und den Ärzteberuf vorwiegend nach materiellen, geschäftlichen Rücksichten ausgeübt hätten. Aus diesem verschärften Wettbewerb schloß der BGH nun auf eine gewisse Schutzbedürftigkeit der Ärzte. Dabei wurde aber nicht festgestellt, daß Wettbewerbsverbote unter Ärzten grundsätzlich zulässig seien, sondern betont, daß solche Beschränkungen jedenfalls in Sonderfällen gerechtfertigt sein könnten. Ein solcher Fall wurde hier damit begründet, daß der Gesetzgeber in Bayern ein Wettbewerbsverbot für solche Ärzte erlassen habe, die z.B. am Beginn ihres Berufsweges bei einem in der Praxis tätigen Arzt angestellt gewesen seien und als dessen Vertreter und Assistenten arbeiteten. Diese Vertreter sollten sich vor Ablauf eines Jahres nicht ohne Genehmigung des Arztes in dessen Praxisbereich niederlassen können. Hieraus zog der BGH den Schluß, daß, wenn solche Wettbewerbsbeschränkungen für Ärzte möglich seien, die erst am Beginn einer freien Berufsausübung ständen, erst recht Beschränkungen für Ärzte, die sich mitten im Berufsleben befänden, möglich sein müßten, so daß das Rückkehrverbot hier weder standes- noch sittenwidrig sei.

Zunächst war bemerkenswert, daß der BGH, obwohl er mit der Rechtsprechung des RG brach, um Kontinuität bemüht war. So wurde betont, daß sich die grundsätzliche Einstellung zum Arztberuf nicht gewandelt habe und der Arztberuf weiterhin nicht als Gewerbe zu bewerten sei. Diese Ausführungen sollten wohl vor allem die dann folgenden, größtenteils rein wirtschaftlichen Gründe für die Zulässigkeit eines Wettbewerbsverbots relativieren.

Gut nachvollziehbar waren die zunächst für die Änderung der Rechtsprechung herangezogenen Gründe, die in den wirtschaftlichen Veränderungen zu sehen waren. Die durch die beiden Weltkriege hervorgerufene wirtschaftliche Notlage in weiten Teilen der Bevölkerung wirkte sich auch auf die Existenzgrundlage der Ärzte aus. Der BGH hob ausdrücklich hervor, daß Ärzte auch eine auf Erwerb gerichtete Tätigkeit ausübten. Es erschien daher nachvollziehbar, daß in einer wirtschaftlich so schwierigen Zeit den Ärzten mehr Möglichkeiten zur Sicherung ihrer wirtschaftlichen Existenz gegeben werden mußten.

Interessant war die weitere Begründung des BGH zur Änderung der Rechtsprechung dahingehend, daß die wirtschaftlichen Schwierigkeiten viele Ärzte zwangen, ihren Beruf vorwiegend als Erwerbsquelle anzusehen und von der sonst üblichen, sittlich hochstehenden Berufsauffassung abzuweichen. Deutlich wurde, daß der BGH diese Tendenzen im öffentlichen Interesse nicht billigte. Bemerkenswert war dabei die Vorgehensweise des BGH. Er hätte auch durch eine Verstärkung der Standespflichten dieser Entwicklung der Ärzteschaft entgegenwirken können. Statt dessen gab er den Ärzten größere Gestaltungsmöglichkeiten bei ihrer wirtschaftlichen Betätigung. Dafür könnten vor allem zwei Beweggründe maßgebend gewesen sein. Zunächst war die gewählte Lösung lebensnäher und gab den Ärzten, die den hohen sittlichen Anforderungen ihres Berufes genügten, die Möglichkeit, ihre Existenz gerade gegen diejenigen zu abzusichern, die den Arztberuf nur als Erwerbsquelle ansahen. Zudem waren eine starke Pflichtenbindung und die Hervorhebung des Allgemeinwohls vor dem Wohl des Einzelnen typische Strömungen des Nationalsozialismus gewesen[171]. Wie sich bereits im oben angeführten Urteil zeigte[172], wollte man von dieser Tendenz Abstand nehmen und die Rechte des Einzelnen mehr hervorheben. Dies erfolgte sicherlich auch aus pragmatischen Gründen, da der Einzelne, wenn man ihm mehr Möglichkeiten an die Hand gab, eher bereit und in der Lage war, eine wirtschaftliche Existenz aufzubauen, was gerade in der Zeit nach dem 2. Weltkrieg ein vorrangiges Ziel gewesen sein dürfte.

Bis zu diesem Punkt zeigte das Urteil des BGH vom 18.12.1954 also eine bemerkenswerte Klarheit und Lebensnähe. Dann allerdings schreckte der BGH davor zurück, Wettbewerbsbeschränkungen für Ärzte generell für zulässig zu erachten und stellte fest, daß sie jedenfalls in Sonderfällen erlaubt seien. Die Begründung eines Sonderfalles im vorliegenden Fall erfolgte allerdings mit nicht sehr überzeugender Begründung. Es wurde auf eine gesetzliche Regelung in Bayern abgestellt, und dann der Schluß gezogen, daß, wenn dort Wettbewerbsverbote für Ärzte zu Beginn ihrer freien Berufsausübung bestünden, dies erst recht für Ärzte gelten müsse, die sich mitten im Berufsleben befänden. Zunächst erschien es etwas bedenklich, daß hier eine landesrechtliche Regelung aus Bayern herangezogen wurde, obwohl der Praxistausch sich in den Bundesländern Baden-Württemberg und Hamburg vollzogen hatte. Zudem war es kaum einzusehen, warum ein Sonderfall mit einer allgemein gültigen gesetzlichen Regelung begründet werden sollte. Die Beschränkung, daß Wettbewerbsverbote von Ärzten nur in Sonderfällen zulässig sein sollten, war damit faktisch nicht erfolgt. Die Zulässigkeit ergab sich vielmehr allgemein für Ärzte, die mitten im Berufsleben standen. Eine Begründung für diese sehr zurückhaltende Formulierung kann man sicherlich darin sehen, daß der BGH von der gefestigten Rechtsprechung des RG abwich, aber dessen Einstellung zum Arztberuf nicht aufgeben wollte. Auch sollte eine zu extensive Annahme der Zulässigkeit von Wettbewerbsbeschrän-

171 Vgl. Hattenhauer, Rdn.634ff..
172 Urteil vom 21.4.1952 (BGH IV ZR 142/51)= AnwBl 1952,118.

kungen, wie sie bei einer grundsätzlichen Erlaubnis zu befürchten gewesen wäre, durch die zurückhaltende Formulierung dieses Urteils unterbunden werden.

Schließlich war festzustellen, daß der Wandel der Anschauungen direkt durch eine Reduktion der Standespflichten erfolgte und nicht, wie es auch möglich gewesen wäre, durch eine Erhöhung der Anforderungen an die Sittenwidrigkeit. Der Grund dafür war wohl darin zu sehen, daß, wie es im Urteil häufig anklang, der Gesetzgeber einige neue Regelungen über die Organisation der Ärzteschaft erlassen hatte und so eine veränderte Standesanschauung gut zu begründen war.

(3) Urteile zu Praxistausch- und Praxiskaufverträgen[173]

Stand beim eben besprochenen Urteil noch die Beurteilung der Wettbewerbsbeschränkung im Vordergrund und wurde die Wirksamkeit des Arztpraxentausches nur nebenher beurteilt, so stand bei den hier folgenden Urteilen der Tausch oder Verkauf von Praxen im Vordergrund. Dabei waren unterschiedliche Berufsgruppen betroffen. Im Urteil vom 11.4.1958 ging es um den Verkauf einer Steuerberaterpraxis, im Urteil vom 9.6.1959 wiederum um einen Arztpraxentausch, das Urteil vom 10.11.1959 behandelte den Verkauf einer Steuerhelferpraxis an einen Rechtsanwalt und im Urteil vom 20.1.1965 befaßte sich der BGH mit dem Verkauf einer Rechtsanwaltspraxis.

(a) Urteil vom 11.4.1958[174] *(Verkauf einer Steuerberaterpraxis durch eine Witwe)*

Diesem Urteil lag folgender Sachverhalt zugrunde:

Die Klägerin war Witwe eines im Jahre 1950 verstorbenen Steuerberaters. Am 21.9.1950 schloß sie mit dem Beklagten, der Steuerberater in der gleichen Stadt war, einen Vertrag, durch welchen er die künftige Betreuung der Kunden des verstorbenen Ehemanns gegen eine genauer festgelegte, fortlaufend zu zahlende Gegenleistung übernahm. Bis zum Jahre 1955 zahlte der Beklagte die vertraglich vereinbarten Beträge an die Klägerin, geriet aber häufig mit der Zahlung in Rückstand. Bereits im Juli 1955 hatte der Beklagte die Nichtigkeit des Vertrages geltend gemacht, zahlte zunächst aber weiter. Am 19.4.1956 bestätigte der Beklagte schriftlich, mit Zahlungen im Rückstand zu sein, lehnte aber Zahlung

173 Urteil vom 11.4.1958 (BGH VIII ZR 190/57) = BB 1958,496; Urteil vom 9.6.1959 (BGH VIII ZR 107/58) = NJW 1959,1584; Urteil vom 10.11.1959 (BGH VIII ZR 143/58) = LM § 138 (Cf) BGB Nr.1a; Urteil vom 20.1.1965 (BGH VIII ZR 53/63) = BGHZ 43,46.

174 BGH VIII 190/57 = BB 1958,496.

dieser und zukünftiger Beträge unter Berufung auf die Nichtigkeit des Vertrages ab.

Die Klägerin erhob daraufhin Klage auf Feststellung der Gültigkeit des Vertrages und Verurteilung des Beklagten zur Zahlung der rückständigen Beträge.

Das Landgericht hatte der Klage stattgegeben. Die Berufung des Beklagten hatte keinen Erfolg.

Der BGH schloß sich der Ansicht des Berufungsgerichts an, daß der Verkauf einer Steuerberaterpraxis durch die Witwe des bisherigen Inhabers nur dann gegen die guten Sitten verstoße, wenn besondere Umstände vorlägen, die den Vertrag im Einzelfall als unsittlich erscheinen ließen. Dies wurde damit begründet, daß diese Ansicht sich mit den im Schrifttum und in der Rechtsprechung entwikkelten Grundsätzen zum Verkauf einer Arzt-, Zahnarzt oder Rechtsanwaltspraxis decke, wobei zahlreiche Verweise angeführt wurden[175]. Die vom RG in der Entscheidung vom 12.8.1939[176] vertretene Auffassung, daß der Verkauf einer Rechtsanwaltspraxis regelmäßig sittenwidrig und nur ausnahmsweise zulässig sei, wurde ohne weitere Begründung als überholt angesehen. Wenn nun der Verkauf einer Arzt- oder Rechtsanwaltspraxis jedenfalls durch eine Witwe grundsätzlich zulässig sei, so müsse das auch für den Verkauf einer Steuerberaterpraxis gelten.

Von dieser Prämisse ausgehend wurde dann geprüft, ob im vorliegenden Fall der Verkauf der Steuerberaterpraxis ausnahmsweise als sittenwidrig zu bewerten sei. Für die Annahme einer Sittenwidrigkeit wurden folgende Punkte erörtert. Zunächst wurde gefragt, ob dem Käufer so schwere wirtschaftliche Lasten auferlegt worden seien, daß er genötigt gewesen sei, seinen Beruf als reine Erwerbsquelle anzusehen. Als weiteres wurde geprüft, ob der Käufer unzulässig in seiner Berufsausübung oder in seiner wirtschaftlichen Freiheit beschränkt worden sei. Schließlich wurde erörtert, ob ein auffälliges Mißverhältnis zwischen Leistung und Gegenleistung vorliege. Alle diese Punkte wurden verneint, so daß der Vertrag als nicht sittenwidrig und somit rechtswirksam bewertet wurde.

Zunächst war an diesem Urteil bemerkenswert, daß der BGH den Streit um die Zulässigkeit eines Verkaufs von Arzt- oder Rechtsanwaltspraxen anscheinend ohne eingehende Begründung dahingehend entscheiden wollte, daß dieser Verkauf grundsätzlich zulässig sei. Dies wurde aber gleich darauf dadurch eingeschränkt, daß der BGH dies zunächst nur für den Verkauf durch eine Witwe annahm. Daß der Verkauf einer Arztpraxis grundsätzlich nicht sittenwidrig sei,

---

175 Urteil vom 29.10.1926 (RG II 57/26) = RGZ 115,172; Urteil vom 24.11.1936 (RG II 131/36) = RGZ 153,280; Urteil vom 18.12.1954 (II ZR 76/54) = BGHZ 16,71 (74); Kallfelz, JW 1937,1513 (1518); Kalsbach, AnwBl. 1954, 37; Müller, NJW 1957,1270; Staudinger-Ostler, 11. Auflage, § 433 Rdn.30; BGB-RGRK-Kuhn, 10.Auflage, § 433 Anm. II B a S.8 letzter Absatz.

176 RG II 67/39 = RGZ 161,153 (155).

hatte der BGH selbst im oben angeführten Urteil[177] bereits festgestellt. Den Verkauf einer Rechtsanwaltspraxis durch eine Witwe hatte bereits das RG für ausnahmsweise zulässig erklärt[178]. Diese Rechtsprechung hätte eigentlich bereits ausgereicht, um die Parallele zum Praxisverkauf durch die Witwe eines Steuerberaters zu ziehen. Trotz der im vorliegenden Urteil noch erwähnten Einschränkung auf Praxisverkäufe durch Witwen mußte die Begründung des Urteils aufgrund ihres Wortlauts doch dahingehend ausgelegt werden, daß auch der Verkauf einer Rechtsanwaltspraxis durch den Anwalt oder dessen sonstige Erben grundsätzlich zulässig war. Dieser Schritt wurde auch in der Literatur vollzogen[179]. Indem der BGH nun den Verkauf einer Rechtsanwaltspraxis grundsätzlich für zulässig erachtete, wurde die sich bereits in den früheren Urteilen andeutende Tendenz fortgeführt. Der BGH reduzierte die Standespflichten dieser Berufe, um der veränderten wirtschaftlichen Situation nach dem 2. Weltkrieg und den veränderten Anschauungen Rechnung zu tragen.

Interessant am vorliegenden Urteil war zudem, daß der BGH erstmals ausführlich auf die Ausnahmefälle einging, in denen ein solcher Praxisverkauf doch sittenwidrig sein sollte. Dabei waren das auffällige Mißverhältnis der Leistungen und die unzulässige Beschränkung der wirtschaftlichen Freiheit bzw. der Berufsausübung bekannte Fallgruppen, die bei jedem Vertrag Anwendung finden konnten. Darüber hinaus wurde aber auch dann der Praxisverkauf für sittenwidrig erachtet, wenn dem Käufer solch schwere wirtschaftliche Lasten auferlegt wurden, daß er gezwungen war, seinen Beruf als reine Erwerbsquelle anzusehen. Hier wurde der Besonderheit der relevanten Berufsgruppen Rechnung getragen. Sie lag darin, daß der Bürger, der einen Arzt, Anwalt oder Steuerberater in Anspruch nahm, diesem ein besonderes Vertrauen entgegenbrachte und außerdem durch diese Berufe eine besonders wichtige öffentliche Funktion wahrgenommen wurde. Da diese Besonderheiten nicht mehr wie beim RG[180] die grundsätzliche Sittenwidrigkeit zur Folge haben sollten, mußten sie zumindest in krassen Ausnahmefällen Beachtung finden. Die grundsätzliche Bewertung, daß diese Berufe kein Gewerbe darstellten, hatte der BGH schließlich beibehalten[181]. Indem ein Praxisverkauf nun erst dann sittenwidrig sein sollte, wenn der Käufer aufgrund der Vertragsbedingungen seinen Beruf nur noch als auf Erwerb zielendes Gewerbe ansehen konnte, hatte der BGH eine flexiblere Beurteilung dieser Verträge

177 Urteil vom 18.12.1954 (BGH II ZR 76/54) =BGHZ 16,71.

178 Urteil vom 24.11.1936 (RG II 131/36) = RGZ 153,280 (286).

179 Tiefenbacher, BB 1959,473 (474); Palandt-Danckelmann, 19.Auflage, § 138 5. b) ff); Enneccerus/Nipperdey, 15. Auflage, S.1165 (Fn.11).

180 Urteil vom 23.3.1934 (RG I 214/33) = RGZ 144,1 (4); Urteil vom 12.8.1939 (RG II 67/39) = RGZ 161,153 (155).

181 So ausdrücklich Urteil vom 18.12.1954 (BGH II ZR 76/54) = BGHZ 16,71.

ermöglicht, ohne daß die grundsätzliche Einstellung zu diesen Berufsgruppen geändert werden mußte.

(b) Urteil vom 20.1.1965[182] *(Verkauf einer Rechtsanwaltspraxis unter Anwälten)*

Nachdem der BGH zwischenzeitlich die grundsätzliche Zulässigkeit eines Arztpraxistausches bestätigt hatte[183], und auch die Veräußerung einer Steuerhelferpraxis ebenso wie die Veräußerung einer Steuerberaterpraxis für grundsätzlich zulässig erklärt worden war[184], hatte er nun zu entscheiden, wie der Verkauf einer Rechtsanwaltspraxis unter den Rechtsanwälten selbst zu bewerten war. Der Entscheidung lag folgender Sachverhalt zugrunde:

Der Ehemann der Klägerin war bis 1945 als Landgerichtsrat tätig. Ab 1946 erhielt er seine Zulassung als Rechtsanwalt. Im selben Haus wie er hatten die Beklagten, die ebenfalls Rechtsanwälte waren, ihre Büroräume. Ab 1956 bemühte sich der Ehemann der Klägerin um die Wiederverwendung im Justizdienst. Ab März 1957 verhandelte er mit den Beklagten über eine Übernahme seiner Praxis. Nachdem diese seine Praxis während eines Kuraufenthalts verwaltet hatten, sendete er ihnen einen ersten Vertragsentwurf zur Übernahme der Praxis zu. Am 13.6.1957 erhielt der Ehemann der Klägerin die Nachricht, daß er ab 1.7.1957 seine Tätigkeit als Landgerichtsrat aufzunehmen habe. Am 29.6.1957 schlossen die Parteien einen schriftlichen Vertrag über die Übernahme der Praxis.

Wie vereinbart übernahmen die Beklagten am 1.7.1957 die Praxis. Bereits wenige Wochen später bemängelten die Beklagten, daß der Hauptklient dieser Praxis auch andere Anwälte beschäftigte und sie nicht dessen Hausanwälte geworden seien. Am 26.8.1957 machten sie daher schriftlich geltend, daß die Geschäftsgrundlage des Vertrages vom 29.6.1957 entfallen sei und fochten den Vertrag zudem vorsorglich an.

Am 1.6.1961 verstarb der Ehemann der Klägerin. Sie klagte nun als dessen Rechtsnachfolgerin auf Zahlung des Kaufpreises für die Übernahme der Praxis. Die Beklagten machten neben den bereits schriftlich erhobenen Rügen die Standes- und Sittenwidrigkeit des Vertrages geltend.

Beide Vorinstanzen hatten der Klage stattgegeben.

Bei der Frage nach der Sittenwidrigkeit des Vertrages ging der BGH nun zunächst auf die Ansicht des RG und des Ehrengerichtshofs für Rechtsanwälte ein. Diese gehe von einer strengen Standesauffassung aus und erkläre den Verkauf ei-

182 BGH VIII ZR 53/63 = BGHZ 43,46.
183 Urteil vom 9.6.1959 (BGH VIII ZR 107/59) = NJW 1959,1584.
184 Urteil vom 10.11.1959 (BGH VIII ZR 143/58)= LM § 138 (Cf) BGB Nr.1a.

ner Anwaltspraxis grundsätzlich als nach § 138 BGB nichtig, wobei aber Ausnahmen zugelassen worden seien[185]. Begründet worden sei dies damit, daß der Beruf des Anwalts kein Gewerbe sei, der Anwalt eine wichtige öffentliche Aufgabe im Allgemeinwohl wahrnehme und das Vertrauen der Klientel eng mit der Person des Anwalts verbunden sei. Daher dürfe dieser Beruf nicht als reine Erwerbsquelle betrachtet werden und die Praxis auch nicht zum Gegenstand eines Handelsgeschäfts werden. Nun wurde darauf eingegangen, daß diese Ansicht in der Literatur auf scharfe Kritik gestoßen sei[186] und auch die Richtlinien für Anwälte eine Wandlung vollzogen hätten. So sei in den "Richtlinien für die Ausübung des Anwaltsberufs" vom 11.5.1957 in § 73 zum Praxisverkauf festgehalten worden: "Die Sicherstellung der Hinterbliebenen eines Rechtsanwalts, die Unterstützung eines arbeitsunfähig gewordenen Kollegen, oder ein anderer zu billigender Beweggrund können die Zahlung eines Entgelts für die Übertragung einer Praxis rechtfertigen."[187] In den "Grundsätzen des anwaltlichen Standesrechts" vom 2./3.5.1963 heiße es dagegen:

"§ 71 (1) Die entgeltliche Übernahme einer Praxis ist zulässig.
(2) Die Bedingungen für den Praxiserwerb müssen angemessen sein."[188]

Desweiteren wurde auf das oben angeführte Urteil des BGH verwiesen[189], in dem bereits die grundsätzliche Zulässigkeit des Verkaufs einer Rechtsanwaltspraxis festgestellt worden sei. Zwar behielten die Gründe, die früher für den entgegengesetzten Standpunkt geltend gemacht worden seien, für sich ihre volle Bedeutung. Aus alledem seien aber keine durchschlagenden Gründe herzuleiten, die Übertragung einer Anwaltspraxis gegen Entgelt als standes- und sittenwidrig anzusehen.

Bei lebensnaher Betrachtung könne nicht übersehen werden, daß ein Anwalt seine Praxis auch unter dem Gesichtspunkt betreibe, in seinem Beruf eine Existenzgrundlage zu finden. Ein erfolgreicher Anwalt schaffe dabei mit dem Vertrauen seiner Klientel einen Vermögenswert, der zwar wesentlich an seine Person gebunden sei, aber in Grenzen auch einem Nachfolger zugänglich gemacht werden könne. Diese Grenzen ergäben sich daraus, daß dem Nachfolger durch die Klientel keine neuen Mandate gegeben werden müßten, selbst begonnene Aufträge müßten nicht zu Ende geführt werden. Der Nachfolger habe daher nur die Chance, daß die bisherigen Klienten auch zu ihm kämen. Das in ihn gesetzte

185 Vgl. Urteil vom 24.11.1936 (RG II 131/36) = RGZ 153,280; Urteil vom 12.8.1939 (RG II 67/39) = RGZ 161,153.
186 So wurde verwiesen auf Tiefenbacher, BB 1959,473 (473f.); Müller, NJW 1957,1270 (1270) ; Schmitz, NJW 1963,1284 (1284ff.).
187 Zitiert aus dem Urteil vom 20.1.1965 (BGH VIII ZR 53/63) = BGHZ 43,46.
188 Zitiert aus dem Urteil vom 20.1.1965 (BGH VIII ZR 53/63) = BGHZ 43,46.
189 Urteil vom 11.4.1958 (BGH VIII ZR 190/57)= BB 1958,496.

Vertrauen müsse er dann selbst rechtfertigen. Das Vertrauen der Klienten werde auch nicht mißbraucht, da sie zum einen in ihrer Entscheidung für einen Anwalt frei seien und zum anderen der Nachfolger immer ein zur Rechtsanwaltschaft zugelassener Anwalt sei, dessen fachliche und persönliche Eignung in den Grenzen des § 7 BRAO überprüft worden sei.

Desweiteren wurde erörtert, ob die entgeltliche Übertragung dieses Vermögenswertes nicht doch zur Sittenwidrigkeit führe. Zunächst wurde dabei festgestellt, daß die Chance, die Klientel eines Anwalts zu übernehmen, einen echten Vermögenswert darstelle. Ein solcher werde regelmäßig nicht unentgeltlich übertragen. Auch die Beurteilung des Anwaltsberufes als nicht gewerbliches Unternehmen ändere daran nichts. Dies bestimme zwar Inhalt und Schranken seiner Tätigkeit, es hindere aber den Anwalt nicht daran, die durch die Ausübung seines freien Berufs geschaffenen Werte gegen Entgelt auf einen Anderen zu übertragen, soweit dadurch nur nicht die Berufstätigkeit des Anwalts als Mitwirkung an der Rechtspflege in ihrem Wesen verfälscht oder gefährdet werde. Eine solche Gefährdung sei z.B. dann gegeben, wenn die Bedingungen für den Praxiserwerb so drückend seien, daß der Erwerber gezwungen sei, seinen Beruf vor allem unter wirtschaftlichen Gesichtspunkten zu betreiben.

Somit sei der Verkauf einer Anwaltspraxis grundsätzlich nicht als sittenwidrig anzusehen. Er könne aber wie jeder Vertrag durch die Gestaltung im Einzelfall sittenwidrig werden. Eine solche sittenwidrige Gestaltung wies nach Meinung des BGH der vorliegende Vertrag nicht auf.

Dieses Urteil war der vorläufige Schlußpunkt in der Entwicklung der Rechtsprechung zu den Praxisverkäufen bei Berufen mit besonderen Standespflichten. Wurde bereits im angeführten Urteil vom 11.4.1958[190] der Verkauf einer Anwaltspraxis für grundsätzlich zulässig erachtet, so hatte dabei doch immer noch die Einschränkung im Raum gestanden, daß dies durch eine Witwe erfolgt war, für die selbst keine Standespflichten bestanden. Nun mußte der Fall entschieden werden, daß dieser Vertrag zwischen zwei Anwälten geschlossen wurde. Dabei fiel auf, daß im früheren Urteil die Zulässigkeit eines Anwaltspraxenverkaufs noch lapidar in wenigen Sätzen festgestellt und die abweichende Meinung des RG schlicht für veraltet erklärt worden war. Hier hingegen war eine sehr ausführliche Argumentation erfolgt. So wurde zu Beginn des Urteils ausgeführt, daß es von jeher umstritten gewesen sei, ob und unter welchen Voraussetzungen der Verkauf einer Anwaltspraxis standes- und deshalb in der Regel auch sittenwidrig sei. Zum anderen hatte die Literatur mit gewisser Verunsicherung auf das Urteil vom 11.4.1958[191] reagiert. So hatte *Tiefenbacher*[192] gemeint, daß der BGH an-

190 Urteil vom 11.4.1958 (BGH VIII ZR 190/57)= BB 1958,496.
191 Urteil vom 11.4.1958 (BGH VIII ZR 190/57)= BB 1958,496.

gedeutet habe, daß er den Verkauf einer Rechtsanwaltspraxis in Zukunft anders beurteilen werde als das Reichsgericht. Eine klare Folgerung aus den im Urteil vorhandenen knappen Bemerkungen konnte aber nicht gezogen werden. Diese Unsicherheit, ob der Verkauf einer Rechtsanwaltspraxis grundsätzlich zulässig war, herrschte bis zu diesem neuen Urteil vom 20.1.1965 bereits fast sieben Jahre. So war erklärlich, daß der BGH sich nun grundsätzlich und ausführlich begründet mit diesem Streitstand auseinandersetzte.

Dabei ging der BGH zunächst auf die Rechtsprechung des RG ein. Ungewöhnlich war, daß sämtlichen Gründen, die das RG für die Sittenwidrigkeit des Verkaufs einer Anwaltspraxis angeführt hatte, ihre Richtigkeit nicht abgesprochen wurde. Es wurde ausdrücklich betont, daß die Gründe, die früher für den entgegengesetzten Standpunkt geltend gemacht wurden, für sich ihre volle Bedeutung behielten. Dann wurden diese Argumente einzeln betrachtet und mit bemerkenswerter Argumentation der Wandel der Rechtsprechung begründet.

Zunächst wurden grundsätzliche Bedenken dahingehend, daß der Beruf des Anwalts auch der Schaffung einer Existenzgrundlage diente, ausgeräumt. Dies wurde mit einer lebensnahen Betrachtungsweise begründet, was die Tendenz der Rechtsprechung des BGH zu diesem Thema fortsetzte, den realen Einzelfall zu sehen und nicht abstrakte Pflichten in den Vordergrund zu stellen.

Dann wendete sich der BGH den Hauptargumenten des RG zu, mit denen dieses die Sittenwidrigkeit des Praxisverkaufs begründet hatte. Es handelte sich hier um das Vertrauens- und das Berufsargument[193]. Das Vertrauensargument besagte, daß der Verkauf der Anwaltspraxis sittenwidrig sei, weil das Vertrauen, das die Klienten dem Anwalt entgegenbrächten, durch die Veräußerung der Praxis mißbraucht werde. Die Schwäche dieses Arguments zeigte sich vor allem darin, wie der BGH zu Recht bemerkte, daß die Klienten nicht gezwungen waren, dem Übernehmer der Praxis die noch nicht abgewickelten Aufträge zur weiteren Bearbeitung zu überlassen und schon gar nicht neue Aufträge zu erteilen. Desweiteren wurde dazu ausgeführt, daß selbst wenn das Vertrauen der Klienten in den Nachfolger z.B. durch Empfehlung des bisherigen Praxisinhabers bestärkt werde, daran nichts Anstößiges zu sehen sei, da der Nachfolger als zugelassener Anwalt einer Überprüfung seiner fachlichen und persönlichen Eignung in den Grenzen des § 7 BRAO ausgesetzt gewesen und somit eine geeignete Persönlichkeit sei. Diese Wendung war interessant, da der BGH sonst eigentlich immer eine lebensnahe Darstellung in diesem Bereich verfolgt hatte. Hier dagegen stellte er auf die abstrakte Geeignetheit des Nachfolgers ab, wobei bei praxisnaher Betrachtungsweise nicht übersehen werden konnte, daß es bei Anwälten sowohl

192 Tiefenbacher, BB 1959,473 (474).
193 Tiefenbacher, BB 1959,473 (474).

fachlich als auch persönlich schwerwiegende Unterschiede geben konnte. So ist es eigentlich nicht besonders einsichtig, warum diesem Nachfolger nun das Vertrauen der Klienten geschenkt werden sollte. Andererseits hatte der BGH mit dieser Begründung etwaigen Gegenmeinungen entgegenwirkt, welche die alte Auffassung des RG vielleicht sonst aufgegriffen hätten, um einem Werteverfall im Anwaltsstand durch Anerkennung des grundsätzlich möglichen Praxisverkaufs zu verhindern. Dadurch, daß die Anwälte allgemein als fachlich und persönlich geeignet bezeichnet wurden, so daß ihnen ohne weiteres das Vertrauen der Klienten entgegengebracht werden konnte, zeigte sich eine recht hohe Meinung des BGH vor dem Anwaltsstand. Somit bestand nicht die Gefahr, daß die Bedeutung der Anwälte als unabhängige Organe der Rechtspflege durch dieses Urteil als gefährdet angesehen werden konnte. Literatur und Rechtsprechung schlossen sich auch einheitlich dem Urteil des BGH an[194].

Das Berufsargument nahm darauf Bezug, daß der Anwalt eine öffentliche Aufgabe für das Wohl der Allgemeinheit ausübte[195]. Dies hatte sich nun auch gesetzlich niedergeschlagen und zwar hieß es in § 2 der BRAO, daß der Anwalt kein gewerbliches Unternehmen betreibe, sondern in Ausübung eines freien Berufes als unabhängiges Organ der Rechtspflege tätig werde. Aus diesen Gründen ergaben sich Bedenken bezüglich der Zulässigkeit einer <u>entgeltlichen</u> Veräußerung einer Anwaltspraxis. Durch eine solche entgeltliche Veräußerung näherte sich der Anwaltsberuf der rein geschäftlichen, gewerblichen Tätigkeit zu stark an und die freie, unabhängige Mitwirkung des Anwalts an der Rechtspflege war nicht mehr gewährleistet. Der BGH führte nun aus, daß durch diese Aspekte zwar die Ausübung des Anwaltsberufs mit Schranken belegt werde, der Anwalt aber nicht gehindert werde, über erworbene Werte zu verfügen, soweit dadurch nicht die Berufstätigkeit des Anwalts als Mitwirkung an der Rechtspflege in ihrem Wesen verfälscht oder gefährdet werde. Es zeigte sich, daß der BGH zwar die Bedenken des RG teilte, ihnen aber mit einer Verschiebung der Perspektive begegnete. Wurde früher davon ausgegangen, daß der Anwalt durch die Veräußerung der Anwaltspraxis sich grundsätzlich immer zum Gewerbetreibenden entwickelte, der seine öffentlichen Aufgaben vernachlässigte, so wurde nun angenommen, daß grundsätzlich diese Gefahr nicht bestehe. In besonderen Ausnahmefällen konnte einer solchen Entwicklung durch Annahme der Sittenwidrigkeit entgegengewirkt werden.

Bemerkenswert war der Umfang des Wandels, der sich in der Rechtsprechung zur Beurteilung der Sittenwidrigkeit des Praxisverkaufs gezeigt hatte. So hatte

194 BGB-RGRK-Nieland/Zöller, 12. Auflage, § 138 Rdn.210 ; MüKo-Mayer-Maly, 1. Auflage, § 138 Rdn.42; Staudinger-Coing, 12. Auflage, § 138 Rdn.74.

195 Urteil vom 24.11.1936 (RG II 131/36) = JW 1937, 921 (922).

das RG von der grundsätzlichen Sittenwidrigkeit schon Ausnahmen gemacht, wenn dieser Verkauf Fürsorgecharakter hatte, z.B. wenn er mit einem arbeitsunfähigen Anwalt geschlossen wurde oder mit der Witwe eines Anwalts[196]. Dabei wurde aber gerade die Tendenz bekämpft, Kaufverträge unter Anwälten, die mitten im Berufsleben standen, als wirksam zu erachten. So nahm Schulz 1937 den hier vom BGH entschiedenen Fall vorweg[197]. Auch dort ging er auf den Verkauf einer Praxis unter Anwälten ein, wobei sich der veräußernde Anwalt einem Beamtenberuf zuwendete. Damals wurde noch vehement daran festgehalten, daß ein solcher Verkauf sittenwidrig sei, da er keinen Fürsorgecharakter, sondern nur den Charakter des Geschäftlichen habe. Es wurde festgestellt, daß es bei einem solchen Vertrag für beide Teile, den Vorgänger und Nachfolger, unwürdig sei, den Nachfolger allein arbeiten und ihn allein das Risiko der Berufsausübung tragen zu lassen und trotzdem den Vorgänger an den Früchten der Arbeit zu beteiligen, obwohl dieser nunmehr in einem anderen Beruf seinen Lebensunterhalt erwerbe. Der BGH ging auf die Notwendigkeit des Fürsorgecharakters in seiner Entscheidung gar nicht mehr ein. Dies war aufgrund der allgemeinen Anerkennung des Praxisverkaufs als nicht sittenwidrig wohl auch nicht nötig. Auch hätte die Änderung der Standesrichtlinien der Anwaltschaft, die der BGH zwar erwähnte, in seine Argumentation aber nicht aufnahm, gegen ein Festhalten an diesem Fürsorgecharakter gesprochen. So zeigten die neueren Richtlinien von 1963 im Gegensatz zu denen von 1957[198] keinen Hinweis mehr auf die Notwendigkeit des Fürsorglichen beim Praxisverkauf.

Somit war nun nach der Rechtsprechung des BGH der Verkauf einer Praxis der aufgeführten Berufe grundsätzlich nicht sittenwidrig, konnte es aber wie jeder Vertrag im Einzelfall werden.

(4) Urteil vom 28.2.1963[199] (Erfolgshonorar eines Anwalts)

Neben dieser Liberalisierung bei der Beurteilung von Standes- und Sittenwidrigkeit, die auch in den Urteilen vom 25.6.1964[200] und 27.4.1965[201] fortgesetzt wurde, zeigten sich aber auch Urteile des BGH, die an den strengen Auffassungen des RG festhielten. So wurde in der Entscheidung vom 3.3.1960[202] ein Vertrag für sittenwidrig erklärt, in dem der Anwalt für den einen Vertragspartner den

196 Urteil vom 24.11.1936 (RG II 131/36) = JW 1937,921.
197 Schulz, JW 1937, 1377 (1378).
198 Vgl. S.51.
199 BGH VII ZR 167/61 = BGHZ 39,142.
200 BGH VII ZR 215/62 = WM 1964,1088.
201 BGH V ZR 245/62 = NJW 1965,2005.
202 BGH VII ZR 19/59 = nicht veröffentlicht.

Vertrag entwarf und den anderen Vertragspartner als Vormund betreute. Aufgrund der dabei auftretenden Interessenkollision war der Vertrag standeswidrig, wie sich aus der Anwendung der Rechtsanwaltsordnung ergab. Nun hielt der BGH zwar an seiner Ansicht fest, daß ein Verstoß gegen die Standespflichten noch nicht ohne weiteres die Sittenwidrigkeit des Rechtsgeschäfts begründete. Allerdings wurde die alte Formel des RG[203] wieder aufgegriffen, die besagte, daß wegen der besonderen öffentlich-rechtlichen Aufgabe der Rechtsanwälte ein Verstoß gegen Standesrecht regelmäßig die Sittenwidrigkeit zur Folge habe. Da der BGH in den bisherigen Urteilen die Anforderungen an die Standespflichten gesenkt hatte und nicht das Verhältnis von Standes- und Sittenwidrigkeit neu definiert hatte, hier aber ein offensichtlicher Standespflichtenverstoß vorlag, setzte sich der BGH mit der Anwendung dieser Formel nicht in direkten Widerspruch zu seiner früheren Rechtsprechung.

Ein weiterer Bereich, in dem sich die Rechtsprechung des BGH Lockerungstendenzen widersetzte, war die Vereinbarung von Erfolgshonoraren durch Anwälte. Bereits im Urteil vom 15.12.1960[204] wurde die Ansicht vertreten, daß Erfolgshonorare unzulässig seien. Ob diese Unzulässigkeit durch eine auf Standeswidrigkeit begründete Sittenwidrigkeit hervorgerufen worden sei, wurde in diesem Urteil offengelassen. Vielmehr wurde noch das gesetzliche Verbot des Erfolgshonorars gem. §§ 93 Abs.2 Satz 5 iVm 95 RAGebO angewendet, das aber durch Gesetzesänderung vom 26.7.1957 abgeschafft worden war. Auf dieses Urteil folgten heftige Widerstände seitens der Literatur[205]. Dabei wurde partiell auch auf die Standes- und Sittenwidrigkeit eingegangen. Auf die Rechtslage nach Abschaffung der Spezialregelung ging das Urteil vom 28.2.1963[206] ein, wobei die Auffassung der Literatur und die Begründung des Urteils vom 15.12.1960 aufgegriffen wurden. Diesem neuen Urteil lag folgender Sachverhalt zugrunde:

Der Beklagte war in der Zeit von 1935 bis 1945 in verschiedenen Städten nacheinander als Bürgermeister, Oberregierungsrat und Oberbürgermeister tätig gewesen. Im Jahre 1954 bemühte er sich beim Innenministerium des Landes Baden-Württemberg um die ihm noch zustehenden Bezüge. Ihm wurde mitgeteilt, daß die Ernennungen aufgrund seiner engen Verbindungen zum Nationalsozialismus erfolgt seien und deshalb bei der Berechnung seiner Bezüge nicht berücksichtigt werden könnten. Gegen Ende 1954 erhob der Beklagte gegen diesen Be-

---

203 Urteil vom 16.4.1934 (RG VI 456/33) = RGZ 144,242 (245).

204 BGH VII ZR 141/59 = BGHZ 34,64.

205 Lewald, NJW 1961, 313; Arndt, NJW 1961,815; Oswald, RzW 1961,150; Scheffen, AnwBl. 1961,57; Rutkowsky, NJW 1962,18; zustimmend dagegen Nelken, NJW 1961, 1288.

206 BGH VII ZR 167/61 = BGHZ 39,142.

scheid Klage vor dem Verwaltungsgericht. Der Prozeß zog sich hin und drohte einen dem Beklagten nachteiligen Ausgang zu nehmen. Deshalb zog der Beklagte den Kläger als Rechtsanwalt hinzu. Er sollte zunächst einige Gutachten anfertigen und vertrat den Beklagten in einem anderen, zivilrechtlichen Prozeß. Nachdem der Kläger zudem im verwaltungsrechtlichen Prozeß als Unterbevollmächtigter des ursprünglichen Anwalts des Beklagten tätig wurde, bat der Beklagte schließlich im September 1958 den Kläger, im verwaltungsrechtlichen Prozeß neben diesem Anwalt als sein Prozeßbevollmächtigter tätig zu werden. Der Kläger, der bisher kein Honorar erhalten hatte, lehnte eine weitere Tätigkeit ab, wenn nicht vorher eine Honorarvereinbarung geschlossen würde.

Nach einigen Verhandlungen kam es am 4.11.1958 zu einer schriftlichen Honorarvereinbarung. Neben einigen ausführlichen Einzelhonorarforderungen sollte der Kläger 8.000 DM als Sonderhonorar erhalten, wenn der Beklagte aufgrund des verwaltungsgerichtlichen Prozesses Nachzahlungen mindestens in dieser Höhe erhielt. Sollte die Ernennung des Beklagten zum Oberbürgermeister bei der Berechnung der Bezüge nicht berücksichtigt werden, so sollte das Sonderhonorar nur 5.000 DM betragen. Falls der Beklagte keine Nachzahlungen erhielte, wollte der Kläger auf ein Sonderhonorar verzichten. Nachdem im verwaltungsrechtlichen Prozeß dem Beklagten Nachzahlungen in Höhe von 21.005,76 DM gewährt wurden, verlangte der Kläger unter anderem die Zahlung des Sonderhonorars in Höhe von 8.000 DM. Der Beklagte hielt die Honorarvereinbarung für sittenwidrig und zahlte nur die gesetzlichen Gebühren. Sowohl das Landes- als auch das Oberlandesgericht hatten der Klage auf Zahlung des Sonderhonorars stattgegeben.

Die Revision des Beklagten hatte Erfolg. Der BGH führte aus, daß die Vereinbarung dieses Erfolgshonorars standes- und sittenwidrig und somit nichtig sei.

Das Berufungsgericht war noch der Auffassung gewesen, daß die Vereinbarung ein auf einen festen Betrag lautendes Erfolgshonorar sei und als wirksam beurteilt werden müsse. Dagegen führte der BGH an, daß die unterschiedliche Höhe des Sonderhonorars (8.000 DM, 5.000 DM oder keine Zahlung) sich nach dem jeweiligen Erfolg richten und dieses Honorar aus den erstrittenen Nachzahlungen entnommen werden sollte, so daß es sich um ein nach dem Grad des Erfolges abgestuftes Erfolgshonorar handelte. Dieses müsse daher bewertet werden wie ein Streitanteil.

Die Vereinbarung eines solchen Streitanteils sei aufgrund der Gesetzesänderung vom 26.7.1957 nicht mehr gem. § 93 Abs.2 Satz 5 RAGebO unzulässig. Der BGH führte aber aus, daß durch die Abschaffung dieses Verbots nicht die Vereinbarung eines Streitanteils unbeschränkt zulässig sein sollte[207]. Vielmehr sollte

207 Vgl. auch die Begründung zur BRAGebO, BTDrucks 2. Wahlp. Nr. 2545, S.226 f.

der vor Einführung dieser Vorschrift geltende Rechtszustand wieder hergestellt werden. Damals sei die Vereinbarung eines Streitanteils als schwerer Standesverstoß und deshalb als sittenwidrig beurteilt worden. An dieser Auffassung halte der BGH fest.

Dabei bezog er sich zunächst auf § 40 der Richtlinien für die Ausübung des Anwaltsberufs vom 11.5.1957, der die Vereinbarung eines Streitanteils als Erfolgshonorar für ausnahmslos unzulässig und standeswidrig erklärte. Auch wurde an den Ausführungen aus der Entscheidung vom 15.12.1960[208] festgehalten. Dem Rechtsanwalt seien demnach besondere Aufgaben zugewiesen, z.B. bestehe in vielen Verfahren Anwaltszwang und außerdem solle der Anwalt den Rechtssuchenden beraten, der ihm ein besonderes Vertrauen entgegenbringe. Aus diesen Aufgaben und Vorrechten erwüchsen dem Anwalt auch besondere Pflichten. Vor allem bestehe die Pflicht des Anwalts, gegenüber der von ihm vertretenen Partei seine Unabhängigkeit zu wahren. Diese Unabhängigkeit sei gefährdet, wenn der Anwalt ein eigenes geldwertes Interesse am Ausgang des Rechtsstreits habe. Insbesondere bestehe die Gefahr, daß der Anwalt seine eigenen Interessen durch Anwendung unlauterer Mittel entgegen der wirklichen Sach- und Rechtslage durchzusetzen versuche. Zumindest bestehe die Gefahr, daß dieser Eindruck in der Bevölkerung entstehe und das Vertrauen in die Anwälte zu schwinden beginne.

Neben diesen grundsätzlichen Erwägungen zum Erfolgshonorar an sich, wurde nun auf die Besonderheit des Streitanteils eingegangen. Bei diesem seien die wirtschaftlichen Interessen des Anwalts nicht nur mit dem Erfolg als solchem, sondern auch mit dem Ausmaß des Erfolges verbunden. Die genannten Gefahren für die Unabhängigkeit des Anwalts seien daher hier besonders groß. Bei der Vereinbarung eines solchen Streitanteils könnten kaufmännische Erwägungen dann so stark in den Vordergrund treten, wie es für einen Anwalt nicht mehr tragbar sei.

Neben diesen teilweise bereits im oben angeführten Urteil[209] getätigten Erwägungen ging der BGH nun kurz auf die kritischen Stimmen der Literatur zu diesem Thema[210] ein. Da die meisten Erwägungen dieser Literatur dabei ansetzten, daß es sich beim zuerst entschiedenen Fall um einen Entschädigungsfall handelte, für den besondere Kriterien gelten sollten, und dieser neue Fall nun anders gelagert war, ging der BGH nur auf einige Kritikpunkte ein. Zunächst wurde die Behauptung, das Verbot eines Erfolgshonorars in Form des Streitanteils benachtei-

---

208 BGH VII ZR 141/59 = BGHZ 34,64 (71ff).

209 Urteil vom 15.12.1960 (BGH VII ZR 141/59) = BGHZ 34,64.

210 Tiefenbacher, BB 1959,473 (473f.); Müller, NJW 1957,1270 (1270); Schmitz, NJW 1963,1284 (1284ff.).

lige die Auftraggeber des Rechtsanwalts und nicht diesen selbst, dahingehend widerlegt, daß es für den Anwalt andere Möglichkeiten (z.B. Verzicht auf Einforderung von Gebühren- oder Auslagenvorschüssen oder nachträgliche Minderung der Ansprüche) gebe, um der wirtschaftlichen Situation des Auftraggebers gerecht zu werden. Dann wurde vom BGH darauf hingewiesen, daß bei Vereinbarung eines Streitanteils die erhöhte Gefahr bestehe, daß der Auftraggeber im Erfolgsfall Gebühren zahlen müsse, die erheblich über den gesetzlichen Gebühren lägen. Schließlich wurde dem Einwand begegnet, daß der Anwalt, wenn die von ihm vertretene Partei vermögenslos sei, bereits ohne Vereinbarung eines Erfolgshonorars ein wirtschaftliches Interesse am Ausgang des Prozesses habe, da er sein Honorar nur aus dem Erstrittenen erlangen könne. Dieser Gedankengang wurde vom BGH zwar für möglicherweise richtig gehalten. Er müsse aber hinter der Gefahr zurückstehen, daß der Auftraggeber sich im Angesicht eines noch ungewissen Prozeßausgangs zur Zahlung eines unverhältnismäßig hohen Anteils verpflichte.

Nachdem nun der BGH die Standeswidrigkeit des Erfolgshonorars in Form eines Streitanteils begründet hatte, stellte er fest, daß nicht jeder Standesverstoß eines an eine Standesordnung gebundenen Vertragsteils das betreffende Rechtsgeschäft nichtig machen müsse. Es sollte aber für einen Rechtsanwalt etwas anderes gelten, jedenfalls dann, wenn es sich um die Verletzung einer wichtigen Standespflicht handele. Begründet wurde dies mit der besonderen Stellung des Anwaltsstandes. Der Rechtsanwalt sei ein unabhängiges Organ der Rechtspflege, sowie der berufene und unabhängige Berater und Vertreter seines Auftraggebers in allen Rechtsangelegenheiten[211]. Da es sich im vorliegenden Fall um die Verletzung einer solchen wichtigen Standespflicht handele und auch keine subjektiven Gründe vorlägen, welche die Sittenwidrigkeit ausnahmsweise entfallen lassen könnten, sei die Vereinbarung des Erfolgshonorars als Streitanteil hier sittenwidrig und nichtig.

Eine entscheidende Weichenstellung für die rechtliche Bewertung des hier vorliegenden Erfolgshonorars ergab sich bereits zu Beginn des Urteils. Hatte das Berufungsgericht dieses Honorar noch als auf einen festen Betrag lautend beurteilt, so stellte der BGH fest, daß es sich um ein nach dem Grad des Erfolges abgestuftes Erfolgshonorar handelte. Die beiden ersten Instanzen hatten mit ihrer nach den tatsächlichen Gegebenheiten offensichtlichen Fehleinschätzung des Honorars dieses ohne große Bedenken als wirksam und nicht sittenwidrig eingestuft. Indem der BGH darauf abstellte, daß es sich hier um ein Erfolgshonorar handelte, das einem Streitanteil gleichkam, und nur die Zulässigkeit der Vereinbarung eines Streitanteils prüfte, mußte die Stellungnahme dazu entfallen, wie ein Er-

211 Vgl. §§ 1,3 BRAO.

folgshonorar an sich zu bewerten war, unabhängig davon, ob es auf einen festen oder abgestuften Betrag gerichtet war. Der Streit um die Zulässigkeit von Erfolgshonoraren erstreckte sich nämlich auf alle Arten dieser Honorare[212]. Auch die abgeschaffte Regelung des § 93 Abs.2 Satz 5 iVm § 95 RAGebO erklärte sämtliche Erfolgshonorarvereinbarungen für unwirksam. Die Tendenz ging also dahin, auch ein Erfolgshonorar, das auf einen festen Betrag lautete, für unwirksam zu erklären. Die Tatsache, daß die beiden ersten Instanzen im hier vorliegenden Fall die Vereinbarung eines solchen Honorars für zulässig erachteten, verwunderte daher etwas. Um so mehr wäre eine grundsätzliche Entscheidung des BGH zum Erfolgshonorar wünschenswert gewesen. Zu vermuten war allerdings, daß der BGH eher der Ansicht zuneigte, daß sämtliche Erfolgshonorare unzulässig seien. Dafür sprach die Erwähnung der Richtlinien für die Ausübung des Anwaltsberufs vom 11.5.1957, die in § 40 die Vereinbarung eines Streitanteils für ausnahmslos unzulässig und in § 41 das Erfolgshonorar für grundsätzlich unzulässig und nur in Ausnahmefällen zulässig erklärten. Auch waren die meisten Gründe, die der BGH gegen die Vereinbarung eines Streitanteils vorbrachte, auch für andere Erfolgshonorare gültig. So drohte in jedem Fall der Anwalt seine Unabhängigkeit zu verlieren, wenn er seine wirtschaftlichen Interessen mit denen des Klienten vermengte. Auch bestand bereits hier die Gefahr, daß der Anwalt zu unlauteren Mitteln griff, um den Prozeß zu gewinnen und das Erfolgshonorar zu erlangen.

Der BGH begründete recht ausführlich die Standes- und Sittenwidrigkeit der Vereinbarung eines Streitanteils als Erfolgshonorar. Interessant war, daß § 40 der Richtlinien für die Ausübung des Anwaltsberufs vom 11.5.1957, der die Vereinbarung eines Streitanteils für ausnahmslos unzulässig erklärte, nur erwähnt, in die Argumentation des BGH aber nicht eingearbeitet wurde. Es hätte nahegelegen, bereits durch diese Bestimmung auf die Standeswidrigkeit der Vereinbarung zu schließen. Dagegen sprach allerdings, daß diese Norm heftig umstritten war. Insbesondere in den Reaktionen der Literatur auf das Urteil vom 15.12.1960[213] wurde § 40 der Richtlinien diskutiert und teils als nicht das Spiegelbild der Standesanschauungen wiedergebend[214], teils als durch Fortentwicklung des Standesrechts nicht mehr zeitgemäß[215] bewertet. Diese kritischen Stimmen bezogen sich zwar direkt nur auf den Bereich der Entschädigungsprozesse, aber zeigten doch

212 So hielt Friedländer, S.170 alle Arten von Erfolgshonoraren für grundsätzlich unzulässig, wobei es aber Ausnahmen geben konnte. Arndt, NJW 1961,815 (816) hielt es gar für unstreitig, daß grundsätzlich die Vereinbarung jedes Erfolgshonorars unzulässig sei.

213 BGH VII ZR 141/59 = BGHZ 34,64.

214 Oswald, RzW 1961,150(151).

215 Scheffen, AnwBl. 1961,57 (59).

die Uneinigkeit bezüglich des § 40. Dies mochte einer der Gründe sein, warum der BGH diesen Richtlinien keine größere Bedeutung bei der Beurteilung zukommen ließ, ob die Vereinbarung eines Streitanteils standeswidrig war.

Die Begründung, mit welcher der BGH eine Pflicht des Anwalts zur Unabhängigkeit feststellte, griff wieder altbekannte Elemente auf. So wurde die besondere Stellung des Anwalts als Organ der Rechtspflege hervorgehoben. Da im hier vorliegenden Urteil auch auf die Begründung des Urteils vom 15.12.1960[216] Bezug genommen wurde, flossen die dort genannten Punkte mit in die Argumentation des BGH ein. Dort wurde besonders hervorgehoben, daß der Anwalt bei seinen Klienten besonderes Vertrauen genoß. So waren das Berufs- und Vertrauensargument auch hier wieder die maßgebenden Kriterien für die Festlegung von Standespflichten der Anwälte[217].

In beiden Urteilen wurde deutlich, daß der BGH bei Festlegung eines Erfolgshonorars die Gefahr sah, daß der Anwalt unlautere Mittel anwendete, um einen günstigen Prozeßausgang zu erwirken. Diese Schlußfolgerung überzeugte nicht in jeder Hinsicht. Zwar war es zunächst verständlich, daß sich die Gefahr des Einsatzes unlauterer Mittel um so mehr erhöhte, je größer das wirtschaftliche Interesse des Anwalts war. Allerdings bestand dieses wirtschaftliche Interesse nicht nur, wenn ein Erfolgshonorar vereinbart wurde. So bestand großes wirtschaftliches Interesse bei Prozessen, die ein Anwalt für einen sehr vermögenden Klienten, wie z.B. eine große Firma, führte, insbesondere wenn dies der erste Prozeß war und der Anwalt sich diesem Klienten für die Zukunft empfehlen wollte[218]. Auch waren Prozesse des Anwalts in eigener Sache erlaubt[219]. Zudem konnte der Auftraggeber, wenn er vermögenslos war, das Honorar praktisch doch nur aus dem Erstrittenen zahlen und selbst wenn diesem das Armenrecht gewährt wurde, so wurde bei größeren Objekten nur ein Teil vom Staat vergütet, während der Rest nur von dem unterliegenden Gegner beigetrieben werden konnte[220]. Zumindest der letzte Gesichtspunkt wurde vom BGH auch anerkannt, aber gegenüber der Gefahr der Übervorteilung des Mandanten für unerheblich erklärt. Aufgrund dieser zahlreichen Fälle, in denen ebenfalls ein wirtschaftliches Interesse des Anwalts am Ausgang des Prozesses bestand, konnte die Gefahr, das er bei Vereinbarung eines Streitanteils zu unlauteren Mitteln griff, nicht alleiniger Grund für die Standes- und Sittenwidrigkeit sein. Es mochte als ein Indiz für die standesrechtliche Bedenklichkeit solcher Absprachen gelten, um so mehr als sich

216 BGH VII ZR 141/59 = BGHZ 34,64.
217 Vgl. zu diesen Argumenten: oben S.53f..
218 Rutkowsky, NJW 1962,18 (19).
219 Rutkowsky, NJW 1962,18 (19).
220 Oswald, RzW 1961,150 (152).

diese Gefahr bereits bei einem Fall, den das RG entschieden hatte[221], verwirklicht hatte. Um eine Standeswidrigkeit festzustellen, mußten aber bei der Entscheidung des BGH noch weitere Argumente relevant sein.

Da die Begründung des ersten Urteils des BGH zu diesem Thema ausdrücklich miteinbezogen wurde, könnte sich dort ein weiteres Argument für die Standeswidrigkeit der Vereinbarung eines Streitanteils finden. So wurde dort ausgeführt, daß das Vertrauen der Bevölkerung in die Anwälte sinken würde, wenn die Vereinbarung eines solchen Erfolgshonorars zulässig wäre[222]. Dieser Verlust des Ansehens sollte allein deshalb eintreten, weil die Interessen des Anwalts mit denen des Auftraggebers eng verknüpft wurden. Hier zeigte sich erstmals in der Rechtsprechung des BGH zu den Standespflichten eine Verkennung der Lebenswirklichkeit. Es war wesentlich wahrscheinlicher, daß in der Bevölkerung bei Vereinbarung eines Erfolgshonorars der Eindruck entstand, daß der Anwalt, der ein eigenes wirtschaftliches Interesse am Ausgang des Prozesses hatte, sich besonders stark einsetzen würde. In den sonstigen Fällen, in denen er das gesetzliche Honorar unabhängig vom Ausgang des Prozesses erwarb, konnte der Eindruck entstehen, daß der Anwalt sich gerade nicht übermäßig für die Belange des Auftraggebers einsetzte[223]. Diese Auffassung beeinträchtigte das Ansehen der Anwälte wesentlich mehr als es bei Vereinbarung eines Erfolgshonorars der Fall gewesen wäre. Somit konnte dieses Argument nicht die Beurteilung des Streitanteils als standes- und sittenwidrig rechtfertigen. Dies mochte auch der Grund sein, warum der BGH dieses Argument im vorliegenden Urteil nicht noch einmal ausdrücklich sondern nur durch Verweis aufgenommen hatte.

Neben diesen bisher angeführten Argumenten, die sowohl für die Vereinbarung eines festen Erfolgshonorars als auch eines Streitanteils gelten konnten, ging der BGH nun verstärkt auf die besondere Gefahr der Vereinbarung eines Streitanteils ein. Diese lag darin, daß hier das Interesse des Anwalts nicht nur auf einen Erfolg im Prozeß gerichtet war, sondern auch darauf, einen besonders hohen Erfolg zu erzielen. In diesem Fall waren die oben angeführten Gefahren besonders groß, da kaufmännische Erwägungen beim Anwalt die Oberhand gewinnen konnten. In Teilen der Literatur wurde eine solche Unterscheidung zwischen festem und abgestuftem Erfolgshonorar als überflüssig erachtet[224]. Dabei wurde aber verkannt, daß es häufig im Prozeß nicht das Hauptproblem war, überhaupt einen Erfolg vorzuweisen, sondern es meist schwieriger war, einen Erfolg in bestimmter Höhe zu erreichen. So bestand beim Streitanteil die Gefahr des Einsat-

221 Urteil vom 20.10.1933 (RG III 406/32) = RGZ 142,70.
222 Urteil vom 15.12.1960 (BGH VII ZR 141/59)=BGHZ 34,64 (72).
223 Rutkowsky, NJW 1962,18 (19).
224 Friedländer, JZ 1954,20 (21); Rutkowsky, NJW 1962,18 (20).

zes unlauterer Mittel mehr als beim festen Erfolgshonorar. Auch wurde bei der Begründung der Gefährlichkeit der Vereinbarung eines Streitanteils vom BGH ein Argument eher beiläufig erwähnt, das einen Hauptgrund für die Ablehnung einer solchen Vereinbarung darstellen mochte. Und zwar stellte der BGH fest, daß bei der Vereinbarung eines solchen Streitanteils kaufmännische Erwägungen so stark in den Vordergrund treten konnten, wie es für einen Anwalt nicht mehr tragbar sei. Der BGH hatte in Fortführung der Rechtsprechung des RG immer daran festgehalten, daß der Anwaltsberuf kein Gewerbe sei, und dies auch dann noch ausdrücklich betont, als er den Verkauf einer Anwaltspraxis für grundsätzlich zulässig erklärt hatte[225]. Somit fanden die Lockerungstendenzen, die der BGH bei der Beurteilung der Standespflichten der Anwälte zeigte, an diesem Fall ihre Grenzen. Diese letzte besondere Pflichtenbindung sollte nicht aufgegeben werden, so daß dies bereits erklären konnte, warum sich der BGH trotz starker Stimmen in der Literatur gegen die Anerkennung des Streitanteils stellte.

Diesen kritischen Stimmen aus der Literatur begegnete der BGH im vorliegenden Urteil. Dabei wurden aber zahlreiche Ansätze übergangen, da sie sich auf das erste Urteil bezogen, das den Sonderbereich der Entschädigungssachen behandelte. So setzte sich der BGH vor allem mit dem Argument auseinander, das Verbot der Vereinbarung eines Streitanteils benachteilige nicht den Anwalt, sondern dessen Auftraggeber, da dieser so vorleisten oder zumindest auch bei Ausbleiben des Erfolges zahlen müsse, was ihm häufig von der finanziellen Lage nicht möglich sei[226]. Dieses nicht sehr überzeugende Argument wurde damit widerlegt, daß dem Anwalt andere Möglichkeiten verblieben, auf die Situation des Auftraggebers einzugehen. Auch bestand die Gefahr für den Klienten, daß er sich beim Erfolgshonorar zur Zahlung einer weit über dem gesetzlichen Satz liegenden Gebühr verpflichtete. Obwohl sich der BGH nur mit diesem Argument der zahlreichen Literatur zu diesem Thema[227] auseinandersetzte, traten die gewichtigsten Gründe, die der BGH über alle kritischen Stimmen stellte, deutlich hervor. Dies war einmal die schon oben angesprochene Feststellung, daß der Anwalt kein Gewerbe betrieb und deshalb kaufmännische Erwägungen nicht in den Vordergrund treten dürften. Zum anderen wurde gerade in der Auseinandersetzung mit der Literatur deutlich die Gefahr der Übervorteilung der Klienten durch die Anwälte herausgestellt. Dies waren schwerwiegende Gründe, die den Widerstand des BGH gegen den Großteil der Literatur erklären konnten. Auch zeigte sich, daß der BGH die Tendenzen zur Liberalisierung, die er in vielen Bereichen ge-

225 Urteil vom 11.4.1958 (BGH VIII ZR 190/57)= BB 1958,496.

226 Arndt, NJW 1961,815 (816).

227 Lewald, NJW 1961, 313; Arndt, NJW 1961,815; Oswald, RzW 1961,150; Scheffen, AnwBl. 1961,57; Rutkowsky, NJW 1962,18; Nelken, NJW 1961, 1288; Friedländer JZ 1954,20.

zeigt hatte, dann nicht fortsetzte, wenn es dafür überzeugende Argumente, wie im vorliegenden Fall, gab.

Nachdem der BGH die Standeswidrigkeit der Vereinbarung eines Erfolgshonorars in Form eines Streitanteils festgestellt hatte, mußte nun die Frage geklärt werden, wann diese Standeswidrigkeit zur Sittenwidrigkeit der Vereinbarung führte. Dabei wurde zunächst die gefestigte Rechtsprechung fortgeführt[228] und festgestellt, daß ein Standesverstoß nicht ohne weiteres die Sittenwidrigkeit des Rechtsgeschäfts zur Folge habe. Dann wurde aber festgestellt, daß für einen Anwalt aufgrund seiner bedeutenden öffentlichen Aufgabe etwas anderes gelte. Jedenfalls bei Verletzung einer wichtigen Standespflicht sollte grundsätzlich auch Sittenwidrigkeit vorliegen. Dabei verwies der BGH auf die Rechtsprechung des RG[229] und des BGH[230]. Lag bei dem Urteil des BGH vom 3.3.1960 aber eine offensichtliche Verletzung einer Standespflicht vor, so war im vorliegenden Fall ein großer Argumentationsaufwand nötig, um diese zu begründen. Die Gleichsetzung von Standes- und Sittenwidrigkeit wurde hier mit der besonderen Aufgabe des Anwalts begründet. Bereits die Feststellung der Standeswidrigkeit wurde aber vor allem damit begründet, daß der Anwalt eine wichtige öffentliche Aufgabe wahrnahm. Es erschien unbillig, daß die gleiche Begründung zur Stärkung der Standespflichten der Anwälte und zur Senkung der Anforderungen an die Sittenwidrigkeit verwendet wurde. Gegenüber anderen Berufen bedeutete dies eine verstärkte Benachteiligung in der Berufsausübungsfreiheit. Allerdings zeigte sich in der Rechtsprechung des BGH durchgehend die Tendenz, die Beurteilung eines Verhaltens nach Standes- und Sittenwidrigkeit immer auf der Ebene der Standeswidrigkeit auszudiskutieren und die Sittenwidrigkeit dann regelmäßig akzessorisch folgen oder entfallen zu lassen.

(5) Gesamtbetrachtung

Es zeigten sich in der Rechtsprechung des BGH deutlich restriktive Tendenzen bei der Beurteilung, ob ein Verhalten als standeswidrig zu bewerten war. Sollten diese Tendenzen in der Zeit des Nationalsozialismus noch bekämpft werden, so drängten sie nun stark in den Vordergrund. Ein Grund für diese Änderung dürfte darin zu sehen gewesen sein, daß in der nationalsozialistischen Ideologie der Gemeinwohl- und Pflichtengedanke sehr großes Gewicht gehabt hatte. Nach dem zweiten Weltkrieg zeigte sich die Abkehr von diesem Gedankengut vor allem

---

228 Urteil vom 3.3.1960 (BGH VII ZR 19/59) = nicht veröffentlicht; Urteil vom 15.12.1960 (BGH VII ZR 141/59) = BGHZ 34,64.

229 Urteil vom 17.12.1926 (RG III 21/26) = RGZ 115,141; Urteil vom 20.10.1933 (RG III 406/32) = RGZ 142,70.

230 Urteil vom 3.3.1960 (BGH VII ZR 19/59) = nicht veröffentlicht.

darin, daß auf die Belange des einzelnen Individuums nun größere Rücksicht genommen wurde. So konnten realitätsnähere und interessengerechtere Ergebnisse erzielt werden.

Da die wirtschaftliche Situation in dieser Zeit durch die großen Zerstörungen im Krieg sehr schlecht war, wurden den standesrechtlich gebundenen Berufen nun Zugeständnisse gemacht, damit ihre Existenzgrundlage gewahrt werden konnte. Die größten Zugeständnisse waren dabei die Zulässigkeit des Tausches und Verkaufs von Arzt-, Steuerberater- und Anwaltspraxen, sowie die Zulässigkeit der Vereinbarung von Wettbewerbsverboten unter Ärzten. Neben der Beachtung der Einzelinteressen der Vertreter dieser Berufe hatte dabei wohl auch das Allgemeininteresse seine Bedeutung. Nur wenn diesen Berufen die Möglichkeit gegeben wurde, wirtschaftlich rentabel zu arbeiten, bestand die Sicherheit, daß die Bevölkerung mit diesen Dienstleistungen in ausreichendem Umfang und zudem in qualifizierter Weise versorgt wurde.

Eine gegenläufige Tendenz zeigte sich in der Rechtsprechung des BGH nur in der Beurteilung der Erfolgshonorare. Dabei wurde die strenge Beurteilung des RG beibehalten. Der Hauptgrund mochte darin zu sehen sein, daß in den übrigen Fällen vor allem ideelle Schranken zu überwinden waren. Hier dagegen zeigten sich auch praktische Probleme. Es war fraglich, ob Ärzte und Anwälte wirtschaftlich tätig sein durften. Es bestand die Befürchtung, daß der Anwalt seine Klienten, die häufig rechtlich und wirtschaftlich sehr unerfahren waren, durch Vereinbarung eines besonders hohen Erfolgshonorars übervorteilte. Aufgrund dieser Bedenken war trotz der zahlreichen kritischen Stimmen in der Literatur die ablehnende Haltung des BGH zum Erfolgshonorar gut verständlich und daher nicht als Bruch in der Rechtsprechung des BGH zu bewerten.

Zum Verhältnis der Standes- zur Sittenwidrigkeit hatte der BGH bis auf die Ausführungen im Urteil vom 21.4.1952[231] keine Neuerungen in die gefestigte Rechtsprechung eingebracht. Die Standeswidrigkeit eines Verhaltens war nicht mit der Sittenwidrigkeit gleichzusetzen. Trotzdem führte nach Ansicht des BGH aufgrund der wichtigen öffentlichen Aufgabe der Ärzte und Anwälte ein standeswidriges Verhalten bei diesen Berufsgruppen regelmäßig zur Sittenwidrigkeit des Rechtsgeschäftes[232]. Im Urteil vom 21.4.1952 hatte der BGH noch zwischen verschiedenen Standespflichten unterschieden, die nur teilweise eine Sittenwidrigkeit zur Folge haben sollten. Diese Betrachtungsweise wurde nicht fortgeführt. Eine Begründung für diese etwas aus dem Rahmen fallende Beurteilung konnte darin zu sehen sein, daß der BGH bereits die Notwendigkeit erkannte, die Anfor-

231 BGH IV ZR 142/51 = AnwBl. 1952,118.

232 Urteil vom 3.3.1960 (BGH VII ZR 19/59) = nicht veröffentlicht; Urteil vom 28.2.1963 (BGH VII ZR 167/61) = BGHZ 39, 142.

derungen an die Sittenwidrigkeit wegen standeswidrigem Verhalten zu erhöhen. Dabei wählte er zunächst die Lösung, das Verhältnis von Standes- und Sittenwidrigkeit je nach Art der Standespflicht anders zu beurteilen. Später wurde die vom BGH erstrebte Liberalisierung in anderer Weise erreicht. Der BGH senkte die Anforderungen an die Standespflichten, so daß ein Verhalten nicht mehr in dem Maße wie früher standeswidrig war. Wenn aber bereits Standeswidrigkeit vorlag, so war dieses Verhalten dann auch regelmäßig sittenwidrig.

2. *Geschäfte, die gegen ehe- und familienrechtliche Wertungen verstoßen*

a) *Unsittliche Verfügungen von Todes wegen*

(1) *Entwicklung in der Rechtsprechung des RG*

Schon früh wurden Verfügungen von Todes wegen, durch die ein Mann einer mit ihm nicht verheirateten Frau, zu der er intime Beziehungen unterhalten hatte, eine Zuwendung machte, für sittenwidrig erklärt[233]. Dabei wurde dieses Rechtsgeschäft nach seinem sich aus Inhalt, Beweggrund und Zweck ergebenden Gesamtcharakter am Anstandsgefühl aller billig und gerecht Denkenden gemessen. Die Sittenwidrigkeit wurde vor allem dann angenommen, wenn die Geliebte mit der Verfügung von Todes wegen für die bisherige Duldung des Geschlechtsverkehrs belohnt werden und zur Fortsetzung dieses Verhältnisses bestimmt werden sollte[234].

Neben diesem Grundsatz, auf den immer wieder Bezug genommen wurde, konnten aber achtenswerte Beweggründe dazu führen, daß die Verfügung von Todes wegen als gerechtfertigt angesehen wurde. Dann war die letztwillige Verfügung trotz sexueller Motive als sittengemäß zu bewerten. So wurde als achtenswerter Beweggrund bewertet, daß der Erblasser die Zukunft der Bedachten und der gemeinschaftlichen Kinder wirtschaftlich sichern wollte[235]. Andere achtenswerte Beweggründe wurden darin gesehen, daß die letztwillige Verfügung zur Abfindung oder Entschädigung für erlittene Einbußen an Ehre, Gesundheit oder in wirtschaftlichen Verhältnissen dienen sollte[236] oder aus Dankbarkeit für

---

233 Urteil vom 18.9.1905 (RG IV 136/05) = JW 1905, 640; Urteil vom 4.11.1909 (RG IV 1/09) = JW 1910,6.

234 Urteil vom 4.11.1909 (RG IV 1/09) = JW 1910,6 (6).

235 Urteil vom 29.9.1910 (RG IV 548/09) = WarnR 1910,388 (388f.), Nr.371.

236 Urteil vom 3.11.1910 (RG IV 70/10) = JW 1911,29 (29).

jahrelange ganz ungewöhnliche und sehr wertvolle Dienste in einer Zahnarztpraxis gewährt wurde[237].

Trotz der zahlreichen Möglichkeiten, eine Sittenwidrigkeit bei diesen Verfügungen von Todes wegen abzulehnen, gab es doch Aspekte, die wiederum eine strengere Bewertung rechtfertigten. So wurde für die Sittenwidrigkeit der letztwilligen Verfügung in einem Urteil vom 4.11.1926[238] nicht mehr kumulativ gefordert, daß durch sie die bisherige Duldung des Geschlechtsverkehrs belohnt und die Geliebte zur Fortsetzung dieses Verhältnisses bestimmt werden sollte, sondern es reichte der erste Beweggrund allein aus. Auch fanden die eigentlich achtenswerten Beweggründe dort ihre Grenze, wo sie gleichzeitig eine unzumutbare Benachteiligung der Familie des Erblassers darstellten[239]. Konsequenterweise wurde ein Testament zugunsten einer Geliebten dann jedoch für nicht sittenwidrig erklärt, wenn der Erblasser keine Familie oder auch nur pflichtteilsberechtigte Verwandte hinterlassen hatte, auf die er Rücksicht nehmen mußte[240].

Durch Einführung der Vorschrift des § 48 Abs.2 des Gesetzes über die Errichtung von Testamenten und Erbverträgen vom 31.7.1938 (TestG) wurde der Schutz der Familie noch verstärkt. § 48 Abs.2 TestG lautete: "Eine Verfügung von Todes wegen ist nichtig, soweit sie in einer gesundem Volksempfinden gröblich widersprechenden Weise gegen Rücksichten verstößt, die ein verantwortungsbewußter Erblasser gegen Familie und Volksgemeinschaft zu nehmen hat"[241]. Neben dieser Vorschrift fand § 138 Abs.1 BGB aber auch weiterhin Anwendung[242]. Somit vollzog sich zunächst kein deutlicher Wandel in der Rechtsprechung. Weiterhin konnten achtenswerte Beweggründe dazu führen, daß eine letztwillige Verfügung als gerechtfertigt angesehen wurde, auch wenn ein Motiv dabei in der Belohnung oder Förderung des Geschlechtsverkehrs zu sehen war[243]. Nur vereinzelt wurde auf die Besonderheit des § 48 Abs.2 TestG eingegangen, wonach bei der Beurteilung der letztwilligen Verfügungen die Beweggründe des Erblassers in den Hintergrund treten sollten und vielmehr eine objektive Verwerflichkeitsprüfung erfolgte[244].

---

237 Urteil vom 11.10.1928 (RG IV 68/28) = WarnR 1928,342 (345), Nr.169.

238 RG IV 101/26 = LZ 1927,531 (533).

239 Urteil vom 29.9.1910 (RG IV 348/09) = WarnR 1910,388 (388), Nr.371; Urteil vom 11.10.1928 (RG IV 68/28) = WarnR 1928,342 (345), Nr.169.

240 Urteil vom 29.2.1932 (RG IV 244/31) = DRiZ 1932, 326 (328).

241 RGBl.1938 I (Teil II),973 (979).

242 Dabei war das genaue Verhältnis dieser Vorschriften höchst umstritten und unterlag auch in der Beurteilung durch die Rechtsprechung starken Schwankungen, vgl. dazu Karow, S.102f..

243 Urteil vom 17.9.1940 (RG VII 247/39) = WarnR 1941,52 (53f.), Nr.25; Urteil vom 20.12.1940 (RG VII 107/40) = WarnR 1941,153 (154f.), Nr.75.

244 Urteil vom 16.5.1941 (RG VII 143/40) = RGZ 166,395 (397).

Allerdings zeigten sich einige vereinzelte Verschärfungen bei der Bewertung der letztwilligen Verfügungen. So sollte jetzt die bloße Mitursächlichkeit von außerehelichen Geschlechtsbeziehungen des Erblassers ausreichen, um eine solche Verfügung an die Geliebte bei Fehlen triftiger Gründe für sittenwidrig zu erachten[245]. Zudem genügte es für die Annahme der Sittenwidrigkeit, daß ein langjähriges ehebrecherisches Verhältnis zwischen dem Erblasser und der Bedachten bestand. Dann wurde vermutet, daß die Belohnung oder Förderung des geschlechtlichen Umgangs den Hauptanlaß und Zweck der gewährten Zuwendungen gebildet hatte. Die Bedachte mußte dann im einzelnen die besonderen, die Anwendung des § 138 Abs.1 BGB ausschließenden Umstände darlegen und beweisen[246].

Bereits früher war, wie bereits angedeutet, bei der Feststellung der Sittenwidrigkeit einer Verfügung von Todes wegen die Tatsache von entscheidender Bedeutung, daß die Familie des Erblassers in unzumutbarer Weise zu Gunsten der Geliebten von der Erbschaft ausgeschlossen wurde. Teilweise war die Benachteiligung der Familie aber auch der alleinige Grund dafür, eine Sittenwidrigkeit anzunehmen. So wurde in einem Urteil des RG vom 24.11.1933[247] die letztwillige Zuwendung der Bezugsberechtigung einer Lebensversicherung als sittenwidrig angesehen, bei welcher der Erblasser seine zweite Ehefrau unter Benachteiligung seiner weitgehend unversorgten Kinder aus erster Ehe allein bedachte. Zwar wurde bemerkt, daß grundsätzlich die Testierfreiheit gelte und die Kinder gegebenenfalls auf Pflichtteilsansprüche verwiesen werden könnten[248]. Allerdings habe der Vater "nach deutschem Rechtsbewußtsein" verstärkte Pflichten gegenüber seinen unversorgten Kindern aus geschiedener Ehe, die es ausschlössen, daß er der an seiner Scheidung mitschuldigen zweiten Frau die Bezugsberechtigung zuwende[249].

Besonders unter der Geltung des § 48 Abs.2 TestG wurde betont, daß der Erblasser Rücksicht auf seine Familie nehmen müsse. So wurden die Erbeinsetzung eines Familienfremden unter Zurücksetzung der Ehefrau[250] und die Enterbung der Kinder unter Einsetzung des Vaters des Erblassers[251] oder entfernterer Verwandter[252] für sittenwidrig erachtet. Bei der Anwendung des § 48 Abs.2

---

245 Urteil vom 16.5.1941 (RG VII 143/40) = RGZ 166,395 (399).
246 Urteil vom 31.7.1942 (RG VII 22/42) = DR 1942,1341 (1341).
247 RG VII 242/33 = RGZ 142,410.
248 Urteil vom 24.11.1933 (RG VII 242/33) = RGZ 142,410 (415).
249 Urteil vom 24.11.1933 (RG VII 242/33) = RGZ 142,410 (415).
250 Urteil vom 2.7.1941 (RG VIII 65/41) = nicht veröffentlicht, Besprechung bei Karow, S.90f.
251 Urteil vom 12.3.1943 (RG VII 92/42) = SeuffA 97,88 (88), Nr.33.
252 Urteil vom 14.12.1943 (VII 140/43) = RGZ 172,181 (181).

TestG fanden allerdings die Beweggründe des Erblassers nur selten Beachtung, meist sollte eine rein sachliche Überprüfung der Verfügung dahingehend erfolgen, ob ein verantwortungsbewußter Erblasser dieselbe Verfügung getroffen hätte, wenn auch aus völlig anderen Beweggründen. Dies hatte zur Folge, daß einige dieser Verfügungen, bei denen der Erblasser seine Familie meist aus reiner Gehässigkeit benachteiligt hatte, doch aufgrund von Umständen, welche die Familienmitglieder nicht schutzwürdig erscheinen ließen, als sittengemäß beurteilt wurden[253]. Insgesamt zeigte die Rechtsprechung des RG zu diesem Komplex ein recht schwankendes, uneinheitliches Bild[254].

Eine weitere Fallgruppe von letztwilligen Verfügungen, die im Rahmen der sittlichen Bewertung große Bedeutung erlangten, waren bedingte letztwillige Verfügungen. Wenn diese den Zweck verfolgten, auf höchstpersönliche Entscheidungen des Erben einzuwirken, wurden sie in der Rechtsprechung stets als sittenwidrig erachtet, z.B. die Erbeinsetzung unter der Bedingung, einen bestimmten Glauben bis zum 24. Lebensjahr aufrecht zu erhalten[255].

(2) Entwicklung in der Rechtsprechung des OGH und des BGH

(a) Urteil vom 15.10.1948[256] (1. Entscheidung zum Geliebtentestament)

Am 15.10.1948 hatte der OGH erstmals nach dem 2. Weltkrieg über den typischen Fall eines Geliebtentestaments zu entscheiden. Dem Urteil lag folgender Sachverhalt zugrunde:

Der Erblasser hatte 1938 seine Ehefrau in zweiter Ehe geheiratet. Ab 1943 lebten sie zunächst kriegsbedingt getrennt. Nachdem sie vom 9.4.1944 bis 5.7.1944 wieder eine gemeinsame Wohnung bezogen hatten, verließ die Ehefrau den Erblasser endgültig. Im Jahre 1943 hatte der Erblasser die Beklagte kennengelernt und war zu ihr in engere Beziehungen getreten. Im Februar 1946 zog sie zu ihm und pflegte den erkrankten Erblasser bis zu seinem Tod am 7.8.1946.

Zu Beginn des Jahres 1943 hatte der Erblasser seine Ehefrau zur Alleinerbin bestimmt. Am 6.8.1946 hob er dieses Testament auf und setzte die Beklagte als Alleinerbin ein.

---

253 Urteil vom 28.11.1941 (RG VII 82/41) = SeuffA 96,51 (51), Nr.22; Urteil vom 12.3.1943 (RG VII 92/42) = SeuffA 97,88 (88), Nr.33, bei dem nur teilweise Sittenwidrigkeit angenommen wurde.

254 Vgl. auch Karow, S.97ff..

255 Urteil vom 18.9.1913 (RG IV 200/13) = JW 1913,1100 (1100); Zur Frage, welcher Zeitpunkt für die Beurteilung der Sittenwidrigkeit maßgebend war, siehe oben 2. Teil C..

256 OGH I ZS 37/48 = OGHZ 1,249.

Die Ehefrau klagte nun u.a. auf Nichtigerklärung des Testaments, wobei die ersten beiden Instanzen ihrer Klage stattgaben.

Auch die Revision der Beklagten wurde vom OGH zurückgewiesen. Er ging davon aus, daß das Testament, wie jedes Rechtsgeschäft, dann nichtig sei, wenn es sich nach seinem Gesamtcharakter aus der Zusammenfassung von Inhalt, Beweggrund und Zweck als sittenwidrig darstelle. Bei letztwilligen Zuwendungen sei dies der Fall, wenn sie als Belohnung oder zur Förderung geschlechtlicher Hingabe dienten. Eine andere Beurteilung könne sich ergeben, wenn die Verfügung gleichzeitig dem Erblasser geleistete Dienste abgelten solle. Die Sittenwidrigkeit beurteile sich dann danach, wofür nach Absicht des Erblassers die letztwillige Zuwendung eine Entlohnung sein solle.

Bei Überprüfung der Motivation des Erblassers erwog der OGH, daß bei Personen, die im Konkubinat lebten, der männliche Partner im allgemeinen Geschenke für den Geschlechtsverkehr gewähre. Daran ändere der Umstand nichts, daß der weibliche Teil Hausarbeiten verrichte, da für den Mann die geschlechtliche Hingabe bestimmend sei. Wenn dies für Geschenke gelte, so müsse dies auch für letztwillige Verfügungen gelten. Somit spreche der erste Anschein für eine Belohnung der geschlechtlichen Hingabe. Dieser Anschein müsse durch die Beklagte entkräftet werden.

Zwar bemerkte der OGH, daß grundsätzlich derjenige die Nichtigkeit des Rechtsgeschäfts beweisen müsse, der dessen Gültigkeit bestreite. Zwar gehe es hier um ein äußerlich ordnungsgemäßes Rechtsgeschäft, das nur durch die Motivation bei der Errichtung als sittenwidrig bewertet werden könne. Da aber die Umstände nahelegten, daß die Zuwendung aus unsittlichen Beweggründen erfolgt sei, mußte nach Ansicht des OGH die Beklagte für beweispflichtig erachtet werden, diesen Anschein zu entkräften.

Das entscheidende Kriterium sei dabei, ob der Erblasser die Verfügung auch ohne geschlechtliche Hingabe getroffen hätte. Dabei seien der Umfang und die Dauer des abgeleisteten Dienstes sowie die Höhe der Zuwendung abzuwägen. Da hier die Beklagte nur wenige Monate den Haushalt geführt und den Erblasser gepflegt habe, sie aber als Alleinerbin eine erhebliche Zuwendung erhalten habe, nahm der OGH an, daß die Belohnung des Geschlechtsverkehrs im Vordergrund stehe und die letztwillige Zuwendung sittenwidrig sei.

Der OGH führte in der vorliegenden Entscheidung die bestehende Rechtsprechung des RG konsequent fort. Bemerkenswert war, daß er dabei auf fast sämtliche Verschärfungen zurückgriff, die sich bei der Beurteilung der Geliebtentestamente entwickelt hatten. Bei dem Testament, das der Erblasser einen Tag vor seinem Tod im Krankenhaus errichtet hatte, konnte nur die Belohnung der geschlechtlichen Hingabe als Motiv zugrundegelegt werden. Eine Förderung der sexuellen Beziehung kam nicht mehr in Betracht. Nach Ansicht des OGH genügte dieses eine Motiv für die Annahme der Sittenwidrigkeit.

Zudem reichte für die Annahme einer Sittenwidrigkeit, daß der erste Anschein auf eine sexuell motivierte letztwillige Zuwendung hindeutete. Dieser Anschein lag nach Ansicht des OGH bei jeder außerehelichen geschlechtlichen Beziehung vor, da es üblich sei, daß der Mann Geschenke für den Geschlechtsverkehr mache. Als Konsequenz mußte die Geliebte stets beweisen, daß sie eine letztwillige Zuwendung nicht aus unsittlichen Beweggründen erhalten hatte, wie es bereits vom RG in der Zeit des Nationalsozialismus gefordert worden war[257].

Allerdings erschien die Schlußfolgerung des OGH, daß letztwillige Zuwendungen an eine Geliebte dem ersten Anschein nach immer der Belohnung oder Förderung des Geschlechtsverkehrs dienten, doch ziemlich lebensfremd. Dies wurde auch in der Folgezeit in der Literatur häufig kritisiert. So wurde angemerkt, daß vor allem bei länger andauernden außerehelichen Beziehungen das gemeinsam verbrachte Leben mit Sorgen, Kampf, Krankheit, Freuden, Erfolgen, gemeinsamen Interessen und Erinnerungen in starkem Maße das Verhältnis des Erblassers zur Geliebten bestimme[258]. Solche Beziehungen ließen sich nur in den seltensten Fällen "auf dem niedrigsten Niveau der Geschlechterbegegnung überhaupt" sehen[259]. Damit entbehre eine tatsächliche Vermutung, nach der eine letztwillige Zuwendung an eine insbesondere langjährige Geliebte auf deren sexuelle Beziehungen zum Erblasser zurückzuführen sein soll, jeder Grundlage[260]. Zwar hatte im vorliegenden Fall das Geliebtenverhältnis nur seit ungefähr drei Jahren bestanden, aber auch in diesem kurzen Zeitraum hatten sich sicherlich einige gemeinsame Lebenserfahrungen entwickelt, die losgelöst vom sexuellen Moment gesehen werden mußten. Dies wurde vor allem deutlich, wenn man bedachte, daß der Erblasser mit seiner Geliebten in der recht schweren Nachkriegszeit einen gemeinsamen Hausstand gegründet hatte und von ihr bis zu seinem Tod gepflegt wurde.

(b) Urteil vom 26.1.1950[261] (Sittenwidrigkeit eines Geliebtentestaments ohne Förderung oder Belohnung des Geschlechtsverkehrs)

Eine weitere Verschärfung der sittenstrengen Haltung des OGH zeigte sich in einem Urteil vom 26.1.1950. Wurde noch im Beschluß vom 18.1.1950[262] festge-

---

257 Urteil vom 31.7.1942 (RG VII 22/42) = DR 1942,1341 (1341).
258 Krüger, Arbeit und Recht 8 (1960), 31(31).
259 Gernhuber, FamRZ 1960,326 (329).
260 Husmann NJW 1971,404 (406f.); Jeder, S.146; Müller-Freienfels, JZ 1968,441 (445f.); Simshäuser, S.27; Steffen, DRiZ 1970,347 (348); Thielmann, S.226.
261 OGH I ZS 63/49 = OGHZ 3,158.

stellt, daß die Erbeinsetzung eines unehelichen Kindes unter Übergehung der Geschwister und Geschwisterkinder des Erblassers nicht sittenwidrig sei, so wurde nun die Vernachlässigung Familienangehöriger im Rahmen der Geliebtentestamente als ein die Sittenwidrigkeit begründendes Kriterium eingeführt. Dem Urteil lag folgender Sachverhalt zugrunde:

Der Erblasser war am 14.4.1945 gefallen. Er hatte kurz zuvor die Beklagte in einem Kriegstestament zur Alleinerbin eingesetzt. Die Beklagte war verheiratet und hatte zwei Kinder. Ihr Mann war vermisst. Der Erblasser hatte ihr die Ehe versprochen, sobald der Ehemann für tot erklärt werde. Die einzige Tochter des Erblassers klagte auf Nichtigerklärung dieses Testaments, da die Erbeinsetzung als Belohnung für geschlechtliche Beziehungen anzusehen sei. Die Beklagte bestritt dieses und erklärte, daß die Erbeinsetzung als Dank dafür zu sehen sei, daß sie den Erblasser während seiner Einziehung mit Essen versorgt und ihm sonstige Annehmlichkeiten bereitet habe. Das Landgericht gab der Klage statt, die Berufung der Beklagten hatte Erfolg.

Auf die Revision der Klägerin stellte der OGH das erstinstanzliche Urteil wieder her. Das Berufungsgericht hatte die Sittenwidrigkeit vor allem deshalb verneint, weil die Beklagte den Erblasser versorgt und betreut habe, wie eine Frau es zu tun pflege, die den Betreuten heiraten wolle. Das Testament diene deshalb nicht der Förderung oder Belohnung des geschlechtlichen Verkehrs.

Der OGH ließ es dahingestellt, ob das Testament der Förderung oder Belohnung des Geschlechtsverkehrs diente. Er führte dazu aus, daß letztwillige Zuwendungen an eine Geliebte zwar in solchen Fällen sittenwidrig seien, aber auch aus anderen Gründen sittenwidrig werden könnten.

Es wurde festgestellt, daß § 48 Abs.2 TestG nach dem 2. Weltkrieg aufgehoben worden sei, allerdings sei auch nach dem nun wieder geltenden früheren Rechtszustand der Erblasser verpflichtet, Rücksicht auf seine Angehörigen zu nehmen. Diese Pflicht ergebe sich daraus, daß die letztwilligen Zuwendungen nicht gegen die guten Sitten verstoßen dürften. Dabei reiche die Übergehung eines Angehörigen für sich genommen noch nicht aus, das Testament für nichtig zu erachten. Auch daß die Erbesberufung einer anderen Person aus sich heraus oder aus den Umständen, unter denen sie vollzogen werde, anstössig sei, genüge allein noch nicht für die Annahme der Sittenwidrigkeit. Bei der Prüfung des Testaments habe aber eine Gesamtwürdigung zu erfolgen, so daß diese Umstände zusammen genommen zur Sittenwidrigkeit führen könnten.

Es wurde angeführt, daß der Erblasser "geschlechtlich hemmungslos" gewesen sei. Zum Zeitpunkt der Testamentserrichtung habe seine Bekanntschaft mit der Beklagten bestenfalls zwei Monate gedauert, was nicht ausgereicht habe, um

262 OGH II Blw 15/49 = OGHZ 3,173.

ihm seinen polygamen Wesenszug zu nehmen. Zudem habe die versprochene Heirat erst verwirklicht werden können, nachdem der Mann der Beklagten für tot erklärt worden sei, wobei dieser Zeitpunkt nicht abzusehen gewesen sei. Auch sei der Erblasser bereits mit einer anderen Frau verlobt gewesen, so daß die Erbeinsetzung als anstößig angesehen werden müsse.

Darüber hinaus habe der Erblasser sich mit seiner Tochter überworfen, so daß ihm die Personensorge entzogen worden sei. Der negative Lebenswandel der Tochter und die Fürsorgeerziehung seien vom Erblasser mitverschuldet. Da eine solche Fürsorgeerziehung nach der Lebenserfahrung einem Menschen lange Zeit anhafte, habe der Erblasser besondere Pflichten gegenüber seiner Tochter und an ihr manches wieder gutzumachen. Dadurch, daß er sie bei der Erbeinsetzung übergangen habe, habe er diese Pflichten verletzt.

Somit war nach der Würdigung aller Umstände das Testament nach Ansicht des OGH als sittenwidrig zu bewerten.

Mit diesem Urteil verschärfte der OGH die Bewertung der Geliebtentestamente auch im Vergleich zur Rechtslage vor der Zeit des Nationalsozialismus. So war zwar auch vor Einführung des TestG bei der Feststellung der Sittenwidrigkeit von letztwilligen Verfügungen darauf abgestellt worden, ob die Familienangehörigen des Erblassers in unzumutbarer Weise benachteiligt worden waren. Dabei war aber immer erst festgestellt worden, daß die Zuwendung der Förderung oder Belohnung des Geschlechtsverkehrs gedient hatte. Erst bei der Beurteilung, ob achtenswerte Beweggründe die Sittenwidrigkeit entfallen ließen, war auf die Zurücksetzung der Angehörigen eingegangen worden, wodurch den achtenswerten Beweggründen ihre die Sittenwidrigkeit ausschließende Wirkung genommen werden konnte. Nun wurde erstmals bei einem Geliebtentestament allein die Übergehung der Angehörigen zur Begründung der Sittenwidrigkeit herangezogen. Dieser Aspekt hatte sonst in der Rechtsprechung des RG vorwiegend nur unter der Geltung des § 48 Abs.2 TestG Beachtung gefunden.

Zudem trat in dem vorliegenden Urteil ein Problem besonders deutlich hervor, welches sich in der ganzen bis zu diesem Zeitpunkt herrschenden Rechtsprechung zu diesem Komplex gezeigt hatte. Bei der Anwendung des § 138 Abs.1 BGB sollte bereits nach dem Gesetzeswortlaut eine Beurteilung des Rechtsgeschäfts erfolgen. Da dabei aber alle Umstände im Rahmen einer Gesamtwürdigung heranzuziehen waren, bestand leicht die Gefahr, daß statt dessen ein Werturteil über das Verhalten des Erblassers gefällt wurde[263]. Im vorliegenden Urteil wurde vor allem der polygame Wesenszug des Erblassers hervorgehoben und daher das Testament für anstößig erachtet. Dies war aber keine Bewertung des

263 Siemens, S.26; Staudinger-Dilcher, 12.Auflage, § 138 Rdn.63; Steffen, DRiZ 1970, 347 (348); Wiethölter, S.238.

Rechtsgeschäftes als solches, sondern zeigte nur Kritik am Lebenswandel des Erblassers[264]. Die Ausführungen des OHG ließen den Schluß naheliegen, daß eine Bestrafung dieses Verhaltens beabsichtigt war[265] und deshalb die daran beteiligte Geliebte die letztwillige Zuwendung nicht erhalten sollte.

(c) Urteil vom 11.5.1950[266] (Erbeinsetzung von Geliebter und Ehefrau zur gemeinsamen Verwaltung eines Wohnhauses)

Im Urteil vom 11.5.1950 führte der OGH die ständige Rechtsprechung des RG zu den Geliebtentestamenten fort. Die letztwillige Zuwendung eines Erblassers an eine so bezeichnete "Haustochter", zu der er auch sexuelle Beziehungen unterhalten hatte, war sittenwidrig. Zwar hatte diese Frau lange Zeit Dienste im Haushalt der Eheleute verrichtet und dafür nur eine sehr geringe Bezahlung erhalten, so daß eine Entlohnung dieser Dienste als achtenswerter Beweggrund in Betracht kam.

Allerdings sollten sowohl die Haustochter als auch die Ehefrau die gemeinsame Wohnung im Haus des Erblassers beziehen, wobei nur der Geliebten für den Fall, daß dieses Wohnverhältnis aufgelöst werden sollte, das Recht eingeräumt wurde, das Haus zu veräußern. Dies wurde vom OGH als unzumutbare Bestimmung zum Nachteil der Ehefrau angesehen, so daß die achtenswerten Beweggründe nicht greifen konnten und das Testament als sittenwidrig bewertet wurde. Der OGH wies dabei noch auf die Möglichkeit hin, daß das Testament auch teilnichtig sein könne, was vom Berufungsgericht bei erneuter Verhandlung des Falles zu prüfen sei.

(d) Urteil vom 6.5.1954[267] (Testamentarische Bevorzugung der Geliebten vor den Kindern)

Im Urteil vom 6.5.1954 befaßte sich erstmals der BGH mit der Problematik der Geliebtentestamente. Dem Urteil lag folgender Sachverhalt zugrunde:

Der Erblasser war seit 1924 verheiratet und hatte zwei Kinder. Ab 1944 verkehrte die Beklagte in der Familie, wobei sie ab Oktober 1944 mit dem Erblasser allein in dessen Wohnung lebte, da die Familie evakuiert worden war. Die Beklagte führte den Haushalt. Im November 1945 erhob der Erblasser Scheidungsklage, die aber abgewiesen wurde.

---

264 Anders dagegen Zimmermann, ZNR 1981,158 (178).
265 Gernhuber, FamRZ 1960,326 (329); Siemens, S.26.
266 OGH I ZS 71/49 = nicht veröffentlicht.
267 BGH IV ZR 53/54 = FamRZ 1954, 195.

Nach dem Krieg nahmen die Ehegatten die häusliche Gemeinschaft nicht wieder auf. Die Beklagte, die inzwischen nicht mehr beim Erblasser wohnte, zog 1947 mit ihrer Mutter wieder bei ihm ein. Sie führte wiederum den Haushalt, was sie nach dem Tod der Mutter 1948 gegen ein monatliches Entgelt von 100 DM fortsetzte.

Am 28.3.1951 errichtete der Erblasser ein Testament, in dem er seine beiden Kinder und die Beklagte je zu einem Drittel einsetzte. Die Beklagte sollte das Haus mit sämtlichen Möbeln und Einrichtungsgegenständen erhalten, wobei auch die persönliche Gegenstände des Erblassers erfaßt waren. Dadurch sollte der Erbteil der Beklagten abgegolten sein, eine wertmäßige Festsetzung und Aufteilung an die Erben wurde im Testament ausgeschlossen. Der Pflichtteilsanspruch der Ehefrau sollte allein zu Lasten der Kinder beglichen werden. Zudem wurde die Beklagte zur Testamentsvollstreckerin bestimmt.

Der Sohn des Erblassers klagte auf Nichtigerklärung des Testaments, da der Erblasser zur Beklagten in ehebrecherischer Beziehung gestanden habe. Die Beklagte bestritt dies. Das Landgericht gab der Klage statt, die Berufung der Beklagten hatte Erfolg.

Der BGH gab der Revision des Klägers teilweise statt. In seinen Entscheidungsgründen schloß sich der BGH den vom RG und OGH entwickelten Grundsätzen an. Es wurde festgestellt, daß zwischen dem Erblasser und der Beklagten ein ehewidriges Verhältnis bestanden habe, jedoch sich auf dem geschlechtlichen Gebiet liegende Verfehlungen nicht feststellen ließen. Die Frage, wem in einem solchen Fall die Beweislast bezüglich der Sittenwidrigkeit obliege, wurde vom BGH ausdrücklich offengelassen.

Das Testament wurde im Hinblick auf die Belohnung oder Förderung geschlechtlichen Verkehrs als sittengemäß beurteilt, da ein solcher Verkehr zwischen dem Erblasser und der Beklagten nicht bewiesen sei. Es wurde aber für beachtenswert gehalten, daß sie durch ihren persönlichen Verkehr den Verdacht unerlaubter Beziehungen erweckt und diesen Kontakt einige Zeit nach Abweisung der Scheidungsklage noch enger wieder aufgenommen hätten. Dies habe der Wiederherstellung eines guten ehelichen Verhältnisses im Wege gestanden. Allerdings reiche dies für die Feststellung der Sittenwidrigkeit nicht aus, denn nach Auffassung des BGH waren hier nicht die ehewidrigen Beziehungen als solche zu beurteilen, vielmehr ging es darum, inwieweit diese Beziehungen die Zuwendung an die Beklagte sittenwidrig erscheinen ließen.

Der BGH stimmte den Ausführungen des Berufungsgerichts zu, daß der Erblasser mit der Zuwendung nicht nur die Hausdienste der Beklagten abgelten wollte, sondern seine Dankbarkeit dafür zeigen wollte, daß die Beklagte, nachdem der Erblasser sich von seinen Kindern und der Ehefrau entfremdet hatte, zu ihm hielt und ihn auch während seiner Krankheit pflegte. Die Beweggründe für die Zuwendung selbst seien also nicht als sittenwidrig zu bewerten.

Allerdings prüfte nun der BGH ausführlich, ob die einzelnen Bestimmungen des Testaments als sittenwidrig zu bewerten seien. Dabei wurde die Bestimmung, daß die Beklagte das Haus und das Grundstück auf jeden Fall erhalten solle, auch wenn es ihren Erbteil von einem Drittel übersteige, für sittenwidrig erachtet. Es sei nämlich dann sittenwidrig, daß die Frau, die zur Zerrüttung der Ehe beigetragen habe, dermaßen vor den Kindern des Erblassers begünstigt werde. Ebenso unzumutbar für die Familie des Erblassers sei die Bestimmung, daß der Pflichtteilsanspruch der Ehefrau nur aus den Erbteilen der Kinder bestritten werden solle. Auch daß die Beklagte die gesamte Einrichtung erbe, wurde als unzumutbar bewertet, da dazu auch die persönlichsten Gegenstände des Erblassers gehörten, die der Familie erhalten werden müßten und nicht der Frau zufallen dürften, die den Familienfrieden nachhaltig gestört habe. Auch die Einsetzung als Testamentsvollstreckerin wurde für sittenwidrig erachtet.

Ansonsten wurde das Testament aber für gültig erachtet. Es sei wegen des Grundsatzes in § 2085 BGB nur teilnichtig.

Bemerkenswert an diesem Urteil war, daß der BGH zwar ausdrücklich die Rechtsprechung des RG und des OHG fortsetzte, an einigen umstrittenen Punkten aber eine Entscheidung offen ließ. Es blieb dahingestellt, ob die Beklagte, die ehewidrige Beziehungen zum Erblasser unterhielt, die Beweislast bezüglich der Wirksamkeit des Testaments trug. Nach der früheren Rechtsprechung hätte von den ehewidrigen auf geschlechtliche Beziehungen geschlossen werden können[268]. Und dann hätte der erste Anschein dafür gesprochen, daß die letztwillige Zuwendung die Belohnung des Geschlechtsverkehrs gewesen wäre[269]. Auch wurde ausdrücklich das Verhältnis zwischen dem Erblasser und der Beklagten als sittenwidrig bewertet, aber hervorgehoben, daß dies nicht ausreiche, um das Testament als sittenwidrig zu erachten, da das Rechtsgeschäft als solches betrachtet werden müsse. Der BGH verschärfte die Rechtsprechung von RG und OGH zum Geliebtentestament durch dieses Urteil zumindest in diesen Punkten nicht weiter. Allerdings erfolgte auch keine Abkehr von den entwickelten Kriterien. Der BGH stellte also, etwa indem er die Frage der Beweislast offenließ, einige Punkte dieser Rechtsprechung in Frage, ohne sich aber hier bereits gegen oder für die früher erfolgte Bewertung zu entscheiden.

---

268 Urteil vom 18.3.1929 (RG IV 438/28) = WarnR 1929,166 (167f.), Nr.93; stillschweigend vorausgesetzt bereits im Urteil vom 25.6.1925 (RG IV 39/25) = RGZ 111,151 (153).

269 Vgl. Urteil vom 15.10.1948 (OGH I ZS 37/48) = OGHZ 1,249 (251).

Deutlich trat in diesem Urteil jedoch die bereits in einer Entscheidung des OGH[270] erkennbare Tendenz hervor, die Sittenwidrigkeit deshalb zu bejahen, weil unzumutbare Bestimmungen zu Lasten der Familienangehörigen getroffen worden waren. Diese familiären Bezüge hatten zuvor verstärkten Einzug in die höchstrichterliche Rechtsprechung erst mit Einführung des § 48 Abs.2 TestG gefunden[271]. Da aber grundsätzlich die Testierfreiheit galt und eine dem § 48 Abs.2 TestG entsprechende Norm nach dem zweiten Weltkrieg nicht eingeführt worden war, wurde teilweise die Ansicht vertreten, daß eine letztwillige Verfügung nicht wegen Benachteiligung der Familie als sittenwidrig bewertet werden dürfe[272]. Allerdings ließ sich ein Rückgriff auf diese Erwägungen rechtfertigen, wenn durch die Aufhebung des § 48 Abs.2 TestG nicht der Schutz der Familie verhindert werden sollte, sondern andere Beweggründe maßgebend waren. Im § 48 Abs.2 TestG fanden die Begriffe "gesundes Volksempfinden" und "Volksgemeinschaft" Verwendung. Es war anzunehmen, daß diese stark nationalsozialistische Begriffsbildung bereits für die Aufhebung der Norm ausreichte[273]. Somit war der Schutz der Familie auch nach § 48 Abs.2 TestG ein zumindest de lege lata beachtenswerter Punkt bei der Bewertung der Sittenwidrigkeit von letztwilligen Verfügungen.

(e) Urteile vom 25.5.1955[274], 25.4.1956[275] und 8.2.1961[276] (Sittenwidrigkeit wegen Benachteiligung Familienangehöriger unabhängig von sexuellen Motiven)

In einem Urteil vom 25.5.1955 hatte der BGH ein Vermächtnis zu überprüfen, das einer Haushälterin erteilt wurde, zu welcher der Erblasser keine geschlechtlichen Beziehungen hatte. Dem Urteil lag folgender Sachverhalt zugrunde:

Die Klägerin war seit 1945 bei dem Erblasser als Haushälterin beschäftigt. Bereits 1943 war die zweite Ehefrau des Erblassers gestorben. Die beiden Söhne aus dieser Ehe waren am Unternehmen des Erblassers beteiligt. 1946 und 1947 kam es zu Streitigkeiten, da der Erblasser sich als Alleininhaber des Unternehmens darstellte. Aufgrund dieser Meinungsverschiedenheiten überwarf sich der Erblasser auch mit den beiden Töchtern aus erster Ehe. Die Klägerin stellte sich auf Seiten des Erblassers. Am 4.11.1947 errichtete der Erblasser ein Testament,

---

270 OGH I ZS 63/49 = OGHZ 3,158.
271 Siehe oben S.67.
272 Husmann, NJW 1971, 404 (407f.); Jeder, S.138f..
273 Speckmann, NJW 1971,924 (925).
274 BGH IV ZR 282/54 = nicht veröffentlicht.
275 BGH IV ZR 297/55 = FamRZ 1956,219.
276 BGH V ZR 137/59 = nicht veröffentlicht

in dem er festlegte, daß die gesetzliche Erbfolge beibehalten werden solle. Er setzte aber für die Haushälterin ein Vermächtnis ein, in dem ihr unter anderem eine lebenslange Rente versprochen wurde.

Nach dem Tod des Erblassers am 12.3.1948 erhob die Haushälterin Klage auf Zahlung dieser Rente. Das Landgericht wies die Klage ab. Die Berufung der Klägerin hatte Erfolg.

Die Revision der Beklagten wurde als unbegründet zurückgewiesen. Der BGH betonte, daß die Erbeinsetzung der Haushälterin nicht schon deshalb gegen die guten Sitten verstoße, weil sie für Dienste, die sie in nur relativ kurzer Zeit erbracht habe, zum Schaden der Kinder übermäßig bedacht werde. Im bürgerlichen Recht gelte der Grundsatz der Testierfreiheit. Bezüglich der Kinder des Erblassers sei dieser Grundsatz nur dahingehend eingeschränkt, daß ihnen der Pflichtteil nicht entzogen werden könne.

Das Vermächtnis könne nur dann sittenwidrig sein, wenn es als Belohnung oder zur Förderung des Geschlechtsverkehrs gedacht gewesen sei. Da aber noch nicht einmal eine geschlechtliche Beziehung zwischen dem Erblasser und der Haushälterin erwiesen sei, komme diese Absicht nicht in Betracht. Daß die Haushälterin die Spannungen zwischen dem Erblasser und dessen Kindern vertieft und deren Aussöhnung vereitelt habe, könne keine Rolle spielen. Das vorliegende Verhalten sei zwar als sittenwidrig zu beurteilen. Diese Sittenwidrigkeit hafte aber nicht dem Vermächtnis an, da die Haushälterin an diesem Rechtsgeschäft nicht beteiligt gewesen sei und der Erblasser von ihrem verwerflichen Verhalten nichts gewußt habe. Somit sei das Vermächtnis als sittengemäß und daher wirksam zu bewerten.

Stand bisher, wie oben angemerkt, beim BGH der Schutz der Familie meist recht stark bei der Beurteilung von letztwilligen Verfügungen im Vordergrund und wurde so zumindest in dieser Hinsicht der Gedanke des § 48 Abs.2 TestG fortgeführt[277], so zeigten sich hier die Grenzen dieses Schutzes. Es wurden vom Erblasser, der seine Kinder auf dem gesetzlichen Erbteil beließ, keine Fürsorgepflichten bezüglich der Angehörigen verletzt, so daß diese Pflichten nicht wie im Urteil vom 6.5.1954[278] zur Begründung der Sittenwidrigkeit herangezogen werden konnten. Auch war die Einsetzung der Haushälterin als Vermächtnisnehmerin nicht anstößig, da sie nicht mit dem Erblassser geschlechtlich verkehrt hatte. So war es konsequent vom BGH, hier keine Sittenwidrigkeit anzunehmen, nur weil gewisse Spannungen zwischen der Klägerin und den Kindern des Erblassers herrschten. Eine andere Bewertung hätte zu stark in die Testierfreiheit eingegrif-

277 Vgl. auch Flume, S.375f. .
278 BGH IV ZR 53/54 = FamRZ 1954, 195.

fen und zur Umwandlung des Pflichtteilsanspruchs in ein materielles Noterbrecht geführt[279], das vom Gesetzgeber nicht gewollt war.

In einem Urteil vom 25.4.1956[280] kam der BGH dagegen zum Ergebnis, daß ein Testament sittenwidrig sei, mit dem der Erblasser seine Verlobte allein bedacht und seine vier Kinder aus erster Ehe völlig übergangen hatte. In diesem Fall hatte der Erblasser seine Kinder kurz nach dem Tod der Ehefrau an Bekannte, Verwandte und das Waisenhaus verteilt, sie dann zur Adoption frei gegeben und sich nicht weiter um sie gesorgt. Diese Handlungsweise war von der Verlobten, mit welcher der Erblasser bereits damals befreundet gewesen war, gebilligt worden.

Der BGH betonte, daß der Erblasser seine Vaterpflichten gröblich verletzt habe, indem er entschlossen gewesen sei, sich völlig von seinen Kindern loszusagen und jede innere und äußere Verbindung mit ihnen fallen zu lassen. Diese Gesinnung habe ihren letzten Ausdruck im Testament gefunden, in dem der Erblasser von seinen Kindern nur als "einstmals verwandte Seite" gesprochen habe und ihnen jegliche Ansprüche habe versagen wollen. Konsequent erachtete der BGH dieses Testament als nicht mit den guten Sitten vereinbar, so daß es als nichtig bewertet wurde[281].

In einem Urteil vom 8.2.1961[282], das sich ebenfalls mit der Benachteiligung Familienangehöriger befaßte, wurde festgestellt, daß eine erheblich unterschiedliche Behandlung der Kinder bei der Erbeinsetzung nicht ohne weiteres gegen die guten Sitten verstoße. Dies könne durch die sachlichen Beziehungen des Erblassers zu den Erben gerechtfertigt sein. In dem Fall hatte die bevorzugt bedachte Tochter den Haushalt der Eltern über drei Jahrzehnte geführt, während die beiden übrigen Töchter das Elternhaus früh verlassen hatten und sich selbständig gemacht hatten.

(f) Urteil vom 15.6.1955[283] (Teilnichtigkeit der Einsetzung der Geliebten zur Alleinerbin)

Wurde bereits im Urteil vom 6.5.1954[284] das Testament des Erblassers für teilnichtig erklärt, so wurden nun die Gestaltungsmöglichkeiten des Richters für die

279 Thielmann, S.239; Bosch, FamRZ 1963,287 (290).
280 BGH IV ZR 297/55 = FamRZ 1956,219.
281 Anders Thielmann, S.242, der eine bloße materielle Benachteiligung der Kinder feststellte, die aufgrund fehlender weiterer verwerflicher Motive nicht zur Sittenwidrigkeit führen konnte.
282 BGH V ZR 137/59 = nicht veröffentlicht.
283 BGH IV ZR 80/55 = FamRZ 1963,287.
284 BGH IV ZR 53/54 = FamRZ 1954, 195.

Bewertung der letztwilligen Zuwendung erweitert. Das Urteil basierte auf folgendem Sachverhalt:

Der Erblasser bestimmte am 20.3.1949 die Klägerin zur Alleinerbin und setzte seine beiden Töchter auf den Pflichtteil. Die Ehe des Erblassers wurde am 20.9.1950 geschieden. Nachdem der Erbschein, in dem die Klägerin als Alleinerbin bezeichnet wurde, wegen Sittenwidrigkeit des Testaments eingezogen worden war, klagte sie auf Feststellung, daß sie Alleinerbin sei. Sie führte an, daß sie zwar von 1948 bis Mitte 1950 mit dem Erblasser geschlechtlich verkehrt habe, die Einsetzung als Erbin aber nicht als Belohnung für die geschlechtliche Hingabe, sondern als Entgelt für die von ihr gebrachten Opfer diene. Sie habe seit 1946 dem Erblasser als Haushälterin gedient, ihm in seiner Praxis geholfen und ihn fortgesetzt finanziell unterstützt, da er nach seiner Entlassung im April 1947 zunächst völlig mittellos gewesen sei. Zudem habe der Erblasser sie heiraten wollen. Die Klägerin habe aber zunächst abwarten wollen, bis sie Gewißheit über das Schicksal ihres vermißten Mannes erlangt habe. Die beklagten Töchter des Erblassers beantragten Abweisung der Klage.

Das Landgericht wies die Klage ab, die Berufung hatte Erfolg.

Der Revision der Beklagten hatte teilweise Erfolg. Das Berufungsgericht hatte ausgeführt, daß die geschlechtlichen Beziehungen des Erblassers zur Klägerin zwar mitbestimmend für die Erbeinsetzung gewesen seien, die Entschädigung für geleistete Opfer aber überwogen habe. Zudem habe ein besonderes Maß innerlicher Verbundenheit zur Erbeinsetzung geführt, da Erblasser und Klägerin die ernstliche Absicht gehabt hätten zu heiraten. Der BGH führte aus, daß diese innere Verbundenheit nicht ausreiche, den sittlichen Makel der Beziehung zu beseitigen, da die Heirat nicht mit der nötigen Ernsthaftigkeit vorangetrieben worden sei, sondern sich aus verschiedenen Gründen immer weiter verzögert habe.

Aus der Unsittlichkeit der Beziehung könne dann auf die Sittenwidrigkeit der Zuwendung geschlossen werden. Die erbrachten Leistungen der Klägerin seien aber als achtenswerte Beweggründe zu beurteilen, so daß es dem Erblasser nicht verwehrt gewesen sein könne, die Klägerin letztwillig überhaupt zu bedenken. Dabei müsse sich aber die Zuwendung unter Berücksichtigung der sittlichen Fürsorgepflicht des Erblassers gegenüber seinen Töchtern in einem Rahmen halten, der ihr nicht eindeutig den Charakter einer Bevorzugung gebe, mit der die Klägerin auch um ihrer Stellung als Geliebte willen bedacht werden solle. Um festzustellen, ob dieser Rahmen eingehalten worden sei, wurde nun einerseits der Wert der erbrachten Leistungen der Klägerin mit dem Wert der Zuwendung verglichen. Andererseits wurde der Wert der Zuwendung und die Stellung der Klägerin im Testament mit der Stellung der Töchter und dem Wert ihres Pflichtteils verglichen.

Es wurde festgestellt, daß der Wert des Nachlasses den Wert der Leistungen, welche die Klägerin erbracht habe, weit übersteige. Der Erblasser hätte, wenn er die Klägerin für diese Opfer entschädigen wollte, dieses Ziel auch voll erreichen können, wenn er sie neben den Töchtern zu gleichem Anteil als Erbin eingesetzt hätte. Da der Erblasser den Töchtern kein geordnetes Familienleben habe geben können, hätte er, wenn er sich seiner sittlichen Verantwortung bewußt gewesen wäre, sie nicht zu Lasten seiner Geliebten benachteiligen dürfen. Dies sollte um so mehr gelten, als die Töchter im Gegensatz zur Klägerin ohne den Nachlaß nicht wirtschaftlich abgesichert gewesen wären.

Somit sei die Erbeinsetzung der Klägerin in der erfolgten Form sittenwidrig gewesen. Da aber die Erbeinsetzung der Klägerin und der beiden Töchter zu gleichen Teilen als sittengemäß zu bewerten sei, sei das Testament für teilnichtig zu erklären, so daß die Klägerin zu einem Drittel des Nachlasses als Erbin berufen sei und die Töchter im Wege der gesetzlichen Erbfolge ebenfalls je ein Drittel des Nachlasses erbten.

Dieses Urteil des BGH wurde erst 8 Jahre nach Verkündung veröffentlicht[285], so daß es kaum direkte Reaktionen der Literatur darauf gab. Erst als diese Entscheidung durch Urteil vom 17.3.1969[286] bestätigt wurde, gab es eine lebhafte Diskussion, bei der auch auf das hier vorliegende Urteil eingegangen wurde.

In der Rechtsprechung des OGH und des BGH waren bereits einige Geliebtentestamente für teilnichtig erklärt worden[287]. Bei diesen Entscheidungen waren aber immer einige von mehreren Bestimmungen der letztwilligen Verfügung sittenwidrig und daher nichtig gewesen. Hier wurde erstmals eine Einzelbestimmung, die Einsetzung zur Alleinerbin, für teilnichtig erklärt.

Problematisch war dabei, wie diese Teilnichtigkeit rechtlich hergeleitet werden konnte. § 138 BGB begründete diese Rechtsfolge nicht, danach war immer nur Vollnichtigkeit möglich[288]. § 48 Abs.2 TestG gab zwar die Möglichkeit, ein Testament für teilnichtig zu erklären[289], war aber direkt nach dem 2.Weltkrieg aufgehoben worden. § 2085 BGB gestattete nicht die Teilnichtigkeit einer Einzelverfügung. Diese Norm war zudem, worauf Husmann[290] hinwies, als Ausnahmevorschrift eng auszulegen und nicht analogiefähig.

---

285 FamRZ 1963,287.

286 BGH III ZR 188/65 = NJW 1969, 1343.

287 Urteil vom 11.5.1950 (OGH I ZS 71/49) = nicht veröffentlicht; Urteil vom 6.5.1954 (BGH IV ZR 53/54) = FamRZ 1954, 195.

288 Vgl. Reinicke, NJW 1969,1343 (1345); Ramm, JZ 1970,401 (130); Husmann, NJW 1971,404 (409).

289 Vgl. Husmann, NJW 1971,404 (409).

290 NJW 1971,404 (409).

Es blieb also nur die Anwendung des § 139 BGB. Diese Norm war anwendbar, wenn eine Leistung sich nicht nur quantitativ in mehrere Teile trennen ließ, sondern darüber hinaus die Aufrechterhaltung einer der Teile auch erfolgen konnte, ohne daß das ganze Geschäft damit qualitativ einen anderen Charakter erhielt[291]. Hier war die quantitative Teilung in den einen Teil der Erbeinsetzung, der noch sittengemäß war und den übermäßigen Teil, der die Erbeinsetzung sittenwidrig machte, möglich. Fraglich war aber, ob die einzelnen Teile auch qualitativ bestehen konnten. So war in der Rechtsprechung zu Darlehen, bei denen ein sittenwidrig hoher Zins verlangt wurde, zu Bierlieferungsverträgen, die eine sittenwidrig lange Vertragsdauer hatten und zu Verträgen, die durch Ausnutzung einer Monopolstellung eine sittenwidrig hohe Gegenleistung beinhalteten, anerkannt, daß eine Begrenzung der Nichtigkeit auf den übermäßigen Teil nicht möglich war[292]. So lag es nahe, daß auch hier eine Teilnichtigkeit gemäß § 139 BGB nicht in Betracht kam. Allerdings war bei den genannten Fällen eine isolierte Betrachtung der Leistung nicht möglich. Sie mußte vielmehr im Zusammenhang mit den ganzen übrigen zwischen den Beteiligten durch das betreffende Rechtsgeschäft begründeten rechtlichen Beziehungen gesehen werden. Hier dagegen war ausschließlich auf die Interessen des Erblassers abzustellen. Aus seiner Sicht ergab sich durch die Teilung der Einzelverfügung keine Änderung des Charakters seiner Verfügung. Die Änderung war rein quantitativ[293]. Es war auch im Interesse des Erblassers, daß die Bedachte, wenn sie schon nicht alles bekommen konnte, zumindest einen Teil erhielt und nicht völlig leer ausging[294].

Somit war rechtlich die Teilnichtigkeit begründbar, die der BGH im vorliegenden Urteil annahm. Bezweifelt wurde aber von kritischen Stimmen in der Literatur, ob dieses Ergebnis interessengerecht und wünschenswert war. Gesetzlich waren die Belange der Angehörigen ausschließlich durch Gewährung von Pflichtteilsansprüchen geschützt. Der Erblasser konnte also Dritten alles zuwenden, die Angehörigen waren dann auf die Pflichtteilsansprüche beschränkt[295]. Es gab keinen gesetzlichen Anhaltspunkt dafür, daß der Erblasser Dritten sein Vermögen nur in der Höhe letztwillig zuwenden durfte, in der diese Zuwendung den Opfern und Diensten der Bedachten in angemessenem Maße entsprach.

Ein weiteres Problem ergab sich daraus, daß durch die Möglichkeit der Teilnichtigerklärung auch bei Einzelverfügungen des Erblassers der Gestaltungsspielraum der Gerichte stark erweitert wurde. Zwar ließ sich dies damit begründen,

291 Speckmann, JZ 1970,401 (402).
292 Siehe unten: zu den Darlehensverträgen 3. Teil C. 2. und 3.; zu den Bierlieferungsverträgen 3. Teil C 1 b) und zur Ausnutzung der Monopolstellung 3. Teil C. 1 a).
293 Speckmann, JZ 1970,401 (402).
294 Speckmann, JZ 1970,401 (402).
295 Reinicke, NJW 1969,1343 (1344).

daß gerechter über den Einzelfall entschieden werden konnte[296]. Es bestand aber die Gefahr, daß die Richter über § 139 BGB letztwillige Verfügungen verstärkt so veränderten, wie es ihren Gerechtigkeitsvorstellungen am besten entsprach[297]. Dadurch wäre die Rechtssicherheit gefährdet und der Wille des Erblassers nicht mehr voll verwirklicht worden[298]. Besonders im vorliegenden Urteil zeigte sich, wie die Richter ihre eigenen Gerechtigkeitsvorstellungen einbringen konnten. Es wurde deutlich, daß es als ungerecht angesehen wurde, daß die wirtschaftlich nicht abgesicherten Töchter auf den Pflichtteil beschränkt sein sollten und die wirtschaftlich besser stehende Geliebte Alleinerbin werden sollte. Deshalb wählten die Richter eine Erbeinsetzung, mit welcher der Erblasser seine Dankbarkeit gegenüber der Geliebten ausreichend abgelten und gleichzeitig die Töchter wirtschaftlich abgesichert werden konnten.

Ein Vorteil der starren Anwendung des § 138 Abs.1 BGB ohne Rückgriff auf die Teilnichtigkeit wurde darin gesehen, daß der Richter, wenn er entweder nur Nichtigkeit oder nur Wirksamkeit der letztwilligen Zuwendung wählen konnte, zurückhaltender mit der Nichtigerklärung umgehen würde[299]. Dieses Argument überzeugte jedoch nicht, da gerade die höchstrichterliche Rechtsprechung der damaligen Zeit bereits dahingehend kritisiert wurde, Geliebtentestamente zu streng zu bewerten. Es war daher nicht sehr wahrscheinlich, daß die Gerichte dieser erwünschten Tendenz folgen würden. Eine Liberalisierung der Rechtsprechung konnte mindestens genauso gut durch die Möglichkeit der Teilnichtigerklärung erfolgen, so daß der Richter einen Interessenausgleich zwischen Familie und Geliebter schaffen und auf diesem Weg zu gerechteren Ergebnissen kommen konnte.

(g) Urteil vom 28.1.1956[300] (Erbeinsetzung unter der Bedingung der Ehescheidung)

In einem Urteil vom 28.1.1956 hatte der BGH erstmals ein Testament zu beurteilen, in dem die Erbeinsetzung von einer Entscheidung in höchstpersönlichen Dingen abhängig gemacht wurde. Dem Urteil lag folgender Sachverhalt zugrunde:

Der Erblasser, der Eigentümer eines Hofes war, hatte zwei Töchter und zwei Söhne, von denen einer verschollen und für tot erklärt worden war. Am 7.2.1948 errichtete der Erblasser ein Testament, in dem er seine Frau zur Alleinerbin ein-

---

296 Speckmann, JZ 1970,401 (402).
297 Reinicke, NJW 1969,1343 (1345).
298 Reinicke, NJW 1969,1343 (1345); Siemens, S.52.
299 Reinicke, NJW 1969,1343 (1345); Ramm, JZ 1970,129 (130).
300 BGH IV ZR 216/55 = LM § 138 (Cd) BGB Nr.5.

setzte. Nach deren Tod sollte vorrangig der ältere, verschollene Sohn und nachrangig der andere Sohn Erbe des Hofes werden. Als Bedingung stellte er, daß der Erbe sich von seiner Frau scheiden lasse, da die Ehefrauen beider Söhne während des Kriegseinsatzes ihren Ehemännern nicht treu gewesen seien. Sollten beide Söhne diese Bedingung nicht erfüllen oder das Erbe nicht antreten, so sollte der Sohn der ältesten Tochter den Hof erben. An diejenigen, die den Hof nicht erbten, sollte der Erbe dann eine bestimmte Abfindung zahlen.

Am 8.6.1948 starb der Erblasser, seine Witwe am 15.4.1953. Nun klagte die jüngste Töchter auf Nichtigerklärung des Testaments. Das Landgericht erklärte das Testament für nichtig, soweit die beiden Söhne als Erben eingesetzt wurden. Ansonsten wurde das Testament für gültig erachtet. Die Berufung des jüngsten Sohnes hatte keinen Erfolg.

Die Revision führte zur Abweisung der Klage. Das Berufungsgericht hatte noch ausgeführt, daß der Erblasser in dem Testament eine Entscheidung der Söhne von materiellen Erwägungen abhängig gemacht habe, die nach sittlicher Anschauung frei von jeder Beeinflussung und jedem Zwang hätte erfolgen müssen. Schließlich sei die Ehe die engste Lebensgemeinschaft und deren Aufrechterhaltung ein sittliches Gebot. Darin, daß im Testament eine Erbeinsetzung an die Ehescheidung geknüpft werde, liege ein Verstoß gegen die guten Sitten.

Zwar wurde vom Berufungsgericht bemerkt, daß achtenswerte und ehrenhafte Beweggründe die Sittenwidrigkeit entfallen lassen könnten. Hier habe der Erblasser zum Wohl seiner Söhne und Familie handeln wollen. Auch habe der Erblasser die Ehebrüche der Schwiegertöchter als schwere Kränkungen gesehen. Allerdings könnten auch solche durchaus achtenswerten Beweggründe die Sittenwidrigkeit nicht entfallen lassen, wenn der Erblasser zu einem solch verwerflichen Mittel wie der Bedingung der Ehescheidung greife. Die Ehe sei ein so hohes Gut, daß diese Beweggründe dahinter zurückstehen müßten.

Der BGH stellte dazu fest, daß diese Ausführungen weitgehend der Würdigung entsprächen, mit welcher er in seiner Rechtsprechung die Ehe beurteilt habe. Allerdings müßten alle Umstände des Falles, insbesondere die vom Erblasser verfolgten Zwecke berücksichtigt werden. Dies sei nicht hinreichend geschehen. Der Ehebruch werde in ländlichen Gebieten besonders schwer genommen und als Familienschande angesehen. Somit habe der Erblasser unwürdige Familienmitglieder von der Hoferbfolge ausnehmen wollen. Dies habe er nur dadurch erreichen können, daß er die Erbeinsetzung der Söhne an eine Scheidung als Bedingung geknüpft habe. Es stand nach Ansicht des BGH also nicht die Gesinnung des Erblassers im Vordergrund, die Ehen der Söhne scheitern zu lassen, sondern den Hof nicht einem Erben an der Seite einer unwürdigen Frau zukommen zu lassen. Diese notwendige Verknüpfung von Zweck und Mittel lasse nicht den Vorwurf zu, der Erblasser habe ein verwerfliches Mittel eingesetzt.

Somit sei das Testament als gültig zu bewerten. Die bestehende Rechtsprechung zur Verknüpfung von materiellen Interessen mit der Entscheidung in höchstpersönlichen Fragen spreche nicht dagegen, da in den entschiedenen Fällen der verfolgte Zweck nicht so eng und untrennbar mit dem Nachlaß zusammengehangen habe wie im vorliegenden Fall.

In dieser Entscheidung des BGH wurde erstmals in der höchstrichterlichen Rechtsprechung ein Testament für gültig erklärt, in dem durch die Erbeinsetzung auf eine höchstpersönliche Entscheidung des Erben Einfluß genommen werden sollte. Dies verwunderte zunächst um so mehr, als hier die Erbeinsetzung an die Ehescheidung der Söhne geknüpft wurde und die Ehe eigentlich in der Rechtsprechung des BGH als sehr achtens- und schützenswert betrachtet wurde.

Nachvollziehbar wurde die Entscheidung aber dann, wenn man berücksichtigte, daß der Erblasser verhindern wollte, daß die ehebrecherisch tätigen Ehefrauen am Erbe teilhatten. Es wurde bereits in früheren Urteilen deutlich, daß der BGH den Ehebruch auf das Schärfste verurteilte und so auch letztwillige Verfügungen zugunsten der Geliebten regelmäßig als sittenwidrig erachtete. Im vorliegenden Urteil zeigte sich dann, daß der BGH den am Ehebruch beteiligten Personen insgesamt gegenüber unnachgiebige Strenge walten ließ. Die Verknüpfung von materieller Belohnung mit der Bedingung, sich von den ehebrecherischen Frauen scheiden zu lassen, wurde als sittengemäß beurteilt.

Dabei konnte jedoch die Begründung zur Abweichung von der bestehenden Rechtsprechung kaum überzeugen. Es war anzunehmen, daß auch diesen älteren Urteilen[301] ein Sachverhalt zugrunde lag, nach dem der Erblasser die Erbeinsetzung von einer bestimmten höchstpersönlichen Entscheidung abhängig gemacht hatte, weil ihm diese Entscheidung sehr wichtig war. Dann war aber nicht einzusehen, warum im vorliegenden Fall eine engere Verknüpfung von Entscheidung und Erbeinsetzung vorgelegen haben sollte.

Zudem konnte nicht gebilligt werden, daß der Erblasser durch das Testament materiellen und möglicherweise auch ideellen Druck auf seine Söhne ausübte, da die Ehe damals bereits im Rahmen des Art. 6 Abs.1 GG grundrechtlich geschützt war und ihre Aufrechterhaltung daher nicht leichtfertig gefährdet werden durfte[302]. Durch die im Testament vorhandene Bestimmung wurde aber eine Aussöhnung zwischen den Söhnen und ihren Ehefrauen zumindest erschwert, wenn nicht gar vereitelt[303].

---

301 Vgl. Verweise im Urteil vom 28.1.1956 (BGH IV ZR 216/55) = LM § 138 (Cd) BGB Nr.5 (Bl.482).

302 Gernhuber, FamRZ 1960, 326 (333); Smid, NJW 1990, 409 (415).

303 Karow, S.122.

Auch war zu beachten, daß die schwere Kränkung der Ehre, auf die der BGH vor allem bei den Beweggründen des Erblassers abstellte, primär die Söhne als Ehemänner der untreuen Frauen traf[304]. Die Entscheidung darüber, welche Konsequenzen aus dieser Kränkung zu ziehen waren, hätten also die Söhne selbst ohne Beeinflussung von außen treffen müssen.

Zudem wurde vom BGH aus dieser schweren Kränkung der Ehre abgeleitet, daß dem Erblasser kein Vorwurf sittenwidrigen Handelns gemacht werden könne. Wie *Flume* aber schon zutreffend bemerkte[305], kam es bei der Beurteilung einer letztwilligen Verfügung nicht darauf an, ob dem Erblasser ein Vorwurf gemacht werden konnte, sondern ob die Verfügung als Rechtsgeschäft gegen die guten Sitten verstieß.

Aufgrund dieser zahlreichen Bedenken, welche bezüglich der Wirksamkeit der bedingten letztwilligen Verfügung bestanden, wurde teilweise gefordert, jede Bedingung, die nicht rein auf den Vermögensbereich beschränkt sei, für nichtig zu erklären[306]. Begründet wurde dies damit, daß dem Erblasser die Möglichkeit versagt werden müsse, nach seinem Tod auf die Lebensführung seiner Mitmenschen einzuwirken, da er auf Veränderungen nicht mehr reagieren könne und so sein einmal gefaßter Wille unangemessen lange das Leben dieser Menschen beeinflussen würde[307]. Die letztwillige Zuwendung sollte dann als unbedingte aufrecht erhalten werden, da es dem Willen des Erblassers wohl eher entspreche, dem Erben den Vermögenswert zufließen zu lassen und statt einer rechtlich nicht zulässigen Bedingung eine bloße Empfehlung in das Testament aufzunehmen[308]. Rechtlich mochte diese Theorie nicht voll überzeugen, da sie den Gestaltungsspielraum der Richter über die gesetzlichen Grenzen hinaus vergrößerte. Sie zeigte aber, welcher Widerstand dem Urteil des BGH entgegengesetzt wurde.

Allerdings war es so auf den Einzelfall abgestimmt, daß es kaum nachteilige Auswirkungen auf die weitere Rechtsprechung zu letztwilligen Verfügungen gehabt haben dürfte.

---

304 Karow, S.123.
305 Flume, S.370.
306 Keuk, FamRZ 1972,9 (15).
307 Keuk, FamRZ 1972,9 (15).
308 Keuk, FamRZ 1972,9 (15f).

(h) *Urteil vom 15.2.1956[309] (Zeitpunkt der Sittenwidrigkeit von letztwilligen Verfügungen)*

In einem Urteil vom 15.2.1956 befaßte sich der BGH im Rahmen der Geliebtentestamente erstmals damit, welcher Zeitpunkt für die Ermittlung der Sittenwidrigkeit heranzuziehen war. Es wurde folgender Sachverhalt zugrunde gelegt:

Der Kläger war Enkel und Erbe des Erblassers, der 1954 verstarb. Der Erblasser war von 1904 bis 1946 verheiratet gewesen, als die Ehe auf Klage der Ehefrau wegen Ehebruchs des Erblassers mit der Beklagten geschieden wurde. Die Beklagte war 1944 in das Haus der Eheleute gezogen. Sie lebte auch nach der Scheidung mit der ehemaligen Ehefrau zusammen im Wohnhaus des Erblassers.

Mit Testament vom 30.8.1945 hatte der Erblasser der Beklagten ein lebenslanges Nießbrauchsrecht an dem zum Nachlaß gehörenden Grundstück eingeräumt. Der Kläger war der Auffassung, daß dieses Nießbrauchsvermächtnis sittenwidrig sei, da es als Belohnung für den Geschlechtsverkehr diene. Die Beklagte bestritt diesen Zweck des Vermächtnisses und führte an, daß es als Entschädigung für die erbrachten Dienstleistungen anzusehen sei. Zudem habe sie in der Zeit, in welcher sie im Haus des Erblassers gelebt hatte, gearbeitet und fast der ganze Lohn sei in den Haushalt eingeflossen.

Das Landgericht wies die Klage auf Räumung des Grundstücks ab. In der Berufung führte der Kläger an, daß das Vermächtnis nicht als “Gegenleistung” für die Hausdienste gelten könne, da zur Zeit der Errichtung des Testaments die Beklagte erst ein Jahr im Haus des Erblassers gewohnt habe. Die Beklagte führte an, daß die Dienstleistung im Hause des Klägers für die Dauer vorgesehen gewesen sei. Außerdem habe das Vermächtnis des Erblassers ihr zu dessen Lebzeiten noch keine Vergünstigung erbracht. Das Urteil des Landgerichts wurde vom Berufungsgericht geändert und der Klage stattgegeben.

Die Revision der Beklagten hatte keinen Erfolg. Der BGH führte seine Rechtsprechung zum Geliebtentestament fort und stellte fest, daß zum Zeitpunkt der Testamentserrichtung ein ehebrecherisches Verhältnis zwischen dem Erblasser und der Beklagten bestanden habe, das vor Einzug der Beklagten bereits mehrere Jahre angedauert habe. Nach der Lebenserfahrung sei anzunehmen, daß die geschlechtlichen Beziehungen bei Errichtung des Testaments wesentlich bestimmend für die Erbeinsetzung der Beklagten gewesen seien. Dann sei das Nießbrauchsvermächtnis als Belohnung und Förderung des Geschlechtsverkehrs sittenwidrig und somit nichtig. Achtenswerte Beweggründe, welche die Erbeinsetzung rechtfertigen könnten, hätten damals noch nicht vorgelegen, da die Beklagte erst ein Jahr im Haushalt des Erblassers Dienste verrichtet habe und eine finan-

---

309 BGH IV ZR 294/55 = BGHZ 20,71.

zielle Unterstützung durch die Beklagte für den relevanten Zeitraum nicht dargetan sei.

Als Zeitpunkt für die Beurteilung der Verfügungen von Todes wegen legte der BGH allgemein den Errichtungszeitpunkt fest. Begründet wurde dies damit, daß der entscheidende Grund für die Sittenwidrigkeit einer letztwilligen Verfügung in der darin zum Ausdruck kommenden und eine Verwirklichung erstrebenden unredlichen Gesinnung des Erblassers zu sehen sei. Wenn diese Beweggründe des Erblassers zur Zeit der Errichtung mit dem sittlichen Bewußtsein aller billig und gerecht Denkenden im Widerspruch stünden, so könne die letztwillige Verfügung zu keiner Zeit als gültig anerkannt werden. Die sittliche Bewertung des Testaments nach seiner subjektiven Seite müsse unabhängig davon erfolgen, ob später Umstände einträten, welche die Errichtung einer gleichlautenden Verfügung gestatten würden. Der Erblasser müßte dann alle nichtigen Bestimmungen formgerecht neu treffen.

Die in der Zeit des Nationalsozialismus entwickelte gegenteilige Ansicht[310] wurde vom BGH ausdrücklich abgelehnt. Die Auffassung, daß der Erblasser, der seine letztwillige Verfügung nicht widerrufe, diese innerlich gewissermaßen stets neu errichte[311], widerspreche natürlichem Denken. Und wenn nur auf den Inhalt der Verfügung abzustellen sei, wie er sich zur Zeit des Erbfalls auswirke[312], so werde die für die Beurteilung maßgebende subjektive Einstellung des Erblassers völlig außer acht gelassen.

Ausnahmsweise wollte der BGH dann, wenn sich der Erblasser bereits bei Verfassung der letztwilligen Verfügung über die zukünftige Entwicklung mutmaßend eigene Vorstellungen gemacht hatte, diese späteren Ereignisse bei der Bewertung der Sittenwidrigkeit einfließen lassen.

Schließlich wurde darauf hingewiesen, daß das Nießbrauchsvermächtnis zudem deshalb sittlich bedenklich sei, weil der Kläger gezwungen gewesen sei, für die Großmutter eine andere Wohnung zu suchen oder sie mit der Geliebten ihres ehemaligen Ehemannes zusammen wohnen zu lassen.

Der BGH führte hier die Rechtsprechung zum Geliebtentestament fort. Im Gegensatz zum Urteil vom 6.5.1954[313] stützte er sich bei der Feststellung der Sittenwidrigkeit wieder ausdrücklich darauf, daß der erste Anschein bei der Erbeinsetzung einer Geliebten für die Annahme spreche, daß der Erblasser sie für die geschlechtliche Hingabe belohnen möchte. Diese Annahme müsse von der Geliebten dann entkräftet werden. Die Beweislastverteilung wurde hier also deutlich

---

310 Vgl. oben 2.Teil, 3..
311 Urteil vom 9.10.1942 (RG VII 57/42) = DR 1943, 91(93).
312 Urteil vom 25.2.1944 (RG VI 115/43) = DR 1944, 494(495).
313 BGH IV ZR 53/54 = FamRZ 1954, 195.

herausgestellt und nicht offengelassen. Sie entsprach der Rechtsprechung des RG und des OGH[314].

Der BGH ging in dem Urteil vom 15.2.1956 direkt auf eine kritische Ansicht der Literatur ein[315]. Danach war dem OLG Celle, das die gleiche Ansicht vertreten hatte wie nun der BGH, vorgeworfen worden, daß die Beurteilung nach dem Zeitpunkt der Errichtung der Verfügung zu unbilligen Ergebnissen führen würde[316]. Wenn ein ursprünglich sittengemäßes Testament durch später hinzutretende Umstände eigentlich sittenwidrig werden würde, müßte es dennoch als sittengemäß und daher wirksam beurteilt werden[317]. Dem hielt der BGH entgegen, daß die Geltendmachung eines solchen Testaments wegen unzulässiger Rechtsausübung verhindert werden könne. Zudem war dem OLG Celle gegenüber kritisiert worden, daß ein zunächst sittenwidriges Testament weiterhin als nichtig behandelt werden müßte, selbst wenn es bei der Testamentserrichtung zu einem späteren Zeitpunkt als sittengemäß bewertet worden wäre[318]. Dem hielt der BGH entgegen, daß im Interesse der sittlichen Ordnung verlangt werden könne, daß der Erblasser, wenn sich die Umstände änderten, eindeutig von seiner früheren unsittlichen Einstellung abrücke, indem er sein früheres Testament aufhebe und ein neues errichte. Trotz teils vorbehaltloser Zustimmung, die der Ansicht des BGH entgegengebracht wurde[319], erschien es doch etwas lebensfremd, vom Erblasser zu verlangen, daß er ein einmal errichtetes Testament widerrief und es mit dem gleichen Wortlaut wieder errichtete, nur weil jetzt dieses Testament nicht mehr als sittenwidrig zu bewerten wäre[320]. Häufig war dem Erblasser überhaupt nicht bewußt, daß seine letztwillige Verfügung mit den guten Sitten nicht übereinstimmte.

Weiterhin wurde kritisiert, daß der BGH sich nicht allgemein zu der Frage äußerte, welcher Zeitpunkt für die Bewertung der letztwilligen Verfügung relevant wäre, wenn sich nicht die Umstände, sondern die Anschauungen änderten[321].

---

314 Vgl. Urteil vom 31.7.1942 (RG VII 22/42) = DR 1942,1341 (1341); Urteil vom 15.10.1948 (OGH I ZS 37/48) = OGHZ 1,249.

315 Bremen-Kühne, NJW 1956,265. Zum gesamten Meinungsstand der Literatur zu diesem Komplex zur Zeit von 1946-1965 vgl. oben: 2.Teil C..

316 Bremen-Kühne, NJW 1956,265 (265).

317 Bremen-Kühne, NJW 1956,265 (265f.).

318 Bremen-Kühne, NJW 1956,265 (266).

319 Schumacher, FamRZ 1956,261 (262).

320 Gernhuber, FamRZ 1960,326 (335); Jeder, S.144.

321 Rechenmacher, NJW 1956, 865 (866); Johannsen, LM § 138 (Cd) BGB Nr.6.; weiteres zu diesem Problem und dem Meinungsstand in der Literatur: siehe oben 2. Teil: C..

(i) *Urteil vom 10.1.1957[322] (Sittenwidrigkeit von Zuwendungen unter nicht verheirateten Partnern)*

Hatte der BGH in seiner Entscheidung vom 25.4.1956[323] noch ausdrücklich offen gelassen, wie das außereheliche Verhältnis der nicht verheirateten Lebenspartner sittlich zu bewerten sei, folgte nun erstmals die sittliche Überprüfung einer Zuwendung in einer solchen Beziehung durch den BGH. Es wurde folgender Sachverhalt zugrunde gelegt:

Der E. und die Klägerin lebten seit 1945 zusammen. Ihre damals noch bestehenden Ehen mit anderen Partnern wurden 1946 und 1949 geschieden. Während der Beziehung, die auch geschlechtlichen Verkehr umfaßte, gab sich die Klägerin als Ehefrau des E. aus. Im Jahre 1950 wendete der E. der Klägerin die Bezugsberechtigung einer Unfallzusatzversicherung zu. Nachdem der E. am 8.5.1951 bei einem Autounfall ums Leben gekommen war, machte die Klägerin die Versicherungssumme geltend. Die Beklagte verweigerte die Auszahlung, da die Zuwendung der Bezugsberechtigung sittenwidrig sei.

Das Landgericht wies die Klage ab, die Berufung der Klägerin hatte Erfolg.

Der BGH stimmte der Ansicht des Berufungsgerichts zu. Er betonte zwar, daß das Verhältnis zwischen Klägerin und E. unsittlich gewesen sei. Allerdings lasse sich nicht feststellen, daß die Klägerin durch die Zuwendung für ihre ehebrecherische Hingabe nachträglich belohnt oder die außereheliche Liebesbeziehung weiter gefestigt werden sollte. Vielmehr sei die Zuwendung in erster Linie mit Rücksicht auf den gemeinsamen langjährigen Daseinskampf, den Willen zu weiterer gemeinsamer Lebensführung und die Tatsache erfolgt, daß die Klägerin dem E. erhebliche Sachwerte hergegeben habe. Diese achtenswerten Beweggründe führten dazu, daß die Zuwendung als nicht sittenwidrig bewertet werden müsse.

Auch aus der Tatsache, daß E. durch diese Zuwendung die Klägerin offensichtlich vor seinen fünf Kindern bevorzugt habe, lasse keine andere Bewertung zu. Das sittlich Anstößige an dem Verhalten des E. sei nur darin zu sehen, daß er für seine Kinder nicht ähnlich gut vorgesorgt habe. Dies könne aber nicht dazu führen, daß der Klägerin die Vorteile wieder aberkannt werden müßten.

In dieser Entscheidung wendete der BGH die Kriterien für die Sittenwidrigkeit von letztwilligen Verfügungen auf eine Lebensversicherung in Form der Unfallzusatzversicherung an. Dies war keine Neuerung, da bereits das RG die Be-

322 BGH II ZR 162/55 = BGHZ 23,76.
323 BGH IV ZR 297/55 = FamRZ 1956,219.

zugsberechtigung einer Lebensversicherung in dieser Weise überprüft hatte[324]. Auch die Bewertung im einzelnen griff die bekannte Rechtsprechung auf.

Erstmals in der höchstrichterlichen Rechtsprechung nach dem 2.Weltkrieg wurde jedoch der Fall behandelt, daß die Zuwendung zu einem Zeitpunkt erfolgte, zu dem beide Partner nicht mehr verheiratet waren[325]. So konnte dieses Urteil Aufschluß darüber geben, wie der BGH eine solche nichteheliche Beziehung bewertete. Sie wurde zwar in dem Urteil ausdrücklich als unsittlich bezeichnet. Bemerkenswert war aber, daß bei den achtenswerten Motiven mit der Rücksicht auf den langjährigen Daseinskampf und dem Willen zur weiteren gemeinsamen Lebensführung auch auf ethische Beweggründe zurückgegriffen wurde. Sonst wurden dabei fast durchgehend nur materielle Motive berücksichtigt[326]. Bereits dies deutete darauf hin, daß der BGH einer langjährigen, nichtehelichen Beziehung aufgeschlossener gegenüberstand als einer Beziehung, in der es zum Ehebruch kam.

Diese Deutung der Rechtsprechung des BGH wurde zudem dadurch unterstützt, daß bereits in der Rechtsprechung des RG alle Fälle einer letztwilligen Zuwendung an eine Geliebte als nicht sittenwidrig bewertet worden waren, in denen weder der Erblasser noch die Geliebte verheiratet gewesen waren[327]. Dies konnte zwar durch die besonderen Umstände des jeweiligen Falles gerechtfertigt gewesen sein. Allerdings deuteten diese durchgängige Rechtsprechung und die Verwendung von ethischen Momenten seitens des BGH darauf hin, daß solche Beziehungen durch die höchstrichterliche Rechtsprechung toleriert wurden, selbst wenn dies ausdrücklich so nicht geäußert wurde. Vereinzelt war zwar bereits von der Literatur gefordert worden, auch Testamente unter Ledigen, die eine geschlechtliche Beziehung pflegten, als sittenwidrig zu erachten[328]. Der BGH hatte diese Forderung aber nicht aufgegriffen.

---

324 Urteil vom 14.11.1933 (RG VII 242/33) = JW 1934,155.

325 Im Urteil vom 15.10.1948 (OGH I ZS 37/48) = OGHZ 1,249 wurde das Testament errichtet, als der Erblasser noch verheiratet war.

326 Vgl. dazu Müller-Freienfels, JZ 1968,441 (444); Husmann, NJW 1971,404 (406); Siemens, S.35.

327 Urteil vom 29.2.1932 (RG IV 244/31) = DRiZ 1932,326 (326); Urteil vom 17.9.1940 (RG VII 247/39) = WarnR 1941,52 (52) Nr.25; Urteil vom 20.12.1940 (RG VII 107/40) = WarnR 1941,153 (153) Nr.75; Urteil vom 8.5.1942 (RG VII 2/42) = WarnR 1942,247 (247), Nr.91.

328 Schumacher, FamRZ 1956,261 (261); Gernhuber, FamRZ 1960, 326 (331).

(j) *Weitere Urteile zur Sittenwidrigkeit einer letztwilligen Zuwendung in einer nichtehelichen Beziehung*

In einer Reihe weiterer Urteile setzte der BGH diese Rechtsprechung fort. So wurde in einem Urteil vom 29.1.1958[329] das Testament eines Erblassers zugunsten seiner seit 30 Jahren bei ihm beschäftigten Haushälterin als nicht sittenwidrig bewertet, obwohl er mit ihr geschlechtlichen Verkehr hatte. Es wurde angenommen, daß die Dankbarkeit für die langen Dienste das vorrangige Motiv gewesen sei und die Belohnung der geschlechtlichen Hingabe allenfalls eine untergeordnete Rolle gespielt habe. Zudem seien die benachteiligten Geschwister des Erblassers und deren Kinder nur entferntere Verwandte gewesen, so daß deren Übergehung nicht so schwerwiegend gewesen sei.

Bemerkenswert war, wie der BGH den Umstand würdigte, daß sowohl der Erblasser als auch die Haushälterin nicht verheiratet waren. So stellte er fest, daß ein eheähnliches Zusammenleben zwischen ihnen sittlich nicht in dem Maße verurteilt werden könne wie bei einem ehebrecherischen Verhältnis. Die sich im oben angeführten Urteil bereits zeigende Tendenz, nichteheliche Lebensgemeinschaften nicht so hart zu bewerten wie ehebrecherische Beziehungen, wurde hier erstmals in der Rechtsprechung des BGH ausdrücklich erwähnt.

Fortgeführt wurde diese Rechtsprechung in einem Urteil vom 21.12.1960[330]. Hier wurde ein Testament für nicht sittenwidrig erachtet, in dem die Erblasserin ihren Geliebten bedachte. Beide waren wiederum unverheiratet. Der BGH schloß sich den Ausführungen des Berufungsgerichts an, wonach zwar zwischen diesen Personen geschlechtsvertrauliche Beziehungen bestanden hätten und dieses Verhältnis daher sittlich nicht zu billigen sei. Es sei darüberhinaus aber nicht besonders anstößig. So sei es weder ehebrecherisch noch in der Öffentlichkeit bekannt gewesen, so daß es nicht ärgerniserregend gewesen sei. Zudem lägen achtenswerte Beweggründe vor, da der Bedachte sowohl die Erblasserin als auch deren Mutter gepflegt habe und er mit der Erblasserin durch eine mehr als 25jährige ununterbrochene Lebensgemeinschaft verbunden gewesen sei. Auch seien im vorliegenden Urteil wiederum nur die Geschwister der Erblasserin benachteiligt worden.

Die Besonderheit dieses Urteils zeigte sich darin, daß es als erstes in der höchstrichterlichen Rechtsprechung zu den Geliebtentestamenten einen Fall behandelte, in dem eine Frau ihrem Geliebten etwas hinterlassen hatte[331]. Ansonsten wurden die vom BGH entwickelten Grundsätze fortgeführt. Wiederum wur-

---

329 BGH IV ZR 251/57 = FamRZ 1958,127.

330 BGH V ZR 76/60 = nicht veröffentlicht.

331 Karow, S.130 Fn.433.

de betont, daß kein ehebrecherisches Verhältnis vorgelegen habe. Ein neuer Aspekt wurde mit dem Hinweis darauf eingeführt, daß das Verhältnis nicht öffentlich bekannt gewesen sei und deshalb kein Ärgernis erregt haben konnte. Es wurde daher vor allem ein Werurteil über den Lebenswandel der an der Beziehung beteiligten Personen gefällt. Dabei sollte aber im Rahmen des § 138 Abs.1 BGB das Rechtsgeschäft als solches bewertet werden. Es zeigte sich wiederum die bereits oben angesprochene Gefahr[332], daß der Richter mit der Feststellung der Sittenwidrigkeit ein Verhalten des Erblassers bestrafen oder, wie im vorliegenden Fall, belohnen wollte. Hier wurde die Geheimhaltung des Verhältnisses wohlwollend vom Richter herangezogen, obwohl es für eine letztwillige Verfügung, die in ihren Auswirkungen kaum geheimgehalten werden konnte, nicht darauf ankommen durfte, ob das Liebesverhältnis zu Lebzeiten öffentlich bekannt gewesen war und Anstoß erregen konnte.

Schließlich befaßte sich der BGH in einem Urteil vom 11.7.1962[333] wiederum mit einem Testament, in dem der Erblasser seine Geliebte zur Alleinerbin eingesetzt hatte und beide nicht verheiratet gewesen waren. Dabei hatte der Erblasser die Bedachte bereits während seiner Ehe gekannt, die 1952 gem. § 43 EheG 1946 wegen seines überwiegenden Verschuldens geschieden worden war. Ehewidrige Beziehungen zur Bedachten hatten aber nicht festgestellt werden können. Nach der Scheidung war die Bedachte in das Haus des Erblassers gezogen, in dem weiterhin auch dessen ehemalige Ehefrau und seine beiden Söhne gelebt hatten. Am 11.11.1954 hatte der Erblasser seine Geliebte zur Alleinerbin eingesetzt. Nach dessen Tod am 30.1.1959 klagten die Söhne auf Nichtigerklärung des Testaments, da es als Belohnung für ehebrecherischen Verkehr und als Förderung zukünftigen Verkehrs gedacht gewesen sei. Zudem stelle es eine weitere von vielen Schikanen dar, die der Erblasser den Söhnen zugefügt habe.

Der BGH stimmte mit dem Berufungsgericht darin überein, daß das Testament nicht sittenwidrig sei. Insbesondere stellte das Berufungsgericht mit Billigung des BGH darauf ab, ob intime Beziehungen des Erblassers zur Bedachten bereits während dessen Ehe bestanden hätten. Dies hätte nämlich dafür gesprochen, daß der Erblasser seine Geliebte für dieses sittenwidrige Verhalten habe belohnen wollen. Da solche Beziehungen nicht nachgewiesen werden konnten, wurde das nichteheliche Verhältnis aufgrund von achtenswerten Beweggründen für sittengemäß gehalten. Diese Gründe wurden in dem Bedürfnis des Erblassers nach Häuslichkeit und einer Stätte der Ruhe und Pflege gesehen. Zudem konnte nach Ansicht des BGH der Erblasser nach der Lebenserfahrung bereits bei Errichtung des Testaments damit rechnen, daß die Bedachte ihm in Zukunft mit

332 Vgl. oben S.73f..
333 BGH V ZR 228/60 = nicht veröffentlicht.

Pflege und Fürsorge zur Seite stehen werde. Da auch eine unsittliche Benachteiligung der Angehörigen des Erblassers nicht ersichtlich gewesen sei, wurde das Testament als nicht sittenwidrig bewertet.

In diesem Urteil wurden die vom BGH entwickelten Grundsätze inzwischen mit größerer Selbstverständlichkeit als in den ersten Urteilen angewendet. Dies führte dazu, daß die sittliche Bewertung des Testaments eigentlich nur noch davon abhängig war, ob ehebrecherische Beziehungen bestanden hatten oder ob geschlechtliche Beziehungen erst nach der Scheidung des Erblassers aufgenommen wurden. Es wurde deutlich, daß im ersten Fall das Testament mit Sicherheit als sittenwidrig bewertet worden wäre[334]. Im hier angenommenen zweiten Fall wurde wiederum auf achtenswerte Beweggründe zurückgegriffen, die aber dermaßen allgemein gehalten waren, daß sie auf jede Beziehung anwendbar gewesen wären, in der die Partner in häuslicher Gemeinschaft lebten. Dies zeigte daher deutlich, daß die achtenswerten Beweggründe häufig nur dazu dienten, eine vom Richter bereits gefällte Bewertung der Beziehung des Erblassers zur Bedachten zu bestärken. Die Gültigkeit des Testaments hing dann davon ab, wie der Richter das Verhältnis beurteilte.

(k) Urteil vom 7.10.1960[335] (Sittenwidrigkeit einer Zuwendung unter Lebenden)

Wurden bisher die Kriterien über die Sittenwidrigkeit nur bei letztwilligen Verfügungen zugunsten einer Geliebten angewendet, so hatte der BGH in einem Urteil vom 7.10.1960 eine zu Lebzeiten erfolgte Zuwendung an die Geliebte zu überprüfen. Dem Urteil lag folgender Sachverhalt zugrunde:

Die ursprüngliche Klägerin war mit dem Erblasser verheiratet. 1941 kam die Beklagte mit ihren beiden Kindern als Evakuierte zu den Eheleuten. Am 3.4.1944 setzten sich die Eheleute gegenseitig als Alleinerben ein. Im Sommer 1945 trennten sie sich. Darauf zogen der Erblasser und die Beklagte zusammen. Mindestens in der Zeit von 1946 bis 1949 verkehrten sie geschlechtlich miteinander.

Durch notariellen Vertrag vom 5.7.1951 verkaufte der Erblasser das von ihnen bewohnte Grundstück an die Beklagte. Am 27.4.1954 verstarb der Erblasser und wurde von seiner Ehefrau beerbt. Diese erhob Klage auf Auflassung und Herausgabe des Grundstücks, weil sie den Kaufvertrag für sittenwidrig und nichtig hielt. Am 25.3.1955 verstarb die Ehefrau und wurde von ihrer ersteheliche Tochter beerbt, die den Rechtsstreit fortführte.

Das Landgericht gab der Klage statt, die Berufung der Beklagten hatte Erfolg.

---

334 Siemens, S.34f..
335 BGH V ZR 178/59 = LM § 138 (Cd) BGB Nr.11.

Auf die Revision der Klägerin wurde das Urteil des Berufungsgerichts aufgehoben und die Sache zur erneuten Verhandlung zurückverwiesen. Zunächst wurde festgestellt, daß bei der sittlichen Beurteilung von Geschäften mit der Geliebten die gleichen Grundsätze zu beachten seien, wie bei der Überprüfung der letztwilligen Verfügungen. Es sei jedoch die Besonderheit zu beachten, daß letztere ihrer Natur nach unentgeltlich seien. Somit müsse es bei der sittlichen Beurteilung von Geschäften unter Lebenden eine Rolle spielen, ob es sich um ein vorwiegend entgeltliches oder unentgeltliches Rechtsgeschäft handele. Zwar seien die bekannten Kriterien zur Feststellung der Sittenwidrigkeit stets zu prüfen, bei überwiegender Entgeltlichkeit des Geschäfts würden sie aber weit seltener zur Bejahung der Sittenwidrigkeit führen als bei überwiegender Unentgeltlichkeit.

Der BGH stimmte nun dem Berufungsgericht dahingehend zu, daß nichts dafür spreche, daß die geschlechtlichen Beziehungen zwischen dem Erblasser und der Beklagten im Vergleich zu den menschlich-seelischen und auch geschäftlichen Beziehungen von übergeordneter Bedeutung gewesen seien. So habe die Beklagte Erhebliches für das Geschäft des Erblassers geleistet. Zudem hätten aufgrund des Gesundheitszustands des Erblassers mindestens seit 1951 die erotischen Beziehungen zur Beklagten für ihn an Bedeutung verloren, so daß die Förderung des Geschlechtsverkehrs als Beweggrund nicht in Betracht komme. Auch habe die Beziehung zur Beklagten die Zerrüttung der Ehe nicht hervorgerufen, sondern sei eine Reaktion darauf gewesen.

Nachdem festgestellt worden war, daß achtenswerte Beweggründe bei Abschluß des Kaufvertrags vorgelegen hatten, wurde überprüft, ob dennoch eine Sittenwidrigkeit gegeben sei, weil dieses Geschäft für die Angehörigen des Erblassers unzumutbar sei. Es wurde festgestellt, daß dieses Geschäft vor allem aufgrund der wirtschaftlichen Nachteile für die Ehefrau als unzumutbar angesehen werden müsse. So sei das verkaufte Grundstück wesentlich ertragreicher als dasjenige, das sie geerbt habe. Zudem habe die Ehefrau nach dem Tod ihres Mannes die Lastenausgleichslasten für das verkaufte Grundstück tragen müssen. An der Sittenwidrigkeit dieses Geschäfts ändere sich auch dadurch nichts, daß es für die Tochter und Erbin der Ehefrau nicht unzumutbar sei.

Der BGH hat in dem vorliegenden Urteil seine Rechtsprechung zu den Geliebtentestamenten konsequent auf die Geschäfte unter Lebenden erweitert. Es wurden die gleichen Grundsätze herangezogen. Dem Unterschied zu den letztwilligen Verfügungen wurde damit Rechnung getragen, daß das Maß der Entgeltlichkeit bzw. Unentgeltlichkeit bei der Bewertung Beachtung finden sollte. Auch war die Ausweitung dieser Rechtsprechung auf Geschäfte unter Lebenden geboten, da die strenge Bewertung der Geliebtentestamente sonst leicht dazu hätte führen können, daß der Erblasser bereits vor seinem Tod die wesentlichen

Vermögensgegenstände der Geliebten zuwendete. Allerdings wurde diese Gefahr auch nach Verkündung dieses Urteils noch gesehen[336].

Ansonsten war bemerkenswert an diesem Urteil, daß auch bei der vorliegenden ehebrecherischen Beziehung im Rahmen der achtenswerten Beweggründe ethische Motive Beachtung fanden und nicht nur rein materielle Gründe zugrundegelegt wurden.

(l) Urteil vom 8.1.1964[337] *(Anscheinsbeweis bei letztwilligen Verfügungen)*

In einem Urteil vom 8.1.1964 hatte sich der BGH wiederum mit einer letztwilligen Verfügung im Rahmen eines ehebrecherischen Verhältnisses zu befassen. Die Entscheidung basierte auf folgendem Sachverhalt:

Der Ehemann der Beklagten, der Erblasser, mußte berufsbedingt die gemeinsame Wohnung verlassen und in eine andere Stadt übersiedeln. Dort mietete er sich in einer Wohnung ein, die dem Vater der Klägerin gehörte. Die Klägerin führte den Haushalt ihres Vaters. Als der Vater 1953 starb, mußte sie im Rahmen der Erbauseinandersetzung 15.000 DM an ihren Bruder zahlen. Diesen Betrag gab der Erblasser ihr als Darlehen, wofür sie ihm an dem Haus, das nunmehr ihr Eigentum geworden war, eine Sicherungshypothek bestellte.

In der Folgezeit vertiefte sich die Beziehung zwischen dem Erblasser und der Klägerin, während er sich von seiner Familie immer mehr entfremdete. Er brach schließlich im Jahre 1958 die Verbindung zu seiner Familie vollständig ab. Die Klägerin führte mit dem Erblasser einen gemeinsamen Haushalt und begleitete ihn bei Geschäfts- und Kuraufenthalten. Er zahlte weiterhin Miete an die Klägerin. Am 25.11.1959 verstarb der Erblasser.

In einem Testament vom 25.9.1959 hatte der Erblasser seine Ehefrau zur befreiten Vorerbin und seine Tochter zur Nacherbin eingesetzt. Der Klägerin hatte er mit der Begründung, daß sie ihn betreut und gepflegt habe, ein Vermächtnis zugewendet, in dem ihr das Darlehen nebst Zinsen erlassen wurde.

Da sich die Beklagte weigerte, das Vermächtnis anzuerkennen, klagte die Klägerin auf Löschung der Sicherungshypothek. Das Landgericht gab der Klage statt, die Berufung der Beklagten hatte Erfolg.

Die Revision der Klägerin wurde zurückgewiesen. Übereinstimmend mit dem Berufungsgericht wurde ausgeführt, daß zwischen dem Erblasser und der Klägerin ein ehebrecherisches Verhältnis von 1953 bis mindestens zum Jahre 1957 bestanden habe. Selbst wenn danach aufgrund der Erkrankung des Erblassers ein Geschlechtsverkehr nicht mehr habe erfolgen können, so habe das frühere Erle-

336 Müller-Freienfels, JZ 1968,441 (444f.).
337 BGH V ZR 5/62 = NJW 1964,764.

ben in ihm fortgewirkt, so daß das Vermächtnis als Belohnung für den ehebrecherischen Verkehr zu bewerten sei. Es sei nun Sache der Klägerin gewesen zu beweisen, daß die Zuwendung aus anderen achtenswerten Gründen erfolgt sei.

Diesen Beweis hatte nach Meinung des BGH die Klägerin nicht erbracht. Die von ihr angeführte Dankbarkeit des Erblassers für geleistete Dienste und Betreuung habe dafür nicht ausgereicht. Es wurden nun vom BGH sämtliche im Haushalt erbrachten Dienste und die einzelnen Betreuungsaufgaben in tatsächlicher und seelischer Hinsicht bewertet und den zu Lebzeiten des Erblassers der Klägerin zukommenden Vergünstigungen gegenüber gestellt. Dabei kamen das Berufungsgericht und der BGH zu dem Ergebnis, daß die Leistungen der Klägerin bereits anderweitig abgegolten seien und ihr ein Anspruch auf weitere Entlohnung nicht zugestanden habe.

Auch daß das Vermächtnis nur ein Sechstel des Gesamtnachlasses umfasse, habe keinen Einfluß auf die sittliche Bewertung. Ebenso wurde eine Teilnichtigkeit verneint, da diese nur bei Gleichwertigkeit der Beweggründe in Frage gekommen wäre. Hier sei aber die geschlechtliche Hingabe der Klägerin das bestimmende Motiv gewesen und eine etwaige Dankbarkeit für die Betreuung müsse jedenfalls dahinter zurückstehen.

In diesem Urteil griff der BGH die bestehende Rechtsprechung zur Beweislastverteilung auf[338].

Bei der Überprüfung der achtenswerten Beweggründe fiel auf, daß der BGH nur auf rein materielle Motive abstellte. Es erfolgte eine penible Zusammenstellung aller von der Klägerin erbrachten Leistungen, die mit den materiellen Vorteilen verglichen wurden, die ihr zu Lebzeiten zugeflossen waren. Vor allem bei letztwilligen Zuwendungen zugunsten nichtehelicher Lebenspartner hatte der BGH aber schon häufig auf ethische Motivationen zurückgegriffen[339]. Auch bei einer Zuwendung unter Lebenden in einem ehebrecherischen Verhältnis wurden diese beachtet[340]. Diese Entwicklung hatte der BGH hier nicht aufgegriffen, sondern nur nach streng materiellen Gesichtspunkten gewertet.

Daß das Vermächtnis nur ein Sechstel des Gesamtnachlasses umfaßte, wurde vom BGH ausdrücklich als unbeachtlich bezeichnet, da es nicht ersichtlich sei, warum dies darauf hindeuten solle, daß der Erblasser damit die Dienste der Klägerin belohnen wolle. Sowohl in früheren Entscheidungen des OGH als auch des BGH war hervorgehoben worden, daß aus dem Umfang der letztwilligen Zuwen-

338 Vgl. Urteil vom 15.2.1956 (BGH IV ZR 294/55) = BGHZ 20,71.

339 Urteil vom 10.1.1957 ((BGH IV ZR 53/54) = FamRZ 1954, 195; Urteil vom 29.1.1958 (BGH IV ZR 251/57) = FamRZ 1958,127; Urteil vom 21.12.1960 (BGH V ZR 76/60) = nicht veröffentlicht; Urteil vom 11.7.1962 (BGH V ZR 228/60) = nicht veröffentlicht.

340 Urteil vom 7.10.1960 (BGH V ZR 178/59)= LM § 138 (Cd) BGB Nr.11.

dung auf die Motive des Erblassers geschlossen werden könne[341]. Dabei wurde aus besonders umfassenden Zuwendungen hergeleitet, daß diese nur der Belohnung des Geschlechtsverkehrs dienen könnten. Nun allerdings verweigerte der BGH den Rückschluß, daß geringfügige Zuwendungen darauf hindeuteten, daß sie nicht zur Belohnung des Geschlechtsverkehrs dienten.

Insgesamt zeigte dieses Urteil, daß der BGH letztwillige Zuwendungen im Rahmen einer ehebrecherischen Beziehung mit unnachgiebiger Härte bewertete. Einige Ansatzpunkte, die in früheren Urteilen Erwähnung gefunden hatten, konnten zwar zur Begründung der Sittenwidrigkeit beitragen, ihnen wurde aber bei der Rechtfertigung einer Zuwendung jede Relevanz versagt. Auch die bezüglich der Zuwendungen im Rahmen nichtehelicher Beziehungen erkennbaren wohlwollenderen Bewertungsmaßstäbe wurden auf ehebrecherische Beziehungen nicht übertragen.

(m) Urteil vom 25.5.1964[342] (Weiteres Urteil zur letztwilligen Zuwendung im ehewidrigen Verhältnis)

Diese sittenstrenge Rechtsprechung festigte der BGH mit einem Urteil vom 25.5.1964. In diesem Urteil setzte der verheiratete Erblasser eine in seinem Geschäft tätige kaufmännische Angestellte als Alleinerbin ein. Seine von ihm seit fünf Jahren getrennt lebende Ehefrau klagte auf Nichtigerklärung des Testaments und hatte damit sowohl in der Berufung als auch vor dem BGH Erfolg.

Obwohl keine ehebrecherischen Beziehungen zwischen dem Erblasser und der Beklagten erwiesen waren, wurde das Verhältnis als unsittlich bewertet, da ehewidrige Beziehungen den ehebrecherischen Beziehungen gleichzustellen seien. Dies entsprach der gefestigten höchstrichterlichen Rechtsprechung[343].

Nun wurde festgestellt, daß der überwiegende Beweggrund in der Belohnung dieses ehewidrigen Verhältnisses zu sehen sei. Unbestritten war allerdings, daß die Beklagte hervorragende Arbeit im Geschäft des Erblassers geleistet, erhebliche Geldbeträge zur Verfügung gestellt und dem etwas haltlosen Erblasser einen Halt gegeben hatte. Diesen Beweggründen wurde aber nur eine untergeordnete Rolle zuerkannt, so daß das ganze Testament nichtig war.

Auffällig war, daß diese ganzen teilweise auch materiell bestimmbaren Motive für völlig unbeachtlich erklärt wurden. Es wurde noch nicht einmal die Mög-

341 Urteil vom 15.10.1948 (OGH I ZS 37/48) = OGHZ 1,249; Urteil vom 15.6.1955 (BGH IV ZR 80/55) = FamRZ 1963,287.

342 BGH III ZR 231/62 = nicht veröffentlicht.

343 Vgl. insbesondere das Urteil vom 6.5.1954 (BGH IV ZR 53/54) = FamRZ 1954, 195.

lichkeit der Teilnichtigkeit erwähnt, obwohl dies nach der Rechtsprechung des BGH nicht ausgeschlossen war und die achtenswerten Beweggründe so Berücksichtigung hätten finden können[344]. Insbesondere im Vergleich mit der Entscheidung des BGH vom 6.5.1954[345], der ein ähnlicher Sachverhalt zugrunde gelegen hatte und in der eine letztwillige Zuwendung im Rahmen des ehewidrigen Verhältnisses selbst neben ehelichen Kindern noch für teilweise zulässig erklärt worden war, zeigte sich, daß der BGH inzwischen einen strengeren Maßstab anlegte[346].

(n) Gesamtbetrachtung

In der Rechtsprechung des OGH und des BGH aus der Zeit von 1948-1965 wurden bei der Sittenwidrigkeit von letztwilligen Verfügungen vor allem Entscheidungen über Geliebtentestamente gefällt.

Dabei wurde die bestehende Rechtsprechung des RG aufgegriffen und fortgeführt. Eine Weiterentwicklung zeigte sich nur in einigen wenigen Punkten. So wurde wie beim RG eine letztwillige Zuwendung an die Geliebte als sittenwidrig angesehen, wenn diese Verfügung zur Belohnung und Fortsetzung des Geschlechtsverkehrs diente. Es wurde bei der Beurteilung dieser Verfügungen in mehrfacher Hinsicht auf den Anscheinsbeweis zurückgegriffen. So sprach bei einer ehewidrigen Beziehung der erste Anschein dafür, daß es zum Geschlechtsverkehr gekommen war. Und wenn der Erblasser mit der Geliebten geschlechtlich verkehrt hatte, so sprach der erste Anschein dafür, daß die letztwillige Zuwendung zur Belohnung oder Förderung des Geschlechtsverkehrs diente. Nur das Urteil vom 6.5.1954[347] schloß sich der daraus folgenden Beweislastverteilung nicht an, sondern ließ diese offen. Aber bereits im Urteil vom 15.2.1956[348] wurde dieser Ansicht wieder ausdrücklich gefolgt, was sich bis 1965 auch nicht änderte.

Wie in der Rechtsprechung des RG konnte die letztwillige Zuwendung dann sittlich gerechtfertigt sein, wenn achtenswerte Beweggründe vorlagen. Dabei fanden vor allem nur materielle Beweggründe Beachtung. Erst bei einigen Urteilen, die sich mit Zuwendungen im Rahmen von nichtehelichen Verhältnissen befaßten, wurden ethische Beweggründe zur Rechtfertigung herangezogen[349]. Bei ehe-

344 Vgl. Urteil vom 6.5.1954 (BGH IV ZR 53/54) = FamRZ 1954, 195; Urteil vom 15.6.1955 (BGH IV ZR 80/55) = FamRZ 1963,287.

345 BGH IV ZR 53/54 = FamRZ 1954, 195.

346 Karow, S.139.

347 BGH IV ZR 53/54 = FamRZ 1954, 195.

348 BGH IV ZR 294/55 = BGHZ 20,71.

349 Urteil vom 10.1.1957 ((BGH IV ZR 53/54) = FamRZ 1954, 195; Urteil vom 29.1.1958 (BGH IV ZR 251/57) = FamRZ 1958,127; Urteil vom 21.12.1960 (BGH

brecherischen Beziehungen fanden dagegen nur im Urteil vom 7.10.1960[350] diese Beweggründe Beachtung, konnten die Beurteilung der letztwilligen Zuwendung als sittenwidrig aber nicht verhindern. In der darauf folgenden Zeit wurde verstärkt wieder nur auf materielle Motive abgestellt[351].

Als Grenze der achtenswerten Beweggründe trat nach dem 2. Weltkrieg verstärkt der Schutz der Familie in den Vordergrund. Dieser Aspekt hatte unter der Geltung des § 48 Abs.2 TestG in der Zeit des Nationalsozialismus erste Beachtung gefunden. Nach der damaligen Auffassung dienten Ehe und Familie vor allem dem Volk und hatten der Gemeinschaft gegenüber ihre Pflichten zu erfüllen[352]. Diese stärkere Pflichtenstellung konnte dann zur Folge gehabt haben, daß die Familie als wichtiger Baustein der Gemeinschaft auch verstärkten Schutz erfahren mußte, was auch die größere Beachtung im Rahmen der letztwilligen Verfügungen erklären konnte. Zudem dienten Ehe und Familie in immer stärkerem Maße auch bevölkerungspolitischen und rasseideologischen Gründen[353], so daß es naheliegend erschien, daß kinderreiche und rassisch "reine" Familien besonders geschützt wurden. Nach dem 2. Weltkrieg wurde der Schutz der Familie regelmäßig bei den Geliebtentestamenten geprüft und konnte dort als alleiniger Grund zur Sittenwidrigkeit der letztwilligen Zuwendung führen, auch wenn die Zuwendung nicht zur Belohnung oder Förderung des Geschlechtsverkehrs diente[354]. Diese noch stärkere Beachtung der Belange der Familie stützte sich nicht mehr auf das zur Zeit des Nationalsozialismus geltende Ehe- und Familienverständnis. Die Ehe wurde in den 50er und 60er Jahre nicht mehr wie im Nationalsozialismus als rein weltliche Verbindung angesehen, wodurch sie zur Erreichung von staatlichen Zielen eingesetzt werden konnte. Vielmehr wurde die Ehe als Institution angesehen, der eine objektive Sinnhaftigkeit zukam[355]. Ehe und Familie stellten damit für sich genommen bereits einen zu beachtenden, übergeordneten Wert dar, so daß dies erklären konnte, warum der BGH in seiner Rechtsprechung zu den letztwilligen Verfügungen verstärkt auf die Belange der Familie einging. Konsequenterweise konnten Testamente auch wegen bloßer Benachteiligung der Angehörigen sittenwidrig sein[356], wobei das Ergebnis wie bereits in der Recht-

---

V ZR 76/60) = nicht veröffentlicht; Urteil vom 11.7.1962 (BGH V ZR 228/60) = nicht veröffentlicht.

350 Urteil vom 7.10.1960 (BGH V ZR 178/59)= LM § 138 (Cd) BGB Nr.11.

351 Vgl. insbesondere das Urteil vom 8.1.1964 (BGH V ZR 5/62) = NJW 1964,764.

352 Sihler, S.52; Larenz, DR 1940, 184 (187); Nahmmacher S.20f..

353 Stolz, S.141; Wieacker, DR 1937, 178(181); Nahmmacher, S.22f..

354 Urteil vom 26.1.1950 (OGH I ZS 63/49) = OGHZ 3,158.

355 Vgl. Darstellung bei Bosch, FamRZ 1966, 57 (61f.).

356 Urteil vom 25.5.1955 (BGH IV ZR 282/54) = nicht veröffentlicht; Urteil vom 25.4.1956 (BGH IV ZR 297/55) = FamRZ 1956,219; Urteil vom 8.1.1962 (BGH V ZR 137/59) = nicht veröffentlicht.

sprechung des RG stark vom Einzelfall geprägt war, so daß eine einheitliche Linie kaum zu erkennen war.

Bei der Beurteilung der Geliebtentestamente fiel besonders die Diskrepanz zwischen Testamenten im Rahmen einer nichtehelichen Beziehung, die stets für sittengemäß gehalten wurden, und einer ehebrecherischen Beziehung auf, die meist für sittenwidrig erachtet wurde. Ein Grund für diese scharfe Verurteilung der ehebrecherischen Beziehungen könnte darin gelegen haben, daß bis 1969 der Ehebruch gemäß § 172 StGB strafbar war und der BGH diese gesetzgeberisch erfolgte Bewertung nicht übergehen konnte. Demgegenüber wurden in der Bevölkerung nichteheliche Lebensgemeinschaften, bei denen es nicht zum Ehebruch kam, zunehmend gebilligt[357]. Zwar bewertete der BGH auch diese Beziehungen weiterhin ausdrücklich als sittenwidrig, die Anschauungen der Bevölkerung könnten aber dazu beigetragen haben, daß letztwillige Verfügungen in diesen Fällen stets wegen achtenswerter Beweggründe sittengemäß waren.

Allerdings hatte sich die Tendenz, letztwillige Zuwendungen im Rahmen nichtehelicher Beziehungen als nicht sittenwidrig zu bewerten, schon beim RG[358] gezeigt, so daß eine veränderte Rechtsprechung als Reaktion auf diese gewandelten Ansichten nicht zu verzeichnen war. Die Urteile Anfang der 60er Jahre[359] waren eher strenger in der Beurteilung der letztwilligen Verfügungen als die Urteile zu Beginn der 50er Jahre[360], so daß die Vermutung nahelag, daß der BGH mit seiner Rechtsprechung den gelockerten Ansichten in der Bevölkerung entgegenwirken wollte. Dies zeigte sich auch darin, daß nichteheliche Geschlechtsbeziehungen weiterhin stets als sittenwidrig bezeichnet wurden, was sich mit den Ansichten in der Bevölkerung nicht mehr deckte.

Neu eingeführt wurde vom BGH die Möglichkeit, letztwillige Verfügungen, die nur eine einzige Bestimmung enthielten, für teilnichtig zu erklären[361]. Diese Möglichkeit ergänzte die Bestimmung des § 2085, die den Fall behandelte, daß von mehreren Verfügungen nur eine unwirksam war. Diese neue Rechtsprechung konnte einerseits zu einer größeren Einzelfallgerechtigkeit führen, andererseits gefährdete sie die Rechtssicherheit. Im untersuchten Zeitraum bot sich dem BGH aber nur noch einmal die Möglichkeit, diese Ansicht anzuwenden[362]. Dabei wurde festgestellt, daß eine Teilnichtigkeit frühestens bei Gleichwertigkeit von sittenwidrigen und sittengemäßen Beweggründen in Betracht kam. Überwogen die

357 Vgl. Jeder, S.119.
358 Vgl. oben S.91.
359 Urteil vom 8.1.1964 (BGH V ZR 5/62) = NJW 1964,764; Urteil vom 25.5.1964 (BGH III ZR 231/62) = nicht veröffentlicht.
360 Z.B. Urteil vom 6.5.1954 (BGH IV ZR 53/54) = FamRZ 1954, 195.
361 Urteil vom 15.6.1955 (BGH IV ZR 80/55) = FamRZ 1963,287.
362 Urteil vom 8.1.1964 (BGH V ZR 5/62) = NJW 1964,764.

sittenwidrigen Beweggründe, so war stets Vollnichtigkeit anzunehmen. Somit zeigte sich, daß der BGH die Teilnichtigkeit in dieser Konstellation nur sehr zurückhaltend anwendete, so daß größere Auswirkungen auf die Rechtssicherheit unterblieben, aber auch eine gesteigerte Einzelfallgerechtigkeit nicht zu verzeichnen war.

Bei der Frage nach dem Zeitpunkt, der für die Beurteilung der letztwilligen Zuwendungen maßgebend war, hatte sich der BGH mit dem Urteil vom 15.2.1956[363] wieder der Rechtsprechung des RG vor der Zeit des Nationalsozialismus angeschlossen. Dies war konsequent, da die Verschiebung des relevanten Zeitpunktes auf den Erbfall vor allem mit der verstärkten objektivierten Betrachtung unter der Geltung des § 48 Abs.2 TestG begründet worden war. Der BGH berücksichtigte aber wieder verstärkt die subjektiven Vorstellungen des Erblassers, so daß der Zeitpunkt der Testamentserrichtung zugrundezulegen war[364].

Im Urteil vom 28.1.1956[365] hatte der BGH erstmals in der höchstrichterlichen Rechtsprechung ein Testament für wirksam erklärt, in dem der Erblasser die Erbeinsetzung von einer höchstpersönlichen Entscheidung des Erben abhängig machte. Da dies die einzige Entscheidung des BGH zu dieser Problematik war und ausdrücklich die bestehende Rechtsprechung des RG für weiterhin richtig und mit dieser Entscheidung für vereinbar erklärt wurde, konnte daraus für die Entwicklung der Rechtsprechung nichts weitergehendes geschlossen werden. Bemerkenswert war nur, daß nun zumindest die Möglichkeit eröffnet wurde, Testamente mit solchen Bedingungen zu versehen. Welche Kriterien im Einzelfall zur Sittenwidrigkeit geführt hätten, ergab sich daraus aber nicht.

b) Unterhaltsvereinbarungen

(1) Entwicklung in der Rechtsprechung des RG

Seit Einführung des BGB ergab sich die Frage, in welchen Fällen Vereinbarungen über den Unterhalt im Hinblick auf eine zukünftige Scheidung sittenwidrig waren.

Grundsätzlich konnten Ehegatten für die Zeit nach ihrer Scheidung den Unterhalt bereits vor Erlaß des Scheidungsurteils regeln[366]. Sittenwidrig waren sol-

---

363 BGH IV ZR 294/55 = BGHZ 20,71.

364 Vgl. auch Eckert, AcP 199 (1999), 337 (344).

365 BGH IV ZR 216/55 = LM § 138 (Cd) BGB Nr.5.

366 Noch offengelassen in einem Urteil vom 20.3.1905 (RG VI 244/04) = Gruchots-Beitr. 49,1177 (1179), Nr.146; anerkannt in folgenden Urteilen: Urteil vom 26.4.1909 (RG IV 370/08) = WarnR 1909, 356 (356f.), Nr.386; Urteil vom

che Unterhaltsvereinbarungen jedoch, wenn sie der Erleichterung oder Ermöglichung der Scheidung dienten[367]. Begründet wurde dies damit, daß eine solche Vereinbarung dem Grundsatz zuwiderliefe, daß eine Ehe geschützt und aufrecht erhalten werden sollte, was auch in §§ 617,622 ZPO gesetzliche Beachtung gefunden habe[368]. Eine solche Erleichterung oder Ermöglichung der Scheidung wurde insbesondere dann angenommen, wenn der Ehegatte durch eine besonders günstige Regelung des Unterhalts erst zur Scheidung veranlaßt[369] oder ein gegen die Scheidung bestehender Widerstand des Ehegatten gebrochen werden sollte[370].

Eine weitere Gruppe von Vereinbarungen, die wegen Ermöglichung der Scheidung sittenwidrig waren, wurde in den Fällen gesehen, in denen die günstige Gestaltung des Unterhalts mit der Gegenleistung verbunden wurde, einen Scheidungsgrund zu schaffen[371]oder den Ausschluß oder Wegfall eines solchen Grundes dem Gericht zu verschweigen bzw. dessen Vorliegen vorzutäuschen[372].

7.10.1912 (RG VI 73/12) = JW 1913, 128 (128); Urteil vom 19.12.1912 (RG IV 381/12) = WarnR 1913,161 (162), Nr.128; Urteil vom 19.6.1913 (RG IV 63/13) = WarnR 1913, 475 (475), Nr. 398; Urteil vom 23.10.1916 (RG IV 186/16) = WarnR 1919, 142 (143), Nr.93.

367 Urteil vom 26.4.1909 (RG IV 370/08) = WarnR 1909, 356 (357), Nr.386; Urteil vom 7.10.1912 (RG VI 73/12) = JW 1913, 128 (128f.); Urteil vom 12.10.1912 (RG IV 157/12) = WarnR 1913,2 (2), Nr.3; Urteil vom 19.12.1912 (RG IV 381/12) = WarnR 1913,161 (162f.), Nr.128; Urteil vom 19.6.1913 (RG IV 63/13) = WarnR 1913,475 (476), Nr.398; Urteil vom 28.5.1914 (RG IV 683/13) = WarnR 1914,392 (392), Nr.273; Urteil vom 18.11.1915 (RG IV 142/15) = WarnR 1916,15 (15), Nr.9; Urteil vom 23.10.1916 (RG IV 186/16) = WarnR 1919,142 (143), Nr.93; Urteil vom 5.7.1923 (RG IV 507/22) = RGZ 108,213 (215); Urteil vom 28.11.1929 (RG IV 81/29) = RGZ 126,320 (321); Urteil vom 15.1.1931 (RG VI 286/30) = JW 1931, 1342 (1343); Urteil vom 2.2.1931 (RG IV 161/30) = WarnR 1931,197 (198), Nr. 99; Urteil vom 4.7.1932 (RG IV 57/32) = JW 1932, 3813 (3814); Urteil vom 17.9.1934 (RG IV 75/34) = RGZ 145,152 (153).

368 Urteil vom 7.10.1927 (RG II 332/27) = RGZ 118,171 (173).

369 Urteil vom 17.9.1934 (RG IV 75/34) = RGZ 145,152 (153).

370 Urteil vom 19.12.1912 (RG IV 381/12) = WarnR 1913,161 (163), Nr.128.

371 Urteil vom 28.5.1914 (RG IV 683/13) = WarnR 1914, 392, Nr.273; Urteil vom 18.11.1915 (RG IV 142/15) = WarnR 1916,15, Nr.9; Urteil vom 23.6.1924 (RG IV 3/24) = WarnR 1924,207, Nr.169; Urteil vom 8.5.1929 (RG IV 827/28) = SeuffA 83, 321, Nr.193.

372 Urteil vom 8.12.1921 (RG IV 243/21) = WarnR 1922, 75, Nr.64; Urteil vom 23.6.1924 (RG IV 3/24) = WarnR 1924,207, Nr.169; Urteil vom 30.4.1928 (RG VI 693/27) = JW 1928,3044; Urteil vom 28.11.1929 (RG IV 81/29) = RGZ 126,320; Urteil vom 26.9.1932 (RG IV 122/32) = WarnR 1932, 378, Nr.178; Urteil vom 3.9.1936 (RG IV 99/36) = WarnR 1936, 338, Nr.175.

Neben diesen sittenwidrigen Unterhaltsvereinbarungen wurden auch vertraglich vereinbarte Rechtsmittelverzichte unter Eheleuten daraufhin untersucht, ob sie der Erleichterung der Scheidung dienten und daher als sittenwidrig zu bewerten waren[373]. Die Grundsätze, die dabei zugrundegelegt wurden, waren die gleichen wie bei der Überprüfung der Unterhaltsvereinbarungen.

Insbesondere Unterhaltsvereinbarungen, die einen Ehegatten erst zur Erhebung der Scheidungsklage bewogen hatten, sollten aber dann nicht wegen Erleichterung der Scheidung sittenwidrig sein, wenn nur die wirtschaftliche Existenz des Ehegatten und der Kinder gesichert werden sollte[374]. Wenn bei der Unterhaltsvereinbarung sowohl das sittenwidrige Motiv der Erleichterung oder Ermöglichung der Scheidung als auch ehrbare Motive, wie z.B. die Sorge um die Zukunft des gemeinsamen Kindes, mitbestimmend gewesen waren, so war bei der Bewertung dieser Vereinbarung der überwiegende Zweck zugrunde zu legen[375].

Vor allem Vereinbarungen über einen Rechtsmittelverzicht wurden in ständiger Rechtsprechung des RG als sittengemäß beurteilt, wenn sie lediglich der Abkürzung des Scheidungsverfahrens dienten[376]. Voraussetzung war allerdings stets, daß tatsächlich ein Scheidungsgrund vorlag, die bloße Möglichkeit, daß es später zur Scheidung gekommen wäre, sollte nicht genügen[377]. Konsequenterweise wurden dann auch Vereinbarungen, durch welche die Verpflichtung begründet wurde, von mehreren möglichen Scheidungsgründen nur einen geltend zu machen, als nicht sittenwidrig bewertet, da sie nur der Abkürzung des Verfahrens dienten[378].

Wenn eine Vereinbarung zwar der Abkürzung des Verfahrens dienen sollte, tatsächlich ein Scheidungsgrund aber nicht vorlag, so war es für die Wirksamkeit dieser Vereinbarung ausreichend, daß die Ehegatten vom Bestehen eines solchen

---

373 Urteil vom 26.11.1908 (RG IV 97/08) = RGZ 70,59; Urteil vom 15.2.1912 (RG IV 325/11) = WarnR 1912,244, Nr.220; Urteil vom 26.11.1915 (RG VII 186/15) = WarnR 1917,11, Nr.7; Urteil vom 7.10.1927 (RG II 332/27) = RGZ 118,171.

374 Urteil vom 12.10.1912 (RG IV 157/12) = WarnR 1913,2 (3), Nr.3; Urteil vom 19.6.1913 (RG IV 63/13) = WarnR 1913,475 (476), Nr.398; Urteil vom 15.1.1931 (RG VI 286/30) = JW 1931,1342 (1343).

375 Urteil vom 4.7.1932 (RG IV 57/32) = JW 1932,3813 (3814).

376 Urteil vom 19.12.1912 (RG IV 381/12) = WarnR 1913,161 (163), Nr.128; Urteil vom 28.5.1914 (RG IV 683/13) = WarnR 1914,392 (392), Nr.273; Urteil vom 23.10.1916 (RG IV 186/16) = WarnR 1919,142 (143f.), Nr.93; Urteil vom 15.2.1926 (RG IV 424/25) = WarnR 1926,112 (113), Nr.82; Urteil vom 5.1.1928 (RG IV 370/27) = JW 1928,893 (893);Urteil vom 28.11.1929 (RG IV 81/29) = RGZ 126,320 (321); Urteil vom 6.6.1935 (RG IV 44/35) = WarnR 1935,278 (279), Nr.134.

377 Urteil vom 28.5.1914 (RG IV 683/13) = WarnR 1914,392 (392), Nr.273.

378 Urteil vom 5.6.1920 (RG IV 320/19) = WarnR 1920,143 (144), Nr.114; Urteil vom 28.1.1929 (RG IV 81/29) = RGZ 126,320 (321).

Grundes überzeugt waren[379]. Allerdings genügte es auch hier nicht, wenn nach Ansicht der Beteiligten die bloße Möglichkeit bestanden hatte, daß eine Scheidung trotz der Vereinbarung zustande gekommen wäre[380].

Regelmäßig unbeachtlich war dagegen das Vorliegen eines tatsächlichen Scheidungsgrundes, wenn die Ehegatten vereinbart hatten, einen Scheidungsgrund vorzutäuschen[381]. Nur wenn die Ehegatten der Ansicht waren, daß andere, vorliegende Scheidungsgründe mit Sicherheit zur Scheidung geführt hätten, wurde vom RG erwogen, die Vereinbarung als sittengemäß zu bewerten[382].

Die angeführten Grundsätze über die Sittenwidrigkeit von Unterhaltsvereinbarungen galten in gleichem Maße, wenn nicht ein Ehegatte sondern eine dritte Person die Unterhaltspflicht übernehmen sollte[383].

Insgesamt war die Rechtsprechung zur Sittenwidrigkeit von Unterhaltsvereinbarungen unübersichtlich und uneinheitlich. Vor allem im Hinblick auf die erforderliche Rechtssicherheit wurde sie daher von der Literatur scharf kritisiert[384]. So kam es früh zu Reformbestrebungen in diesem Gebiet des Ehescheidungsrechts[385], die aber erst zur Zeit des Nationalsozialismus in gesetzlicher Form festgehalten wurden. In das Ehegesetz vom 6.7.1938 (EheG 1938) wurde mit § 80 eine Norm über die Wirksamkeit von Unterhaltsvereinbarungen aufgenommen. Sie lautete:

"Die Ehegatten können über die Unterhaltspflicht für die Zeit nach der Scheidung der Ehe Vereinbarungen treffen. Ist eine Vereinbarung dieser Art vor Rechtskraft des Scheidungsurteils getroffen worden, so ist sie nicht schon deshalb nichtig, weil sie die Scheidung erleichtert oder ermöglicht hat; sie ist jedoch nichtig, wenn die Ehegatten im Zusammenhang mit der Vereinbarung einen nicht oder nicht mehr bestehenden Scheidungsgrund geltend gemacht hatten oder wenn sich anderweitig aus dem Inhalt der Vereinbarung oder aus sonstigen Umständen des Falles ergibt, daß sie den guten Sitten widerspricht."

Wurde mit dem ersten Satz dieser Vorschrift bereits bestehendes Recht bekräftigt, so folgte mit dem zweiten Satz eine Abwendung von der bis dahin bestehenden Rechtsprechung. Die Feststellung der Sittenwidrigkeit unter bloßem

---

379 Urteil vom 28.11.1929 (RG IV 81/29) = RGZ 126,320 (321); Urteil vom 26.9.1932 (RG IV 122/32) = JW 1933,155 (156).

380 Urteil vom 28.11.1929 (RG IV 81/29) = RGZ 126,320 (322).

381 Urteil vom 23.6.1924 (RG IV 3/24) = WarnR 1924,207 (209), Nr.169; Urteil vom 8.5.1929 (RG IV 827/28) = SeuffA 83,321 (322), Nr.193; Urteil vom 26.9.1932 (RG IV 122/32) = WarnR 1932,378 (380), Nr.178.

382 Urteil vom 28.11.1929 (RG IV 81/29) = RGZ 126,320 (322).

383 Urteil vom 23.10.1916 (RG IV 186/16) = WarnR 1919, 142 (143f.), Nr.93.

384 Vgl. Darstellung der Kritik bei Roßdeutscher, S.114ff..

385 Vgl. Darstellung bei Roßdeutscher, S.151ff..

Rückgriff auf die Erleichterung oder Ermöglichung der Ehescheidung sollte nun ausgeschlossen werden. Sittenwidrig sollten allein die Fälle sein, in denen ein unwahrer Scheidungsgrund geltend gemacht wurde. Weiterhin blieb aber die Möglichkeit des Rückgriffs auf § 138 Abs.1 BGB wegen der Sittenwidrigkeit aus anderen Gründen erhalten.

Der Grund für diesen umfassenden Wandel war neben der stets kritisierten Rechtsunsicherheit in diesem Bereich vor allem im veränderten Verständnis der Ehe zu sehen. Sollte vor der Zeit des Nationalsozialismus die Ehe aufgrund kirchlich geprägter Auffassungen möglichst aufrecht erhalten werden, so fanden nun in stärkerem Maße bevölkerungspolitische Interessen Beachtung. Als wichtige, beachtenswerte Funktion wurde der Zweck der Ehe gesehen, die Fortpflanzung zu gewährleisten. Als Folge wurde die Scheidung als ein Weg gesehen, Ehen zu scheiden, aus denen keine weiteren Kinder zu erwarten waren, und insbesondere neuen Ehen den Weg zu ebnen, die bevölkerungspolitisch von größerem Interesse waren. So wurde festgestellt, daß die "kranke Ehe (...) keine Ordnungskraft und keine Ordnungsaufgabe" habe. "Sie als krankes -jedenfalls nutzloses, meist schädliches- Glied aus dem Volkskörper zu entfernen, ist Recht und Pflicht einer staatlichen Rechtspflege".[386]

So gab es zur Zeit des Nationalsozialismus kaum noch Entscheidungen des RG, in denen Unterhaltsvereinbarungen, durch welche die Scheidung erleichtert werden sollte, auf ihre Sittenwidrigkeit überprüft wurden. Neben einigen Urteilen, in denen Unterhaltsvereinbarungen aufgrund der spezifischen Umstände des Einzelfalls für sittenwidrig erachtet wurden, beschäftigte sich die höchstrichterliche Rechtsprechung vor allem mit der Frage, wann die Vereinbarung, unwahre Scheidungsgründe vorzutäuschen, zur Sittenwidrigkeit der Unterhaltsvereinbarungen führte.

Wurde in einem Urteil des RG vom 23.1.1939[387] zunächst dem Wortlaut des § 80 EheG 1938 folgend eine solche Vereinbarung stets für sittenwidrig gehalten, so wurde doch bereits die Möglichkeit der Wirksamkeit der Vereinbarung für den Fall erörtert, daß einer der vorgetragenen Scheidungsgründe tatsächlich vorlag. Schließlich wurde in einem weiteren Urteil des RG der § 80 EheG 1938 dahingehend ausgelegt, daß die Vereinbarung, unwahre Scheidungsgründe vorzutragen, nur dann sittenwidrig sei, wenn tatsächlich kein Scheidungsgrund vorliege. Dies sei unabhängig davon, ob der bestehende Scheidungsgrund geltend gemacht wurde[388]. Das RG erstreckte diese Bewertung, die vor Einführung des EheG 1938 in ähnlicher Form bereits bei Rechtsmittelverzichten Anwendung gefunden hatte,

386 NSRB -Entwurf, DR 1937,251 (252).
387 RG IV 195/38 = RGZ 159,157 (167).
388 Urteil vom 21.1.1942 (RG IV 168/41) = RGZ 168,269 (275).

nun auch auf die Fälle, in denen Scheidungsgründe vorgetäuscht wurden und gab die bisher dafür geltende Rechtsprechung auf.

(2) Entwicklung in der Rechtsprechung des OGH und des BGH

Nach dem zweiten Weltkrieg wurde das EheG 1938 durch das Kontrollratsgesetz Nr.16 (EheG 1946) ersetzt. § 80 EheG 1938 wurde dabei fast unverändert als § 72 EheG 1946 übernommen. Nun wurde darin bestimmt:

"Die Ehegatten können über die Unterhaltspflicht für die Zeit nach der Scheidung der Ehe Vereinbarungen treffen. Ist eine Vereinbarung dieser Art vor Rechtskraft des Scheidungsurteils getroffen worden, so ist sie nicht schon deshalb nichtig, weil sie die Scheidung erleichtert oder ermöglicht hat. Sie ist jedoch nichtig, wenn die Ehegatten im Zusammenhang mit der Vereinbarung einen nicht oder nicht mehr bestehenden Scheidungsgrund geltend gemacht hatten oder wenn sich anderweitig aus dem Inhalt der Vereinbarung oder aus sonstigen Umständen des Falles ergibt, daß sie den guten Sitten widerspricht."[389]

(a) Urteil vom 10.1.1951[390]*(Anwendbarkeit des § 72 EheG auf Vereinbarungen eines Ehegatten mit einem Dritten)*

Nachdem der OGH sich nur in einem Urteil kurz zur Sittenwidrigkeit von Unterhaltsvereinbarungen geäußert hatte[391], befaßte sich der BGH erstmals am 10.1.1951 mit diesem Problemkreis. Dem Urteil lag folgender Sachverhalt zugrunde:

Der im Juni 1939 verstorbene Vater der Parteien war Gesellschafter einer OHG. Am 3.11.1936 hatte er mit seiner Tochter, seinem Sohn und dessen Ehefrau einen Vertrag abgeschlossen, in dem vereinbart wurde, daß nach dem Tode des Vaters der Sohn eine monatliche Zahlung von 200 RM an die Tochter zu leisten habe. Voraussetzung für diesen Anspruch sollte unter anderem sein, daß die Tochter umgehend Scheidungsklage erhob und der Sohn geschäftsführender Gesellschafter der OHG wurde.

Die Tochter hatte sich kurz nach Abschluß des Vertrages scheiden lassen. Nach dem Tode des Vaters leistete der Sohn, der geschäftsführender Gesellschafter der OHG geworden war, die vereinbarten monatlichen Zahlungen bis Ende 1945. Darauf verweigerte er jede weitere Zahlung. Der gegen den Sohn er-

---

389 KRABl., 77 (91).
390 BGH II ZR 18/50 = LM § 138 (Cd) BGB Nr.1.
391 Urteil vom 8.10.1948 (OGH I ZS 51/48) = NJW 1949,144.

hobenen Zahlungsklage der Tochter wurde in den ersten beiden Instanzen stattgegeben.

Die Revision führte zur Zurückverweisung. Eine unmittelbare Anwendung des § 72 EheG 1946 auf den vorliegenden Fall wurde vom BGH abgelehnt, da diese Norm nur für Vereinbarungen unter Ehegatten gelte, der Ehemann der Tochter im vorliegenden Fall von der getroffenen Vereinbarung aber nichts wußte. Eine entsprechende Anwendung des § 72 EheG 1946 wurde ebenfalls verneint. Der BGH führte aus, daß der Grund für diese Bestimmung darin zu sehen sei, daß unter Berücksichtigung des sittlichen Wesens der Ehe im allgemeinen den Eheleuten freigestellt sein solle, eine Vereinbarung über das Schicksal ihrer Ehe zu treffen, wenn ein Scheidungsgrund vorliege. Nur in den Ausnahmefällen, in denen in dieser Vereinbarung ein Verstoß gegen die guten Sitten zu sehen sei, müsse die Rechtsprechung korrigierend eingreifen. Wenn aber, wie im vorliegenden Fall, ein Dritter mit einem Ehegatten eine Vereinbarung schließe, durch welche dieser zur Scheidungsklage bestimmt werden solle und von welcher der andere Ehegatte keine Kenntnis habe, so werde von außen in höchstpersönliche Entscheidungen eingegriffen. § 72 EheG 1946 solle aber gerade gewährleisten, daß die Ehegatten selbst über das Schicksal ihrer gescheiterten Ehe entscheiden können, so daß er für den vorliegenden Fall nicht entsprechend anwendbar sei.

Der BGH stellte daher fest, daß die hier erfolgte Vereinbarung nach allgemeinen Gesichtspunkten bewertet werden müsse und zog dafür die vor Einführung des EheG 1938 geltenden Grundsätze heran. Entscheidend sei daher, ob durch die Vereinbarung nur wirtschaftliche Hindernisse für die schon zur Scheidung bereite Klägerin beseitigt werden sollten oder ob diese zur Erhebung der Scheidungsklage bestimmt werden sollte. Aufgrund mangelnder Tatsachenaufklärung konnte sich der BGH nicht dazu äußern, wie im vorliegenden Fall zu entscheiden sei, so daß die Sache an das Berufungsgericht zur erneuten Verhandlung zurückverwiesen wurde.

Fraglich erschien, ob die Bezugnahme auf Grundsätze gerechtfertigt war, die bereits 13 Jahre vor dem Urteil des BGH durch Gesetzesänderung ausdrücklich für nicht mehr anwendbar erklärt worden waren. Der Rückgriff selbst stimmte mit den vom RG entwickelten Grundsätzen überein, bei denen bereits die Frage erörtert worden war, wie die Übernahme der Unterhaltspflicht durch einen Dritten zu bewerten war[392].

Allerdings mußte der BGH bei der Anwendung dieser Grundgedanken auch einem veränderten Verständnis der Ehe Rechnung tragen und durfte die eingetretene Gesetzesänderung nicht völlig übergehen. Sollte in der Rechtsprechung

---

392 Urteil vom 23.10.1916 (RG IV 186/16) = WarnR 1919,142 (143f.), Nr.93.

des RG eine Beeinflussung der Entschließungsfreiheit des scheidungsberechtigten Ehegatten weitestgehend verhindert werden, so konnte dieser Aspekt unter Geltung des § 72 EheG 1946, der scheidungserleichternde Bestimmungen ausdrücklich zuließ, nicht mehr aufrecht erhalten werden. Der BGH trug dem geänderten Eheverständnis insoweit Rechnung, daß eine Beeinflussung des Ehegatten von Personen, die außerhalb des Eheverhältnisses standen, jedenfalls dann untersagt wurde, wenn der andere Ehegatte von der getroffenen Vereinbarung keine Kenntnis hatte. Neben den Schutz des scheidungsberechtigen Ehegatten trat daher auch der Schutz des anderen Ehegatten, daß die Ehe nicht durch wirtschaftlichen Druck von außen zum Scheitern gebracht wurde[393]. Dieser Unterschied zur früheren Rechtsprechung zeigte, daß der BGH der geänderten Auffassung von der Ehe und dem § 72 EheG 1946 die erforderliche Beachtung zukommen ließ.

(b) Urteil vom 8.10.1955[394](Unterhaltsvereinbarung mit Verpflichtung der zweiten Ehefrau)

In einem Urteil vom 8.10.1955 hatte der BGH sich wiederum mit einer Unterhaltsvereinbarung zu beschäftigen. Folgender Sachverhalt wurde zugrundegelegt:

Die Beklagte war die zweite Ehefrau des H.. Dieser war seit dem 11.11.1924 mit seiner ersten Ehefrau verheiratet gewesen, die im Jahre 1933 unheilbar geistig erkrankte. Im Jahre 1941 wurde die Ehe geschieden. H. schloß während des Scheidungsprozesses am 2.7.1941 einen Unterhaltsvertrag mit dem Pfleger seiner ersten Ehefrau. Neben eigenen Unterhaltszahlungen war darin vereinbart, daß im Falle des Todes des H. die Beklagte, wenn sie den H. geheiratet haben sollte, die Unterhaltszahlungen aus ihrem Witwengeld bestreiten werde. Die Beklagte trat dem Vertrag bei.

Im Oktober 1941 heiratete die Beklagte den H., der am 17.3.1947 verstarb. Die Beklagte zahlte bis zum Oktober 1948 den vollen Unterhalt, bis zum August 1951 monatlich einen Teilbetrag und stellte dann ihre Zahlungen völlig ein. Die Ansprüche gegen die Beklagte wurden vom Pfleger der ersten Ehefrau vollständig an das Land abgetreten, welches die Heilanstalt leitete, in der die erste Ehefrau des H. untergebracht war.

Gegen die Zahlungsklage des Landes führte die Beklagte an, daß der Unterhaltsvertrag sittenwidrig sei. Der H. habe während seiner ersten Ehe ehebrecherische Beziehungen unterhalten. Der Pfleger, mit dem der Unterhaltsvertrag ausgehandelt worden sei, habe darauf hingewiesen und mit Widerklage gedroht, wenn

393 Fischer, Anmerkung zum Urteil vom 10.1.1951 (BGH II ZR 18/50), LM § 138 (Cd) BGB Nr.1.
394 BGH IV ZR 82/55 = MDR 1957,26.

der Unterhaltsvertrag nicht in der vorliegenden Form geschlossen würde. Im Falle einer solchen Widerklage habe der H. befürchten müssen, ohne Bezüge aus seinem Amt entlassen zu werden.

Das Landgericht gab der Klage teilweise, das Oberlandesgericht vollständig statt.

Die Revision der Beklagten wurde vom BGH zurückgewiesen. Der BGH stellte unter Hinweis auf § 72 EheG 1946 fest, daß die Ermöglichung oder Erleichterung der Scheidung allein noch nicht die Sittenwidrigkeit einer Unterhaltsvereinbarung begründen könne. Eine Unterhaltsvereinbarung, durch welche das Einverständnis eines Ehegatten, der auf Scheidung wegen Verschuldens klagen könnte, zu einer Scheidung ohne Schuldausspruch erzielt werden sollte, verstoße daher nicht gegen die guten Sitten.

Es wurde bemerkt, daß die Sicherstellung der kranken Ehefrau, mit welcher der H. 16 Jahre verheiratet gewesen sei, eine sittliche Pflicht des Ehemanns sei. Zu dieser Pflicht gehöre es auch, daß er die Beklagte dazu anhielt, im Falle der Heirat sich an der Unterhaltszahlung in der erfolgten Form zu beteiligen. Dabei sei zu beachten, daß die Beklagte erst durch die Heirat Aussicht auf die Witwenbezüge bekommen und die erste Ehefrau diese durch die Scheidung verloren habe. Daher sei es sittlich nur zu billigen, wenn die Beklagte sich verpflichtete, nach dem Tod des H. für den Unterhalt der Kranken zu sorgen.

Auch der Hinweis des Pflegers auf die Möglichkeit und die Folgen einer Widerklage wurde nicht als sittenwidrige Einwirkung auf die Entschließungsfreiheit des H. gewertet. Wenn H. von der Scheidung abgesehen hätte, so hätte er ihm unerwünschte Folgen verhindern können. Wenn er aber bereits zur Scheidung entschlossen gewesen sei, so sei es nicht zu beanstanden, wenn er nachdrücklich auf die möglichen Folgen und seine sittliche Verpflichtung gegenüber der erkrankten Ehefrau hingewiesen worden sei.

Der BGH bemühte sich in diesem Urteil, die Unterhaltsverpflichtung gegenüber der ersten Ehefrau als sittliche Verpflichtung darzustellen. Auffällig war, daß die Frage nach einer rechtlichen Verpflichtung gar nicht aufgeworfen wurde. Dabei war der Ehemann im Falle der Scheidung wegen Geisteskrankheit, wie sie hier erfolgte, gem. § 61 EheG 1946 im Rahmen der Billigkeit zu Unterhaltszahlungen verpflichtet. Bei einer Scheidung wegen Ehebruchs des Mannes, wie sie hier auch in Betracht kam, war der Mann in vollem Umfang unterhaltspflichtig. Wenn der H. im vorliegenden Fall einer solchen möglichen Rechtspflicht dahingehend begegnete, daß er vertraglich den Unterhalt zusicherte, so war dies keinesfalls sittenwidrig[395]. Es hätte sogar der Rückgriff auf § 72 EheG 1946 unterbleiben können[396].

Auch bei der Überprüfung der Unterhaltspflicht der späteren Ehefrau des H. unterblieb die Erörterung einer Rechtspflicht. Gem. § 70 EheG 1946 haftete der Erbe des geschiedenen Ehegatten für dessen Unterhaltspflicht. Selbst wenn die zweite Ehefrau nicht Erbin geworden wäre, so erhielt sie doch die Witwenbezüge aufgrund der beruflichen Tätigkeit ihres Mannes. Sie hatte daher insofern doch an seinem nachgelassenen Vermögen teil, so daß diese Vereinbarung jedenfalls nicht sittenwidrig war[397]. Dem Ergebnis, zu dem der BGH mit seinen Ausführungen gekommen war, war also von der damaligen Gesetzeslage zuzustimmen.

Die Erörterungen im Urteil vom 10.1.1951[398] könnten zu dem Schluß führen, daß der BGH in allen Fällen, in denen Dritte die Unterhaltspflicht übernehmen sollten, § 72 EheG 1946 die Anwendbarkeit versagen und auf die Rechtsgrundsätze zurückgreifen wollte, die vor Einführung des EheG 1938 galten[399]. Es war aber zu beachten, daß der BGH die Anwendung des § 72 EheG 1946 gerade nur für den Fall ausschließen wollte, in denen ein Ehegatte ohne oder gegen den Willen des anderen Ehegatten mit einem Dritten eine Unterhaltsvereinbarung traf. Im vorliegenden Fall hatte aber der H. mit seiner ersten Ehefrau, die nur aufgrund ihres Gesundheitszustandes von ihrem Pfleger vertreten wurde, eine Unterhaltsvereinbarung geschlossen, der die Beklagte beigetreten war. Es handelte sich daher nicht um einen Fall, in dem eine Beeinflussung eines Ehegatten in einer höchstpersönlichen Entscheidung von außen erfolgen sollte, sondern es wurde intern zwischen den Eheleuten eine Vereinbarung für die Zeit nach der Scheidung getroffen. Die Tatsache, daß der Pfleger den Vertrag aushandelte und nicht die Ehefrau selbst, konnte an dieser Bewertung nichts ändern, da der Pfleger die Interessen der Ehefrau wahrnahm und so die Interessen beider Ehegatten bei der Unterhaltsvereinbarung Beachtung fanden.

(c) Urteil vom 15.5.1957[400] (Sittenwidrigkeit einer Unterhaltsvereinbarung, in der die Geliebte und der Ehemann übermäßig belastet werden)

In einem Urteil vom 15.5.1957 hatte sich der BGH wiederum mit einer Unterhaltsvereinbarung zu beschäftigen, bei der neben den Ehegatten dritte Personen beteiligt waren. Dem Urteil lag folgender Sachverhalt zugrunde:

---

395 Beitzke, MDR 1957, 26 (27).
396 Beitzke, MDR 1957, 26 (27).
397 Beitzke, MDR 1957, 26 (27).
398 BGH II ZR 18/50 = LM § 138 (Cd) BGB Nr.1.
399 So Beitzke, MDR 1957, 26 (27).
400 BGH IV ZR 294/299/56 = FamRZ 1957, 298.

Die Klägerin und der Beklagte waren seit dem 19.4.1941 verheiratet. Aus der Ehe war ein Sohn hervorgegangen, der ebenfalls als Kläger in dem Prozeß auftrat. Am 17.2.1954 reichte die Klägerin Scheidungsklage ein. Mit dem Beklagten und der F. hatte sie am 16.2.1954 eine privatschriftliche Unterhaltsvereinbarung getroffen. Darin verpflichtete sich der Beklagte zur Unterhaltszahlung an die Klägerin und den gemeinsamen Sohn. Die F. übernahm für diese Verpflichtungen die Bürgschaft und verpflichtete sich, nach dem Tod des Beklagten den Unterhalt weiterzuzahlen.

Am 20.5.1954 wurde die Ehe aus Alleinverschulden des Beklagten geschieden, der zugegeben hatte, ehewidrige Beziehungen zur F. unterhalten zu haben. Diese heiratete er am 12.2.1955. Der Beklagte hatte nach der Scheidung zunächst nur Teilbeträge des vereinbarten Unterhalts gezahlt und die Zahlungen ab Januar 1956 völlig eingestellt.

Die Kläger führten an, daß bereits bei Abschluß der Unterhaltsvereinbarung alle Beteiligten davon ausgegangen waren, daß der Beklagte allein den vollen zu entrichtenden Betrag nicht aufbringen würde. Es seien alle davon ausgegangen, daß der Beklagte die F. heiraten würde und der Unterhalt aus den gemeinsamen Einkünften zu zahlen sei. Die Kläger erhoben daher Klage auf Zahlung des vollen Betrages.

Der Beklagte hatte angeführt, daß ein grobes Mißverhältnis zwischen der übernommenen Unterhaltsverpflichtung und seinen Einkünften bestehe. Da zudem jene Frau dem Unterhaltsabkommen beigetreten sei, welche die Zerrüttung der Ehe verschuldet habe, sei die Unterhaltsvereinbarung sittenwidrig.

Hatte das Landgericht der Klage noch voll stattgegeben, so wurde in der Berufung die Klage zwar dem Grunde nach für gerechtfertigt erklärt, aber den Klägern nur ein Teilbetrag zuerkannt.

Die Revision des Beklagten führte zur Zurückverweisung an das Berufungsgericht. Der BGH stellte fest, daß die Unterhaltsvereinbarung gegen § 72 EheG 1946 und § 138 Abs.1 BGB verstoße und daher nichtig sei. Zunächst wurde eine Sittenwidrigkeit wegen Erleichterung der Scheidung erörtert. Dabei wurde auf die im Urteil vom 10.1.1951[401] geäußerte Auffassung eingegangen, daß § 72 EheG 1946 auf Unterhaltsvereinbarungen, die ein Ehegatte mit einem Dritten gegen oder ohne den Willen des anderen Ehegatten geschlossen habe, nicht anwendbar sei und in solchen Fällen auf die Grundsätze abzustellen sei, die vor Einführung des EheG 1938 gegolten hätten. Es wurde ausdrücklich offengelassen, ob dies auch gelte, wenn die Unterhaltsvereinbarung unter Beteiligung beider Ehegatten abgeschlossen werde. Vielmehr wurde festgestellt, daß die Klägerin durch die Unterhaltsvereinbarung in ihrer Entschließungsfreiheit nicht beein-

---

401 BGH II ZR 18/50 = LM § 138 (Cd) BGB Nr.1.

trächtigt worden sei, so daß selbst unter Zugrundelegung der vor 1938 geltenden Auffassung eine Sittenwidrigkeit aus diesen Gründen nicht festzustellen sei.

Die Sittenwidrigkeit beruhe auf anderen Erwägungen. Zum einen wurde auf die besondere Lage hingewiesen, die zwischen den an der Unterhaltsvereinbarung beteiligten Personen geherrscht habe. Die Frau, die zur Zerrüttung der Ehe beigetragen habe und bereits bei Abschluß der Vereinbarung darauf aus gewesen sei, den Beklagten zu heiraten, habe schwerwiegende wirtschaftliche Verpflichtungen bezüglich der Ehefrau übernehmen sollen. Der Schluß liege in einem solchen Fall nahe, daß die Ehefrau die Auflösung der Ehe in sittlich zu beanstandender Weise von materiellen Versprechungen der Ehestörerin abhängig gemacht habe. Im Gegensatz zum Urteil vom 8.10.1955[402] bestehe auch keine sittliche Pflicht der F., für den Unterhalt der Ehefrau zu sorgen. Im vorliegenden Fall sei die Ehefrau nicht schwer erkrankt und könne daher selbst für ihren Unterhalt sorgen. Somit erscheine die Unterhaltsvereinbarung schon aus diesen Gründen als bedenklich.

Desweiteren sei hier zu bedenken, daß die Höhe des Unterhalts die Leistungsfähigkeit des Beklagten von vornherein überstiegen und bereits bei Abschluß der Unterhaltsvereinbarung festgestanden habe, daß die zukünftige Ehefrau des Beklagten die Zahlungen mit ihren Mitteln unterstützen solle. Der Beklagte sei daher bereits vor Eingehung der zweiten Ehe von seiner zukünftigen Ehefrau weitgehend wirtschaftlich abhängig geworden, wodurch die Entwicklung dieser Ehe stark gehemmt worden sei. Dabei sei zusätzlich zu beachten, daß diese Ehe auf der Zerrüttung der ersten Ehe und daher auf sittlich nicht einwandfreier Grundlage beruhe. Zudem sei es zu einer unnatürlichen Verbindung zwischen der Klägerin auf der einen und dem Beklagten und der F. auf der anderen Seite gekommen, die erwarten ließe, daß es zu ständigen Streitigkeiten zwischen diesen Personen kommen würde.

Insgesamt sei es daher nicht mit der sittlichen Ordnung vereinbar, daß das Leben der Kläger die wirtschaftliche Grundlage auf der Unterhaltsvereinbarung und damit in der wirtschaftlichen Leistungsfähigkeit der Person finden solle, welche die Schuld an der Zerstörung der Familie treffe.

Der BGH setzte mit diesem Urteil seine Rechtsprechung zur Anwendbarkeit des § 72 EheG 1946 auf Unterhaltsvereinbarungen, an denen außer den Ehegatten noch Dritte beteiligt waren, auf den ersten Blick konsequent fort. Es wurde aber immer noch ausdrücklich die Frage offengelassen, ob diese Norm auf solche Vereinbarungen anwendbar war, denen beide Ehegatten zugestimmt hatten.

---

402 BGH IV ZR 82/55 = MDR 1957,26.

Ein gewisser Wertungswiderspruch zeigt sich aber beim Vergleich des Urteils von 1957 mit dem Urteil des BGH vom 8.10.1955[403]. War dort eine Unterhaltsgewährung durch die zweite Ehefrau zugunsten der kranken, ersten Ehefrau sogar zur sittlichen Pflicht erklärt worden, so war hier bereits die bloße Tatsache, daß die zweite Ehefrau mit der ersten Ehefrau eine Vereinbarung schloß, als von vornherein sittlich nicht unbedenklich erklärt worden. Begründet wurde dies zum einen damit, daß im vorliegenden Fall die erste Ehefrau nicht krank und daher fähig war, den eigenen Unterhalt selbst zu erwirtschaften. Zum anderen hatte im Urteil vom 8.10.1955 die zweite Ehefrau nicht zur Zerrüttung der bestehenden Ehe beigetragen. Es war jedoch kaum nachvollziehbar, warum die zweite Ehefrau, die sich bezüglich der ersten Ehe nichts zuschulden kommen ließ, verpflichtet gewesen sein sollte, den Unterhalt für die erste Ehefrau zu gewährleisten, während derjenigen, die zur Zerrüttung der Ehe beigetragen hatte, eine solche Vereinbarung als sittlich bedenklich vorgeworfen wurde[404].

Die weiteren Ausführungen des BGH, mit denen er die Sittenwidrigkeit der Vereinbarung feststellte, zielten vor allem darauf ab, daß die zweite Ehe durch ein solches Abkommen schwer belastet würde. Aber auch hier waren die Erwägungen des BGH kaum überzeugend. Es war sehr fraglich, warum die sittliche Pflicht der ersten Ehefrau, nicht durch Vereinbarung einer Unterhaltspflicht schädlichen Einfluß auf die zweite Ehe zu nehmen, schwerer wiegen sollte als die sittliche Pflicht der Ehestörerin, die erste Ehefrau für die durch die Scheidung erlittenen Nachteile zu entschädigen[405]. Immerhin hatte die zweite Ehefrau diese Nachteile durch ihren Beitrag bei der Zerrüttung der Ehe mitverursacht. Aus diesen Gründen traf das vorliegende Urteil in der Literatur auf scharfe Kritik[406].

(d) Urteil vom 25.6.1958[407] (Vereinbarung eines Rechtsmittelverzichts)

Bereits in einem Beschluß vom 10.5.1951[408] hatte sich der BGH zur Sittenwidrigkeit eines vertraglich vereinbarten Rechtsmittelverzichts geäußert. Es war festgestellt worden, daß eine solche Vereinbarung auch vor Erlaß des Urteils grundsätzlich statthaft sei. Die Ansicht des RG, daß in Ehesachen eine solche Vereinbarung sittenwidrig sei[409], war vom BGH abgelehnt worden. Zur Begründung

403 BGH IV ZR 82/55 = MDR 1957,26.
404 Bosch, FamRZ 1957,298 (300); Boehmer, MDR 1958, 4 (5).
405 Boehmer, MDR 1958,4 (5).
406 Bosch, FamRZ 1957,298 (300); Boehmer, MDR 1958, 4 (5); Soergel-Hefermehl, 11. Auflage, § 138 Rdn.185.
407 BGH IV ZR 75/58 = BGHZ 28,45.
408 BGH IV ZB 26/51 = BGHZ 2,112.
409 Der BGH verwies nur auf das Urteil vom 26.11.1908 (RG IV 97/08) = RGZ 70,59.

wurde auf § 72 EheG 1946 verwiesen, nach dem Unterhaltsvereinbarungen vor Rechtskraft des Urteils nicht schlechthin sittenwidrig waren. Somit konnte auch der Rechtsmittelverzicht für sittengemäß erachtet werden. Eine abschließende Entscheidung dieser Frage unterblieb jedoch in dem Beschluß.

In einem Urteil vom 25.6.1958 hatte sich der BGH wiederum mit der Frage auseinanderzusetzen, ob ein vertraglich vereinbarter Rechtsmittelverzicht sittenwidrig war, wenn er vor Rechtskraft des Scheidungsurteils abgeschlossen wurde. Dem Urteil lag folgender Sachverhalt zugrunde:

Die Parteien hatten am 24.5.1939 geheiratet. Seit 1.9.1956 lebten sie getrennt. Schließlich erhob die Klägerin Scheidungsklage mit dem Begehren, die Ehe aus alleinigem Verschulden des Ehemannes zu scheiden. Sie warf dem Beklagten vor, daß er sie durch zahlreiche Beschimpfungen seelisch zermürbt habe, was mindestens seit 1951 zu einer unheilbaren Zerrüttung der Ehe geführt habe. Der Beklagte beantragte Klagabweisung und erhob Widerklage mit dem Ziel, die Ehe aus alleinigem Verschulden der Klägerin zu scheiden. Er führte an, daß die Klägerin ihn selbst beschimpft habe. Außerdem habe sie das Geschäft des Mannes schlecht geführt, und ihm so Anlaß zu etwaigen Beschimpfungen gegeben. Die Widerklage stützte er darauf, daß die Klägerin am 1.9.1956 grundlos die eheliche Wohnung verlassen, ein Konkurrenzgeschäft eröffnet und unerlaubte Beziehungen zu anderen Männern unterhalten habe.

Nach Vernehmung der Parteien durch das Landgericht schlossen diese eine Vereinbarung, nach der sie ihr Vorbringen auf die häufigen Auseinandersetzungen und gegenseitigen Beschimpfungen beschränkten. Zudem wurde für den Fall einer Scheidung aus gleichem, beiderseitigem Verschulden vereinbart, daß sie auf den Unterhalt und die Einlegung von Rechtsmitteln verzichten würden.

Das Landgericht schied die Ehe auf Klage und Widerklage und erklärte beide Parteien für schuldig. Der Beklagte legte gegen dieses Urteil Berufung ein, die als unzulässig zurückgewiesen wurde.

Die Revision hatte keinen Erfolg. Der BGH verwies auf die seiner Ansicht nach anerkannte Meinung, daß ein Rechtsmittelverzicht auch vor Erlaß des Scheidungsurteils möglich sei. Dabei wurde ausdrücklich auf das Urteil vom 10.5.1951 hingewiesen. Im Gegensatz zu den dortigen Ausführungen sollte nun jedoch eine abschließende Beurteilung erfolgen.

Zunächst wurde festgestellt, daß die sittliche Bewertung eines vor Erlaß des Urteils erfolgten Rechtsmittelverzichts sich stets nach dem Einzelfall zu richten habe. Die Ansicht des RG, daß in Ehesachen ein solcher Verzicht regelmäßig sittenwidrig sei, weil der Streitgegenstand der Ehe nicht der freien Disposition der Parteien unterliege, wurde abgelehnt. Gem. § 72 EheG 1946 sei eine Unterhaltsvereinbarung nicht schon deshalb sittenwidrig, weil sie die Scheidung ermögliche oder erleichtere. Gleiches müsse für einen Rechtsmittelverzicht gelten.

Außerdem verfügten nach Ansicht des BGH die Parteien nicht über ihre Ehe, sondern bezweckten mit einer solchen Vereinbarung lediglich die Abkürzung des Scheidungsrechtsstreits. Dieser Zweck sei aber auch nach Ansicht des RG nicht sittenwidrig gewesen[410]. Der BGH führte weiter aus, daß die Sittenwidrigkeit einer solchen Vereinbarung nur dann anzunehmen sei, wenn die Parteien auf den Inhalt des Scheidungsurteils in gesetzes- oder sittenwidriger Weise eingewirkt hätten und dieses erschlichene Urteil nun durch den Rechtsmittelverzicht aufrechterhalten wollten. Im vorliegenden Urteil seien solche Umstände aber nicht zu erkennen.

Auch die Tatsache, daß die Parteien die vorgebrachten Scheidungsgründe auf die häufigen Auseinandersetzungen und die gegenseitigen Beschimpfungen begrenzten, habe nicht zu einer anderen Bewertung führen können. Sie seien nicht verpflichtet, alle den anderen Ehegatten belastenden Tatsachen vorzubringen und bereits vorgebrachte Klagegründe nicht fallen zu lassen. Nur Tatsachen, die der Aufrechterhaltung der Ehe zuträglich wären, dürften nicht verschwiegen werden. Ansonsten könne die Einschränkung der Klagegründe auch auf Beweggründen beruhen, die sittlich nicht zu beanstanden seien. Auch wenn hier die Beweggründe nicht ersichtlich seien, so hätten die Parteien doch keine Tatsachen verschwiegen, die einer Aufrechterhaltung der Ehe zuträglich gewesen seien, so daß der Rechtsmittelverzicht nicht sittenwidrig sei.

Allerdings führte der BGH weiter aus, daß ein solcher Rechtsmittelverzicht nur eine schuldrechtliche Verpflichtung zur Folge habe, so daß bei der Beurteilung, ob eine Partei trotz wirksamen Rechtsmittelverzichts ein Rechtsmittel einlegen könne, der Grundsatz von Treu und Glauben anzulegen sei. Der BGH verwies auf seine Rechtsprechung zur Beschwer im Ehescheidungsprozeß. Danach könne ein Ehegatte, wenn er im Eherechtsstreit obsiegt habe, trotz fehlender Beschwer ein Rechtsmittel einlegen, wenn er damit aufgrund gewandelter Einstellung zur Ehe lediglich bezwecke, z.B. durch Zurücknahme seiner Klage, die Ehe zu retten. Für einen solchen Zweck sei immer ein schutzwürdiges Interesse anzuerkennen[411]. Diese Handlungsweise könne dann auch nicht durch einen Rechtsmittelverzicht ausgeschlossen werden. Im vorliegenden Fall erstrebe der Ehegatte mit Einlegung der Berufung aber nicht die Aufrechterhaltung der Ehe, so daß dem Rechtsmittelverzicht auch nicht nach Treu und Glauben die Wirksamkeit versagt werden könne.

Konsequent wendete der BGH die Norm des § 72 EheG 1946 auf Rechtsmittelverzichte an und löste so die recht unüberschaubare Rechtsprechung des RG

410 Urteil vom 23.10.1916 (RG IV 186/16) = WarnR 1919,142, Nr.93.

411 Urteil vom 20.11.1952 (BGH IV ZR 204/52) = LM Nr. 3 zu § 514 ZPO; Beschluß vom 6.6.1957 (BGH IV ZB 192/57) = BGHZ 24, 369 (370f.).

dazu ab. Auch wurde mit der Feststellung, daß Rechtsmittelverzichte stets nur der Abkürzung des Verfahrens dienten, die Unterscheidung, die das RG noch angelegt hatte, für nicht durchführbar und falsch erklärt.

Mit dem Hinweis darauf, daß der Rechtsmittelverzicht auch nicht deshalb sittenwidrig sei, weil der Beklagte auf die Geltendmachung einiger Scheidungsgründe verzichtet habe, griff der BGH die Rechtsprechung des RG in diesem Punkt wieder auf. Auch danach war die Vereinbarung, von mehreren möglichen Scheidungsgründen nur einige bestimmte geltend zu machen, als sittengemäß bewertet worden[412].

Eine interessante Neuerung bot dieses Urteil bezüglich der Möglichkeit, einen solchen Rechtsmittelverzicht geltend zu machen. Die Überlegung, daß trotz eines solchen Verzichts die Einlegung eines Rechtsmittels möglich sei, wenn dadurch die Ehe aufrecht erhalten werden sollte, war in diesem Zusammenhang neu. Durch diese Möglichkeit wurde der Schutz der Ehe trotz der durch den Rechtsmittelverzicht nun leicht zu erreichenden Beschleunigung des Verfahrens gewährleistet.

Obwohl dieses Urteil des BGH von Teilen der Literatur positiv aufgenommen wurde[413], gab es auch zahlreiche kritische Stimmen[414]. Diese stellten einhellig fest, daß der Eheschutz durch diese Rechtsprechung des BGH nicht in ausreichendem Maße verwirklicht werde. Auch sei der Eheschutz im Grundgesetz in Art. 6 Abs.1 festgelegt, so daß nicht leichtfertig über ihn hinweg gegangen werden dürfe[415]. Deutlich wurde, daß diese Autoren es nicht als gerechtfertigt ansahen, daß sich der im Eherechtsstreit unterlegene Ehegatte bereits zu einem Zeitpunkt einem Urteil beugen mußte, zu dem er dieses noch gar nicht kannte. Dies konnte im Einzelfall zwar zu Ungerechtigkeiten führen. Allerdings war der Rechtsmittelverzicht dann anerkannt, wenn es nicht um eherechtliche Streitigkeiten ging. Der BGH hatte dem Eheschutz mit dem Grundsatz von Treu und Glauben zumindest bis zu einem gewissen Grad Rechnung getragen. Zudem konnten die Vertreter der Literatur keine praktikable Lösung anbieten, unter welchen Gesichtspunkten ein Rechtsmittelverzicht sittenwidrig sein sollte. So mußte schließlich auch im Hinblick auf die Rechtssicherheit der Ansicht des BGH zugestimmt werden, daß ein Rechtsmittelverzicht in Ehesachen grundsätzlich möglich sei.

---

412 Vgl. oben S.104.

413 Palandt-Diederichsen, 35. Auflage, § 72 EheG 46 Anm.3.a); Hoffmann/ Stephan, § 41 Rdn.53, § 72 Rdn.48.

414 RGRK-Wüstenberg, 10./11. Auflage, § 41 EheG 46 Anm.94f; Beitzke, S.127; Habscheid, FamRZ 1959,300 (300); Habscheid, FamRZ 1960,310 (318); Pohle, JZ 1959,91 (94).

415 So vor allem Habscheid, FamRZ 59,300 (300).

(e) Urteil vom 11.5.1960[416] (Sittenwidrigkeit einer Vereinbarung unter geschiedenen Eheleuten, durch die der eheliche Verkehr wieder aufgenommen werden sollte)

In einem Urteil vom 11.5.1960 hatte der BGH die Sittenwidrigkeit einer Unterhaltsvereinbarung festgestellt, die nach Scheidung der Ehe getroffen wurde. Der Ehemann bezweckte durch diesen Vertrag, die Ehefrau zu einer nichtehelichen Geschlechtsbeziehung zu bewegen. Zudem wollte er früher an ihr begangenes Unrecht wieder gutmachen. Der auf sexuellem Gebiet liegende Beweggrund war jedoch nach Ansicht des BGH der überwiegende Anlaß für die Vereinbarung und daher war diese mit den guten Sitten nicht vereinbar. In dieser Entscheidung führte der BGH die Bewertung von Rechtsgeschäften innerhalb von sexuellen Beziehungen fort, die er vor allem im Zusammenhang mit letztwilligen Zuwendungen entwickelt hatte[417]. Danach war die Belohnung oder Förderung des Geschlechtsverkehrs durch Zuwendungen grundsätzlich dann sittenwidrig, wenn die Beteiligten nicht miteinander verheiratet waren. Im vorliegenden Fall sollte eine solche außereheliche Beziehung gerade begründet werden, so daß es konsequent war, die Vereinbarung als sittenwidrig zu bewerten.

(f) Urteil vom 20.12.1961[418] (Vereinbarung, durch welche die an der Zerrüttung beteiligte Frau verpflichtet werden sollte, Unterhalt an die Ehefrau zu zahlen)

In einem Urteil vom 20.12.1961 hatte der BGH wiederum einen Fall zu entscheiden, in dem eine Unterhaltsvereinbarung getroffen wurde, an der auch Dritte beteiligt werden sollten. Dem Urteil lag folgender Sachverhalt zugrunde:

Die Klägerin war die erste Ehefrau des am 20.6.1959 verstorbenen Erblassers. Die Scheidung war am 22.4.1953 erfolgt. Die Beklagte, die schon während dieser Ehe mit dem Erblasser in näherer Beziehung gestanden hatte, war dessen zweite Ehefrau und alleinige Vorerbin.

Am 15.4.1953 hatte der Erblasser mit der Klägerin eine Vereinbarung getroffen, in der er sich zur Unterhaltszahlung verpflichtete. Außerdem wurde vereinbart, daß er im Falle einer neuen Heirat auf seine zukünftige Ehefrau einwirken werde, sich im Falle seines Todes zur Zahlung eines Betrags von monatlich 100 DM aus der Witwenrente an die Klägerin zu verpflichten.

---

416 BGH IV ZR 241/59 = FamRZ 1960,357.
417 Vgl. oben 3. Teil A 2. a).
418 BGH IV ZR 119/61 = JZ 1962, 360.

Der Erblasser zahlte den vereinbarten Unterhalt bis zu seinem Tod. Eine Verpflichtung zur Fortzahlung legte er der Beklagten nicht auf. Der Grund dafür war in schweren Differenzen zwischen dem Erblasser und der Klägerin zu sehen, wie er ausdrücklich in einem Testament vom 27.4.1958 erklärte.

Die Klägerin nahm die Beklagte auf Zahlung des Unterhalts in Höhe von monatlich 100 DM in Anspruch. Sowohl das Land- als auch das Berufungsgericht gaben der Klage statt.

Die Revision führte zur Zurückverweisung. Fraglich war, ob der Erblasser sich wirksam verpflichtet hatte, seiner zweiten Ehefrau die Verpflichtung aufzuerlegen, an die Klägerin nach dem Tod des Erblassers Unterhalt zu zahlen. In dem Fall wäre er schadensersatzpflichtig geworden, wofür die Beklagte als Erbin hätte einstehen müssen.

Unter Verweis auf das Urteil vom 15.5.1957[419] führte der BGH aus, daß die Vereinbarung eines Ehegatten sittenwidrig sein könne, die an der Scheidung mitschuldige dritten Person, die er zu heiraten beabsichtigte, zu verpflichten, Unterhalt an den ehemaligen Ehegatten zu zahlen. Im vorliegenden Fall könne das Versprechen des Erblassers aber nicht als sittenwidrig bewertet werden. Wesentlich sei, daß die Ehe nicht allein durch das Verschulden des Erblassers und der Beklagten zerrüttet gewesen sei, sondern daß auch die Klägerin eine Mitschuld getroffen habe. Sie habe die Scheidung ohne Rücksicht auf das Versprechen des Erblassers gewollt und habe Scheidungsklage erhoben. Der Streit im Ehescheidungsverfahren habe sich im wesentlichen mit der Schuldfrage befaßt. Diesen Streit habe der Erblasser durch die Vereinbarung beenden wollen.

Die Klägerin habe nur im bescheidenen Umfang an den Hinterbliebenenbezügen teilhaben sollen, welche die Beklagte nach dem Tod des Erblassers erhalten sollte. Auch wenn der Erblasser die Beklagte zur Zahlung an die Klägerin verpflichtet hätte, so hätte er sich doch nicht in eine Abhängigkeit gegenüber der Beklagten begeben, die mit dem Wesen der Ehe unvereinbar gewesen wäre.

Trotz dieser sittlich nicht zu beanstandenden Vereinbarung sei die Revision begründet. Die Klägerin sei inzwischen wirtschaftlich gut versorgt und erhalte selbst Hinterbliebenenbezüge. Es könne nun gegen Treu und Glauben verstoßen, daß sie dennoch Zahlung des Unterhalts von der Beklagten verlange.

Dieses Urteil hätte weiteren Aufschluß darüber geben können, wie der BGH Unterhaltsvereinbarungen bewertete, an denen außer den Ehegatten noch dritte Personen beteiligt waren. Indessen wurde die Frage der Sittenwidrigkeit nur recht kurz behandelt, was zu einigen Unklarheiten in der Argumentation führte. Zunächst verwies der BGH auf das Urteil vom 15.5.1957, ohne auf einen gravierenden Unterschied einzugehen. Im Gegensatz zum hier vorliegenden Urteil war

419 BGH IV ZR 294/299/56 = FamRZ 1957, 298.

dort neben den Ehegatten auch die zukünftige Ehefrau direkt am Abschluß der Unterhaltsvereinbarung beteiligt. Es wurde daher nicht deutlich, ob der BGH auf die hier vorliegende Unterhaltsvereinbarung § 72 EheG 1946 anwenden wollte, wie es wohl richtig gewesen wäre, oder wie im oben angeführten Urteil auf die Grundsätze von vor 1938 abstellen wollte. Die Ausführungen des BGH, daß die Ehefrau mitschuldig an der Zerrüttung der Ehe gewesen sei, die Scheidung gewollt und Scheidungsklage erhoben habe, deuteten darauf hin, daß der BGH die Unterhaltsvereinbarung dahingehend überprüfte, ob durch sie die Scheidung erleichtert oder ermöglicht werden sollte. Diese Prüfung konnte aber unter der Geltung des § 72 EheG 1946 unterbleiben, so daß der BGH vermutlich auf die vor 1938 geltenden Grundsätze abgestellt hatte.

Als nächstes ging der BGH nur kurz darauf ein, daß eine wirtschaftliche Abhängigkeit des Erblassers von seiner zukünftigen Ehefrau aufgrund der geringen Höhe des zu zahlenden Betrages nicht zu erwarten gewesen sei. Diese wirtschaftliche Abhängigkeit war zwar bereits im Urteil vom 15.5.1957 ein maßgebendes Kriterium, allerdings hätten auch andere Erwägungen hier Eingang finden müssen. Wurde im Urteil vom 8.10.1955[420] noch eine sittliche Pflicht der an der Zerrüttung der Ehe mitschuldigen Frau begründet, Zahlungen an die Ehefrau zu leisten, so wurde im Urteil vom 15.5.1957[421] eine solche Beziehung zwischen der ersten Ehefrau und der zukünftigen zweiten Ehefrau als sittlich bedenklich bewertet. Im vorliegenden Fall konnte eine sittliche Pflicht kaum angenommen werden, da die Ehefrau mitschuldig an der Zerrüttung der Ehe war und die Scheidung anstrebte. Der BGH stellte, ohne sich zu diesem Problempunkt zu äußern, nur fest, daß die Vereinbarung insgesamt nicht sittenwidrig sei.

(g) Urteil vom 30.10.1963[422] (Scheidungsvereinbarung, nach der ein unwahrer Scheidungsgrund vorgebracht werden soll)

In einem Urteil vom 30.10.1963 hatte sich der BGH erstmals ausführlich damit zu beschäftigen, wann eine Scheidungsvereinbarung im Zusammenhang mit dem Vorbringen unwahrer Scheidungsgründe gemäß § 72 Satz 3 EheG 1946 nichtig war. Dem Urteil lag folgender Sachverhalt zugrunde:

Die Parteien waren Eheleute. Am 11.4.1959 schlossen sie eine Vereinbarung, nach der im bevorstehenden Scheidungsprozeß der Ehemann die Alleinschuld zu übernehmen habe. Zudem müsse er an die Ehefrau eine Unterhaltsrente und weitere Zahlungen zur Bestreitung der Umzugskosten und Beschaffung einer neuen

420 BGH IV ZR 82/55 = MDR 1957,26.
421 BGH IV ZR 294/299/56 = FamRZ 1957, 298.
422 BGH IV ZR 31/63 = BGHZ 41,166.

Wohnung leisten. Schließlich sollte die Ehefrau unwiderruflich als Bezugsberechtigte einer Lebensversicherung des Mannes benannt werden.

Auf Klage der Frau wurde die Ehe aus dem Verschulden des Mannes geschieden. Dieser benannte die Ehefrau nicht als Bezugsberechtigte der Lebensversicherung. Gegen die folgende Klage der Ehefrau führte der Beklagte an, daß die Scheidungsgründe, die im Scheidungsprozeß vorgetragen worden seien, gar nicht bestanden hätten oder durch Zeitablauf oder Verzeihung weggefallen gewesen seien. Die Klägerin machte geltend, daß zahlreiche Scheidungsgründe bestanden hätten, die nur aus Rücksicht auf den Beklagten nicht vorgetragen worden seien. So habe der Beklagte sie beschimpft und geschlagen. Der Hauptgrund für die Streitigkeiten sei gewesen, daß der Beklagte der Klägerin wegen des Besuchs ihrer Töchter aus erster Ehe Schwierigkeiten gemacht habe. Darauf seien sowohl Scheidungsklage als auch das Urteil gestützt worden.

In den beiden ersten Instanzen wurde der Klage stattgegeben.

Die Revision führte zur Aufhebung und Zurückverweisung. Zunächst stellte der BGH unter Hinweis auf die Rechtsprechung des RG[423] fest, daß § 72 EheG 1946 sich nicht nur auf reine Unterhaltsverträge beziehe, sondern auch auf sonstige Vereinbarungen vermögensrechtlicher Art angewendet werden könne, wenn diese im Hinblick auf eine bevorstehende Scheidung getroffen worden seien. Somit sei § 72 EheG 1946 hier auch auf die Abrede anzuwenden, daß der Beklagte die Klägerin als Bezugsberechtigte der Lebensversicherung einzusetzen habe.

Nun wurde allgemein zu § 72 Satz 3 EheG 1946 erörtert, daß in der dort genannten 1. Alternative eine Unterhaltsvereinbarung dann als von Anfang an nichtig betrachtet werden müsse, wenn ein Ehegatte im Zusammenhang mit dieser Vereinbarung einen nicht oder nicht mehr bestehenden Scheidungsgrund geltend mache. Es werde dagegen nicht vorausgesetzt, daß eine Abrede bezüglich eines solchen Scheidungsgrundes bereits in der Unterhaltsvereinbarung getroffen worden sei. Liege aber eine solche Abrede vor, so sei der Unterhaltsvertrag gemäß der 2. Alternative des § 72 Abs.3 EheG 1946 i.V.m. § 138 Abs.1 BGB stets sittenwidrig, unabhängig davon, ob ein unwahrer Scheidungsgrund im Scheidungsprozeß geltend gemacht werde. Auch die Geltendmachung eines wirklich bestehenden Scheidungsgrundes könne die Sittenwidrigkeit nicht heilen.

Schließlich sollte für beide Alternativen gelten, daß die Nichtigkeit nicht entfalle, wenn die Ehe wegen eines tatsächlich vorhandenen Scheidungsgrundes geschieden werden konnte, der aber nicht vorgebracht wurde und abredegemäß nicht vorgebracht werden sollte. Die vom RG in der Zeit des Nationalsozialismus

423 Urteil vom 23.1.1939 (RG IV 195/38) = RGZ 159,157 (165).

vertretene Ansicht, daß in solchen Fällen die Scheidungsvereinbarungen gültig seien[424], wurde ausdrücklich abgelehnt.

Begründet wurde diese Änderung damit, daß gemäß § 138 Abs.1 ZPO für die Parteien im Prozeß die Wahrheitspflicht gelte. Sie müßten also ihre Erklärungen über tatsächliche Umstände vollständig und der Wahrheit gemäß abgeben. Zwar sei es mit diesem Grundsatz noch vereinbar, wenn die Ehegatten nur einen Teil der wirklich bestehenden Scheidungsgründe geltend machten. Anders sei es jedoch, wenn das Gericht durch Vorspiegelung falscher Tatsachen irregeführt werden sollte. Neben dem Verstoß gegen § 138 Abs.1 ZPO liege eine sittenwidrige Mißachtung der der rechtsprechenden Gewalt obliegenden Aufgabe vor, wenn die Eheleute unter Irreführung des Gerichts über ihre Ehe glauben verfügen und etwa auch einen Schuldausspruch völlig losgelöst von der wirklichen Tatsachenlage glauben herbeiführen zu können. Es komme nicht darauf an, ob eine Ehescheidung mit dem richtigen Vorbringen zu erreichen gewesen wäre.

Die Vorschrift des § 72 Satz 3 EheG 1946 müsse im Zusammenhang mit der gesamten Rechtsordnung gesehen werden, die eine Scheidung nur unter den gesetzlich bestimmten tatsächlichen Voraussetzungen und nur dann zulasse, wenn ein Gericht deren Vorliegen festgestellt habe. Hiergegen verstoßende Vereinbarungen seien daher sittenwidrig.

Die hier vorliegende Vereinbarung könne daher nichtig sein, wenn Klägerin und Beklagter dem Gericht bewußt verschweigen wollten, daß die vorgetragenen Scheidungsgründe bereits verziehen gewesen seien. Es ließ sich aber nach Ansicht des BGH aus dem vorliegenden Sachverhalt weder ermitteln, ob die Ehescheidungsgründe, die das Berufungsgericht bei der Beurteilung des Falles zugrunde gelegt habe, bereits verziehen gewesen seien und wie die Einstellung der Eheleute bezüglich der Scheidungsgründe zur Zeit der Unterhaltsvereinbarung gewesen sei. Daher erfolgte die Rückverweisung an das Berufungsgericht zur erneuten Verhandlung.

Hatte der OGH in einem Urteil vom 8.10.1948[425] noch festgestellt, daß Unterhaltsvereinbarungen dann nicht sittenwidrig seien, wenn ein nicht bestehender Scheidungsgrund dem Gericht vorgespiegelt wurde, tatsächlich aber ein Grund vorlag, der die Scheidung rechtfertigen würde, so distanzierte sich der BGH nun von dieser bereits vom RG vertretenen Meinung.

Das Urteil des BGH fand in großen Teilen der Literatur Zustimmung[426].

---

424 Urteil vom 23.1.1939 (RG IV 195/38) = RGZ 159,157 (165); Urteil vom 21.1.1942 (RG IV 168/41) = RGZ 168,269 (275).

425 OGH I ZS 51/48 = NJW 1949,144.

426 Habscheid, FamRZ 1965,185 (189); Huhn, FamRZ 1967,267 (268); Mikat, S.622 Fn.43; Beitzke, S.126; RGRK-Wüstenberg, 10./11. Auflage, § 72 EheG 46, Anm.64,

Teilweise wurde aber auch Kritik geübt[427]. Zunächst wurde die Parallele zur Rechtsprechung des RG vor Einführung des EheG 1938 gezogen[428]. Mußte das RG eine Unterhaltsvereinbarung die im Zusammenhang mit einem vorgetäuschten Scheidungsgrund stand, regelmäßig für sittenwidrig erachten, da die Scheidung so erleichtert wurde oder werden sollte, so konnte der BGH aufgrund des § 72 EheG 1946 auf diese Begründung nicht zurückgreifen.

Die statt dessen vom BGH angeführten Gründe wurden aber auch kritisiert. Dabei wurde zunächst bemängelt, daß nach Ansicht des BGH sich die Parteien anmaßten, über die Scheidungsreife der Ehe zu entscheiden, indem sie unwahre Scheidungsgründe vortrugen. Die Entscheidung, ob eine Ehe tatsächlich scheidungsreif sei, müßte nach Meinung des BGH aber den Gerichten vorbehalten blieben, was hier nicht mehr gewährleistet sei. *Reinhardt* führte dagegen an, daß das Gericht stets die vorgebrachten Scheidungsgründe prüfen und dann zum Ergebnis kommen müsse, ob die Ehe scheidungsreif sei. Wenn es fälschlicherweise zu diesem Ergebnis komme, so habe es dennoch auch in diesem Fall selbst über die Scheidungsreife entschieden[429]. Zudem sei es anerkannt, daß die Parteien ihr Vorbringen im Prozeß auf bestimmte Scheidungsgründe beschränken können, selbst wenn ein falscher Schuldspruch herbeigeführt werde. Das Vorbringen eines falschen Scheidungsgrundes, wenn ein wahrer vorliege, habe aber keine anderen Auswirkungen[430].

Auch die Verletzung der Wahrheitspflicht wurde als ausreichende Begründung nicht anerkannt. So solle die prozessuale Wahrheitspflicht die Belange der Beteiligten und Dritter schützen. Dritte seien aber nicht betroffen. Die Beteiligten handelten einverständlich, so daß auch sie nicht schutzwürdig seien[431]. Dagegen wurde jedoch angeführt, daß die Wahrheitspflicht an sich bereits von starker Bedeutung sei und sich deren Bedeutung nicht darin erschöpfe, die Belange der Beteiligten zu schützen[432]. Die von *Reinhardt* aufgestellte Behauptung, daß die Wahrheitspflicht als solche nicht als so schwerwiegend zu bewerten sei[433], konnte kaum überzeugen, wenn man bedenkt, daß an anderer Stelle erklärt wurde, es liege ein berechtigtes und notwendiges Anliegen der Allgemeinheit vor,

---

67; Hoffmann/ Stephan, § 72 Rdn. 58; Palandt-Diederichsen, 35. Auflage, § 72 EheG 46, Anm. 3a; Erman-Ronke, 6. Auflage, § 72 EheG 46, Rdn.21.

427 Reinhardt, S.22ff.; Gerold, § 72 Rdn.12; Gernhuber, S.227f..

428 Reinhardt, S.23.

429 Reinhardt, S.24.

430 Reinhardt, S.25.

431 Reinhardt, S.26.

432 Huhn, FamRZ 1967,267 (268).

433 Reinhardt, S.26.

die Ehe nur wegen eines wirklichen, vom Gericht festgestellten Scheidungsgrundes scheiden zu lassen[434].

Schließlich wurde auch anerkannt, daß die vom BGH vertretene Ansicht zu den praktikableren Ergebnissen führte. Wäre die Gültigkeit einer Unterhaltsvereinbarung davon abhängig gewesen, ob ein wirklicher Scheidungsgrund vorgelegen hatte, so hätte dies zu starker Rechtsunsicherheit bei allen Beteiligten geführt. Die geschiedenen Eheleute hätten selbst entscheiden müssen, ob ein solcher Scheidungsgrund gegeben war und sie daher einen falschen Grund vortäuschen konnten[435]. Diese praktischen Probleme vermied die Ansicht des BGH[436].

(h) Gesamtbetrachtung

Der Schwerpunkt der Rechtsprechung des BGH zu Unterhaltsvereinbarungen lag in der Beurteilung solcher Verträge, an denen neben den oder statt eines Ehegatten Dritte beteiligt waren. Auf Verträge, an denen ein Ehegatte nicht beteiligt war, fand § 72 EheG 1946 keine Anwendung, es wurde auf die Grundsätze zurückgegriffen, die vor 1938 galten. Der BGH ließ es in weiteren Urteilen aber stets offen, ob auch dann, wenn beide Ehegatten an der Vereinbarung beteiligt waren, auf diese Grundsätze zurückgegriffen werden mußte.

Deutlich wurde dabei, daß der BGH die Eheleute bei der Entscheidung über den Bestand ihrer Ehe vor Druck von Außenstehenden schützen wollte[437]. Uneinheitlich war allerdings die Rechtsprechung, wenn es um Unterhaltsvereinbarungen ging, bei denen die zukünftige Ehefrau eine Verpflichtung zugunsten der ehemaligen Ehefrau einging. Wurde in einem Urteil die Unterhaltszahlung noch zur sittlichen Pflicht erklärt[438], so wurde kurze Zeit später bereits die wirtschaftliche Verbindung von erster und zweiter Ehefrau als sittlich bedenklich bewertet[439]. Schließlich wurden in einem weiteren Urteil klare Konturen für die Überprüfung der Sittenwidrigkeit aufgegeben und nur die einzelnen Kriterien eines älteren Urteils angewendet, ohne sie auf die Besonderheit des Falles abzustimmen[440]. Allerdings hatte in diesem Urteil die Bewertung der Sittenwidrigkeit eine eher untergeordnete Bedeutung, was die Ungenauigkeiten erklären mag.

Neben diesen grundlegenden Bedenken konnte die Rechtsprechung des BGH zu diesem Problemkreis auch vom Ergebnis her nicht voll überzeugen. So sollte

---

434 RGRK-Wüstenberg, 10./11. Auflage, § 72 EheG 46, Anm.67.
435 Huhn, FamRZ 1967, 267 (268f.).
436 Ebenso: RGRK-Wüstenberg, 10./11. Auflage, § 72 EheG 46, Anm.67.
437 Urteil vom 10.1.1951 (BGH II ZR 18/50) = LM § 138 (Cd) BGB Nr.1.
438 Urteil vom 8.10.1955 (BGH IV ZR 82/55) = MDR 1957,26.
439 Urteil vom 15.5.1957 (BGH IV ZR 294/299/56) = FamRZ 1957, 298.
440 Urteil vom 20.12.1961 (BGH IV ZR 119/61) = JZ 1962, 360.

die zukünftige Ehefrau, die an der Zerrüttung der ersten Ehe beteiligt war, keinen Unterhalt an die erste Ehefrau zahlen müssen, da die Vereinbarung sittenwidrig war[441]. Die zukünftige Ehefrau, die keine Schuld an der Zerrüttung der ersten Ehe trug, sollte dagegen weiterhin verpflichtet sein, Unterhalt zu zahlen, da die Vereinbarung sittlich unbedenklich war[442].

In anderen Bereichen verfolgte der BGH dagegen eine klare Linie und beseitigte bestehende Unsicherheiten. So wurden Rechtsmittelverzichte auch im Scheidungsverfahren für grundsätzlich sittengemäß erachtet[443]. Die kaum nachvollziehbare Rechtsprechung des RG, das zwischen bloßer Abkürzung des Verfahrens und Erleichterung der Scheidung unterscheiden wollte, wurde damit aufgegeben.

Auch bezüglich Unterhaltsvereinbarungen, die im Zusammenhang mit der Vortäuschung von Scheidungsgründen standen, entwickelte der BGH eine klare Rechtsprechung[444]. So sollten Unterhaltsvereinbarungen immer dann gemäß § 72 Satz 3 1. Alternative EheG 1946 sittenwidrig sein, wenn im Zusammenhang mit ihnen im Scheidungsverfahren ein unwahrer Scheidungsgrund geltend gemacht wurde. Nach der zweiten Alternative des § 72 Satz 3 EheG 1946 iVm § 138 Abs.1 BGB waren Unterhaltsvereinbarungen nichtig, in denen vereinbart wurde, daß ein unwahrer Scheidungsgrund geltend gemacht werden sollte. Dafür war es irrelevant, ob ein solcher Scheidungsgrund im Scheidungsprozeß dann tatsächlich vorgebracht wurde. In beiden Varianten hatte es keinen Einfluß auf die Sittenwidrigkeit, wenn die Scheidung aus einem tatsächlich bestehenden Scheidungsgrund erfolgen konnte. Mit dieser Rechtsprechung distanzierte sich der BGH ausdrücklich von der Ansicht des RG, das noch von einer anderen Auffassung der Ehe ausgegangen war. Somit wurde die Rechtsunsicherheit aufgehoben, ob diese Grundsätze auch nach dem 2zweiten Weltkrieg Anwendung finden konnten.

Eine eindeutige Tendenz des BGH, wie scheidungsfördernde Vereinbarungen zu bewerten waren, ließ sich im Untersuchungszeitraum nicht feststellen. Durch die umfassende Anerkennung von Rechtsmittelverzichten im Scheidungsprozeß förderte der BGH zum einen solche Vereinbarungen. Im Rahmen der Vortäuschung von Scheidungsgründen zeigte er sich dagegen vereinbarungsfeindlicher, als es das RG noch vor allem zur Zeit des Nationalsozialismus unter der Geltung des EheG 1938 gewesen war. Schließlich war die Bewertung von Unterhaltsvereinbarungen, an denen Dritte beteiligt waren, sehr uneinheitlich. Somit konnte,

---

441 Urteil vom 15.5.1957 (BGH IV ZR 294/299/56) = FamRZ 1957, 298.

442 Urteil vom 8.10.1955 (BGH IV ZR 82/55) = MDR 1957,26.

443 Beschluß vom 10.5.1951 (BGH IV ZB 26/51) = BGHZ 2,112; Urteil vom 25.6.1958 (BGH IV ZR 75/58) = BGHZ 28,45.

444 Urteil vom 30.10.1963 (BGH IV ZR 31/63) = BGHZ 41,166.

obwohl der BGH die Ehe als sehr hohes Gut bewertete und nur sehr zurückhaltend Scheidungen aussprach[445], bezüglich der Vereinbarungen, die im Rahmen des Scheidungsprozesses erfolgten, eine besonders strenge Haltung des BGH nicht festgestellt werden. Vorrangig zeigte sich aber das Bemühen, eine transparente Rechtsprechung mit klar definierten Richtlinien aufzustellen, was bezüglich der Rechtsmittelverzichte und der vorgetäuschten Scheidungsgründe auch gelang. Nur wenn Dritte an den Unterhaltsvereinbarungen beteiligt waren, gelang es dem BGH nicht, eine stringente Rechtsprechung zu entwickeln. Im Vordergrund stand dabei eher die gerechte Bewertung des Einzelfalls, wobei die erzielten Ergebnisse nicht immer voll überzeugen konnten.

B. Sittenverstoß gegenüber Außenstehenden

1. Gemeinschaftsschädigende Geschäfte

a) Entwicklung in der Rechtsprechung des RG

Unter den Rechtsgeschäften, die wegen Sittenverstoßes gegenüber Außenstehenden als nichtig beurteilt wurden, bildete sich neben den Geschäften, durch die eine Partei zum Treubruch gegenüber einem Dritten bewegt werden sollte[446], eine andere Fallgruppe heraus, bei der die Schädigung der Allgemeinheit zur Begründung der Sittenwidrigkeit herangezogen wurde.

Ein häufig auftretender Fall waren Verträge, die der Steuerhinterziehung dienten oder zumindest Abreden enthielten, durch welche die Steuer umgangen werden sollte. Die Rechtsprechung des RG zu diesem Thema läßt sich im wesentlichen auf ein Urteil vom 8.3.1921[447] zurückführen. Dort wurde festgestellt, daß ein Geschäft, das nicht um seiner selbst willen, sondern lediglich zur Regelung oder Verschleierung eines Steuerbetrugs getätigt wurde, unbedenklich als sittlich verwerflich und daher als nichtig zu bewerten sei. Dies gelte aber nicht, wenn eine ernsthafte schuldrechtliche Verpflichtung zu Bedingungen begründet werden sollte, die nichts Anstößiges an sich hätten. Parteiabreden, die gegen Steuergesetze verstießen, führten dann nicht zur Unsittlichkeit des Vertrages, wenn sie nicht den Hauptzweck desselben darstellten. Begründet wurde dies damit, daß Steuerbeamte nicht an die Parteierklärungen gebunden seien und das Recht und die Pflicht hätten, den wahren Sachverhalt zu ermitteln. Auch würden

---

445 Vgl. Darstellung bei Hetzke, S.225ff.
446 Siehe dazu unten 3. Teil B. 2..
447 RG III 4/21 = WarnR 1921, 108, Nr. 89.

den an einer solchen Vereinbarung Beteiligten durch die Steuergesetze nur wirtschaftliche Nachteile angedroht, ohne daß die Gültigkeit des Vertrages in Frage gestellt werde. Es könne daher nicht die Aufgabe des § 138 BGB sein und es entspreche nicht dessen Sinn und Zweck, ein Abkommen, das die Steuerbehörde dulde, allein wegen der Steuerhinterziehungsabsicht der Vertragsteile für nichtig zu erklären. Zudem hätte die Nichtigkeit z.B. eines Grundstücksveräußerungsvertrages zur Folge, daß der Staat keine Steuern erhalten oder die bereits eingezogenen auf Antrag zurückerstatten müßte.

Diese Rechtsprechung wurde vom RG in der Folgezeit bestätigt[448]. Auch in der Zeit des Nationalsozialismus wurden diese Richtlinien beibehalten, wobei betont wurde, daß gerade zur damaligen Zeit die Steuerhinterziehung etwas sei, das dem Anstandsgefühl aller billig und gerecht Denkenden widerspreche[449]. Wenn diese der Hauptzweck eines Geschäftes sei, müsse es daher sittenwidrig sein. Allerdings erstrecke sich die Nichtigkeit nur auf den Teil des Rechtsgeschäfts, der die Steuerhinterziehung bezwecke[450].

Eine weitere Fallgruppe, die sich zur Sittenwidrigkeit wegen Schädigung der Allgemeinheit herausgebildet hatte, umfaßte Verträge, die gegen Gesetzesbestimmungen verstießen. Viele dieser Fälle wurden bereits von § 134 BGB erfaßt. Auch gab es zahlreiche Gesetzesverstöße, die nicht sittenwidrig waren, da es sich um bloße Ordnungsvorschriften handelte, deren Verletzung vom ethischen Standpunkt als neutral bewertet werden mußte[451]. Allerdings fand § 138 Abs.1 BGB häufig dann Anwendung, wenn gegen eine Norm verstoßen wurde, die nicht das Rechtsgeschäft selbst verbot, wie es für die Anwendung des § 134 BGB erforderlich gewesen wäre[452]. Größere Bedeutung erlangte § 138 Abs.1 BGB auch in den Fällen, in welchen eine Gesetzesnorm umgangen werden sollte[453]. Nach der Rechtsprechung des RG sollten ein Gesetzesverstoß oder die planmäßige Umgehung eines Gesetzes insbesondere sittenwidrig sein, wenn das betreffende Gesetz zu Notzeiten erlassen worden war und der Bekämpfung eines Notstan-

---

448 Urteil vom 28.11.1923 (RG V 802/22) = RGZ 107,357 (364), Urteil vom 30.1.1925 (RG II 140/24) = JR 1925, 598 (598), Nr.862; Urteil vom 2.6.1928 (RG I 121/28) = JW 1928, 2362 (2363).

449 Urteil vom 29.9.1934 (RG I 107/34) = JW 1935, 420 (420); bestätigt im Urteil vom 15.9.1941 (RG II 26/41) = DR 1942, 40 (40).

450 Urteil vom 15.9.1941 (RG II 26/41) = DR 1942, 40 (40).

451 Urteil vom 19.5.1916 (RG II 100/16) = RGZ 88, 250 (254); Urteil vom 17.12.1926 (RG II 203/26) = RGZ 115, 319 (325f.); Staudinger-Coing, 11. Auflage, § 138 Anm.11.

452 Vgl. dazu Schricker, S.63.

453 Urteil vom 29.1.1929 (RG III 161/28) = RGZ 123, 208; Urteil vom 5.3.1935 (RG III 256/34) = HRR 1935, Nr. 923.

des diente[454] oder wenn es allgemein dem Schutz lebenswichtiger Belange der Volksgesamtheit gegen eigennützige Angriffe des einzelnen diente[455].

Auch wenn eine Verletzung ausländischer Gesetze erfolgte, wurde auf § 138 Abs.1 BGB zurückgegriffen. § 134 BGB fand auf ausländische Gesetze nicht grundsätzlich Anwendung[456]. Wenn ein Rechtsgeschäft gegen ein solches Verbot verstieß, sollte das Geschäft aber jedenfalls dann sittenwidrig sein, wenn das Verbot durch allen Kulturkreisen gemeinsame rechtlich-sittliche Erwägungen gerechtfertigt wurde[457]. In einem Urteil zur Zeit des Nationalsozialismus wurde festgestellt, daß es ausreiche, um die Sittenwidrigkeit des Rechtsgeschäftes anzunehmen, wenn das ausländische Verbot durch die deutschen Anschauungen über die guten Sitten, das deutsche gesunde Volksempfinden gerechtfertigt werde[458].

Ein weiterer Fall, in dem das RG Sittenwidrigkeit wegen gemeinschädlichem Verhalten angenommen hatte, lag vor, wenn eine Forderungsabtretung nur zu dem Zweck erfolgte, die Ansprüche von einer Partei geltend machen zu lassen, der das Armenrecht zustand[459]. Eine solche Abtretung habe lediglich den Zweck, bei einem ungünstigen Ausgang des Rechtsstreits dem Gegner oder dem Staat die Möglichkeit zu nehmen, ihren Rechtsanspruch auf Erstattung oder Zahlung der Kosten zu verwirklichen. Wenn keine anderen berechtigten Interessen des Abtretenden bestünden, sei dies rechtsmißbräuchlich und die Abtretung daher sittenwidrig. Die Versagung des Armenrechts für den mittellosen Zessionar könne dem Prozeßgegner dagegen nicht helfen, da ihm bis zur Versagung des Armenrechts häufig schon Kosten entstanden seien[460].

---

454 Urteil vom 5.12.1916 (RG II 457/16) = RGZ 89,196 (198f.);Urteil vom 8.11.1924 (RG I 563/23) = LZ 1925,366 (366); Urteil vom 29.1.1929 (RG III 161/28) = RGZ 123, 208 (211).

455 Urteil vom 25.6.1921 (RG V 19/21) = JW 1921, 1308 (1309); Urteil vom 13.12.1922 (RG I 625/21) = JW 1923, 287 (287);Urteil vom 5.3.1935 (RG III 256/34) = HRR 1935, Nr. 923.

456 Urteil vom 22.12.1916 (RG II 265/16) = GruchotBeitr. 61, 460 (461).

457 Urteil vom 3.10.1923 (RG V 886/22) = RGZ 108, 241 (243f.).

458 Urteil vom 17.6.1939 (RG II 19/39) = RGZ 161, 296 (300).

459 Urteil vom 7.1.1913 (RG III 236/12) = RGZ 81,175.

460 Urteil vom 7.1.1913 (RG III 236/12) = RGZ 81,175 (176).

b) *Entwicklung in der Rechtsprechung des OGH und des BGH*

(1) *Urteile zur Sittenwidrigkeit wegen Steuerhinterziehung*

Nach dem zweiten Weltkrieg hatte sich erstmals der BGH in einem Urteil vom 9.6.1954[461] mit einem Vertrag zu beschäftigen, der im Zusammenhang mit einer Steuerhinterziehung stand.

Es handelte sich um die Abtretung eines Geschäftsanteils einer GmbH. In der notariellen Urkunde war der Kaufpreis des Anteils fälschlicherweise mit 450 DM statt mit 1000 DM bezeichnet worden. Nachdem das Landgericht und das Berufungsgericht nicht auf die Möglichkeit einer Steuerhinterziehung eingegangen waren, untersuchte der BGH, ob Kauf und Abtretung deshalb gem. § 138 Abs.1 BGB nichtig waren, weil die unrichtige Angabe des Kaufpreises der Umgehung der Börsenumsatzsteuer diente.

Es wurde auf die Rechtsprechung des RG verwiesen und festgestellt, daß Verträge, die mit einer Steuerhinterziehung verbunden seien, nicht ohne weiteres gem. § 138 Abs.1 BGB nichtig seien, wenn diese Steuerhinterziehung nicht den Hauptzweck des Rechtsgeschäftes darstellte. Unter Hinweis auf § 5 Abs.1 und Abs.2 StAnpG wurde betont, daß, wenn durch ein Scheingeschäft ein anderes Geschäft verdeckt werde, das verdeckte Geschäft für die Besteuerung maßgebend sei, woran auch die Sittenwidrigkeit eines solchen Geschäfts nichts ändere. Es werde steuerlich also nichts gewonnen, wenn man ein Rechtsgeschäft wegen der damit verbundenen Steuerhinterziehung für sittenwidrig erkläre. Da die Steuerhinterziehung hier nicht der alleinige Zweck des Geschäftes gewesen sei, bestehe kein Grund, es als sittenwidrig zu bewerten. Zudem werde die Steuerhinterziehung hier nur durch den Kaufvertrag beabsichtigt, so daß nur dieser nichtig sein könnte, nicht aber die Abtretung selbst.

In einem Urteil vom 23.3.1961[462] hatte sich der BGH wiederum mit einem Vertrag zu befassen, der im Zusammenhang mit einer Steuerhinterziehung stand. Es handelte sich dabei um einen Darlehensvertrag, der zur Finanzierung eines Schiffsumbaus dienen sollte und die Bedingung enthielt, daß die Förderungswürdigkeit des Schiffsumbaus anerkannt werde und das Darlehen infolgedessen gem. § 7 d EStG steuerlich abgesetzt werden könne. Die Darlehensnehmerin erreichte es, daß die Förderungswürdigkeit anerkannt wurde, hatte dabei aber Angaben gemacht, die nicht der Wahrheit entsprachen.

---

461 BGH II ZR 70/53 = BGHZ 14, 25.

462 BGH II ZR 157/59 = WM 1961,727.

Der BGH erklärte unter Verweisung auf das Urteil vom 9.6.1954[463], daß ein Vertrag dann nicht nichtig sei, wenn die Steuerhinterziehung nicht der Hauptzweck des Geschäftes sei. Bereits das Berufungsgericht hatte festgestellt, daß durch den Darlehensvertrag auch eine wirtschaftliche Sicherstellung eines Käufers erfolgen sollte, der einen Eigentumsanteil am Schiff erworben hatte. Zudem sollte der Schiffsumbau finanziert werden, den die Darlehensnehmerin durchführen wollte. Schließlich führte der BGH an, daß laut Vertragsvereinbarung der Darlehensvertrag für den Fall, daß die Steuererleichterung nicht erreicht werde, nicht von vornherein nichtig sein, sondern dessen Gültigkeit im Belieben der Darlehensgeberin stehen sollte. Somit sei die angestrebte Steuervergünstigung nicht der Hauptzweck des Vertrages und der Darlehensvertrag daher nicht wegen Verstoßes gegen die guten Sitten nichtig.

In einem weiteren Urteil vom 17.12.1965[464] hatte sich der BGH mit einem Grundstücksveräußerungsvertrag zu befassen, bei dessen notarieller Beurkundung zum Zwecke der Steuerersparnis ein zu niedriger Kaufpreis angegeben worden war. Es wurde ausgeführt, daß die Steuerhinterziehung nicht Hauptzweck des Vertrages sei, sondern eine ernsthafte schuldrechtliche Verpflichtung zur Übertragung von Grundeigentum begründet werden sollte. Nicht der Vertrag als solcher, sondern lediglich die Vereinbarung der Falschangabe des Kaufpreises stelle etwas Anstößiges dar, so daß der Vertrag nicht als sittenwidrig zu bewerten sei.

Der BGH setzte die Rechtsprechung des RG zur Steuerhinterziehung ohne Änderung oder weitere Begründung fort. Es fiel allerdings auf, daß der BGH im Urteil vom 9.6.1954[465] feststellte, der Vertrag sei nicht sittenwidrig, da die Steuerhinterziehung nicht der alleinige Zweck der Vereinbarung sei. Das RG hatte dagegen einen Vertrag dann für sittenwidrig erklärt, wenn die Steuerhinterziehung dessen Hauptzweck war. Andere untergeordnete Zwecke, die zusätzlich mit ihm verfolgt wurden, änderten an dieser Bewertung nichts. Da aber auch der BGH in den weiteren Urteilen wieder auf den Hauptzweck der Vereinbarung abstellte, ist anzunehmen, daß die Erwähnung des "alleinigen Zwecks" bloß eine sprachliche Ungenauigkeit darstellte und keine Änderung der Rechtsprechung beabsichtigt war.

Auch die Tendenz des RG, Rechtsgeschäfte nur selten wegen Steuerhinterziehung als sittenwidrig zu bewerten, wurde fortgesetzt. Hatte bereits das RG nur in einer Entscheidung die Sittenwidrigkeit einer Vereinbarung wegen Steuerhin-

---

463 BGH II ZR 70/53 = BGHZ 14, 25.
464 BGH V ZR 115/63 = WM 1966, 161.
465 BGH II ZR 70/53 = BGHZ 14, 25.

terziehung angenommen[466], so kam der BGH in allen drei vorliegenden Urteilen zum Ergebnis, daß die Vereinbarung nicht sittenwidrig sei. Diese konstante Rechtsprechung führte dazu, daß auch durch die Literatur soweit ersichtlich keine Kritik geübt wurde, sondern die Ansicht von RG und BGH als zutreffend wiedergegeben wurde[467].

(2) Urteile zur Sittenwidrigkeit wegen Gesetzesverstoß oder wegen Umgehung eines Gesetzes

(a) Urteil vom 29.4.1953[468] (Verstoß gegen Bewirtschaftungsvorschriften)

In einem Urteil vom 29.4.1953 hatte sich der BGH mit einem Vertrag zu befassen, bei dem eine Leistung unter Verstoß gegen die Bewirtschaftungsvorschriften erbracht werden sollte. Dem Urteil lag folgender Sachverhalt zugrunde:

Die Mutter der Kläger vermietete einen Teil eines im Krieg schwer beschädigten Hauses, dessen Eigentümerin sie war, an den Beklagten. Dieser übernahm die Verpflichtung, auf ihre Kosten das Haus instandzusetzen. Nachdem er die Arbeiten aufgenommen hatte, erhielt er Teilbeträge in Höhe von insgesamt 10.000 RM. Nachdem nach einer Abrechnung im Juni 1947 ein Teilbetrag von 3.304 RM offengeblieben war, ließ die Mutter der Kläger dem Beklagten mit Schreiben vom 5.7.1947 mitteilen, daß sie den Vertrag wegen arglistiger Täuschung anfechte und ihn auffordere, daß Grundstück zu räumen.

Nach Klageerhebung durch die Mutter der Kläger erhob der Beklagte Widerklage darauf festzustellen, daß der vereinbarte Vertrag noch gültig sei. Das Landgericht gab der Widerklage statt, das Berufungsgericht wies sie ab.

Die Revision des Beklagten wurde auf Antrag der Kläger, die den Rechtsstreit nach dem Tode der Mutter als deren Rechtsnachfolger fortgeführt hatten, zurückgewiesen.

Der BGH begründete dies damit, daß der Vertrag sittenwidrig sei. Es liege ein Sittenverstoß im Verhalten gegenüber der Allgemeinheit und zwar besonders in einem Verstoß gegen die Belange der Gemeinschaft. Unter Verweis auf die Rechtsprechung des RG wurde angeführt, daß die planmäßige Umgehung eines Gesetzes dann sittenwidrig sei, wenn das Gesetz lebenswichtige Belange der Gemeinschaft gegen eigennützige Angriffe der Einzelnen zu wahren bestimmt sei. Gleiches müsse gelten, wenn die vertragliche Leistung einer Partei nach dem Willen beider Teile mit Hilfe von Verstößen gegen Gesetze erbracht werden

466 Urteil vom 29.9.1934 (RG I 107/34) = JW 1935, 420 (420).
467 Vgl. Oswald, Wpg 1969, 695 (695).
468 BGH VI ZR 207/52 = LM § 138 (Ca) BGB Nr.1.

sollte, die im Interesse der Gemeinschaft geschaffen worden seien. Beide Vertragspartner hätten den Willen gehabt, gegen die damals geltenden Bewirtschaftungsvorschriften zu verstoßen. Baumaterial und Lebensmittel seien zwangsbewirtschaftet und bezugsscheinpflichtig gewesen. Der Beklagte habe sie ohne Bezugsschein erworben und so das erwähnte Verbot verletzt. Die Mutter der Kläger habe davon gewußt und dieses Verhalten dadurch gefördert, daß sie die zur Beschaffung erforderlichen Mittel stellte. Nach dem Wissen beider Vertragsteile sollte also die Leistung des Beklagten unter Verstoß gegen die Bewirtschaftungsvorschriften erfolgen, so daß der Vertrag sittenwidrig und nichtig sei.

Der BGH setzte die Rechtsprechung des RG recht konsequent fort. Allerdings hatte das RG die Sittenwidrigkeit meist erst dann angenommen, wenn lebenswichtige Belange der Gemeinschaft betroffen waren[469]. Dies erkannte der BGH auch und wies auf diese Rechtsprechung hin. Jedoch ließ er es im vorliegenden Fall genügen, daß gegen Gesetze verstoßen wurde, die im Interesse der Gemeinschaft geschaffen wurden. Durch diese abgeschwächte Formulierung[470] konnte der BGH eher ein Rechtsgeschäft für sittenwidrig erklären, wenn es gemeinschädlich war. Ein Grund für diese leichte Veränderung der Rechtsprechung könnte darin gelegen haben, daß so Vorschriften zur Bewirtschaftung und Rationierung, die in der Nachkriegszeit zahlreich vorhanden waren, besser zur Geltung gebracht werden konnten. Es mußte nun nicht mehr festgestellt werden, daß diese Vorschriften lebenswichtige Belange der Gemeinschaft betrafen. Allerdings hätte auch auf die Rechtsprechung des RG in der Weise zurückgegriffen werden können, daß Verstöße gegen Vorschriften, die in Notzeiten zur Beseitigung dieser Not erlassen wurden, sittenwidrig waren. Auch die Bewirtschaftungsvorschriften waren in der Notzeit nach dem 2. Weltkrieg erlassen worden und dienten der Beseitigung oder zumindest der Beschränkung der Not. Es war aber davon auszugehen, daß der BGH, wenn er auf Interessen der Allgemeinheit abstellte, zumindest noch in diesem Urteil nicht alle Interessen damit meinte, sondern sich auf wichtige Interessen der Allgemeinheit beschränkte. Somit war der Unterschied zur früheren Rechtsprechung des RG eher gering, vor allem wenn man berücksichtigte, daß auch das RG teils weniger strenge Formulierungen angewendet hatte[471].

Es zeigte sich in diesem Urteil besonders deutlich die Funktion, die § 138 Abs.1 BGB bei Gesetzesverstößen einnahm. Der Vertrag enthielt selbst keinen Verstoß gegen die Bewirtschaftungsvorschriften und war deshalb nicht gem. § 134 BGB nichtig. Da aber beide Vertragspartner davon ausgingen, daß der Be-

---

469 Urteil vom 29.1.1929 (RG III 161/28) = RGZ 123, 208 (211); Urteil vom 5.3.1935 (RG III 256/34) = HRR 1935, Nr. 923.

470 Schricker, S.67.

471 Urteil vom 25.6.1921 (RG V 19/21) = JW 1921, 1308 (1309); Urteil vom 13.12.1922 (RG I 625/21) = JW 1923, 287 (287); vgl. dazu auch Schricker, S. 67f..

klagte seine Leistung unter Verstoß gegen die Bewirtschaftungsvorschriften erbringen würde, konnte dieser mittelbare Gesetzesverstoß im Rahmen des § 138 Abs.1 BGB geahndet werden. Es war verständlich, daß der BGH einen Verstoß gegen solche Vorschriften unnachgiebig ahndete, die der Rationierung und Überwachung von Gegenständen dienten, welche nach dem 2. Weltkrieg knapp waren. Dies diente der Abschreckung und war geboten, da sicherlich zahlreiche Verstöße gegen diese Vorschriften zu verzeichnen waren[472].

(b) Urteile vom 21.12.1960[473] und vom 24.5.1962[474] (Verstoß gegen amerikanische Embargobestimmungen)

Nachdem diese Rechtsprechung des BGH durch ein Urteil vom 14.11.1960[475] Bestätigung gefunden hatte, folgte ein Urteil vom 21.12.1960, in dem die Sittenwidrigkeit eines Vertrages geprüft wurde, der die Umgehung amerikanischer Embargobestimmungen durch vereinbarte Täuschung amerikanischer Dienststellen zum Inhalt hatte. Dem Urteil lag folgender Sachverhalt zugrunde:

Im Dezember 1954 kam es zwischen der Klägerin und einer dänischen Firma zu Verhandlungen über die Lieferung von 100 t Borax. Dabei erklärte die dänische Firma, daß sie nicht bereit sei, Angaben über den Verbleib und die Verwendung dieses Stoffes zu machen. Ein solcher Nachweis mußte nach amerikanischen Embargovorschriften erfolgen, da so der Export in den Ostblock verhindert werden sollte. Am 27.12.1954 kam es zum fernmündlichen Abschluß eines Kaufvertrags über 100 t Borax zwischen der Klägerin und der Beklagten. Am selben Tag verkaufte die Klägerin die Ware an die dänische Firma weiter. Diese wiederum verkaufte das Borax am selben Tag an eine Londoner Firma. Die Lieferung sollte dann nach Rostock erfolgen.

Anfang 1955 verlangte die Beklagte einen den Embargovorschriften entsprechenden Nachweis über den geplanten Verbleib des Borax. Die Klägerin verweigerte dies unter anderem mit dem Hinweis darauf, daß die dänischen Abnehmer einen solchen Nachweis als unzumutbar ablehnten. Nach einigen Verhandlungen verpflichtete sich die Beklagte, 100 t Borax zu liefern, wenn die Klägerin eine Erklärung mit dem Inhalt abgebe, daß nach ihrem Wissen das Borax in Dänemark verbleiben solle und daß sie einen Nachweis über die Lieferung in dieses Land beibringen werde. Eine solche Erklärung gab die Klägerin am 31.1.1955 ab.

---

472 Schneider, DWW 1953, 177.
473 BGH VIII ZR 1/60 = WM 1961, 404.
474 BGH II ZR 199/60 = VersR 1962, 659.
475 BGH VIII ZR 116/59 = LM § 134 BGB Nr.34.

Nachdem Anfang März 1955 die Embargovorschriften verschärft worden waren und nun Lieferanten von Borax für jede noch nicht abgewickelte Lieferung von ihren Kunden eine besondere Erklärung verlangen sollten, in der sich die Abnehmer verpflichteten, die Ware nicht in den Ostblock zu liefern und eine gleiche Erklärung von ihren Abnehmern einzuholen, verweigerte die Klägerin die Erteilung einer solchen Erklärung. Daraufhin lieferte die Beklagte nicht.

Nachdem die dänische Firma die Klägerin auf Schadensersatz wegen Nichterfüllung verklagt hatte, nahm die Klägerin die Beklagte auf Schadensersatz in Anspruch. Sowohl das Land- als auch das Berufungsgericht gaben der Klage statt.

Die Revision der Beklagten hatte Erfolg. Der BGH erklärte den durch die Verhandlungen im Januar 1955 abgeänderten Kaufvertrag für sittenwidrig. Beide Parteien hätten gewußt, daß die Erklärung, welche die Klägerin abgeben sollte, bezüglich des Bestimmungsortes der Ware unwahr sein sollte. Es sollte damit die zuständige amerikanische Dienststelle zur Erteilung der Exportlizenz veranlaßt werden. Zum einen könne ein Vertrag nichtig sein, wenn die Vertragsparteien zusammenarbeiteten, um durch falsche Angaben einen Dritten zu täuschen, damit dieser eine Handlung vornehme, ohne die das Vertragsziel nicht oder nur unter Schwierigkeiten erreicht werden könne. Dies gelte auch für den vorliegenden Fall, da nicht ersichtlich sei, daß die ausländischen Maßnahmen aus unsachlichen Gründen oder gar zur unlauteren Bekämpfung des deutschen Wettbewerbs erfolgt seien. Es solle nämlich durch die Ausfuhrkontrolle die Erhöhung des Rüstungspotentials des Ostblocks vermieden werden.

Zum anderen wurde auf die Rechtsprechung von RG und BGH verwiesen[476], wonach ein Gesetzesverstoß dann sittenwidrig sei, wenn das Gesetz lebenswichtige Belange der Gemeinschaft gegen eigennützige Angriffe der Einzelnen zu wahren bestimmt sei. Zwar seien hier keine deutschen Gesetze ersichtlich, durch welche die amerikanischen Embargobestimmungen übernommen worden seien. Jedoch sei der Grundgedanke dieser Rechtsprechung übertragbar. Im vorliegenden Fall liege ein Sittenverstoß im Verhalten gegenüber der Allgemeinheit und zwar besonders in einem Verstoß gegen die Belange der Gemeinschaft. Es solle durch die amerikanischen Embargobestimmungen verhindert werden, daß mit westlichen Wirtschaftsgütern das Kriegspotential des Ostens vermehrt werde. Somit dienten diese Vorschriften der Aufrechterhaltung des Friedens und der freiheitlichen Ordnung des Westens, so daß die Einhaltung dieser Vorschriften auch im Interesse der Bundesrepublik Deutschland liege. Es gehe nicht an, daß

---

476 Urteil vom 29.1.1929 (RG III 161/28) = RGZ 123, 208 (211);Urteil vom 5.3.1935 (RG III 256/34) = HRR 1935, Nr. 923; Urteil vom 29.4.1953 (BGH VI ZR 207/52) = LM § 138 (Ca) BGB Nr.1; Urteil vom 14.11.1960 (BGH VIII ZR 116/59) = LM § 134 BGB Nr.34.

einzelne um ihres finanziellen Vorteils willen sich über die dem Kampf für Freiheit und Frieden dienenden Anforderungen der Gemeinschaft hinwegsetzten.

Der BGH begründete sehr ausführlich, warum der Verstoß gegen amerikanische Embargovorschriften auch Interessen der deutschen Bevölkerung verletzte. Dies wäre entbehrlich gewesen, wenn ein Blockadebruch, wie ihn die Beteiligten im vorliegenden Fall begehen wollten, bereits gegen allgemeine Regeln des Völkerrechts verstoßen hätte. Diese Regeln wären dann gem. Art. 25 GG als Bestandteil des Bundesrechts anzusehen gewesen. Zu Recht ging der BGH aber auf eine solche Möglichkeit nicht ein, da es schwer fiele, die Blockade selbst als eine vom allgemeinen Völkerrecht geforderte Maßnahme anzusehen und den Blockadebruch als Verstoß gegen eine allgemeine Regel dieses Rechts[477].

Allerdings konnte nicht voll überzeugen, wie der BGH den Bezug zu den Interessen der Bundesrepublik Deutschland herstellte. Der Hinweis darauf, daß durch die Embargovorschriften schließlich die Aufrechterhaltung des Friedens und der freiheitlichen Ordnung des Westens gewährt werden sollte, wirkte doch recht abstrakt. Einen konkreteren Bezug zu den Interessen der Bundesrepublik Deutschland hätte der BGH finden können, wenn er auf die Bündnisverpflichtungen eingegangen wäre, die gerade auch bezüglich den USA bestanden[478].

Interessant war zudem, daß der BGH auf die eigene Rechtsprechung und die des RG verwies, bei der Prüfung der Sittenwidrigkeit aber wieder darauf abstellte, daß die verletzte Norm dazu bestimmt sein müßte, lebenswichtige Belange der Gemeinschaft gegen eigennützige Angriffe der Einzelnen zu schützen. Die Erwähnung im Urteil vom 29.4.1953[479], daß überhaupt Interessen der Allgemeinheit betroffen sein müßten, wurde hier nicht wieder aufgegriffen. Dies könnte im vorliegenden Fall daran gelegen haben, daß es offensichtlich erschien, daß bei einer Gefährdung des Friedens und der freiheitlichen Ordnung des Westens lebenswichtige Belange der deutschen Bevölkerung betroffen waren.

In einem Urteil vom 24.5.1962[480] erachtete der BGH einen Seetransportversicherungsvertrag über die Beförderung von Gütern unter Verstoß gegen die Embargobestimmungen ebenfalls für sittenwidrig. Dabei wurde die Argumentation aus dem oben angeführten Urteil übernommen. Einzige Neuerung war, daß die Bundesrepublik Deutschland inzwischen die amerikanische Embargopolitik in nationales Recht transferiert und entsprechende Verbote erlassen hatte, so daß ein Verstoß gegen deutsche Interessen noch deutlicher wurde als im Urteil vom 21.12.1960.

---

477 Hönn, S.324.
478 MüKo-Mayer-Maly, 2. Auflage, § 138 Rdn.14.
479 BGH VI ZR 207/52 = LM § 138 (Ca) BGB Nr.1.
480 BG H II ZR 199/60 = VersR 1962, 659.

(c) *Urteil vom 7.3.1962*[481] *(Verstoß einer Gemeinde gegen Haushaltsvorschriften)*

In einem Urteil vom 7.3.1962 hatte sich der BGH wiederum mit einem Vertrag zu befassen, der gegen inländische Normen verstieß. Dem Urteil lag folgender Sachverhalt zugrunde:

Die Parteien stritten um das Eigentum an einem wertvollen Gemälde. Der Beklagten, der Tochter des damaligen Preußischen Ministerpräsidenten, wurde dieses Gemälde zur Taufe im Juni 1938 vom Oberbürgermeister im Namen der Stadt K. geschenkt. Das Bild hatte die Stadt K. zu diesem Zweck im April 1938 zum Preis von 50.000 RM erworben. Nach dem Krieg kam das Gemälde in die Treuhandverwaltung der Bundesrepublik Deutschland. Die Stadt K. klagte auf Feststellung, daß sie Eigentümerin des Bildes sei, da unter anderem die Schenkung und Übereignung sittenwidrig seien. Das Landgericht gab der Klage statt. Im Berufungsverfahren stellte die Klägerin den Antrag, hilfsweise die Beklagte zu verurteilen, darin einzuwilligen, daß die Bundesrepublik Deutschland das Gemälde an die Klägerin herausgebe. Die Berufung der Beklagten hatte Erfolg.

Die Revision der Klägerin führte zur Zurückverweisung. Der BGH hielt die Schenkung und die Übereignung des Gemäldes im Gegensatz zum Berufungsgericht zumindest für objektiv sittenwidrig. Das Berufungsgericht stützte seine Auffassung vor allem darauf, daß es keinen Verstoß der Gemeinde gegen die Sparsamkeitsvorschriften erkennen konnte. Der BGH führte dagegen aus, daß die Gemeinde mit dem zum größten Teil aus Steuern gebildeten Haushaltsmitteln sparsam und wirtschaftlich umgehen müsse, was auch in der zur Zeit der Schenkung gültigen Gemeindeordnung festgelegt gewesen sei. Durch die Schenkung habe die Gemeinde gegen diese Vorschriften verstoßen. Dies berühre die bürgerlich-rechtliche Gültigkeit der Ausgaben aber noch nicht.

Es könnte aber ein Sittenverstoß vorliegen. Nach Ansicht des BGH könnte dieser darauf beruhen, daß gegen Gesetze verstoßen worden sei, die im Interesse der Allgemeinheit geschaffen worden seien. Daß die oben erwähnten Vorschriften dem Interesse der Allgemeinheit dienten, sei nicht zweifelhaft. Ein mit einer Gemeinde geschlossener Vertrag könne daher sittenwidrig sein, wenn die Vertragsteile gewußt und gebilligt hätten, daß die Vertragsleistung der Gemeinde nur unter gröblicher Verletzung der Haushaltsvorschriften erbracht werden könne. Es müsse sich dabei aber um mehr als eine tadelnswerte, unangebrachte und zu Kritik herausfordernde Ausgabenbewilligung handeln. Die Handhabung der Haushaltsvorschriften müsse in so hohem Maße fehlsam sein, daß von einer sparsamen Ausgabe der öffentlichen Mittel und einer gewissenhaften treuhänderischen

481 BGH V ZR 132/60 = BGHZ 36, 394.

Verwaltung des Gemeindevermögens schlechthin nicht mehr gesprochen werden könne. So sei der Fall hier. Allerdings könne nach der Tatsachenlage nicht entschieden werden, ob dies den Beteiligten bewußt gewesen sei, so daß die Zurückverweisung an das Berufungsgericht erfolgte.

Im Gegensatz zum Urteil vom 21.12.1960[482] und zur Rechtsprechung des RG wurde bei der Beurteilung der Sittenwidrigkeit nicht gefordert, daß lebenswichtige Belange der Allgemeinheit durch das verletzte Gesetz geschützt werden sollten. Vielmehr wurde die Formulierung aus dem Urteil vom 29.4.1953[483] wieder aufgegriffen, wonach es genügte, daß das Gesetz im Interesse der Allgemeinheit geschaffen worden war. In jenem Urteil waren die betroffenen Belange der Allgemeinheit allerdings tatsächlich von lebenswichtiger Bedeutung und eine Sittenwidrigkeit hätte zudem daraus hergeleitet werden können, daß das betreffende Gesetz in einer Krisensituation zur Beseitigung der Notlage erlassen worden war. Im vorliegenden Urteil handelte es sich bloß um Haushaltsvorschriften, die einer Gemeinde auferlegt waren. Diese betrafen keine lebenswichtigen Belange der Allgemeinheit. Auch eine Krisensituation war nicht gegeben. Somit erweiterte der BGH den Kreis der Gesetze, deren Verletzung zur Sittenwidrigkeit eines Rechtsgeschäfts führen konnte.

Der BGH führte an, daß nur eine gröbliche Verletzung der Haushaltsvorschriften zur Sittenwidrigkeit des Rechtsgeschäfts führen könne. Die Kriterien, nach denen eine solche Verletzung festgestellt werden sollte, waren allerdings sehr unpräzise. Sie sollte noch nicht gegeben sein, wenn es sich nicht mehr als um eine nur tadelnswerte, unangebrachte und zu Kritik herausfordernde Ausgabenbewilligung handelte. Es mußte vielmehr die Handhabung der Haushaltsvorschriften in so hohem Maße fehlsam sein, daß von einer sparsamen Ausgabe der öffentlichen Mittel und einer gewissenhaften treuhänderischen Verwaltung des Gemeindevermögens schlechthin nicht mehr gesprochen werden konnte. Eine praktische Übertragung dieser Grundsätze auf andere Fälle war kaum möglich. Zusammengefaßt forderte der BGH, daß nicht nur eine starke Verletzung der Haushaltsvorschriften vorliege, sie mußte sehr stark sein, wobei eine klare Abgrenzung nicht erfolgte.

482 BGH VIII ZR 1/60 = WM 1961, 404.
483 BGH VI ZR 207/52 = LM § 138 (Ca) BGB Nr.1.

(3) Urteile zur Sittenwidrigkeit wegen rechtsmißbräuchlicher Erlangung des Armenrechts

(a) Urteil vom 18.9.1959[484] *(Forderungsabtretung an eine arme Partei)*

In einem Urteil vom 18.9.1959 hatte sich der BGH erstmals mit der Frage zu beschäftigen, wann die Abtretung eines Anspruchs an eine arme Partei sittenwidrig war. Das Urteil beruhte auf folgendem Sachverhalt:

Ein Ehepaar, das in einen Autounfall verwickelt worden war, hatte alle daraus erwachsenden abtretbaren Schadensersatzansprüche an ihre unmündigen Enkel abgetreten. Die Enkel beantragten nun das Armenrecht und erhoben Klage. Das Armenrecht wurde ihnen versagt und die dennoch durchgeführte Klage vom Landgericht abgewiesen, weil es die Abtretung der Ansprüche für sittenwidrig erachtete. In der Berufungsinstanz legten die Kläger eine Abtretungserklärung vor, aus der kenntlich wurde, daß die Eheleute, nachdem die Kläger Berufung eingelegt hatten, auch die bisher nicht abgetretenen Ansprüche aus § 843 an diese abgetreten hatten. Die Berufung hatte keinen Erfolg.

Die Revision führte zur Zurückverweisung. Das Berufungsgericht hatte in Übereinstimmung mit dem Landgericht festgestellt, daß die zunächst erfolgte Abtretung der Ansprüche an die Enkel nur aus dem Grund erfolgt sei, die Kläger als arme Partei im Prozeß vorzuschieben, die Ansprüche durch sie im Armenrecht verfolgen zu lassen und das Kostenrisiko zu Lasten des Staates und der Prozeßgegner zu minimieren. Somit sei die Abtretung sittenwidrig und gem. § 138 Abs.1 BGB nichtig. Diesen Ausführungen stimmte der BGH zu und führte an, daß diese Beurteilung im Einklang mit anerkannten Rechtsgrundsätzen stehe.

Bezüglich der zweiten Abtretung, die das Berufungsgericht aus den gleichen Gründen für sittenwidrig erachtete, kam der BGH aber zu einem anderen Ergebnis. Er führte an, daß das Kostenrisiko für den Staat und den Prozeßgegner wesentlich geringer gewesen sei als bei der ersten Abtretung. So habe in der ersten Instanz noch ein besonders fragwürdiger Anspruch in Höhe von 20.000 DM geltend gemacht werden sollen. Dieser sei durch das Landgericht rechtskräftig abgewiesen worden. Bei der erneuten Abtretung handele es sich um Ansprüche von nur 1.500 DM. Zudem sei der Rechtsstreit bereits bis zur Verhandlung im Berufungsverfahren gediehen. Da die Kläger außerdem nicht erneut um Bewilligung des Armenrechts gebeten hätten, war nach Ansicht des BGH mit der zweiten Abtretung keine mißbräuchliche Ausnutzung des Armenrechts erstrebt worden. Diese Abtretung sei also wirksam.

---

484 BGH VI ZR 180/58 = VersR 1959, 907.

Der BGH folgte mit diesem Urteil konsequent der Rechtsprechung des RG[485] und der einhelligen Ansicht in der Literatur[486]. Etwas ungewöhnlich konnte nur erscheinen, daß die zweite Abtretung vom BGH für sittengemäß erachtet wurde. Da aber nach dieser Abtretung die Kläger das Armenrecht nicht wiederum beantragten und auch kein Anhaltspunkt dafür gegeben war, daß sie dies zum Zeitpunkt der Abtretung beabsichtigten, konnte zumindest kein Sittenwidrigkeitsvorwurf aus einem Mißbrauch des Armenrechts geschlossen werden. Es handelte sich also nur noch um den Fall, daß ein Anspruch an eine mittellose Partei abgetreten wurde, welche diesen Anspruch gerichtlich geltend machen sollte. Dann war es konsequent, daß der BGH nun auf die Höhe der geltend gemachten Ansprüche und den Fortschritt des Rechtsstreits abstellte, um festzustellen, wie hoch das Kostenrisiko war und ob eine Schädigungsabsicht zu entdecken war.

(b) Weitere Urteile zum Mißbrauch des Armenrechts

Der BGH hat die Grundsätze, die bezüglich der Forderungsabtretung an mittellose Personen zum Zwecke der Minimierung des Kostenrisikos entwickelt worden waren, in späteren Urteilen auf die Prozeßstandschaft erweitert[487]. Die Ermächtigung zur Prozeßstandschaft sollte demnach immer dann sittenwidrig sein, wenn sie nur zu dem Zwecke erteilt worden war, das Kostenrisiko zu Lasten des Gegners zu vermindern oder auszuschließen.

(4) Sittenwidriger Akzept- und Scheckaustausch

(a) Urteil vom 28.4.1958[488] (Sittenwidrigkeit des organisierten Akzeptaustausches)

In einem Urteil vom 28.4.1958 hatte sich der BGH erstmals mit der Sittenwidrigkeit des organisierten Akzeptaustausches zu beschäftigen[489]. Das Urteil basierte auf folgendem Sachverhalt:

Die Klägerin hatte einige Wechsel ausgestellt, welche die Beklagte angenommen hatte. Die Klägerin hatte die Wechsel zum Diskont an Banken oder zahlungshalber an Gläubiger gegeben. Am Verfalltage wurden sie nicht eingelöst.

---

485 Urteil vom 7.1.1913 (RG III 236/12) = RGZ 81,175.

486 Vgl. die ausführlichen Literaturhinweise im Urteil vom 18.9.1959 (BGH VI ZR 180/58) = VersR 1959, 907 (908).

487 Urteil vom 29.5.1961 (BGH VII ZR 46/60) = BGHZ 35, 180; Urteil vom 28.11.1962 (BGH V ZR 9/61) = BGHZ 38,282.

488 BGH II ZR 197/57 = BGHZ 27, 172.

489 Soweit ersichtlich hatte sich das RG nicht zu diesem Thema geäußert.

Nachdem die Wechselinhaber bei der Klägerin Rückgriff genommen hatten, klagte diese auf Zahlung der Wechselsummen gegen die Beklagte.

Die Parteien hatten an einem organisierten Akzeptaustausch teilgenommen, der durch die A. durchgeführt wurde. Dabei verpflichtete sich jeder Teilnehmer, Blankoakzepte in einer bestimmten Höhe an die A. zu liefern, die diese dann an Dritte weiterleitete. Dafür erhielt der Teilnehmer dann Blankoakzepte eines anderen Teilnehmers in Höhe von 90 % der gegebenen Summe. Blankoakzepte in Höhe von 10 % wurden als Sicherheit einbehalten und galten als verfallen, wenn gegen die Wechsel des Kunden protestiert wurde. Die A. berechnete 3 % der Wechselsumme als Provision. Sie fügte in die erhaltenen Blankoakzepte nur das Fälligkeitsdatum ein und gab bei Aushändigung der Akzepte den Namen und die Adresse des Tauschpartners weiter. Jede Regreßhaftung durch die A. wurde ausgeschlossen.

Die Beklagte hatte geltend gemacht, daß die durch die A. organisierten Tauschgeschäfte als sog. Wechselreiterei großen Stiles sittenwidrig seien. Das Landgericht wies die Klage ab, die Berufung der Klägerin hatte Erfolg.

Die Revision führte zur endgültigen Abweisung der Klage. Der BGH ging davon aus, daß direkte Rechtsbeziehungen zwischen den Parteien bestanden hätten. Diese seien aber wegen Verstoßes gegen die guten Sitten nichtig, so daß die Beklagte der Klägerin die Einrede der ungerechtfertigten Bereicherung entgegenhalten könne.

Diese Sittenwidrigkeit beruhe darauf, daß das vorliegende System des Austausches von Finanzwechseln auf eine unverhältnismäßig große Gefährdung der Tauschpartner und ihrer künftigen Kreditgeber unter Mißbrauch der Einrichtung des Wechsels hinauslaufe. Die an diesem Geschäft Beteiligten hätten sich Kredit beschaffen wollen, indem sie die erlangten Wechsel an Banken zur Diskontierung oder an Gläubiger weitergaben. Diese Wechsel hätten sie dann als Aussteller und Indossant gezeichnet. Somit entstehe für sie die Rückgriffshaftung aus diesen Wechseln. Zudem hätten sie bereits Akzepte in gleicher Höhe gegeben. Es entstünden daher Wechselverbindlichkeiten in doppelter Höhe der Kreditsumme. Außerdem hätten sie noch die Verpflichtung zur Zahlung von 3 % Provisionssumme an die A., welche ebenfalls durch Akzepte gesichert sei. Ein solches Geschäft würde ein vernünftiger Gewerbetreibender nur dann eingehen, wenn er sicher damit rechnen könne, daß der Tauschpartner seinen Wechselverpflichtungen nachkomme. Eine Überprüfung der Kreditwürdigkeit des Tauschpartners sei nach dem System der A. den Beteiligten jedoch nicht möglich. Sie müßten die durch die A. zugeteilten Wechsel nehmen. Es gebe kein Recht auf Rückgabe, selbst wenn sich die Zahlungsunfähigkeit herausstelle. Auch erfahre der Beteiligte seinen Tauschpartner erst bei Zuteilung der Wechsel. Er müsse also ein Geschäft mit ungewöhnlich hohem Risiko mit einem Unbekannten abschließen. Die Überprüfung der finanziellen Verhältnisse bleibe der A. überlassen. Diese verpflichte sich aber nicht dazu, solche Erkundigungen einzuholen und zeichne sich zudem gegenüber allen Ansprüchen frei. Ein solches Geschäft widerspreche bereits gesunden kaufmännischen Grundsätzen.

Der BGH führte weiter aus, daß sich die Beteiligten nur zu einem solchen Geschäft entschließen würden, weil sie die volle Tragweite und Gefährlichkeit nicht übersehen könnten oder weil sie die Gefahren zwar erkannten, diese aber in Kauf nahmen, weil sich ihnen im normalen Geschäftsverkehr keine Kreditmöglichkeit mehr biete. Der gewerbliche Akzeptaustausch sei darauf angelegt, laufend zur Gewinnerzielung Geschäfte zustande zu bringen, durch welche die Lage oder die Leichtfertigkeit der Beteiligten ausgenutzt werde.

Außerdem bestehe die Gefahr, daß Dritte über die Natur der Wechsel getäuscht und so geschädigt würden. Wechsel der hier vorliegenden Art würden erfahrungsgemäß im Verkehr geringer bewertet als Wechsel für Lieferungen oder Leistungen. Zumeist würden sie als Kreditunterlage überhaupt abgelehnt werden. Um in den Genuß kurzfristiger Kredite zu kommen, könnten daher die Beteiligten leicht der Versuchung erliegen, die Nehmer der Wechsel über deren Charakter als bloße Finanzwechsel zu täuschen oder zumindest im unklaren zu lassen. Diese Gefahr sei, zumal der Akzeptaustausch infolge der Werbetätigkeit der A. einen bedeutenden Umfang annehmen könne, so erheblich, daß dieses System als gemeinschaftsschädigend und auch unter diesem Gesichtspunkt als sittenwidrig bewertet werden müsse.

Da allen Beteiligten die Umstände bekannt gewesen seien, die zu diesem Ergebnis führten, seien das System der A. und damit alle in seinem Rahmen abgeschlossenen Tauschverträge wegen Sittenwidrigkeit nichtig.

Hatte bereits das Berufungsurteil großes Aufsehen erregt[490] und war scharf kritisiert worden[491], so fand das Urteil des BGH ebenfalls große Beachtung. Dabei wurde es ganz überwiegend positiv aufgenommen[492].

Menne[493], der im Ergebnis das Urteil begrüßte, kritisierte die rechtliche Begründung des BGH. So sei nicht deutlich geworden, daß die gegebenen Akzepte

---

490 Vgl. nur die Nachweise zur Presse bei Menne, NJW 1958, 989 (989) Fn. 4.

491 Obermüller, NJW 1958, 655 (657f.).

492 Menne, NJW 1958, 989 (989); Obermüller, NJW 1958, 1331 (1331); Hefermehl, MDR 1958, 906 (906); v. Caemmerer, JZ 1958, 613 (613); Dempewolf, NJW 1959, 229 (229); ferner: Cremer, BB 1958, 1082 (1082); Hucko, BB 1968, 1179 (1180); Hucko, DB 1969, 1135 (1135); Baumbach/ Hefermehl, Art.17 Rdn. 52f.. Die Großkommentare beschränken sich auf eine kritiklose Wiedergabe der Ansicht des BGH: MüKo- Mayer-Maly, 2. Auflage, § 138 Rdn. 96; Soergel-Hefermehl, 12. Auflage, § 138 Rdn.201; Staudinger-Sack, 13. Auflage, § 138 Rdn. 344-346; BGB-RGRK-Krüger- Nieland/ Zöller, 12. Auflage, § 138 Rdn. 158f.. a.A. nur Paul, NJW 1958, 1905ff..

eines Teilnehmers nicht an den Teilnehmer weitergegeben worden seien, von dem der erste die Akzepte erhalten habe. Vielmehr sei der Eindruck erweckt worden, es sei ein direkter Austausch von Akzepten erfolgt. Nur deshalb könne der BGH zum Ergebnis gekommen sein, daß eine schuldrechtliche Beziehung zwischen Akzeptant und Aussteller bestanden habe, die über die abstrakte wechselrechtliche Beziehung hinausgehe. Tatsächlich stellte der BGH sehr schnell ohne ausführliche Begründung fest, daß entgegen der Ansicht des Berufungsgerichts neben dem Begebungsvertrag über den Wechsel eine weitere rechtsgeschäftliche Beziehung der Parteien bestehe. Die genaue rechtliche Natur dieses Verhältnisses erörterte er nicht. Für die Ansicht des BGH wurde aber angeführt, daß eine solche schuldrechtliche Beziehung nicht auf ein Zwei-Personen-Verhältnis beschränkt sein müsse. Auch beim Ringtausch sei der Rechtsgrund der Leistung das Tauschverhältnis und es sei rechtlich durchaus möglich, daß die Leistung an einen Partner ihre Gegenleistung in der Leistung eines anderen Beteiligten finde[494].

Paul kritisierte das Urteil dahingehend, daß er einen organisierten Akzeptaustausch nicht für grundsätzlich sittenwidrig hielt[495]. Seiner Meinung nach werde durch ein solches Geschäft nur das berechtigte Interesse der Beteiligten gewahrt, kurzfristig flüssige Mittel für zukünftig fällige Forderungen zu erhalten. Dies sei grundlegender Zweck der Wechsel und könne daher nicht mit den guten Sitten im Widerspruch stehen. Sittenwidrig sei ein solches Geschäft erst dann, wenn die Akzeptanten nicht damit rechnen könnten, bei Fälligkeit ihrer Akzepte im Besitz der zu ihrer Einlösung erforderlichen baren Mittel zu sein. Dem wurde aber entgegengehalten, daß die Kreditbeschaffung nicht alleiniger Zweck der Wechsel sei[496]. Warenwechsel dienten vielmehr dazu, eine gestundete Kaufpreisforderung oder einen Anspruch aus Lieferung oder produktiver Leistung schon vor Fälligkeit zu mobilisieren und damit wirtschaftlich zu verwerten. Die Sicherheit dieses Wechsels liege in dem zugrundeliegenden Warengeschäft und in der Tatsache, daß der Akzeptant aus der Weiterveräußerung der Ware einen Erlös erziele, den er zur Einlösung des Akzepts benutzen könne. Der Finanzwechsel, wie er bei den vorliegenden Geschäften gegeben sei, diene dagegen nur der Kreditschöpfung. Die Einlösung eines solchen Wechsels sei wesentlich unsicherer, da ihm kein Warengeschäft zugrunde liege. Die Häufung solcher Wechsel gefährde daher die Teilnehmer dieser Geschäfte ebenso wie zukünftige Kreditgeber

---

493 NJW 1958, 989 (989f.).

494 V. Caemmerer, JZ 1958, 613 (613); ebenfalls zustimmend: Hefermehl, MDR 1958, 906 (906).

495 Paul, NJW 1958, 1905 (1905ff.).

496 Dempewolf, NJW 1959, 229 (229).

und dieses System sei daher zu Recht vom BGH als Mißbrauch der Einrichtung des Wechsels deklariert worden[497].

Die vom BGH angeführte Gefahr, daß der Teilnehmer am Akzepttausch eine Verdoppelung seiner Verbindlichkeit hinnehmen müsse, sollte nach *Pauls* Ansicht kein Argument für die Sittenwidrigkeit des Systems sein. Vielmehr sei dies eine zwangsläufige Begleiterscheinung der Teilnahme am Wechselverkehr[498]. Dem konnte aber entgegengehalten werden, daß dies nur beim Ringtausch von Finanzwechseln eine Gefahr darstellte, da der Aussteller für seine eigenen Akzepte und im Wege der Rückgriffshaftung für die Akzepte seines Partners einstehen mußte. Bei Warenwechseln hatte der Schuldner nur einmal zu zahlen, eine Verdoppelung der Schuld war nicht zu befürchten[499].

Im Ergebnis war daher das Urteil des BGH zu begrüßen. Vor Erlaß dieses Urteils hatten Institutionen der Wirtschaft die organisierte "Wechselreiterei" bereits als für die Gesamtwirtschaft schädlich und als unlauter oder sittenwidrig abgelehnt[500]. Wenn verstärkt Finanzwechsel ausgegeben worden wären, wie es Folge des organisierten Akzeptaustausches gewesen wäre, so hätte dies zu einer ungesunden Geldschöpfung geführt, weil dabei keine wirtschaftlichen Leistungen erbracht worden wären. In großem Umfange betrieben hätte dies zu inflationistischen Erscheinungen führen können[501].

(b) Urteil vom 14.5.1959[502] (Sittenwidrigkeit des nicht organisierten Akzeptaustausches)

In einem Urteil vom 14.5.1959 hatte sich der BGH wiederum mit einem Akzeptaustausch zu befassen. Bei diesem hatte aber kein professioneller Vermittler den Austausch eingeleitet. Vielmehr hatte die Beklagte, ein gewerbliches Unternehmen, den Austausch herbeigeführt. Dieser erfolgte zwischen der Klägerin, die eine Gläubigerin der Beklagten war, und einer Kundin der Beklagten. Nachdem letztere in Zahlungsschwierigkeiten geriet, mußte die Klägerin sowohl ihre eigenen Akzepte einlösen als auch als Austellerin die Akzepte der Kundin bezahlen. Sie klagte daher auf Schadensersatz. Das Landgericht wies die Klage ab. Auch die Berufung hatte keinen Erfolg.

Die Revision wurde ebenfalls zurückgewiesen. Der BGH führte aus, daß jegliche vertragliche Vereinbarungen, die zwischen den Parteien bezüglich des Ak-

497 Ebenso Hefermehl, MDR 1958, 906 (906).
498 Paul, NJW 1958, 1905 (1906).
499 Dempewolf, NJW 1959, 229 (229).
500 Vgl. Nachweise bei Menne, BB 1958, 326 (326) Fn.3.
501 Dempewolf, NJW 1959, 229 (231).
502 BGH VII ZR 108/58 = WM 1959, 786.

zeptaustausches erfolgt seien, nach § 138 Abs.1 BGB nichtig seien. Er verwies diesbezüglich auf das Urteil vom 28.4.1958[503], wies aber auf den Unterschied hin, daß es sich hier nicht um einen gewerbsmäßig organisierten Akzeptaustausch handele, bei dem die wechselmäßig Verpflichteten keinen Einfluß auf die Wahl ihres Geschäftspartners hätten.

Allerdings habe bereits in jenem früheren Urteil der BGH die Frage aufgeworfen, ob nicht allein die Gefahr, daß Dritte über die Natur des Wechsels getäuscht werden, zur Kennzeichnung dieser Abmachungen als sittenwidrig ausreiche. Dies sei bejaht worden, da das System gemeinschaftsschädigend und mit der Rechtsauffassung aller billig und gerecht Denkenden unvereinbar sei. Diese Auffassung wurde vom BGH nun bestätigt.

Es komme nicht darauf an, ob ein solcher Akzeptaustausch durch einen Vermittler im Großen betrieben werde, oder ob er sich auf eine relativ kleine Anzahl von Wechseln beschränke. In jedem Falle bestehe bei einer solchen Art der Geldbeschaffung die dringende Gefahr einer Täuschung und Schädigung insbesondere der Kreditinstitute, so daß der saubere Handelsverkehr gestört werde und die Allgemeinheit diese Geschäfte als eines anständigen Kaufmanns unwürdig ansehen würde. Eine andere Beurteilung komme nur in Betracht, wenn von vornherein jede Möglichkeit einer Täuschung ausgeschlossen worden wäre. Im vorliegenden Fall könne aber eine Täuschungsabsicht sogar nachgewiesen werden, so daß die schuldrechtliche Beziehung zwischen den Parteien jedenfalls sittenwidrig und daher nichtig sei.

Der BGH hatte mit diesem Urteil die eigene Rechtsprechung zum Akzeptaustausch konsequent weiterentwickelt. Dabei schloß sich der VII. Senat der Auffassung des II. Senats an. Die Erweiterung des Sittenwidrigkeitsurteils vom organisierten Austausch auf einen Einzelfall war geboten, da zahlreiche solcher Einzelfälle ebenso gemeinschaftsschädigend sein konnten wie ein organisierter Tausch. Außerdem konnte so verhindert werden, daß Personen, die sich durch die organisierte Akzeptvermittlung gefunden hatten, nun privat den Akzepttausch fortsetzten[504].

Eine weitere Neuerung ergab sich im vorliegenden Urteil daraus, daß nicht mehr die vertraglichen Verhältnisse der Tauschpartner sondern die zwischen Vermittler und den Tauschpartnern überprüft wurden. Da das ganze System des Akzeptaustausches sittenwidrig sein sollte, war es konsequent die Nichtigkeit auch dieser Vertragsbeziehungen anzunehmen[505].

503 BGH II ZR 197/57 = BGHZ 27, 172.
504 Obermüller, BB 1959, 684 (686).
505 So vor diesem Urteil bereits: Cremer, BB 1958, 1082 (1083); danach: Obermüller, BB 1959, 684 (685).

(c) Urteil vom 3.11.1960[506] (Sittenwidriger Scheckaustausch)

In einem Urteil vom 3.11.1960 hatte der BGH den Fall zu entscheiden, daß zwei Personen sich zur kurzfristigen Kreditbeschaffung Schecks gegeben hatten, denen keine sonstigen Rechtsgeschäfte zugrunde lagen.

Der BGH führte im Anschluß an die Rechtsprechung zum Akzeptaustausch aus, daß die Verpflichtung, diese Schecks auszustellen, wegen Sittenwidrigkeit nichtig sei. Ebenfalls sittenwidrig sei jeweils der abstrakte Scheckbegebungsvertrag. Der BGH ließ dabei offen, ob die Sittenwidrigkeit des Kausalgeschäfts grundsätzlich die Nichtigkeit des abstrakten Erfüllungsgeschäftes zur Folge habe oder ob diese Folge zumindest bei der Begründung abstrakter Verpflichtungen eintrete. Jedenfalls sei, wie allgemein anerkannt sei, das Erfüllungsgeschäft dann nichtig, wenn mit dem dinglichen Rechtsvorgang sittenwidrige Zwecke verfolgt würden oder in ihm die Sittenwidrigkeit begründet sei[507]. Ein solcher Fall liege hier vor. Die Sittenwidrigkeit der Scheckreiterei liege in der Gefährdung der Scheckbeteiligten und in dem Mißbrauch der Einrichtung des Schecks. Diese Folgen träten erst mit Begebung des Schecks ein. Die Vereinbarung, solche Finanzierungsschecks auszutauschen, bereite den Eintritt dieser Folgen erst vor.

Der BGH erweiterte die Sittenwidrigkeit der Wechselreiterei in diesem Urteil auf die Scheckreiterei, die eine deckungsgleiche Interessenlage bot. Somit war dieser Schritt nur konsequent. Allerdings begründete der BGH die Übertragung dieser Grundsätze nicht, sondern setzte voraus, daß beide Fälle gleich zu behandeln seien. Der Schwerpunkt des Urteils lag vielmehr darin, daß nun festgestellt wurde, daß auch die abstrakten Begebungsverträge nichtig seien. Diese Frage hatte der BGH in den Urteilen über den Akzeptaustausch noch offenlassen können. Da er die Wechsel- und die Scheckreiterei ohne weiteres gleich behandelte, konnte nun der Rückschluß gezogen werden, daß auch beim sittenwidrigen Akzeptaustausch die abstrakten Begebungsverträge nichtig waren[508].

(5) Gesamtbetrachtung

Im Bereich der gemeinschaftsschädigenden Rechtsgeschäfte zeigte der BGH eine sehr konsequente Rechtsprechung. Meist wurden vom RG entwickelte Grundsätze übernommen, die der BGH entweder gar nicht oder nur leicht modifizierte. So änderte sich die Rechtsprechung zur Steuerhinterziehung und zur Ausnutzung des

---

506 BGH II ZR 78/60 = LM Art.21 ScheckG Nr.5.

507 Zum Verhältnis der Sittenwidrigkeit von Verpflichtungs- und abstraktem Erfüllungsgeschäft vgl. oben 2. Teil E..

508 Staudinger-Sack, 13. Auflage, § 138 Rdn. 345.

Armenrechts nicht. Auch die Beurteilung von Rechtsgeschäften, die gegen Gesetze verstießen, beruhte auf der Rechtsprechung des RG, wurde vom BGH aber etwas weiterentwickelt. Schließlich ergab sich mit der Beurteilung des Akzept- und Scheckaustausches eine Fallgruppe, die vom RG noch nicht auf die Sittenwidrigkeit untersucht worden war.

Steuerhinterziehung und Ausnutzung des Armenrechts wurden vom BGH nach ähnlichen Grundsätzen bewertet. Immer dann, wenn das Rechtsgeschäft nur diesem verwerflichen Zweck diente, war es als sittenwidrig zu bewerten. Bei der Steuerhinterziehung genügte es bereits für die Sittenwidrigkeit, wenn diese der Hauptzweck des Rechtsgeschäfts war. Wenn aber andere Zwecke vorrangig verfolgt wurden, so war das Rechtsgeschäft nicht sittenwidrig.

Bei Rechtsgeschäften, die auf die Sittenwidrigkeit wegen Gesetzesverstoßes untersucht wurden, stellte der BGH teilweise darauf ab, daß diese Gesetze lebenswichtigen Belangen der Bevölkerung dienen mußten, um eine Sittenwidrigkeit anzunehmen[509]. Teilweise sollte es genügen, daß diese Gesetze den Interessen der Allgemeinheit dienten[510]. Der Verstoß gegen ausländische Normen sollte dann zur Sittenwidrigkeit des Geschäfts führen, wenn diese Gesetze auch die Belange der Bundesrepublik Deutschland betrafen. Dabei konnte die Begründung, mit welcher der BGH diese deutschen Interessen für berührt erklärte, nicht immer voll überzeugen[511]. Jedoch war der BGH insgesamt bestrebt, Rechtsgeschäften die Gültigkeit abzusprechen, wenn diese im Zusammenhang mit einem Gesetzesverstoß standen. Somit war die Rechtsprechung zu diesem Problemkreis zwar nicht immer ganz klar und konsequent, im Ergebnis gab es aber keine ausreichenden Gründe für eine Ablehnung der Entscheidungen[512].

Schließlich entwickelte der BGH zur neuen Fallgruppe des Akzept- und Scheckaustausches eine nachvollziehbare, eindeutige Rechtsprechung und konnte so diesen wirtschaftsschädigenden Geschäften die Gültigkeit versagen.

Es zeigte sich, daß Geschäfte, die gemeinschaftsschädigend waren, in den meisten Fällen vom BGH als sittenwidrig und daher als nichtig bewertet wurden. Dies erschien auch gut nachvollziehbar, da Rechtsgeschäfte, die eine Gefährdung von Werten darstellten, welche die ganze Bevölkerung betrafen, schlechthin nicht geduldet werden konnten. So hatte der BGH auch nur die Geschäfte, die mit einer Steuerhinterziehung verbunden waren, grundsätzlich für nicht sittenwidrig erklärt. Der Grund dafür war darin zu sehen, daß die Feststellung der Sittenwid-

509 Urteil vom 21.12.1960 (BGH VIII ZR 1/60) = WM 1961, 404; Urteil vom 24.5.1962 (BGH II ZR 199/60) = VersR 1962, 659.

510 Urteil vom 29.4.1953 (BGH VI ZR 207/52) = LM § 138 (Ca) BGB Nr.1; Urteil vom 7.3.1962 (BGH V ZR 132/60) = BGHZ 36, 394.

511 Vgl. oben S. 135.

512 MüKo- Mayer-Maly, 2. Auflage, § 138 Rdn.47.

rigkeit des Geschäftes dem Staat keine steuerlichen Vorteile gebracht hätte. Somit war nur in den verwerflichsten Fällen, dann wenn die Steuerhinterziehung der Hauptzweck war, dem Rechtsgeschäft die Wirksamkeit zu versagen.

2. *Treubruchfördernde Geschäfte*

a) *Allgemeines*

Im Rahmen der treubruchfördernden Geschäfte erlangten in der Rechtsprechung des RG diejenigen Fälle Beachtung, in denen ein Bevollmächtigter oder Vertreter der einen Vertragspartei durch die andere Vertragspartei bestochen wurde und es dann zum Vertragsabschluß kam. Diese Verträge wurden einheitlich für sittenwidrig erachtet, wenn der Vertragspartner, der die Bestechung verübt hatte, nicht beweisen konnte, daß diese für den Vertragsabschluß ohne Einfluß gewesen war[513]. Aufgrund dieser klaren Rechtsprechung befaßten sich die höchstrichterlichen Urteile nach dem 2. Weltkrieg nur kurz mit der Sittenwidrigkeit dieser Verträge und gaben die vom RG entwickelte Meinung ohne Veränderung wieder[514].

Neben Verträgen, durch die ein Gesellschafter wesentliche Treuepflichten gegenüber seinen Mitgesellschaftern verletzte[515], fand im Rahmen der treubruchfördernden Rechtsgeschäfte vor allem die Schädigung dritter Gläubiger Beachtung.

b) *Gläubigerschädigung*

(1) *Entwicklung in der Rechtsprechung des RG*

In diesen Fällen ging es regelmäßig um die Frage, wann Verträge, die einem Gläubiger zur Sicherung seiner Forderung dienten, sittenwidrig waren. Solche

---

513 Urteil vom 26.3.1923 (RG VI 569/22) = Recht 1923, 242(242) Nr.853; Urteil vom 9.5.1925 (RG V 471/24) = SeuffA 79,228 (229) Nr.138; Urteil vom 17.1.1928 (RG II 323/27) = WarnR 1928, 66(68f.) Nr.35; Urteil vom 8.6.1929 (RG V 475/28) = SeuffA 83,323 (325f.); Urteil vom 20.10.1930 (RG VI 763/29) = RGZ 130,131 (142); Urteil vom 18.3.1931 (RG V 167/30) = RGZ 132,131 (134); Urteil vom 29.10.1931 (RG VI 231/31) = RGZ 134, 43 (56); Urteil vom 1.6.1932 (RG V 63/32) = RGZ 136, 359 (360); Urteil vom 20.9.1939 (RG II 17/39) = RGZ 161, 229(231).

514 Urteil vom 21.12.1949 (OGH IIa ZS 101/49) = JR 1950, 246 (246); Urteil vom 26.3.1962 (BGH II ZR 151/60) = LM § 138 (Cb) BGB Nr.13; Urteil vom 11.7.1962 (BGH VIII ZR 233/61) = nicht veröffentlicht.

515 Urteil vom 24.2.1954 (BGH II ZR 3/53) = BGHZ 12,308.

Verträge, die vor allem mit Kreditgebern und Warenlieferanten abgeschlossen wurden, beinhalteten in den meisten Fällen Sicherungsübereignungen, Forderungsabtretungen oder Kombinationen dieser Sicherungsmittel[516]. Bei diesen Sicherungsverträgen konnten vor allem zwei Aspekte zur Sittenwidrigkeit führen. Zum einen konnte der Schuldner durch die Sicherungshingabe wirtschaftlich vom Gläubiger abhängig gemacht und so geknebelt werden[517]. Zum anderen konnten dritte Gläubiger des Schuldners durch diese Sicherungen geschädigt werden.

Wurde zunächst in der Rechtsprechung des RG zwischen diesen beiden Schutzrichtungen nicht klar unterschieden und wurden beide Aspekte häufig vermengt[518], so erfolgte später doch regelmäßig eine klare Trennung[519]. Diese war vor allem deshalb relevant, weil dann, wenn Belange Dritter verletzt waren, der Vertrag nur sittenwidrig war, wenn beide Vertragsparteien die subjektiven Voraussetzungen erfüllten. Lag der Sittenverstoß nur auf einer Seite, kam in diesem Fall nur ein Schadensersatzanspruch gemäß § 826 BGB in Betracht. Es bildeten sich schließlich fünf Fallgruppen heraus, bei denen regelmäßig die Sittenwidrigkeit der Sicherungsgeschäfte festgestellt wurde, weil die Belange Dritter verletzt wurden.

Zunächst konnte ein Sicherungsgeschäft wegen *Konkursverschleppung* sittenwidrig sein. Diese lag dann vor, wenn der Sicherungsnehmer, um sich selber aus den erlangten Sicherheiten oder dem sonstigen Vermögen des Schuldners ungehindert befriedigen zu können, den Schuldner zum Nachteil anderer Gläubiger von dem durch die Verhältnisse gebotenen alsbaldigen Antrag auf Konkurseröffnung abhielt, z.B. durch gleichzeitige Gewährung eines für die Gesundung des

---

516 Letzteres z.B. beim verlängerten Eigentumsvorbehalt.

517 Zu diesen Knebelungsverträgen vgl. unten 3. Teil C. 1b).

518 Urteil vom 5.5.1911 (RG III 204/10) = JW 1911,576 (577); Urteil vom 24.6.1911 (RG VI 525/10) = RGZ 77,210; Urteil vom 24.1.1912 (RG I 321/11) = WarnR 1912,170 (170) Nr.155; Urteil vom 17.12.1912 (RG VII 416/12) = WarnR 1913,164 (164) Nr.129; Urteil vom 30.6.1913 (RG IV 148/13) = WarnR 1913,478 (479) Nr.400; Urteil vom 19.10.1914 (RG VI 354/14) = RGZ 85,343 (345); Urteil vom 16.3.1915 (RG VII 456/14) = WarnR 1915,193 (195) Nr.134; Urteil vom 21.9.1916 (RG RG VI 159/16) = WarnR 1916,446 (447) Nr.271; Urteil vom 24.9.1917 (RG VI 233/17) = WarnR 1918,1(2) Nr.1; Urteil vom 8.11.1927 (RG (VIII) VI 315/27) = RGZ 118,361 (363); Urteil vom 5.3.1929 (RG VII 483/28) = WarnR 1929,129 (130) Nr.74; Urteil vom 16.9.1930 (RG III 381/29) = RGZ 130,1 (2f.); Urteil vom 11.10.1930 (RG IX 74/30) = WarnR 1931,34 (36) Nr.17; Urteil vom 14.3.1931 (RG IX 522/30) = JW 1931,2088p (2089); Urteil vom 7.7.1931 (RG II 447/30) = RGZ 133,234 (239).

519 Urteil vom 5.3.1929 (RG VII 483/28) = WarnR 1929,129 (130) Nr.74; Urteil vom 15.11.1930 (RG IX 77/30) = JW 1931,515 (516f.); Urteil vom 9.4.1932 (RG IX 74/31) = RGZ 136,247 (253); Urteil vom 9.4.1932 (RG IX 372/30) = RGZ 136,293 (295); Urteil vom 21.12.1933 (RG VI 196/33) = RGZ 143,48 (51f.).

Schuldners offenbar unzulänglichen oder nur zur Verlängerung seines wirtschaftlichen Todeskampfes geeigneten neuen Kredits[520].

Das Sicherungsgeschäft konnte auch dann sittenwidrig sein, wenn eine sogenannte *"Aussaugung" des Schuldners* vorlag. Dabei wurde der Schuldner von dem Sicherungsgeber aus den gleichen eigensüchtigen Motiven wie bei der Konkursverschleppung in seinen Mitteln und seiner Bewegungsfreiheit so eingeengt und allmählich derart ausgesogen, daß sein Geschäft zugrunde gehen mußte und er zum Schaden der anderen Gläubiger dem Konkurs zugetrieben wurde[521].

Desweiteren sollte eine Sittenwidrigkeit bei einer *stillen Geschäftsinhaberschaft des Sicherungsnehmers* vorliegen. In diesem Fall erniedrigte der Sicherungsnehmer den Schuldner zu seinem bloßen Strohmann, der nur noch nach außen hin als Geschäftsinhaber erschien, ihm gegenüber aber lediglich die Stellung eines abhängigen Verwalters hatte, so daß der ganze Gewinn des Geschäfts dem Sicherungsnehmer zufloß, ein etwaiger Verlust aber von ihm nicht getragen und jede Haftung für die Geschäftsschulden auch bei fehlender sonstiger Deckung von ihm abgelehnt wurde[522].

Ein weiterer weit verbreiteter Fall war der *Kreditbetrug*. Dabei bestimmte der Sicherungsnehmer allein oder zusammen mit dem Schuldner Dritte zur Kreditgewährung an den Schuldner, indem sie arglistig darüber getäuscht wurden, daß der Schuldner durch die hergegebenen Sicherheiten kreditunwürdig geworden war[523].

Die letzte Fallgruppe sollte schließlich die *Gläubigergefährdung* sein. Dort brachte die ausbedungene Sicherung durch ihren Umfang und ihre Undurchsichtigkeit die von dem Sicherungsnehmer bewußt in Kauf genommene, nicht ganz

---

520 Urteil vom 9.4.1932 (RG IX 74/31) = RGZ 136,247 (253); früher bereits: Urteil vom 16.9.1930 (RG III 381/29) = RGZ 130,1 (3); Urteil vom 14.3.1931 (RG IX 522/30) = JW 1931,2088p (2089).

521 Urteil vom 9.4.1932 (RG IX 74/31) = RGZ 136,247 (253); früher bereits: Urteil vom 19.10.1914 (RG VI 354/14) = RGZ 85,344 (345); Urteil vom 24.6.1911 (RG VI 525/10) = RGZ 77,202 (210); Urteil vom 11.10.1930 (RG IX 74/30) = WarnR 1931,34 (36) Nr.17.

522 Urteil vom 9.4.1932 (RG IX 74/31) = RGZ 136,247 (253f.); früher bereits: Urteil vom 5.5.1911 (RG III 204/10) = JW 1911,576 (577).

523 Urteil vom 9.4.1932 (RG IX 74/31) = RGZ 136,247 (254); außerdem in folgenden Urteilen: Urteil vom 4.4.1921 (RG VI 513/20) = JW 1921,1363 (1364); Urteil vom 5.3.1929 (RG VII 483/28) = WarnR 1929,129 (130) Nr.74; Urteil vom 4.3.1930 (RG VII 328/29) = RGZ 127,337 (340); Urteil vom 27.2.1931 (RG VII 205/30) = RGZ 132,183 (187); Urteil vom 7.7.1931 (RG II 447/30) = RGZ 133,234 (239); Urteil vom 8.4.1932 (RG II 362/31) = RGZ 136,100 (106); Urteil vom 9.4.1932 (RG IX 372/30) = RGZ 136,293 (295); Urteil vom 20.9.1934 (RG VI 160/34) = KTS 1934,178 (178).

den kamen, ohne daß doch von einem betrügerischen Vorgehen des Sicherungsnehmers ihnen gegenüber die Rede gewesen sein könnte[524].

Bereits in dem Urteil vom 9.4.1932[525], in dem diese Fallgruppen erstmals aufgezählt wurden, wurde darauf hingewiesen, daß stets auf den Einzelfall abzustellen sei und häufig mehrere Fälle verwirklicht würden. In den folgenden Urteilen des RG wurde zwar die Kategorisierung dieses Urteils übernommen, aber teilweise verstärkt darauf hingewiesen, daß stets die Umstände des Einzelfalles relevant seien und die genannten Fallgruppen nur typische sittenwidrige Sicherungsgeschäfte aufzeigen sollten, diese jedoch nicht abschließend gemeint seien[526]. Insbesondere, wenn eine Kreditgewährung zur Sanierung eines Betriebes diente, wurden die Sicherungsverträge kaum für sittenwidrig erklärt, selbst wenn sie eigentlich einer der genannten Fallgruppen zuzuordnen gewesen wären[527].

Diese Fallgruppen ließen sich vor allem auf Sicherungsverträge im Zusammenhang mit Kreditverträgen anwenden. Der im Zusammenhang mit Warenlieferungen häufig vereinbarte verlängerte Eigentumsvorbehalt, war zwar grundsätzlich anerkannt[528]. Allerdings sollten die vereinbarten Forderungsabtretungen dann wegen Sittenwidrigkeit nichtig sein, wenn sie nur für den Fall einer drohenden Zwangsvollstreckung durch dritte Gläubiger oder der Eröffnung des Konkurses abgetreten sein sollten, der Abtretungsempfänger sonst aber nicht als Gläubiger in Erscheinung treten sollte[529]. Wenn dem Vorbehaltskäufer zunächst die Einziehungsermächtigung gewährt wurde und der Vorbehaltsverkäufer nicht von vornherein als Gläubiger in Erscheinung trat, so führte dies jedoch noch nicht zur Sittenwidrigkeit[530].

Probleme ergaben sich im Rahmen der Sicherungsverträge, wenn die Sittenwidrigkeit der Sicherungsgeschäfte nicht bereits aus einem Vertrag folgte, son-

---

524 Urteil vom 9.4.1932 (RG IX 74/31) = RGZ 136,247 (254); außerdem: Urteil vom 8.11.1927 (RG (VIII) VI 315/27) = RGZ 118,361 (363); Urteil vom 15.11.1930 (RG IX 77/30) = JW 1931,515 (516); Urteil vom 17.1.1931 (RG IX 335/30) = LZ 1931,694 (694); Urteil vom 21.10.1932 (RG II 34/32) = RGZ 138,89 (93); Urteil vom 15.3.1935 (RG II 283/34) = RGZ 147,321 (331).

525 RG IX 74/31 = RGZ 136,247 (256).

526 Urteil vom 21.12.1933 (RG VI 196/33) = RGZ 143,48 (52); Urteil vom 17.5.1935 (RG VII 361/34) = HRR 1935 Nr.1306.

527 Urteil vom 20.9.1934 (RG VI 160/34) = KTS 1934,178 (178); vgl. auch bereits Urteil vom 2.7.1929 (RG VII 657/28) = WarnR 1929,305 (306) Nr.165.

528 Vgl. insbesondere Urteil vom 8.4.1932 (RG II 362/31) = RGZ 136,100 (102f.); Urteil vom 15.3.1935 (RG II 283/34) = RGZ 147,321 (325ff.).

529 Urteil vom 28.1.1918 (RG IV 359/17) = RGZ 92,105 (108f.); Urteil vom 13.2.1932 (RG I 313/31) = JW 1932,1655 (1655); Urteil vom 8.4.1932 (RG II 362/31) = RGZ 136,100 (102); Urteil vom 21.10.1932 (RG II 34/32) = RGZ 138,89 (93f.); Urteil vom 19.9.1933 (RG II 70/33) = RGZ 142,139 (141).

530 Urteil vom 13.2.1932 (RG I 313/31) = JW 1932,1655 (1655).

dern erst mehrere einzelne Verträge so stark auf die wirtschaftliche Leistungsfähigkeit des Schuldners einwirkten, daß die Interessen dritter Gläubiger in sittenwidriger Weise gefährdet waren. Das RG bemerkte dazu, daß einmal rechtswirksam abgeschlossene Verträge nicht dadurch nachträglich sittenwidrig werden könnten, daß der letzte Vertrag die vom Gesetz mißbilligte Wirkung nur deshalb habe äußern können, weil diese Wirkung durch die vorangegangenen Verträge tatsächlich vorbereitet worden sei[531]. Die Verträge sollten vielmehr nach den Umständen zur Zeit ihrer Entstehung beurteilt werden, so daß zukünftige Sicherungen nur zu berücksichtigen waren, wenn sie bereits bei Abschluß des fraglichen Vertrages geplant waren[532]. Es waren sonst nur die späteren Verträge nichtig, da bei diesen die durch den Schuldner und den Sicherungsnehmer geschaffene Lage berücksichtigt werden konnte[533].

Schließlich war noch zu beachten, daß Sondervorschriften, vor allem aus dem Anfechtungsgesetz und der Konkursordnung, der Generalklausel des § 138 Abs.1 BGB stets vorgingen, so daß diese über die Wirksamkeit des Sicherungsgeschäfts eine andere vorrangige Bewertung zuließen[534]. Insbesondere die Gläubigerbenachteiligung gem. § 3 Abs.1 AnfG, die den Gläubigern ein Anfechtungsrecht gab, kollidierte mit der Wertung des § 138 Abs.1 BGB, der bei einer Gläubigergefährdung zur Nichtigkeit führen konnte, was § 3 Abs.1 AnfG aber gerade nicht zuließ.

(2) Entwicklung in der Rechtsprechung des OGH und des BGH

Der BGH[535] hatte zunächst in einer Entscheidung vom 28.5.1951[536] über einen Sicherungsübereignungsvertrag zu urteilen. Er bestätigte die Rechtsprechung des RG, indem er mit der Gläubigergefährdung und Kredittäuschung auf die entwickelten Fallgruppen zurückgriff. Auch wurde die Rechtsprechung zum Zeitpunkt der Sittenwidrigkeit fortgeführt, wobei der BGH klarstellte, daß der Zeitpunkt des Vertragsabschlusses relevant sei und Vorverhandlungen die Sittenwidrigkeit

---

531 Urteil vom 15.11.1930 (RG IX 77/30) = JW 1931,515 (518).
532 Urteil vom 5.3.1932 (RG IX 20/32) = HRR 1932 Nr.1575; Urteil vom 9.4.1932 (RG IX 74/31) = RGZ 136,247 (256).
533 Urteil vom 9.4.1932 (RG IX 74/31) = RGZ 136,247 (256).
534 Urteil vom 15.12.1903 (RG II 185/03) = RGZ 56,229 (230); Urteil vom 28.4.1908 (RG VII 349/07) = RGZ 69,143 (146).
535 Ein Urteil vom OGH ist zu dem fraglichen Komplex, soweit ersichtlich, nicht ergangen.
536 BGH IV ZR 5/51 = LM § 138 (Cb) BGB Nr.1.

nicht begründen konnten. Das Urteil wurde aufgrund der klaren Fortführung der Rechtsprechung des RG überwiegend positiv aufgenommen[537].

(a) Urteil vom 14.7.1952[538] (Sittenwidrigkeit von Sicherungsübereignungen, die auf einem sittengemäßen Vertrag beruhten)

In einem Urteil vom 14.7.1952 hatte sich der BGH wiederum mit der Wirksamkeit von Sicherungsübereignungen zu befassen. Dem Urteil lag folgender Sachverhalt zugrunde:

Der Beklagte ließ am 5.7.1950 wegen einer ihm zustehenden Forderung bei der Schuldnerin pfänden. Zu den Pfandsachen gehörten auch Behälter mit Pektin, an denen die Klägerin ihr Eigentum geltend machte. Sie hatte mit der Schuldnerin am 15.3.1949 einen Übereignungsvertrag geschlossen, durch den die Schuldnerin ihr zur Sicherheit für gegenwärtige und zukünftige Forderungen das Eigentum an dem gesamten Bestand von Flüssig-Pektinen übertragen hatte. Unter anderem enthielt der Vertrag die Bestimmung, daß das Pektin im gewöhnlichen Geschäftsbetrieb veräußert werden durfte, neu hergestelltes Pektin mußte dem Sicherungslager zugeführt werden und sollte dann in das Eigentum der Klägerin übergehen. In einem weiteren Vertrag vom 30.9.1949 hatte die Klägerin sich einen großen Teil der Produktionsmittel der Schuldnerin zur Sicherheit für Kredite übereignen lassen.

Die Klage auf Unzulässigerklärung der Pfändung wurde zunächst abgewiesen. Die Berufung der Klägerin hatte Erfolg.

Auf die Revision der Beklagten wurde die Sache an das Berufungsgericht zurückverwiesen. Hatte das Berufungsgericht noch den Vertrag vom 15.3.1949 für sittengemäß bewertet, so führte der BGH an, daß daran Zweifel bestünden. Insbesondere könnte die wirtschaftliche Selbständigkeit der Schuldnerin durch den Vertrag nicht gewahrt worden sein und so ein sittenwidriger Knebelungsvertrag vorgelegen haben[539]. Der Vertrag könnte auch aus dem Gesichtspunkt der Gläubigergefährdung sittenwidrig gewesen sein, was vom BGH aber nicht näher ausgeführt wurde.

Entscheidend für den Fall sei nur gewesen, ob die Klägerin Eigentümerin der gepfändeten Pektine geworden sei. Unstreitig sei aber, daß diese Pektine am 15.3.1949 noch nicht im Lager der Schuldnerin vorhanden gewesen seien. Es sei nicht auszuschließen, daß sie erst nach Abschluß des zweiten Vertrages vom

---

537 Arndt, LM § 138 (Cb) BGB Nr.1; Paulus, JZ 1951,686 (688); grundsätzlich kritisch dagegen Schweiger, MDR 1953,707 (709f.).

538 BGH IV ZR 1/52 = BGHZ 7,111.

539 Vgl. dazu unten 3. Teil C. 1b).

30.9.1949 in das Sicherungslager eingebracht worden seien. Insoweit könnte es darauf ankommen, welche Lage der am 30.9.1949 geschlossene Vertrag bei Berücksichtigung des Vertrages vom 15.3.1949 geschaffen habe.

Das Berufungsgericht hatte den Vertrag vom 30.9.1949 nicht berücksichtigt, da jeder Vertrag nach den Umständen zu beurteilen sei, die zu seinem Abschluß vorlagen und ein einmal sittengemäß zustande gekommener Vertrag nicht durch spätere, nicht geplante Sicherungsmaßnahmen sittenwidrig werden könne. Der BGH stimmte diesem auf das RG[540] zurückgehenden Grundsatz dahingehend zu, daß der erste Sicherungsvertrag nicht durch den zweiten Vertrag rückwirkend sittenwidrig geworden sein könne. Allerdings sei nicht ausgeschlossen, daß die weitere Durchführung des Vertrages vom 15.3.1949 vom 30.9.1949 ab gegen die guten Sitten verstoßen habe. Der Verstoß könne darin liegen, daß die Klägerin die Schuldnerin weiterhin an dem früheren Vertrag festgehalten habe und weitere Übereignungen von Pektin entgegengenommen habe. Es handele sich dabei nämlich nicht um Wirkungen, die durch den Vertrag vom 15.3.1949 ohne weiteres eingetreten seien und deshalb nicht sittenwidrig sein könnten. Vielmehr habe das Pektin von der Schuldnerin in das Sicherungslager eingebracht werden müssen. Außerdem hätten beide Vertragspartner ihre durch den ersten Vertrag vorweggenommene Einigung über die Übereignung weiter aufrecht erhalten müssen. Der Eigentumsübergang sei daher jederzeit vom Willen der Vertragspartner abhängig gewesen. Dann müsse aber bei der Erfüllung dieses Vertrages nach dem 30.9.1949 die Lage berücksichtigt werden, die durch den zweiten Vertrag entstanden sei. Auch wenn dieser Vertrag nicht sittenwidrig sei, so könne doch durch ihn eine Lage geschaffen worden sein, bei der weitere Sicherungsübereignungen, auch wenn sie auf der Grundlage des Vertrages vom 15.3.1949 erfolgt seien, den Tatbestand der Knebelung oder Gläubigertäuschung vollenden könnten, so daß die Übereignungen sittenwidrig und nichtig seien.

In diesem Urteil führte der BGH die Rechtsprechung des RG konsequent fort und erweiterte sie um einen zusätzlichen Aspekt. Die grundsätzliche Wertung, daß die Sicherungsverträge nach dem Zeitpunkt ihres Vertragsschlusses zu bewerten seien, wurde beibehalten[541]. Allerdings sollte nun der Vollzug dieser Verträge, wenn er weiterhin von dem Willen der Beteiligten abhängig war, auch nach der zu dem jeweiligen Zeitpunkt herrschenden Lage beurteilt werden.

Zunächst verwunderte etwas, daß der BGH gerade im vorliegenden Fall, in dem die Gefahr der Sittenwidrigkeit durch einen zweiten Sicherungsübereig-

540 Urteil vom 5.3.1932 (RG IX 20/32) = HRR 1932 Nr.1575; Urteil vom 9.4.1932 (RG IX 74/31) = RGZ 136,247 (256).

541 Bestätigt wurde diese Ansicht des BGH nochmals in einem Urteil vom 8.7.1958 (BGH VIII ZR 201/57) = WM 1958,1369.

nungsvertrag geschaffen wurde, nicht den zweiten Vertrag, sondern erst im Zusammenhang mit diesem den weiteren Vollzug des ersten Vertrages für sittenwidrig erklärte. Zum einen wurde damit ein hohes Maß an Rechtsunsicherheit geschaffen. Bei Abschluß von mehreren Sicherungsverträgen mußten die Vertragsparteien stets die zu dem jeweiligen Zeitpunkt herrschende Lage berücksichtigen. Nun mußten sie darüber hinaus bei jeder einzelnen Erfüllungshandlung überprüfen, ob nicht dadurch die Grenze zur Sittenwidrigkeit überschritten wurde. Gerade der Sicherungsnehmer wurde damit stets im Unklaren gelassen, wie hoch seine Sicherung tatsächlich war. Zum anderen wurde damit aber ein hohes Maß an Flexibilität erreicht, wodurch die Belange des Sicherungsgebers gewahrt wurden. Er wurde davor geschützt, daß die Erfüllung eines Sicherungsvertrages im Laufe der Zeit eine sittenwidrige Knebelung herbeiführte, die aufgrund des einmal rechtswirksam begründeten Vertrages nicht mehr geahndet werden konnte.

Zudem gab das Urteil Aufschluß darüber, wie der BGH bezüglich der Sittenwidrigkeit den Einfluß des schuldrechtlichen Verpflichtungsgeschäfts auf das abstrakte Erfüllungsgeschäft bewertete[542]. Es wurde von dem Grundsatz ausgegangen, daß die Unsittlichkeit des schuldrechtlichen Grundgeschäfts regelmäßig nicht die Nichtigkeit des dinglichen Erfüllungsgeschäfts nach sich ziehe. Allerdings schloß sich der BGH dem RG dahingehend an, daß in den Fällen der Knebelungsverträge ebenso wie bei einer Gläubigergefährdung oder Kredittäuschung in der Regel auch die Übereignung selbst ein Geschäft sei, das gegen die guten Sitten verstoße, da sie die durch das Grundgeschäft eingeleitete Knebelung und Kredittäuschung verstärke oder erst endgültig bewirke[543]. Die Begründung dieser Feststellung konnte aber nicht überzeugen. Die Übereignung selbst war normalerweise unbedenklich und auch der BGH ließ Sicherungsübereignungen regelmäßig zu. Warum dann die durch besondere Umstände des Einzelfalles sich ergebende Sittenwidrigkeit des Verpflichtungsvertrages ihre Konsequenz in der an sich abstrakten Übereignung finden sollte, war kaum nachvollziehbar. Naturgemäße Aufgabe jedes Erfüllungsgeschäftes war es, daß es die Erfüllung des Kausalgeschäfts erst bewirkte und das bis dahin obligatorische Recht zu einem dinglichen verstärkte. Die Unabhängigkeit des Erfüllungsgeschäfts hätte der BGH daher bei konsequenter Anwendung dieser Formel in fast allen Fällen beseitigen können, in denen das Verpflichtungsgeschäft sittenwidrig war[544]. Dieses Ergebnis strebte der BGH aber offensichtlich nicht an.

---

542 Vgl. zu diesem Streitpunkt oben 2. Teil E..

543 Vgl. zur Rechtsprechung des RG: Urteil vom 18.11.1924 (RG VI 164/24) = RGZ 109,201 (202); Urteil vom 13.4.1931 (RG VIII 582/30) = WarnR 1931,199 (201f.) Nr.100.

544 Flessa, NJW 1953,84 (86).

Ungewöhnlich war die weitere im Urteil vorliegende Konstellation, daß das Verpflichtungsgeschäft sittlich unbedenklich war, das Erfüllungsgeschäft jedoch durch eine Änderung der Umstände sittenwidrig erschien. Hier legte der BGH konsequent den Grundsatz der Abstraktion von Kausal- und Erfüllungsgeschäft zugrunde, so daß aus der Wirksamkeit des Verpflichtungsgeschäfts nicht die sittliche Unbedenklichkeit der Übereignung folgte.

(b) Urteil vom 9.7.1953[545] (Prüfungspflicht bei einem zu Sanierungszwecken gegebenen Kredit)

In einem Urteil vom 9.7.1953 hatte sich der BGH mit der Sittenwidrigkeit eines Sicherungsvertrages zu befassen, der die Belange dritter Gläubiger berührte. Ihm lag folgender Sachverhalt zugrunde:

Kaufmann H. war persönlich haftender Gesellschafter der Gemeinschuldnerin, einer KG. Zudem war er Hauptgesellschafter und alleiniger Geschäftsführer einer GmbH. Beide Firmen wurden auf demselben, der KG gehörenden Grundstück betrieben. Die Beklagte hatte der GmbH einen Kredit in Höhe von 300.000 DM gegeben, der durch eine Grundschuld an dem Fabrikgrundstück der KG gesichert war.

Im Frühjahr des Jahres 1949 mußte die Produktion der GmbH fast vollständig eingestellt werden. Als Ausgleich wollte Kaufmann H. die Produktion der KG ausweiten. Einen dafür benötigten Kredit erhielt er erst nach einigen Verhandlungen von der Beklagten, nachdem der Rechtsanwalt des Kaufmanns H. darauf hingewiesen hatte, daß eine mögliche Umsatzausweitung die einzige Möglichkeit wäre, den Zusammenbruch der KG zu vermeiden.

Daraufhin räumte die Beklagte der KG einen Kredit in Höhe von 25.000 DM ein. Sie forderte, daß einer ihrer Direktoren dergestalt treuhänderisch in der Geschäftsführung der KG tätig sein sollte, daß finanzielle Dispositionen von seiner Genehmigung abhängig wären. Als Sicherungen erhielt die Beklagte Forderungen aus einer Lebensversicherung und dem Verkauf der Produkte der KG, wobei letztere ständig bis zur Höhe des Kredits zu ergänzen waren. Ferner wurden der Beklagten sämtliche Rohwaren und Fertigprodukte, die Maschinen und der Fuhrpark der KG sicherungsübereignet.

Nach einer kurzfristigen Umsatzsteigerung der KG gab die Beklagte einen weiteren Kredit in Höhe von 25.000 DM. Nachdem bis zum Oktober 1950 der Umsatz der KG dramatisch zurückgegangen war, begann die Beklagte am 12.12.1950 die abgetretenen Forderungen im eigenen Namen einzuziehen. Am 3.1.1951 wurde das Konkursverfahren über das Vermögen der KG eröffnet.

---

545 BGH IV ZR 242/52 = BGHZ 10,228.

Der Konkursverwalter klagte nun auf Feststellung, daß die Übereignung des Fuhrparks nichtig sei, da die Sicherungsverträge sittenwidrig seien. Sowohl Land- als auch Berufungsgericht wiesen die Klage ab.

Die Revision des Klägers hatte Erfolg. Hatte das Berufungsgericht noch sämtliche vom RG entwickelten Fallgruppen zur Sittenwidrigkeit von Sicherungsübereignungen verneint, so schloß der BGH nicht aus, daß eine Gläubigergefährdung vorliege. Dazu wurde ausgeführt, daß das Gesetz selbst keinen besonderen Tatbestand der Gläubigergefährdung kenne. Die Nichtigkeit folge vielmehr aus § 138 Abs.1 BGB. Es könne daher nicht von einem bestimmten Tatbestand der Gläubigergefährdung gesprochen werden, der bei Vorliegen festgelegter objektiver und subjektiver Merkmale erfüllt sei und so die Nichtigkeit gem. § 138 Abs.1 BGB begründe. Vielmehr seien stets die besonderen Umstände des Einzelfalles zu prüfen und es sei festzustellen, ob der Vertrag mit dem Anstandsgefühl aller billig und gerecht Denkenden übereinstimme.

Ein Sicherungsvertrag könne dann vorwiegend wegen der objektiven Umstände sittenwidrig sein, wenn er die Möglichkeit eröffne, daß neue Gläubiger über die Kreditwürdigkeit des Schuldners getäuscht würden und Schaden erlitten. Dies sei dann der Fall, wenn sich den Vertragschließenden aufgrund der naheliegenden Möglichkeit die Erkenntnis aufdrängen mußte, daß Dritte getäuscht und geschädigt werden. Dann komme es auf die subjektive Vorstellung der Beteiligten nicht an. Selbst wenn es sich, wie im vorliegenden Fall, um ein Sanierungsvorhaben gehandelt habe, so seien die Sicherungsverträge auch dann sittenwidrig, wenn die Vertragschließenden die Schädigung Dritter nicht bewußt in Kauf genommen hätten.

Wenn die Wahrscheinlichkeit der Schädigung Dritter weniger naheliegend sei, dann sollten der Beweggrund und Zweck des Vertrages für die Bewertung der Sittenwidrigkeit bedeutsamer sein. Handele der Sicherungsnehmer nur aus eigennützigen Motiven und schaffe so die Möglichkeit, daß Dritte über die Kreditwürdigkeit des Schuldners getäuscht werden, so sei der Vertrag sittenwidrig. Anders sei es dagegen, wenn der Schuldner wirklich saniert werden sollte. Wenn die Parteien aufgrund einer sachkundigen und sorgfältigen Prüfung der Lage und besonders der Geschäftsaussichten des Schuldners zur Überzeugung gelangten, das Sanierungsvorhaben werde Erfolg haben, so sei der Vertrag nicht sittenwidrig. Treffen jedoch eigennützige Motive mit einer ernsthaften Sanierungsabsicht zusammen, so müsse eine besonders sorgfältige Prüfung des Sanierungsvorhabens erfolgen.

Eine endgültige Stellungnahme zu diesen Punkten könne aufgrund des vom Berufungsgerichts nicht hinreichend ermittelten Sachverhalts nicht erfolgen und die Sache sei zurückzuverweisen.

Der BGH wies aber darauf hin, daß die Sicherung des ursprünglichen Kredits in Höhe von 300.000 DM durch die Hypothek nur sehr schwach gewesen sei und der Verdacht naheliege, daß die Beklagte den weiteren Kredit verbunden mit den umfassenden Sicherungen vor allem gegeben habe, um sich selbst vor dem Konkurs der Gemeinschuldnerin zu befriedigen. Wenn dagegen der Wille zur Sanierung im Vordergrund gestanden habe, so müsse festgestellt werden, ob die fachkundigen wirtschaftlichen Untersuchungen angestellt worden seien, die erforderlich gewesen seien. Wenn die Beklagte sich nur auf die Angaben des Rechtsberaters der Gemeinschuldnerin oder solcher Personen, die in Diensten der Gemeinschuldnerin standen, verlassen habe, so sei dies ungenügend. Es müsse vielmehr eine objektive Prüfung durch einen branchenkundigen Wirtschaftsfachmann gefordert werden.

Zunächst fiel auf, daß der BGH zwar die Gläubigergefährdung als feststehenden Begriff aufgriff. Jedoch folgte er nicht strikt den vom RG entwickelten Fallgruppen, sondern orientierte sich stärker am Einzelfall und versuchte, für diesen allgemeingültige Kriterien zu entwickeln. Wie schon festgestellt[546], sollten bereits nach Ansicht des RG diese Fallgruppen keine strenge Tatbestandswirkung haben, sondern nur beispielhaft die Fälle aufzählen, in denen Sicherungsverträge wegen Beeinträchtigung dritter Gläubiger sittenwidrig waren. Somit waren die Ausführungen des BGH keine Neuorientierung bei der Behandlung dieser Fälle, sondern stellten vielmehr die Korrektur einer sich eingebürgerten schablonenhaften Behandlung dieser Fallgruppen dar. Demgemäß wurde diese Abwendung von den Fallgruppen auch teils positiv aufgenommen[547]. Allerdings konnte durch die stärkere Beachtung des Einzelfalles eine größere Rechtsunsicherheit entstehen[548]. Dieser Gefahr begegnete der BGH damit, daß er zahlreiche allgemeine Grundsätze aufstellte, nach denen Sicherungsverträge zu bewerten waren, so daß dem ersten Anschein nach insbesondere in Sanierungsfällen eine klare Rechtslage geschaffen wurde[549].

Die einzelnen Kriterien, die nach Ansicht des BGH bei der Bewertung dieser Fälle angelegt werden sollten, konnten aber nicht voll überzeugen. So sollten die subjektiven Anforderungen danach unterschieden werden, ob objektiv eine naheliegende oder eher fernliegende Gefahr der Schädigung dritter Gläubiger bestand. Praktische Bedeutung konnte diese Unterscheidung aber kaum erlangen. Bei je-

---

546 Siehe oben S. 150.

547 Schweiger, MDR 1953,707 (710).

548 Sprengel, MDR 1954,257 (257); Ascher, DRiZ 1955,177 (179); vgl. auch Meyer-Cording, JZ 1953,664 (665), der die Fallgruppenbildung durch das RG als "begrüßenswert" bewertete.

549 Barkhausen, NJW 1953,1665 (1665).

der Sicherungsübereignung bestanden naheliegende Gefahren für andere Kreditgeber[550].

Auch wollte der BGH die Anforderungen an die Prüfungspflicht der Kreditgeber in Sanierungsfällen dann steigern, wenn diese eigennützig gehandelt hatten. Dabei mußte aber bedacht werden, daß Kredite in den seltensten Fällen uneigennützig gegeben wurden, da sie grundsätzlich von wirtschaftlich tätigen Unternehmen, wie vor allem Banken, gegeben wurden. Diese aber mußten ihre eigenen wirtschaftlichen Interessen wahren, so daß kaum erwartet werden konnte, daß sie objektiv und uneigennützig, ähnlich einer Behörde, tätig wurden[551].

Als Folge mußte nach der Rechtsprechung des BGH regelmäßig in Sanierungsfällen eine Prüfung der Erfolgsaussichten durch einen branchenkundigen Wirtschaftsfachmann erfolgen. Dabei wäre aber zu berücksichtigen gewesen, daß Banken, die schließlich hauptsächlich als Kreditgeber auftraten, selbst bereits Fachkräfte auf dem Gebiet der Wirtschaft beschäftigten und so ohne fremde Hilfe eine Prognose über die Erfolgsaussichten eines Sanierungsvorhabens treffen konnten[552]. Das RG hatte sich noch uneinheitlich dahingehend geäußert, ob überhaupt eine Prüfungspflicht des Kreditgebers zu fordern war[553]. Dadurch, daß nun die Anforderungen an die Hingabe eines Kredits zur Sanierung eines Unternehmens und die damit verbundenen Sicherungsverträge so stark angehoben wurden, konnte sich für die Banken der Schluß ergeben, daß es im Zweifelsfall besser wäre, von einer Sanierung abzusehen und den Schuldner in Konkurs gehen zu lassen[554]. Dieses Ergebnis war aber aus volkswirtschaftlichen Gründen vom BGH sicher nicht beabsichtigt.

Zudem wurde bemerkt, daß im vorliegenden Urteil, wie häufig in der Rechtsprechung zur Sittenwidrigkeit von Sicherungsverträgen, die Interessen der Warenkreditgeber im Vergleich zu denen der Geldkreditgeber eine zu große Beachtung fanden. So wurden den Banken zahlreiche Beschränkungen auferlegt, damit sie durch eine Kreditsicherung nicht die Interessen der nichtsahnenden Gläubiger gefährdeten. Warum diese Gläubiger, die in der Regel Warenlieferanten gewesen sein dürften, "nichtsahnend" gewesen sein sollten, war nicht ersichtlich. Es mußte auch ihnen bekannt gewesen sein, daß häufig wesentliche Vermögensbestandteile

550 Meyer-Cording, JZ 1953,664 (666).
551 Meyer-Cording, JZ 1953,664 (666) ; vgl. auch Westermann, JR 1956,99 (102).
552 Barkhausen, NJW 1953,1665 (1665); Wegerhoff, DB 1955,549 (550).
553 Im Urteil vom 7.7.1931 (RG II 447/30) = RGZ 133,234 (239) wurde eine solche Prüfungspflicht noch strikt abgelehnt, im Urteil vom 9.4.1932 (RG IX 372/30) = RGZ 136,293 (298) wurde sie dagegen gefordert.
554 Meyer-Cording, JZ 1953,664 (666).

eines Unternehmens sicherungsübereignet waren, so daß sie sich zumindest nach Sicherungen hätten erkundigen müssen[555].

Dagegen konnte aber angeführt werden, daß nicht nur Warenkreditgeber zu den Gläubigern zählten, deren Interessen geschützt werden sollten. Bei diesen übrigen Gläubigern bestand häufig keine vorherige Erkundigungspflicht, wie z.B. bei Forderungen der Lohn- und Gehaltsempfänger, sowie der vom Betrieb beschäftigten Handwerker[556]. Zudem war der Unternehmer häufig kaum bereit, die finanzielle Situation des Betriebs vor potentiellen Gläubigern zu offenbaren und diese Einstellung wurde im allgemeinen Geschäftsverkehr auch gebilligt, ohne daß ein Gläubiger dadurch eine Sorgfaltspflicht verletzte[557].

Schließlich könnte allgemein bemängelt werden, daß eine Gläubigergefährdung zur Feststellung der Sittenwidrigkeit herangezogen wurde. Jede Sicherungsübereignung war, da es am erforderlichen Publizitätsakt fehlte, undurchsichtig und konnte daher die Belange anderer Gläubiger, die nichts von ihr wußten, beeinträchtigen. Sittenwidrig sollte die Sicherungsübereignung dann sein, wenn sie wegen ihres Umfangs die Gläubiger gefährdete. Dieses Erfordernis war aber bei größeren Sicherungsobjekten stets erfüllt, so daß fast jeder Sicherungsübereignungsvertrag von einigem Umfang sittenwidrig gewesen wäre, was kaum richtig sein konnte[558]. Allerdings hatte der BGH gerade im vorliegenden Urteil den Versuch gewagt, von einer solch schematischen Betrachtungsweise Abstand zu nehmen und eine gerechte, am Einzelfall orientierte Lösung anzustreben. Konnten die Ausführungen des BGH in Teilbereichen zwar nicht überzeugen, so zeigte sich aber doch die beachtenswerte Erkenntnis, daß sich solche Sicherungsübereignungsverträge einer generalisierenden Bewertung entzogen.

(c) Urteil vom 4.2.1954[559] (Bestätigung des Urteils vom 9.7.1953)

In einem Urteil vom 4.2.1954 griff der BGH die im Urteil vom 9.7.1953 entwickelten Grundsätze auf und fügte einige neue Gesichtspunkte hinzu. Dem Urteil lag folgender Sachverhalt zugrunde:

Die Klägerin gab einem Automobilwerk, einer GmbH, die neu gegründet worden war und die einen Rennwagen und einen Touren- und Sportwagen entwickeln wollte, einen Kredit in Höhe von 500.000 DM. Für diesen Kredit verbürgte sich das Bundesland, in dem sich das Automobilwerk ansiedeln wollte, in Höhe von 90 %. Nachdem der Kredit größtenteils ausgezahlt worden war, schloß

555 Meyer-Cording, JZ 1953,664 (666); Wegerhoff, DB 1955,549 (549).
556 Ascher, LM § 138 (Bb) BGB Nr.3; Ascher, DRiZ 1955,177 (179).
557 Ascher, LM § 138 (Bb) BGB Nr.3; Berges, BB 1954,886 (888).
558 Meyer-Cording, JZ 1953,664 (666).
559 BGH IV ZR 164/55 = LM § 3 AnfG Nr.1.

die Klägerin auf Betreiben des Finanzministeriums des besagten Landes am 16.6.1950 zur Sicherung aller bestehenden und zukünftigen Ansprüche einen Sicherungsübereignungsvertrag mit der GmbH, in dem der Klägerin das wesentliche Inventar des Automobilwerks übertragen wurde.

Am 24.10.1950 stellte die GmbH den Antrag auf Eröffnung des Konkursverfahrens, der mangels Masse am 18.1.1951 abgewiesen wurde. Bereits im August 1950 hatten die Beklagten auf Grund verschiedener vollstreckbarer Titel eine Anzahl der sicherungsübereigneten Gegenstände pfänden lassen. Unter Berufung auf ihr Eigentum erhob die Klägerin Klage auf Unzulässigerklärung der Zwangsvollstreckung. Sowohl das Land- als auch das Berufungsgericht wiesen die Klage ab.

Auf die Revision der Klägerin wurde der Klage auf Unzulässigerklärung der Zwangsvollstreckung stattgegeben. Nach Ansicht des BGH war der Sicherungsübereignungsvertrag nicht sittenwidrig. Unter Verweis auf das Urteil vom 9.7.1953[560] bestätigte der BGH, daß es keine bestimmten gesetzlichen Tatbestände gebe, nach denen sich die Sittenwidrigkeit von Sicherungsübereignungen bestimmen lasse. Vielmehr seien die Umstände des Einzelfalles relevant.

Zudem ließen sich die in den Entscheidungen des RG entwickelten Gedankengänge nicht ohne weiteres auf die besonderen wirtschaftlichen Verhältnisse nach dem zweiten Weltkrieg übertragen. Aufgrund der wirtschaftlichen Lage müßten am Wirtschaftsleben beteiligte Personen häufig größere Risiken eingehen, als dies früher der Fall gewesen sei. Dies müsse bei der Betrachtung des Einzelfalles mit berücksichtigt werden.

Im vorliegenden Fall müsse beachtet werden, daß der wirtschaftliche Kreditgeber nicht die Klägerin, sondern das Land gewesen sei, das sich für das Darlehen verbürgt habe. Zum Nachteil des Landes würde sich daher auch die Nichtigkeit des Sicherungsvertrages auswirken. Das Land habe diesen Aufbaukredit aber aus uneigennützigen Gründen gewährt. Es habe vor allem weitere Arbeitsmöglichkeiten in einer Zeit erheblicher Arbeitslosigkeit schaffen wollen.

Allerdings müsse auch ein uneigennützig handelnder Kreditgeber gewissenhaft und sorgfältig prüfen, ob das mit Hingabe des Kredits bezweckte Vorhaben Aussicht auf Erfolg habe, wenn eine Lage geschaffen werde, durch die dritte Gläubiger über die Kreditwürdigkeit der Schuldnerin getäuscht würden. Eine solche Lage sei hier aber nicht geschaffen worden. Bei der Art und der wirtschaftlichen Lage des Unternehmens, das sich noch im Aufbau befunden habe, sei es für die beteiligten Wirtschaftskreise erkennbar gewesen, daß die GmbH über kein hinreichendes Vermögen verfügt habe. Unter den gegebenen Umständen sei es für jeden vorsichtigen Geschäftsmann ersichtlich gewesen, daß die GmbH sich

560 BGH IV ZR 242/52 = BGHZ 10,228.

mit Fremdkapital finanziert habe, und es sei auch erkennbar gewesen, daß dieses Kapital entsprechend gesichert gewesen sei. Somit sei der Sicherungsvertrag nicht sittenwidrig gewesen.

Der BGH führte die im Urteil vom 9.7.1953[561] entwickelte Rechtsprechung konsequent fort. Bemerkenswert war, daß er erstmals ausdrücklich die wirtschaftliche Lage nach dem zweiten Weltkrieg zur Bewertung der Sittenwidrigkeit heranzog. Zudem zeigte sich hier die wohl einzig denkbare Situation, in welcher der Kreditgeber einer beträchtlichen Kreditsumme uneigennützig handelte. Nur dadurch, daß hier das Bundesland wirtschaftlich gesehen als Kreditgeber auftrat, kam es zu dieser Situation.

Desweiteren war zu beachten, daß der BGH erstmals auch gewisse Anforderungen an die Erkenntnisfähigkeit der dritten Gläubiger stellte. War beim Urteil vom 9.7.1953 noch bemängelt worden, daß der BGH die Gläubiger ohne weiteres als nichtsahnend dargestellt hatte[562], so wurde im vorliegenden Urteil festgestellt, daß die Gläubiger erkennen konnten, daß die GmbH sich mit Fremdmitteln finanzierte und das wesentliche Inventar sicherungsübereignet war. Ob diese Ausführungen nun tatsächlich eine gerechtere Interessenabwägung zwischen Geld- und Warenkreditgebern bewirken sollten oder ob nur eine aus politischen Erwägungen vorgenommene Entscheidung vorlag, weil die Nichtigerklärung der Sicherungsverträge zu Lasten des Staates gegangen wäre, konnten allerdings erst die weiteren Urteile des BGH zeigen[563].

(d) *Urteile vom 2.2.1955[564] und 2.11.1955[565](Weitere Urteile zur Prüfungspflicht und zum Zeitpunkt der Sittenwidrigkeit)*

In Urteilen vom 2.2.1955 und 2.11.1955 setzte der BGH seine Rechtsprechung zur Sittenwidrigkeit der Sicherungsverträge fort. Es wurde unter Hinweis auf das Urteil vom 9.7.1953[566] festgehalten, daß stets eine Einzelfallentscheidung erfolgen müsse und es keine feststehenden Tatbestände gebe, nach denen ein Sicherungsvertrag hinsichtlich der Sittenwidrigkeit wegen Benachteiligung dritter Gläubiger überprüft werden könne. Zudem seien, wie schon im Urteil vom 4.2.1954[567] bemerkt, auch die objektiven Verhältnisse, unter denen der Vertrag geschlossen wurde, zu berücksichtigen.

561 BGH IV ZR 242/52 = BGHZ 10,228.
562 Meyer-Cording, JZ 1953,664 (666).
563 Siehe unten S. 168f..
564 BGH IV ZR 252/54 = NJW 1955,1272.
565 BGH IV ZR 103/55 = WM 1955,1580.
566 BGH IV ZR 242/52 = BGHZ 10,228.
567 BGH IV ZR 164/55 = LM § 3 AnfG Nr.1.

Eine Verfeinerung zeigte die Rechtsprechung des BGH bezüglich der Prüfungspflicht, die den Kreditgebern bei Hingabe eines Kredits und Entgegennahme von Sicherungen aufgegeben wurden. Wurde im Urteil vom 9.7.1953[568] noch gefordert, daß ein branchenkundiger Wirtschaftsfachmann die wirtschaftlichen Verhältnisse des Schuldners prüfen müsse, falls der Kreditgeber umfassende Sicherungen erlangen wollte, so wurde diese Prüfungspflicht nun abgeschwächt. Auch der Kreditgeber selbst, vor allem Banken, konnten nun dieser Pflicht nachkommen, wobei der Umfang der Prüfung sich danach richten sollte, wie stark die Indizien für eine wirtschaftliche Schwäche des Schuldners sprachen. Je deutlicher zu erkennen war, daß der Schuldner wirtschaftlich gefährdet war, desto umfassender mußte die Prüfung erfolgen. Nur wenn größte Bedenken an der wirtschaftlichen Leistungsfähigkeit des Schuldners bestanden, so mußte ein Wirtschaftsfachmann eingesetzt werden. Für Sanierungsvorhaben ergaben sich daher im Vergleich zum Urteil vom 9.7.1953 keine Abweichungen[569], da bei ihnen die wirtschaftliche Gefährdung des Schuldners offensichtlich war. Die Tatsache, daß nicht stets ein branchenkundiger Wirtschaftsfachmann zur Überprüfung des Schuldners eingesetzt werden mußte, wurde begrüßt[570].

Der BGH stellte in den vorliegenden Urteilen fest, daß die herausgearbeiteten Grundsätze zur Bewertung von Sicherungsverträgen auch dann gelten sollten, wenn die Sicherung erst nach Kredithingabe und nicht gleichzeitig mit dieser erfolgten. Dies war interessengerecht, da der BGH eine Rechtsprechung verfolgte, die stets den Einzelfall sehr umfassend berücksichtigte. Insbesondere waren an die Bestellung von Sicherheiten nach Kredithingabe besonders strenge Anforderungen an die Prüfungspflichten des Kreditgebers zu stellen. Die Sicherungen dienten dann nämlich dazu, die Rückzahlung dieses alten Kredits sicherzustellen, was einen eigennützigen Beweggrund darstellte.

Kritisiert wurde jedoch wiederum grundsätzlich diese Einzelfallrechtsprechung des BGH[571]. Sie sorgte für eine starke Rechtsunsicherheit im Bereich der Sicherungsübereignungen. Allerdings wurden die vom RG entwickelten Tatbestände meist als zu eng abgelehnt[572] und deutlichere Kriterien wurden auch von

---

568 BGH IV ZR 242/52 = BGHZ 10,228.

569 Vgl. Johannsen, LM § 138 (Cb) BGB Nr.5.

570 Barkhausen, NJW 1955,1272 (1272); Westermann JR 1956,99 (103).

571 Barkhausen, NJW 1955,1272 (1272); v. Caemmerer, JZ 1956,95 (97); Westermann, JR 1956,99 (102).

572 Schweiger, MDR 1953,707 (710); v. Caemmerer, JZ 1956,95 (97f.).

den Kritikern nicht gefunden[573], so daß es keine praktikable Alternative zu dieser Rechtsprechung gab[574].

(e) Urteil vom 9.11.1955[575] (Sittenwidrige Abtretung von Forderungen, auf die der Erwerber einen Anspruch hat)

In einem Urteil vom 9.11.1955 hatte sich der BGH erstmals nicht mit der Sittenwidrigkeit der Sicherungsverträge selbst, sondern der Sittenwidrigkeit von erfüllungshalber abgetretenen Forderungen zu beschäftigen. Dem Urteil lag folgender Sachverhalt zugrunde:

Klägerin war eine Bank, die mit einem Bauunternehmer in laufender Geschäftsverbindung stand und ihm Darlehen gegeben hatte, für die sie sich zahlreiche Sicherheiten bestellen ließ. Im Herbst 1951 hatte der Bauunternehmer es übernommen, im Rahmen einer Arbeitsgemeinschaft Drainagearbeiten auszuführen. Das vereinbarte Entgelt in Höhe von 100.000 DM sollte in Teilbeträgen nach Abschluß der verschiedenen Bauabschnitte gezahlt werden.

Die Klägerin finanzierte auch dieses Vorhaben. Dafür erklärte sich der Bauunternehmer bereit, die jeweils entstandenen Forderungen gegen die Arbeitsgemeinschaft an die Klägerin abzutreten. Die abgetretenen Forderungen wurden von der Arbeitsgemeinschaft bis auf einen Teilbetrag beglichen, der hinterlegt wurde.

Die Beklagte hatte Ansprüche gegen den Bauunternehmer wegen nicht abgeführter Sozialversicherungsbeiträge, was sie der Arbeitsgemeinschaft angezeigt hatte und worauf es zur besagten Hinterlegung gekommen war. Nach Zahlungsunfähigkeit des Bauunternehmers weigerte sich die Beklagte auf das Verlangen der Klägerin in die Auszahlung des hinterlegten Betrages einzuwilligen. Gegen die Zwangsvollstreckung erhob die Klägerin Klage auf Unzulässigerklärung.

Diese Klage wurde sowohl vom Land- als auch vom Berufungsgericht abgewiesen.

Die Revision war begründet. Der BGH führte zur Wirksamkeit der Forderungsabtretungen aus, daß diese, wenn sie zur Erfüllung einer Verbindlichkeit er-

573 V. Caemmerer, JZ 1956,95 (98).

574 Sie entwickelte sich daher im folgenden auch zur ständigen Rechtsprechung und wurde in folgenden Urteilen ohne Änderung übernommen: Urteil vom 21.12.1955 (BGH IV ZR 160/55) = nicht veröffentlicht; Urteil vom 1.2.1956 (BGH IV ZR 249/55) = JR 1956,179; Urteil vom 8.2.1956 (BGH IV ZR 287/55) = BGHZ 10,43; Urteil vom 3.3.1956 (BGH IV ZR 334/55) = WM 1956,527; Urteil vom 3.6.1958 (BGH VI ZR 79/57) = WM 1958,895; Urteil vom 5.11.1964 (BGH VII ZR 2/63) = WM 1965,84; Urteil vom 24.5.1965 (BGH VII ZR 46/63) = WM 1965,918.

575 BGH IV ZR 196/54 = BGHZ 19,13.

folgten, grundsätzlich nicht nach § 138 Abs.1 BGB sittenwidrig seien. Der Gläubiger sei nämlich nicht verpflichtet, deswegen auf diese Art der Befriedigung zu verzichten, weil der Schuldner noch andere Gläubiger habe, die er nicht zu befriedigen vermöge. Gläubiger, die vergeblich vollstreckt hätten, könnten allenfalls die Abtretung nach § 3 Nr.1 AnfG anfechten. Ein solches Anfechtungsrecht sei hier jedoch nicht gegeben.

Im Einzelfall könne aber eine Abtretung doch sittenwidrig sein, wenn der befriedigte Gläubiger eine wirtschaftliche Machtstellung, die er dem Schuldner gegenüber gehabt habe, in sittenwidriger Weise ausgenutzt und sich dadurch diese Befriedigung für seine Forderung verschafft habe. Durch die laufende Geschäftsverbindung zwischen der Klägerin und dem Bauunternehmer sei aufgrund der zahlreichen Darlehen und der damit verbundenen Sicherungen eine solche wirtschaftliche Machtstellung im vorliegenden Fall entstanden.

Der Finanzierungsvertrag und die damit verbundenen Abtretungen seien aber nur dann sittenwidrig, wenn die Klägerin damit eigennützige Ziele verfolgt und sich über die Interessen des Schuldners und seiner anderen Gläubiger in sittlich bedenklicher Weise hinweggesetzt hätte. Dies sei hier nicht erfolgt, da die Abtretungen nicht bereits mit Abschluß des Finanzierungsvertrages getätigt worden seien, sondern erst nach Entstehung der Forderung erfolgen sollten. Die übrigen Gläubiger hätten also die Möglichkeit gehabt, in die Forderungen zu vollstrekken.

Eine Sittenwidrigkeit des Finanzierungsvertrages und der damit zusammenhängenden Forderungsabtretungen sollte aber dann angenommen werden, wenn die Klägerin von vornherein beabsichtigte, die gesamten Einnahmen an sich zu ziehen und dem Bauunternehmer nur soweit Kredit zu gewähren, daß er die aus dem Bauvorhaben resultierenden Forderungen abgelten konnte. Damit eine Sittenwidrigkeit zu verneinen sei, müßten dem Bauunternehmer die Mittel gelassen werden, daß er auch andere Gläubiger aus früherer Zeit befriedigen könne. Ob dem Bauunternehmer im vorliegenden Fall in dieser Weise die wirtschaftliche Bewegungsfreiheit geraubt worden sei, könne aus dem vom Berufungsgericht festgestellten Sachverhalt nicht ermittelt werden, so daß die Sache vom BGH zur erneuten Verhandlung zurückverwiesen wurde.

Dieses Urteil zeigte recht deutlich das Verhältnis von § 138 Abs.1 BGB zu § 3 Abs.1 AnfG. Die Annahme einer geschuldeten Leistung war grundsätzlich nicht sittenwidrig, konnte aber wegen Gläubigerbenachteiligung gemäß § 3 Abs.1 AnfG anfechtbar sein. Nur im Ausnahmefall lag eine Sittenwidrigkeit vor.

Wie der BGH im vorliegenden Fall die Sittenwidrigkeit begründen wollte, verdiente jedoch Aufmerksamkeit. So wurden Elemente der Gläubigergefährdung und der Knebelung des Schuldners vermengt. War bereits zur früheren Rechtsprechung des BGH die Aufteilung in diese beiden Aspekte bemängelt und festgestellt worden, daß die Knebelung kein relevanter Gesichtspunkt sei[576], so hob der BGH nun die bestehenden, aber bereits früher schon fließenden Grenzen völlig auf. Durch die Knebelung des Schuldners sollten im vorliegenden Fall gerade die Interessen der Gläubiger gefährdet worden sein.

Dem BGH war dahingehend zuzustimmen, daß durch die Knebelung dem Schuldner die Mittel entzogen wurden, die er zur Befriedigung der Gläubiger benötigte. Somit war zwangsläufig in jeder Knebelung durch Sicherungsverträge auch eine Gefährdung der Gläubiger zu sehen. Allerdings konnten durch die Knebelung auch die Interessen des Schuldners verletzt worden sein. Somit wäre eine Betrachtungsweise, die zwischen den beiden zu schützenden Interessen unterschied, vor allem im Hinblick auf die bereits zu diesem Zeitpunkt herrschende Rechtsunsicherheit wünschenswert gewesen[577].

Desweiteren fiel auf, daß der BGH dem Kreditgeber in großem Maße Pflichten gegenüber den übrigen Gläubigern auferlegte. So mußte der Kreditgeber dem Kreditnehmer einen so hohen Kredit einräumen, daß der Kreditnehmer trotz der gegeben Sicherungen die wirtschaftliche Bewegungsfreiheit dahingehend behielt, daß er auch Altgläubiger befriedigen konnte. Ob die Auferlegung solch weitgehender Pflichten gerechtfertigt war, erschien doch sehr fraglich[578]. Zwar mußte der Schuldner nicht die Möglichkeit haben, alle Altgläubiger zu befriedigen[579], allerdings war kaum einzusehen, warum der Kreditgeber ohne rechtliche Pflicht gegenüber anderen Gläubigern zurückstehen mußte[580].

Jedoch zeigte sich, daß der BGH diese Pflicht jedenfalls für Fälle der vorliegenden Art recht restriktiv auslegte. Nahm ein Kreditgeber eine ihm rechtlich zustehende Leistung, z.B. eine Forderungsabtretung, an, so war dies regelmäßig nicht sittenwidrig, auch wenn der Zusammenbruch des Schuldners unvermeidlich war und dritte Gläubiger so geschädigt wurden[581].

---

576 Vgl. zu diesem Problemkreis unten 3. Teil C. 1. b).
577 Westermann, JR 1956,99 (102).
578 Westermann, JR 1956,99 (102); auch Johannsen, LM § 138 (Bb) BGB Nr.5 erkannte, daß diese Pflichten sehr weit gingen, billigte dies aber.
579 Johannsen, LM § 138 (Bb) BGB Nr.5.
580 Westermann, JR 1956,99 (102).
581 Urteil vom 7.11.1956 (BGH IV ZR 90/56) = WM 1956,1517; Urteil vom 15.1.1957 (BGH VIII ZR 36/56) = NJW 1957,587; Urteil vom 16.10.1958 (BGH VII ZR 211/57) = WM 1959,115.

(f) *Urteil vom 16.12.1957*[582] *(Sittenwidrigkeit eines verlängerten Eigentumsvorbehalts)*

Nachdem der BGH bisher meist die Sittenwidrigkeit umfassender Sicherungsverträge zu prüfen hatte, wenn diese mit einem verlängerten Eigentumsvorbehalt kollidierten, wurde in einem Urteil vom 16.12.1957 vom BGH erstmals die Sittenwidrigkeit eines verlängerten Eigentumsvorbehalts geprüft. Dem Urteil lag folgender Sachverhalt zugrunde:

Die Klägerin lieferte im März 1955 eine gewisse Menge Mantelstoff an die Schuldnerin. In den Geschäftsbedingungen war unter anderem vereinbart, daß die Ware bis zur vollständigen Bezahlung aller bestehenden und zukünftig entstehenden Forderungen der Klägerin in deren Eigentum bleibe. Durch eine Verarbeitung verliere die Klägerin ihr Eigentum nicht. Die Schuldnerin sei berechtigt, die Ware zu veräußern. Die dabei entstehenden Forderungen seien aber bereits an die Klägerin abgetreten. Diese werde diese Forderungen solange nicht einziehen, wie die Schuldnerin ihren Zahlungsverpflichtungen nachkomme. Die Schuldnerin sei berechtigt, die Forderungen solange selbst einzuziehen, wie die Klägerin ihr keine anderen Anweisungen gebe. Wenn die durch den Eigentumsvorbehalt bestehende Sicherung die zu sichernde Forderung um 25 % übersteige, werde die Klägerin voll bezahlte Lieferungen nach ihrer Wahl freigeben.

Die Schuldnerin fertigte aus dem Stoff Mäntel, die sie im Juli 1955 an verschiedene Abnehmer verkaufte. Die Kaufpreisforderungen wurden zur Sicherung eines Kredits an die Beklagte abgetreten. Die Abnehmer zahlten an die Beklagte, die den Betrag der Schuldnerin gutschrieb. Nachdem im September 1955 über das Vermögen der Schuldnerin das Vergleichsverfahren zur Abwendung des Konkurses eingeleitet worden war, nahm die Klägerin die Beklagte auf Herausgabe des durch die Einziehung der Kaufpreisforderungen erzielten Betrages in Anspruch.

Das Landgericht gab der Klage statt, die Berufung der Beklagten führte zur Abweisung der Klage.

Auf die Revision erfolgte die Zurückverweisung an das Berufungsgericht. Der BGH erörterte zunächst, ob der verlängerte Eigentumsvorbehalt wegen Knebelung der Schuldnerin[583] und dann, ob die Vereinbarung wegen Benachteiligung anderer Gläubiger sittenwidrig sei. Das Berufungsgericht hatte dies angenommen, da es der Klägerin nur darum gehe, sich ungerechtfertigte Vorteile für den Fall des Zahlungsverzugs oder der Zahlungsunfähigkeit der Schuldnerin zu verschaffen. Diesen Ausführungen folgte der BGH nicht. Er räumte zwar ein, daß

582 BGH VII ZR 49/57 = BGHZ 26,185.
583 Vgl. dazu unten 3.Teil C. 1. b).

nach der Rechtsprechung des RG eine Sicherungsabtretung, deren Bedeutung lediglich darin bestehe, den Zessionar für den Fall der Zahlungsunfähigkeit des Zedenten zu sichern, als unwirksam angesehen wurde. Allerdings sei in dem vom RG entschiedenen Fall[584] nicht ersichtlich gewesen, wann der Abtretungsempfänger als Gläubiger in Erscheinung treten und wann er die Forderungen selbst einziehen sollte. Dort habe alles dafür gesprochen, daß der Abtretungsempfänger den Forderungsübergang nur für den Fall der Zahlungsunfähigkeit des Abtretenden gewollt habe.

Im vorliegenden Fall ergebe sich jedoch eindeutig aus dem Inhalt der Geschäftsbedingungen der Klägerin, daß ihr von Anfang an die Befugnis zur Einziehung der abgetretenen Forderungen zustehen sollte. Es sei unter anderem vereinbart gewesen, daß die Schuldnerin auf Verlangen der Klägerin den Drittschuldnern die Abtretung anzeigen werde. Es sollten daher der Klägerin von Anfang an die vollen Gläubigerrechte zustehen. Nur wenn die Schuldnerin ihrer Zahlungsverpflichtung nicht nachgekommen wäre, habe sie diese Rechte geltend machen wollen. Dies sei aber das Wesen eines Sicherungsmittels und daher nicht sittlich bedenklich. Nur wenn die Zession erst mit Zahlungseinstellung oder Zahlungsunfähigkeit des Zedenten dem Zessionar die Gläubigerstellung verschaffen sollte, seien die übrigen Gläubiger in sittenwidriger Weise beeinträchtigt. Da ein solcher Fall hier nicht vorliege, sei die Vorausabtretung im Rahmen des verlängerten Eigentumsvorbehalts nicht sittenwidrig und daher wirksam.

In diesem Urteil hatte der BGH erstmals über die Sittenwidrigkeit von Sicherungsverträgen eines Warenkreditgebers zugunsten der Sicherungen eines Geldkreditgebers zu entscheiden. Wiederum entschied der BGH zugunsten des Warenkreditgebers. Allerdings entsprachen die Vereinbarungen zwischen den Beteiligten einem gewöhnlichen verlängerten Eigentumsvorbehalt und ließen der Schuldnerin genügend Handlungsspielraum, so daß auch dritte Gläubiger nicht gefährdet gewesen waren. Eine andere Entscheidung des BGH hätte dazu geführt, daß der verlängerte Eigentumsvorbehalt an sich unzulässig geworden wäre. Für eine solche grundlegende Abwendung von diesem Rechtsinstitut gab es aber keinen Grund, zumal der verlängerte Eigentumsvorbehalt bereits in der Rechtsprechung des RG Anerkennung gefunden und der BGH diese Rechtsprechung fortführte[585].

---

584 Urteil vom 13.2.1932 (RG I 313/31) = JW 1932,1655.

585 Grundsätzlich: Urteil vom 24.2.1939 (RG VII 145/38) = DR 1939,865 (865); vgl. außerdem bereits: Urteil vom 28.1.1918 (RG IV 359/17) = RGZ 92,105 (108f.); Urteil vom 13.2.1932 (RG I 313/31) = JW 1932,1655 (1655); Urteil vom 8.4.1932 (RG II 362/31) = RGZ 136,100 (102); Urteil vom 21.10.1932 (RG II 34/32) = RGZ 138,89 (93f.); Urteil vom 19.9.1933 (RG II 70/33) = RGZ 142,239 (241).

(g) Urteil vom 20.12.1957[586] (Besondere Bewertung von Flüchtlingsbetrieben)

In einem Urteil vom 20.12.1957 hatte sich der BGH wiederum mit der Sittenwidrigkeit einer Kreditsicherung zu beschäftigen. Es wurde eine umfassende Einzelfallbetrachtung durchgeführt, bei der nahezu sämtliche Erkenntnisse des BGH zu diesem Komplex Anwendung fanden. Auch die im Urteil vom 4.2.1954[587] hervorgehobene Erkenntnisfähigkeit der Warenkreditgeber wurde wieder aufgegriffen. Es wurde festgestellt, daß bei einem Flüchtlingsunternehmen damit zu rechnen sei, daß es auf schwacher Kapitalgrundlage stehe und daher vor allem mit Fremdmitteln finanziert sei. Somit könnten sich die Warenkreditgeber nicht darauf berufen, daß sie über die Kreditwürdigkeit des Unternehmens getäuscht worden seien. Bemerkenswert war der Rückgriff auf diese Gesichtspunkte, da es sich um die Prüfung eines Schadensersatzanspruches gemäß § 826 BGB gegen den Geldkreditgeber handelte und daher bei einer Feststellung der Sittenwidrigkeit im Gegensatz zum Urteil vom 4.2.1954 nicht der Staat der wirtschaftlich Geschädigte gewesen wäre. Somit zeigte sich, daß der BGH zumindest im Zusammenhang mit Flüchtlingsunternehmen den Geldkreditgebern einen gewissen Schutz gewährte, was interessengerecht und daher begrüßenswert war[588]. Zweck dieser Rechtsprechung war es sicherlich, die Banken nicht von den grundsätzlich schon riskanten Krediten für Flüchtlingsunternehmen abzuhalten. Diese Unternehmen schufen zusätzliche Arbeitsplätze und konnten so dazu dienen, die durch den 2. Weltkrieg bedingte schlechte Wirtschaftslage zu verbessern.

In weiteren Urteilen[589], die sich auch mit der Sittenwidrigkeit von Sicherungsübereignungen im Rahmen der Kreditvergabe an Flüchtlingsunternehmen beschäftigten, wurde diese Rechtsprechung fortgesetzt und stets hervorgehoben, daß es für die Gläubiger erkennbar gewesen sei, daß diese Unternehmen nahezu ohne Eigenkapital tätig wurden, so daß sie nicht über die Kreditwürdigkeit getäuscht worden seien. Trotzdem wurde weiterhin von den Kreditgebern bei Zweifeln über die wirtschaftliche Leistungsfähigkeit der Kreditnehmer gefordert, daß sie deren wirtschaftliche Verhältnisse überprüfen müßten. Wie in einem Urteil vom 13.5.1958[590] festgestellt wurde, konnte sich der Kreditgeber dabei auf eine

586 BGH VI ZR 188/56 = WM 1958,249.

587 BGH IV ZR 164/55 = LM § 3 AnfG Nr.1.

588 Vgl. bereits die Ausführungen Sprengels zur Kreditgewährung bei Flüchtlingsbetrieben in MDR 1954,257 (258).

589 Urteil vom 4.3.1958 (BGH VIII ZR 213/57) = WM 1958,590; Urteil vom 13.5.1958 (BGH VIII ZR 331/56) = WM 1958,845; Urteil vom 27.9.1960 (BGH VIII ZR 230/59) = nicht veröffentlicht; Urteil vom 11.10.1961 (BGH VIII ZR 113/60) = WM 1961,1297.

590 BGH VIII ZR 331/56 = WM 1958,845.

bereits erfolgte behördliche Prüfung verlassen, selbst wenn diese von falschen tatsächlichen Voraussetzungen ausgegangen war, was ihm aber nicht bekannt sein durfte.

(h) Urteil vom 30.4.1959[591] (Kollision von Globalzession und verlängertem Eigentumsvorbehalt)

In einem Urteil vom 30.4.1959 beschäftigte sich der BGH mit der Bewertung einer Globalzession, die mit verlängerten Eigentumsvorbehalten von Warenlieferanten kollidierte. Das Urteil basierte auf folgendem Sachverhalt:

Die Klägerin war eine Bank, die einer Firma laufend Kredite gewährte. Diese Firma betrieb eine Gerberei und Lederfabrik. Am 15.10.1952 trafen die Klägerin und die Firma eine Vereinbarung über die Abtretung von Forderungen zur Sicherung dieser Kredite.

Darin verpflichtete die Firma sich, sämtliche bestehenden und zukünftigen Forderungen, die sie aus der Lieferung von Leder gegen dessen Abnehmer hatte, an die Klägerin abzutreten. Durch die Forderungen sollte der Kredit ständig in Höhe von 250.000 bis 300.000 DM gedeckt sein. Die Firma sollte die Schuldner dieser Forderungen zur Zahlung an die Bank anhalten. Sie wurde von der Bank ermächtigt, Forderungen im eigenen Namen einzuziehen und über den Erlös zu verfügen, solange dadurch die vereinbarte Deckungsgrenze nicht unterschritten wurde.

Am 3.9.1954 fiel die Firma in Konkurs. Die Klägerin verlangte nun vom Beklagten, dem Konkursverwalter der Firma, die Auszahlung von 8306,29 DM. Diesen Betrag hatte der Konkursverwalter von einer anderen Firma eingezogen und auf einem Anderkonto angelegt. Die Klägerin machte geltend, daß ihr diese Forderung abgetreten worden sei. Der Beklagte berief sich darauf, daß die Abtretungen sittenwidrig und daher nichtig seien.

Das Land- und das Berufungsgericht gaben der Klage statt.

Die Revision führte zur Zurückverweisung. Zunächst erörterte der BGH, daß der Abtretungsvertrag nicht wegen Knebelung sittenwidrig sei[592]. Er sei aber deshalb sittlich bedenklich, weil die Klägerin sich auch die Forderungen abtreten ließe, die aufgrund von verlängerten Eigentumsvorbehalten an die Lieferanten der Firma abzutreten wären.

Zunächst führte der BGH aus, daß bei diesen Doppelabtretungen der Grundsatz der Priorität gelte und daher eigentlich die im Rahmen der Globalzession erfolgten Abtretungen den späteren Abtretungen an die Warenlieferanten vorgin-

591 BGH VII ZR 19/58 = NJW 1959,1533.
592 Vgl. dazu unten 3. Teil C. 1. b).

gen. Die Ansicht, daß stets der Warenlieferant den Vorzug genieße, wurde vom BGH strikt abgelehnt, da es keine rechtliche Grundlage für eine solche Vorgehensweise gebe und auch die Interessenlage nicht notwendig dafür spreche.

Die Abrede, daß die Globalzession späteren Forderungsabtretungen an die Warenlieferanten vorgehen solle, sei aber wegen Verstoßes gegen das Gesetz und die guten Sitten nichtig. Wenn nämlich die Firma in der Folgezeit Waren unter verlängertem Eigentumsvorbehalt einkaufe, so täusche sie notwendig ihre Lieferanten. Sie könne schließlich die dabei vereinbarte Abtretung der Forderungen gegen ihre Abnehmer nicht vornehmen, weil sie diese Forderungen bereits an die Klägerin abgetreten habe. Die Firma müsse also fortlaufend grobe Vertragsverletzungen gegenüber ihren Lieferanten begehen und unter Umständen sogar strafbare Handlungen, wie Betrug, Unterschlagung und Untreue, vornehmen.

Da die Klägerin zudem gewußt habe, daß die Firma in der Regel nur unter verlängertem Eigentumsvorbehalt Rohstoffe einkaufen könne, verstoße die Vereinbarung, daß die Globalzession späteren Abtretungen an die Warenlieferanten vorgehen solle, klar gegen die Gesetze und die guten Sitten. Sie sei daher gemäß § 134 und § 138 Abs.1 BGB nichtig. Ob dies gemäß § 139 BGB zur Nichtigkeit des ganzen Vertrages vom 15.10.1952 führe, habe das Berufungsgericht in erneuter Verhandlung zu prüfen.

Hatte die Kollision von verschiedenen Sicherungsmitteln in der Rechtsprechung des BGH in den 50er Jahren stets eine große Rolle gespielt, so beschäftigte er sich doch in diesem Urteil erstmals mit dem Aufeinandertreffen von Globalzession und verlängertem Eigentumsvorbehalt. Dieser Problempunkt war vor 1950 kaum diskutiert worden. Erst nachdem der BGH in Abkehr von der Rechtsprechung des RG[593] in einem Urteil vom 25.10.1952[594] die Vereinbarung eines verlängerten Eigentumsvorbehalts auch in allgemeinen Geschäftsbedingungen für grundsätzlich zulässig erachtet hatte, kam es häufig zum Aufeinandertreffen dieses Sicherungsmittels mit der Globalzession. Bereits vor Erlaß des vorliegenden Urteils war die Lösung dieses Problems höchst umstritten[595]. Auf das Urteil folgte eine lebhafte Diskussion, in der teilweise dem BGH zumindest im Ergeb-

593 Urteil vom 6.4.1937 (RG II 238/36) = RGZ 155,26 (28ff.); Urteil vom 21.12.1938 (RG II 132/38) = JW 1939,563 (563); Urteil vom 23.1.1940 (RG VII 188/39) = DR 1940,581 (582f.).

594 BGH I ZR 48/52 = BGHZ 7,365.

595 Vgl. Flume, NJW 1950,841; v. Caemmerer, JZ 1953,98; Eichhorn, DB 1954,532; Ascher, DRiZ 1955,177; Hees, MDR 1955,525; Dempewolf, NJW 1956,851; Capeller, MDR 1956,137; Schmitz-Beuting, KTS 1956,88.

nis zugestimmt wurde[596]. Vielfach wurde die Entscheidung des BGH zum Teil heftig kritisiert[597].

Dabei bildeten sich neben der Ansicht des BGH, daß grundsätzlich der verlängerte Eigentumsvorbehalt aufgrund der Sittenwidrigkeit der Sicherungszession vorrangig zu berücksichtigen sei, zwei weitere Ansichten heraus. Nach einer Meinung sollte nach rein rechtlichen Gesichtspunkten entschieden werden und der Prioritätsgrundsatz alleinige Geltung erlangen. Danach wäre also immer demjenigen Sicherungsnehmer die Forderung zuzusprechen gewesen, der zuerst die antizipierte Forderungsabtretung vereinbart hatte[598]. Nach anderer Ansicht hatte ein interessengerechter Ausgleich zwischen den Sicherungsgebern zu erfolgen und es war ihnen ein ihrer Leistung entsprechender Anteil an der Forderung zu gewähren[599].

Der BGH hatte im vorliegenden Urteil betont, daß grundsätzlich der Prioritätsgrundsatz gelte. Dadurch, daß er dann allerdings die Sittenwidrigkeit der Sicherungszession feststellte, wurde dieser Grundsatz praktisch seiner Gültigkeit beraubt, was sehr inkonsequent wirkte[600]. Jedoch mußte dabei beachtet werden, daß eine strikte Anwendung des Prioritätsprinzips dazu geführt hätte, daß nach einer gewissen Zeit nur noch der Kreditgeber, der durch eine Globalzession gesichert war, die entstehenden Forderungen erwerben würde und die später folgenden Warenkreditgeber trotz ihres verlängerten Eigentumsvorbehaltes einer Sicherung beraubt wären[601]. Wenn man nun die Geldkreditgeber nicht einseitig vor den Warenkreditgebern bevorzugen wollte, mußte eine Durchbrechung des Prioritätsgrundsatzes erfolgen.

Daß der BGH diese Durchbrechung mit Hilfe des § 138 Abs.1 BGB zu erreichen suchte, stieß jedoch auf Kritik[602]. Für die Annahme der Sittenwidrigkeit

---

596 Blomeyer, JZ 1959,600 (601); Falkenstein, DB 1959,1245 (1245f.); Neubeck, NJW 1959,1954 (1955); Rietschel, LM § 398 BGB Nr.9.

597 Dempewolf, NJW 1959,1533 (1534f.); Dempewolf, DB 1959,1160 (1161); Erman, BB 1959,1109 (1112); Tank, WM 1959,1446 (1451); Wunschel, NJW 1959,1953 (1954); Serick, BB 1960,141 (147); Erman, S.10; Esser, JZ 1968,281 (284); Finger, JZ 1970,642 (643); Beuthien, BB 1971,375 (376f.).

598 V. Caemmerer, JZ 1953,98 (100); Eichhorn, DB 1954,532 (532f.); Capeller, MDR 1956,137 (139); Dempewolf, NJW 1956,851 (853); Schmitz-Beuting, KTS 1956,88 (89); Dempewolf, DB 1959,1160 (1161); Serick, BB 1960,141 (147).

599 Erman, BB 1959,1109 (1112); Tank, WM 1959,1446 (1448); Erman, S.14; Esser, JZ 1968,281 (284f.); Finger, JZ 1970,642 (645); Beuthien, BB 1971,375 (377ff.).

600 Falkenstein, DB 1959,1245 (1245); Tank, WM 1959,1446 (1448); Serick, BB 1960,141 (142).

601 Dempewolf, NJW 1956,851 (853); Erman, BB 1959,1109 (1110); Flume, NJW 1959,913 (918); Serick, BB 1960,141 (145); Erman, S.6; Esser, JZ 1968,281 (284); Finger, JZ 1970,642 (643); Beuthien, BB 1971,375 (376).

602 Dempewolf, DB 1959,1160 (1161).

hätte die Globalzession dem Anstandsgefühl aller billig und gerecht Denkenden widersprechen müssen, wobei man das Anstandsgefühl der beteiligten Geschäftskreise hätte zugrunde legen müssen. Die Globalzession war aber weit verbreitet und erregte keinen Anstoß, so daß der Rückgriff auf § 138 Abs.1 BGB zumindest bedenklich war[603].

Auch einzelne Gesichtspunkte, aus denen der BGH die Sittenwidrigkeit im vorliegenden Fall herleiten wollte, wurden kritisiert. So hatte der BGH die Globalzession für sittenwidrig erklärt, weil nach deren Abschluß ein verlängerter Eigentumsvorbehalt vereinbart wurde. Wäre ein solcher später nicht vereinbart worden, so wäre die Globalzession weiterhin wirksam gewesen. Die Sittenwidrigkeit war also abhängig von einem Ereignis, daß erst nach Vereinbarung dieses Rechtsgeschäfts eingetreten war. Nach ständiger Rechtsprechung von RG und BGH mußte die Sittenwidrigkeit eines Rechtsgeschäfts aber nach den zur Zeit seiner Entstehung herrschenden Umständen festgestellt werden. Nun wurde bemängelt, daß der BGH, indem er auf den später vereinbarten verlängerten Eigentumsvorbehalt abstellte, sich mit diesen Grundsätzen in Widerspruch setze[604]. Dem konnte aber entgegengehalten werden, daß stets auch zukünftige Umstände Beachtung finden konnten, wenn die Vertragsparteien diese schon bei Abschluß des Vertrages zugrundegelegt hatten[605]. Im vorliegenden Fall war ausdrücklich festgestellt worden, daß die Bank mit dem Abschluß von verlängerten Eigentumsvorbehalten rechnete und die aus dem Verkauf dieser Vorbehaltswaren entstehenden Forderungen von der Globalzession umfaßt wissen wollte.

Allerdings ergab sich nun die Frage, wie in anderen Fällen, in denen der Geldkreditgeber gutgläubig war, über die Sittenwidrigkeit von Globalzessionen zu entscheiden war[606]. Dazu wurde ausgeführt, daß die Vereinbarung von verlängerten Eigentumsvorbehalten so verbreitet sei, daß die Bank niemals gutgläubig sein könne, sondern stets damit rechnen müsse, daß der Kreditnehmer ein solches Sicherungsmittel mit seinen Warenlieferanten vereinbaren werde[607]. Dies konnte auch kaum widerlegt werden. Allerdings war fraglich, ob die bloße Kenntnis eines gegenüber den Warenkreditgebern erfolgenden Vertragsbruches für die Annahme der Sittenwidrigkeit ausreichen konnte. Grundsätzlich sollte diese Kennt-

---

603 Dempewolf, DB 1959,1160 (1161).

604 Dempewolf, NJW 1959,1533 (1534); der dies auch schon vor Erlaß des vorliegenden Urteils feststellte, in: NJW 1956,851 (852).

605 Neubeck, NJW 1959,1954 (1954).

606 Rietschel, LM § 398 BGB Nr.9.

607 Eichhorn, DB 1954,532 (533); Erman, BB 1959,1109 (1110); Falkenstein, DB 1959,1245 (1246); Flume, NJW 1959,913 (919); Neubeck, NJW 1959,581 (582); Tank, WM 1959,1446 (1446,1451); Wunschel, NJW 1959,1953 (1953); dagegen nur Serick, BB 1960,141 (148).

nis nicht ausreichen und die Sittenwidrigkeit nur bei planmäßigem Zusammenwirken der Vertragspartner angenommen werden[608]. Abgesehen davon, daß man aufgrund der Kenntnis der Banken möglicherweise schon von einem planmäßigen Zusammenwirken ausgehen konnte, wurde teilweise festgestellt, daß es auf die Kenntnis des Geldkreditgebers oder sein Verschulden nicht ankomme[609]. Vielmehr sei aufgrund der notwendigen Kollision mit dem verlängerten Eigentumsvorbehalt das Institut der Globalzession soweit sittenwidrig, wie dieser verlängerte Eigentumsvorbehalt in seiner Wirkung beeinträchtigt würde[610].

Ein weiterer Kritikpunkt am Urteil wurde darin gesehen, daß nach Ansicht des BGH der Kreditnehmer einen Vertragsbruch gegenüber dem Warenlieferanten begehe und der Geldkreditgeber aufgrund seiner Kenntnis an diesem Vertragsbruch mitwirke. In der Literatur wurde vertreten, daß der Kreditnehmer in gleicher Weise im Zusammenwirken mit dem Warenkreditgeber durch den Abschluß des verlängerten Eigentumsvorbehalts einen Vertragsbruch zu Lasten des Globalzessionars begehe, so daß sich darauf die Sittenwidrigkeit der Globalzession nicht gründen lasse[611]. Allerdings hielt dieser Vorwurf einer genaueren rechtlichen Betrachtung nicht stand. Wenn die Globalzession wirksam war, so waren alle zukünftigen Forderungen des Kreditnehmers an die Bank abgetreten. Durch die Vereinbarung eines verlängerten Eigentumsvorbehalts konnte dies nicht geändert werden, da die Forderung dem Vermögen des Kreditnehmers bereits entzogen war und es keinen gutgläubigen Forderungserwerb gab. War die Globalzession dagegen nichtig, so fehlte es bereits am Vertrag, der gebrochen werden konnte. Ein Vertragsbruch gegenüber dem Globalzessionar war also durch die Vereinbarung eines verlängerten Eigentumsvorbehalts nicht erfolgt[612].

Neben diesen rechtlichen Gesichtspunkten wurden vor allem die wirtschaftlichen Folgen erörtert, die dieses Urteil haben konnte. Zwar konnten aus wirtschaftlichen Betrachtungen, wie auch der BGH feststellte, keine zwingenden rechtlichen Schlüsse gezogen werden, allerdings konnten die erwünschten Ergebnisse gerade bei der Auslegung einer Generalklausel wie dem § 138 Abs.1 BGB eine wichtige Rolle spielen.

Zunächst wurde auf eine offensichtliche Gefahr hingewiesen, die das vorliegende Urteil mit sich brachte. Wenn die Globalzessionen aufgrund der Sittenwid-

---

608 Tank, WM 1959,1446 (1450).

609 Hees, MDR 1955,525 (525); Flume, NJW 1959,913 (920).

610 Flume, NJW 1959,913 (920).

611 Dempewolf, NJW 1959,1533 (1535); Finger, JZ 1970,642 (644); vor dem Urteil des BGH bereits: Capeller, MDR 1956,137 (138); Dempewolf, NJW 1956,851 (852); Eichhorn, DB 1954,532 (533).

612 Flume, NJW 1959,913 (918f.); Neubeck, NJW 1959,1954 (1954); Wunschel, NJW 1959,1953 (1953).

rigkeit stets hinter den verlängerten Eigentumsvorbehalten zurückstehen mußten, so verloren sie stark an Wert für die Banken. Da die Unternehmen den Banken häufig andere Sicherheiten nicht geben konnten, bestand die Gefahr, daß die Banken von einer Kreditvergabe in diesen Fällen absehen würden, was viele Unternehmen in den Konkurs getrieben hätte[613]. Gerade in der Zeit nach dem 2. Weltkrieg, als vielen Unternehmen eine gesunde wirtschaftliche Grundlage fehlte, hätte dies eine verheerende Wirkung auf die deutsche Wirtschaft haben können. Allerdings wurde bemerkt, daß die Globalzession auch unter Berücksichtigung des vorliegenden Urteils weiterhin als Sicherungsmittel verwendet werden konnte[614], so daß sie ihre Sicherungsfunktion nicht vollständig verloren hatte. Es war daher mit einer Kreditsperre durch die Banken nicht tatsächlich zu rechnen.

Weiterhin bewirkte das Urteil des BGH, daß die Warenkreditgeber, deren typisches Sicherungsmittel der verlängerte Eigentumsvorbehalt war, einseitig vor den Geldkreditgebern begünstigt wurden, deren typisches Sicherungsmittel die Globalzession war. Dies konnte, wie auch der BGH in dem vorliegenden Urteil festgestellt hatte, nicht damit begründet werden, daß die Warenkreditgeber der Forderung aus dem Verkauf der Vorbehaltsware näher standen[615]. Trotzdem wurde die Bevorzugung der Warenkreditgeber teilweise begrüßt, da sie sonst aufgrund der Wirkung der Globalzession selbst keine wirkungsvolle Sicherung vereinbaren konnten[616]. Allerdings wurde zum Teil die einseitige Benachteiligung bemängelt, welche die Geldkreditgeber durch das Urteil des BGH hinnehmen mußten[617]. Insgesamt war das Bestreben aller beteiligten Kreise zu erkennen, einen gerechten Ausgleich zwischen den Interessen der Waren- und Geldkreditgeber zu erreichen. Ob dieser in der vom BGH erfolgten Form erreicht werden konnte, oder ob der Prioritätsgrundsatz oder das Trennungsprinzip ein interessengerechteres Ergebnis erzielen konnten, war dagegen umstritten.

---

613 Dempewolf, DB 1959,1160 (1161); Dempewolf, NJW 1959,1533 (1535); Erman, BB 1959,1109 (1110); Tank, NJW 1959,1446 (1447); Wunschel, NJW 1959,1953 (1953); ebenso Neubeck, NJW 1959,1954 (1955), der diese Entwicklung aber im Sinne der Volkswirtschaft begrüßte, da so Globalzessionen als undurchsichtige Sicherungsmittel vermieden würden und Betriebe, die auf solche Kredite angewiesen wären, sowieso nicht lebensfähig wären.

614 Blomeyer, JZ 1959,600 (601).

615 Eichhorn, DB 1954,532 (533); Dempewolf, NJW 1956,851 (853); Erman, BB 1959,1109 (1111); Wunschel, NJW 1959,1953 (1953); Erman, S.11f.; dagegen, allerdings noch vor Erlaß des vorliegenden Urteils: Schmitz-Beuting, KTS 1956,88 (90); Neubeck, NJW 1959,581 (581f.).

616 Blomeyer, JZ 1959,600 (601); bereits vor Erlaß dieses Urteil dahingehend: Ascher, DRiZ 1955,177 (179); Hees, MDR 1955,525 (525); Schmitz-Beuting, KTS 1956,88 (91).

617 Dempewolf, NJW 1959,1533 (1535); Wunschel, NJW 1959,1953 (1954).

Die Meinungsvielfalt zeigte schon, daß eine gerechte Lösung, die zudem noch einfach und praktikabel war, nicht gefunden werden konnte. Daher verwunderte es um so mehr, daß der BGH das vorliegende Urteil sehr knapp faßte und auf viele relevanten Fragen nicht einging. Unabhängig davon, ob das erzielte Ergebnis interessengerecht war, genügte die Begründung des Urteils jedenfalls nicht, um die Ansicht des BGH als überzeugend zu akzeptieren.

(i) Weitere Urteile zur Kollision von Globalzession und verlängertem Eigentumsvorbehalt

In einem Urteil vom 2.2.1960[618] wurde die Rechtsprechung aus dem Urteil vom 30.4.1959[619] bestätigt. Allerdings lag nun ein anders gelagerter Sachverhalt vor. Der Geldkreditgeber hatte laufend Darlehen gewährt, die ausdrücklich dazu dienen sollten, die Forderungen der Warenlieferanten zu befriedigen. Die im Zuge dieser Darlehensgewährung erfolgte Globalzession wurde als nicht sittenwidrig bewertet. Im Gegensatz zum oben angeführten Urteil konnte der Geldkreditgeber davon ausgehen, daß der Schuldner gegenüber seinen Warenlieferanten nicht vertragsbrüchig handelte, da die erforderlichen Mittel zur Befriedigung der Warenkreditgeber durch die Darlehensgewährung bereit gestellt werden sollten. Daß der Schuldner durch später erfolgte Täuschungen doch die Warenkreditgeber schädigte, konnte die einmal wirksam abgeschlossene Globalzession nicht sittenwidrig und nichtig machen.

Hatte der BGH bereits in diesem Urteil vom 2.2.1960 das subjektive Element der Sittenwidrigkeit in den Vordergrund gestellt, so erlangte dieses in einem Urteil vom 9.6.1960[620] entscheidende Bedeutung. In diesem Urteil wurde zunächst festgehalten, daß aus den Ausführungen des Urteils vom 30.4.1959[621] nicht geschlossen werden könne, daß die Sicherungszession zugunsten einer Bank immer dem später vereinbarten verlängerten Eigentumsvorbehalt weichen müsse. Vielmehr sei sie grundsätzlich wirksam und nur im Einzelfall sittenwidrig und nichtig, wie auch schon im Urteil vom 2.2.1960 betont worden sei.

Ein solcher Verstoß gegen § 138 Abs.1 BGB sei nicht schon dann gegeben, wenn die Möglichkeit bestehe, daß die zugunsten der Bank vereinbarte Sicherungszession einmal mit einem verlängerten Eigentumsvorbehalt konkurriere. Vielmehr müßten die Beteiligten subjektiv in zu mißbilligender Gesinnung gehandelt haben. Da es im vorliegenden Fall der Bank nicht bewußt gewesen sei

618 BGH VIII ZR 43/59 = LM § 398 BGB Nr.10.
619 BGH VII ZR 19/58 = NJW 1959,1533.
620 BGH VII ZR 228/58 = WM 1960,838.
621 BGH VII ZR 19/58 = NJW 1959,1533.

und sie noch nicht einmal damit gerechnet habe, daß sie Forderungen erwerben werde, welche die Schuldnerin an Warenlieferanten abtreten werde, sei der Bank kein sittlicher Vorwurf zu machen und die Zessionen seien nicht sittenwidrig.

Der BGH folgte hier ausdrücklich nicht der in der Literatur vertretenen Ansicht, daß aufgrund der weiten Verbreitung des verlängerten Eigentumsvorbehalts die Bank bei Globalzessionen stets damit rechnen müsse, daß sie Forderungen erwerbe, die aufgrund dieser verlängerten Eigentumsvorbehalte an die Warenlieferanten abzutreten seien[622]. Vielmehr forderte der BGH, daß im Einzelfall ein solches Wissen der Bank nachgewiesen werden müsse. Damit wurde zwar die Funktion der Globalzession als Sicherungsmittel der Banken bewahrt und diese Zession nicht grundsätzlich für nichtig gehalten. Jedoch war die Wirksamkeit von der subjektiven Einstellung des Geldkreditgebers abhängig, was die Rechtsunsicherheit in diesem Problemkreis nur erweitern konnte. Zudem war die Position der Warenkreditgeber in einem Prozeß nahezu aussichtslos, da sie die verwerfliche Gesinnung der Geldkreditgeber nachweisen mußten, was kaum gelingen konnte[623].

Bestätigt wurde diese Rechtsprechung in einem Urteil vom 30.10.1961[624]. Der Geldkreditgeber hatte nach Ansicht des BGH nicht die für die Annahme einer Sittenwidrigkeit erforderliche verwerfliche Gesinnung. Obwohl die Lieferung an den Schuldner mit verlängerten Eigentumsvorbehalten als branchenüblich anerkannt wurde, ließ der BGH dies jedoch für die Kenntnis der Bank nicht genügen. Sie habe darauf vertrauen dürfen, daß der Schuldner Lieferanten finde, die bereit seien, ohne verlängerten Eigentumsvorbehalt zu liefern.

(j) Urteil vom 15.6.1962[625] (Gläubigergefährdung und Konkursverschleppung)

In einem Urteil vom 15.6.1962 befaßte sich der BGH mit der Sittenwidrigkeit von Sicherungsverträgen, die zur Sicherung eines Darlehens vereinbart worden waren. Dem Urteil lag folgender Sachverhalt zugrunde:

Die Gemeinschuldnerin war eine Firma, die medizinische Geräte herstellte. Sie hatte die Beklagte, eine Bank, im Jahre 1949 um Gewährung eines Kredites gebeten. Nachdem der Bank der Prüfungsbericht eines unabhängigen Prüfers vorgelegt worden war, der die wirtschaftliche Lage des Unternehmens als gut darstellte, hatte die Beklagte den Kredit gewährt. Weitere Kredite wurden auf-

---

622 Vgl. oben S.172f..
623 Scherner, BB 1968,1267 (1268).
624 BGH VII ZR 157/60 = WM 1962,13.
625 BGH VI ZR 268/61 = WM 1962,962.

grund weiterer Prüfungsberichte gewährt. Diese Prüfungsberichte beruhten allerdings auf den von der Gemeinschuldnerin selbst vorgelegten Nachweisen. Dabei blieben dem Prüfer die wahren wirtschaftlichen Verhältnisse der Gemeinschuldnerin teilweise verborgen. Nachdem trotzdem in den Prüfungsberichten die Rentabilität der Firma in Frage gestellt und der Bestand des Unternehmens von der Hingabe weiterer umfassender Kredite abhängig gemacht wurde, ließ die Beklagte sich von der Gemeinschuldnerin im August 1949 umfassende Sicherheiten einräumen, die vor allem aus Sicherungsübereignungen und Bürgschaften bestanden. Zudem setzte sie einen Beauftragten zur Überwachung der Geschäfte der Firma ein. Daraufhin gewährte die Bank die geforderten Kredite.

Nach gewisser Zeit stellte der Beauftragte die wahre wirtschaftliche Lage des Unternehmens fest, das völlig überschuldet war. Der Geschäftsbetrieb wurde Ende 1949 eingestellt. Am 14.2.1950 wurde über das Vermögen der Gemeinschuldnerin das Konkursverfahren eröffnet.

Der Kläger machte nun Forderungen gegen die Firma geltend, die in der Zeit bis zum 13.1.1949 durch Warenlieferungen an diese entstanden seien. Da das Konkursverfahren mangels Masse eingestellt wurde, erhielt der Kläger bisher keine Zahlung. Er klagte nun auf Schadensersatz. Sowohl das Land- als auch das Berufungsgericht hatten die Klage abgewiesen.

Die Revision des Klägers hatte keinen Erfolg. Der BGH führte aus, daß ein Anspruch auf Schadensersatz sich nur aus § 826 BGB ergeben könne. Bereits das Berufungsgericht habe die typischen Tatbestände der Sittenwidrigkeit von Sicherungsverträgen überprüft und verneint. Diese Tatbestände seien die Kredittäuschung, Gläubigergefährdung, Konkursverschleppung, Aussaugung und die stille Geschäftsinhaberschaft. Auch in sonstiger Weise seien die Merkmale einer sittenwidrigen Schädigung nicht gegeben. Diese Bewertung durch das Berufungsgericht entspreche den in der Rechtsprechung entwickelten Grundsätzen.

Im einzelnen ging der BGH auf die Gläubigergefährdung ein. Diese liege dann vor, wenn die ausbedungene Sicherheit durch ihren Umfang und ihre Undurchsichtigkeit die Gefahr mit sich bringe, daß dritte Gläubiger aufgrund ihrer Unkenntnis von den wahren Verhältnissen zu Schaden kämen. Bei Altgläubigern, wie es der Kläger gewesen sei, kämen Ansprüche aus § 826 aus diesem Gesichtspunkt nur in Betracht, wenn sie durch die Undurchsichtigkeit der Sicherung von der rechtzeitigen Beitreibung ihrer Forderungen abgehalten worden seien. Im vorliegenden Fall habe der Kläger aber bereits im August 1949 einen erfolglosen Vollstreckungsversuch unternommen, so daß ein Schadensersatzanspruch gemäß § 826 BGB wegen Gläubigergefährdung nicht gegeben sei.

Auch die Konkursverschleppung wurde vom BGH eingehend gewürdigt. Diese sei erfüllt, wenn der Kreditgeber den Schuldner von einer gebotenen alsbaldigen Eröffnung des Konkurses dadurch abgehalten habe, daß er einen für die Gesundung des Schuldners offenbar unzulänglichen und nur zur Verlängerung des Todeskampfes dienenden Kredit gewährt habe. Dieses Verhalten sei bereits dann sittenwidrig, wenn der Kreditgeber sich grob fahrlässig der Erkenntnis dieser Dinge und des für die Dritten eintretenden Schadens verschlossen habe. Hier sei die Beklagte aber bis Mitte November 1949 aufgrund der falschen Prüfungsberichte von der Sanierungsfähigkeit des Unternehmens überzeugt gewesen und dürfe dies auch gewesen sein. Die Berichte seien schließlich durch eine unabhängige und anerkannte Wirtschaftsprüfungsgesellschaft erstattet worden. Anlaß zu Mißtrauen habe nicht bestanden. Nach Kenntnis von der wahren Sachlage sei der Sanierungsversuch unverzüglich abgebrochen worden. Somit sei ein Schadensersatzanspruch gemäß § 826 BGB aufgrund fehlender Sittenwidrigkeit nicht gegeben.

Dieses Urteil des BGH griff erstmals wieder die vom RG entwickelten Fallgruppen zur Sittenwidrigkeit von Sicherungsverträgen auf. Ohne weitere Begründung wurden diese Fallgruppen, die im vorliegenden Fall bereits vom Berufungsgericht geprüft worden waren, zugrundegelegt und es wurde festgestellt, daß diese den in der Rechtsprechung entwickelten Grundsätzen entsprechen.

Dies verwunderte doch stark, da der BGH stets betont hatte, daß nicht auf starre Fallgruppen abgestellt werden dürfe, sondern eine Betrachtung des Einzelfalles erfolgen müsse[626] Eine solche von diesen Fallgruppen losgelöste Betrachtung nahm der BGH hier aber gar nicht vor.

Dies könnte darauf hindeuten, daß der BGH mit diesem Urteil der starken Rechtsunsicherheit, die durch die Einzelfallrechtsprechung entstanden war, begegnen wollte und durch die Anknüpfung an diese klarer abgegrenzten Fallgruppen die Rechtsprechung wieder stärker strukturieren wollte. Auf eine solche Absicht deuteten die Ausführungen des BGH jedoch nicht hin. Wenn eine Abwendung von der bestehenden Rechtsprechung beabsichtigt gewesen wäre, so hätte der BGH dies erwähnt und nicht festgestellt, daß die Ausführungen der bisherigen Rechtsprechung entsprachen.

Die in den Fallgruppen des RG entwickelten Begriffe hatten stets in der Rechtsprechung des BGH weiterhin Erwähnung gefunden und wurden nie ganz aufgegeben. Insbesondere im Rahmen des § 826, für den sie zunächst entwickelt worden waren, fanden sie häufig Verwendung. Sie beschrieben typische Fälle, in denen Sicherungsverträge sittenwidrig waren. Im vorliegenden Fall könnten diese typischen Fälle gerade passend gewesen sein und die sonstige Gestaltung der Verträge könnte nichts sittlich Bedenkliches an sich gehabt haben. Somit ist wohl davon auszugehen, daß hier ein Einzelfall vorlag, der keinen weitergehenden Einfluß auf die Rechtsprechung des BGH haben sollte.

---

626 Siehe oben S.156f.,161f., insbesondere die Urteile in Fn.574.

(k) Gesamtbetrachtung

Der BGH hat in einigen Punkten die Rechtsprechung des RG ohne gravierende Änderung übernommen. So war die Sittenwidrigkeit der Sicherungsverträge stets nach den Umständen zur Zeit des Vertragsabschlusses zu bewerten, eine rückwirkende Sittenwidrigkeit schied aus[627]. Auch die Bewertung des verlängerten Eigentumsvorbehalts deckte sich mit der Rechtsprechung des RG, so daß er weiterhin umfassend anerkannt war[628].

Bezüglich der Sittenwidrigkeit von Sicherungsverträgen wurden zunächst die Fallgruppen übernommen, die sich in der Rechtsprechung des RG herausgebildet hatten[629]. Mit dem Urteil vom 9.7.1953[630] folgte dann aber die strikte Hinwendung zur Beurteilung des Einzelfalles, die nicht an starren Tatbeständen erfolgen sollte. Diese Einzelfallbetrachtung war zwar in der Rechtsprechung des RG angelegt[631], wurde nun aber erstmals konsequent und allgemeingültig angewendet. Die wesentlichen Gesichtspunkte, die dabei zu berücksichtigen waren, wurden bereits in den Urteilen vom 9.7.1953[632] und vom 4.2.1954[633] festgelegt. Änderungen in diesen grundlegenden Richtlinien erfolgten nur sehr zögernd in einigen Teilbereichen. So wurden in Urteilen vom 2.2.1955[634] und vom 2.11.1955[635] die Anforderungen an die Prüfungspflicht des Geldkreditgebers gesenkt und seit dem Urteil vom 20.12.1957[636] wurde auf die besondere Situation der Flüchtlingsbetriebe eingegangen. Eine Neuerung stellte die Bewertung der Kollision von Globalzession und verlängertem Eigentumsvorbehalt dar[637].

Dadurch, daß der BGH jedoch den Einzelfall dermaßen in den Vordergrund stellte, herrschte trotz der in den Grundzügen recht einheitlichen Rechtsprechung eine starke Rechtsunsicherheit, die sich auch darin äußerte, daß es zu diesem Problemkreis zahlreiche Entscheidungen des BGH gab. In den meisten Urteilen

---

627 Urteil vom 28.5.1951 (BGH IV ZR 5/51) = LM § 138 (Cb) BGB Nr.1; Urteil vom 14.7.1952 (BGH IV ZR 1/52) = BGHZ 7,111; Urteil vom 2.2.1955 (BGH IV ZR 252/54) = NJW 1955,1272; Urteil vom 2.11.1955 (BGH IV ZR 103/55) = WM 1955,1580.

628 Urteil vom 16.12.1957 (BGH VII ZR 49/57) = BGHZ 26,185.

629 Urteil vom 28.5.1951 (BGH IV ZR 5/51) = LM § 138 (Cb) BGB Nr.1; Urteil vom 14.7.1952 (BGH IV ZR 1/52) = BGHZ 7,111.

630 BGH IV ZR 242/52 = BGHZ 10,228.

631 Vgl. oben S.150.

632 BGH IV ZR 242/52 = BGHZ 10,228.

633 BGH IV ZR 164/55 = LM § 3 AnfG Nr.1.

634 BGH IV ZR 252/54 = NJW 1955,1272.

635 BGH IV ZR 252/54 = NJW 1955,1272.

636 BGH VI ZR 188/56 = WM 1958,249.

637 Urteil vom 30.4.1959 (BGH VII ZR 19/58) = NJW 1959,1533.

ging es jedoch nur um die Frage, wie der jeweilige Einzelfall unter der Rechtsprechung des BGH zu bewerten war. Trotz dieser Fixierung auf den Einzelfall konnte die eingebürgerte Fallgruppenbildung nicht völlig beseitigt werden. Häufig wurden die bereits beim RG gebräuchlichen Begriffe weiterhin verwendet. In einem Urteil vom 15.6.1962[638] wurden schließlich sogar die ursprünglichen Fallgruppen wieder schematisch angewendet.

Insgesamt ließ sich in der Rechtsprechung des BGH zum vorliegenden Komplex vor allem das Bestreben erkennen, einen gerechten Ausgleich zwischen den Interessen der Geld- und Warenkreditgeber zu finden. Diese Gruppierungen trafen bei mehrfachen Sicherungen fast zwangsläufig aufeinander. Zudem hatten sie meist unterschiedliche Sicherungsmethoden. Der Geldkreditgeber sicherte sich meist durch Sicherungsübereignungen und Forderungsabtretungen. Der Warenkreditgeber bediente sich regelmäßig des verlängerten Eigentumsvorbehalts.

Zunächst hatte der BGH vor allem die Warenkreditgeber bevorzugt, indem er den Geldkreditgebern umfassende Prüfungspflichten auferlegte[639]. Diese Pflichten wurden in den darauf folgenden Urteilen zwar wieder etwas gemindert, aber zunächst hielt der BGH an der Bevorzugung der Warenkreditgeber fest[640]. Erst als die besondere Situation der Flüchtlingsbetriebe Beachtung fand, wandelte sich die Rechtsprechung zugunsten der Geldkreditgeber[641]. Die Sicherungsverträge, die diese im Zusammenhang mit der Kreditvergabe an solche Flüchtlingsunternehmen abschlossen, waren nun nämlich regelmäßig nicht wegen Gläubigergefährdung sittenwidrig. Die Gläubiger, die meist die Warenlieferanten waren, mußten nach Ansicht des BGH erkennen, daß die finanzschwachen Unternehmen mit Fremdmitteln finanziert waren und mußten damit rechnen, daß umfassende Sicherungen bereits bestanden. Schließlich führte die Beurteilung der Kollision von Globalzession und verlängertem Eiegntumsvorbehalt wieder zu einer stärkeren Bevorzugung der Warenkreditgeber, die nach dem Urteil vom 30.4.1959[642] mit einem verlängertem Eigentumsvorbehalt stets den Vorrang vor einer Globalzession der Bank hatten. Diese Bewertung wurde vom BGH mit den

638 BGH VI ZR 268/61 = WM 1962,962.
639 Vgl. Urteil vom 9.7.1953 (BGH IV ZR 242/52) = BGHZ 10,228.
640 Vgl. z.B. das Urteil vom Urteil vom 16.12.1957 (BGH VII ZR 49/57) = BGHZ 26,185 zur Bewertung der Sittenwidrigkeit eines verlängerten Eigentumsvorbehalts.
641 Vgl. Urteil vom 20.12.1957 (BGH VI ZR 188/56) = WM 1958,249; Urteil vom 4.3.1958 (BGH VIII ZR 213/57) = WM 1958,590; Urteil vom 13.5.1958 (BGH VIII ZR 331/56) = WM 1958,845; Urteil vom 27.9.1960 (BGH VIII ZR 230/59) = nicht veröffentlicht; Urteil vom 11.10.1961 (BGH VIII ZR 113/60) = WM 1961,1297.
642 BGH VII ZR 19/58 = NJW 1959,1533.

folgenden Urteilen[643] aber wieder in das Gegenteil verkehrt. Nun wurde darauf abgestellt, daß die Kenntnis des Geldkreditgebers von den folgenden verlängerten Eigentumsvorbehalten, die im Urteil vom 30.4.1959 nur in einem Satz erwähnt wurde, vom Warenkreditgeber nachgewiesen werden müsse, damit die Globalzession als sittenwidrig bewertet werden könne. Dies führte dazu, daß der Warenkreditgeber in diesen Fällen eine nahezu aussichtslose Situation hatte und der Geldkreditgeber ganz eindeutig bevorzugt wurde. Es war aufgrund des Bestrebens des BGH, stets einen Ausgleich zwischen den beteiligten Interessen zu finden, daher zu erwarten, daß nach 1965 eine Korrektur dieser Rechtsprechung erfolgen würde, so daß die Interessen der Warenkreditgeber wieder verstärkt beachtet würden.

Tatsächlich hatte der BGH in der Folgezeit zur Kollision von Globalzession und verlängertem Eigentumsvorbehalt ausgeführt, daß der Bank das Bewußtsein der Sittenwidrigkeit der Globalzession unterstellt werden konnte, wenn es sich um einen Kunden handelte, der in seinem Gewerbe branchenüblich Ware nur unter verlängertem Eigentumsvorbehalt geliefert erhielt. Nur in extremen Ausnahmefällen sollte dieses Bewußtsein fehlen[644]. Somit wurde die Auslegung, die das Urteil vom 30.4.1959[645] in der Literatur erfahren hatte, vom BGH aufgegriffen. Um die Globalzession als Sicherungsmittel der Banken zu erhalten, vereinbarten diese in der Folge häufig eine dingliche Teilverzichtsklausel zugunsten der Warenkreditgläubiger. Da nun ein Vertragsbruch durch den Schuldner nicht mehr erforderlich war, wurden Globalzessionen, die eine solche Klausel beinhalteten, vom BGH als sittengemäß bewertet[646]. Obwohl sich diese Bewertung zu einer ständigen Rechtsprechung entwickelte, blieben weiterhin viele Einzelpunkte bezüglich der Sittenwidrigkeit wegen Gefährdung dritter Gläubiger umstritten[647].

---

643 Urteil vom 2.2.1960 (BGH VIII ZR 43/59) = LM § 398 BGB Nr.10; Urteil vom 9.6.1960 (BGH VII ZR 228/58) = WM 1960,838; Urteil vom 30.10.1961 (BGH VII ZR 157/60) = WM 1962,13.

644 Urteil vom 24.4.1969 (BGH VIII ZR 94/66) = NJW 1968,1516 (1517f.); Urteil vom 6.11.1968 (BGH VIII ZR 15/67) = NJW 1969,318 (320); Urteil vom 12.11.1970 (BGH VII ZR 34/69) = BGHZ 55,34 (36).

645 BGH VII ZR 19/58 = NJW 1959,1533.

646 Urteil vom 7.3.1974 (BGH VII ZR 148/73) = NJW 1974,942 (943); Urteil vom 9.11.1978 (BGH VII ZR 54/77) = BGHZ 72,308 (310); Urteil vom 8.10.1986 (BGH VIII ZR 342/85) = BGHZ 98,303 (314); Urteil vom 29.11.1989 (BGH VIII ZR 228/88) = BGHZ 109,240 (245); Urteil vom 18.4.1991 (BGH IX ZR 149/90) = NJW 1991,2144 (2147); Urteil vom 8.12.1993 (BGH VIII ZR 166/93) = NJW 1994,445 (445).

647 Vgl. Staudinger-Sack, 13. Auflage, § 138 Rdn.333-353; MüKo-Mayer-Maly, 2. Auflage, § 138 Rdn. 87-92; Soergel-Hefermehl, 12. Auflage, § 138 Rdn.168-179.

C. Sittenwidriges Verhalten eines Geschäftspartners

1. Ausnutzung einer Macht- oder Monopolstellung

a) Direkte Ausnutzung

(1) Entwicklung in der Rechtsprechung des RG

Im Zivilrecht gilt der Grundsatz der Vertragsfreiheit. Durch ihn sollte ein gerechter Ausgleich zwischen den Interessen der Vertragsparteien gewährleistet sein. Dies war aber nur dann möglich, wenn eine Vertragspartei die Vertragsbedingungen nicht einseitig diktieren konnte. Zur Wahrung der Interessen auch der anderen Vertragspartei mußte daher in einigen Fällen die Rechtsprechung korrigierend eingreifen.

Einer dieser Fälle konnte sich aus einer Macht- oder Monopolstellung eines Vertragspartners ergeben. Eine für die Bewertung nach § 138 Abs.1 BGB relevante Monopolstellung lag nach Ansicht des RG dann vor, wenn eine tatsächlich bestehende Lage gegeben war, nach welcher die Geschäftswelt allein auf die Benutzung der Dienste eines Unternehmers und der von ihm unterhaltenen Einrichtungen angewiesen war[648]. Eine solche Monopolstellung konnte rechtlich durch den Gesetzgeber geschaffen werden oder sich durch die tatsächlichen Gegebenheiten ergeben[649]. Dabei war es unbeachtlich, ob ein einzelner Unternehmer diese Stellung innehatte oder ob sie aus dem Zusammenschluß mehrerer Unternehmer folgte[650]. Auch mußte nicht unbedingt ein absolutes Monopol vorliegen, es genügte, daß bestimmte Geschäftskreise zur Abwicklung ihrer Geschäfte auf den Unternehmer angewiesen waren[651] oder nahezu alle Geschäfte dieser Art nur bei diesem Unternehmer abgeschlossen wurden[652].

Jedoch waren Rechtsgeschäfte nicht schon deshalb sittenwidrig, weil ein Beteiligter ein Monopolinhaber war. Selbst wenn die Monopolstellung ausgenutzt wurde und der Monopolinhaber seine Interessen in den Vordergrund stellte, so

---

648 Urteil vom 8.11.1926 (RG I 154/26) = RGZ 115,218 (219).

649 Urteil vom 15.5.1920 (RG I 25/20) = RGZ 99,107 (109); Urteil vom 19.11.1926 (RG II 108/26) = RGZ 115,254 (258); Urteil vom 7.9.1931 (RG V 106/31) = RGZ 133,388 (391).

650 Urteil vom 15.5.1920 (RG I 25/20) = RGZ 99,107 (110); Urteil vom 26.10.1921 (RG I 123/21) = RGZ 103,82 (83); Urteil vom 10.6.1931 (RG V 291/30) = LZ 1931,1065 (1067).

651 Urteil vom 8.11.1926 (RG I 154/26) = RGZ 115,218 (220).

652 Urteil vom 18.3.1925 (RG I 243/24) = JW 1925,1395 (1396); Urteil vom 4.11.1925 (RG I 511/24) = JW 1926,570 (570).

daß der Geschäftspartner geschädigt wurde, war das Rechtsgeschäft nicht stets sittenwidrig[653]. Vielmehr waren die Rechtsgeschäfte nur im Ausnahmefall nichtig. Ein solcher Ausnahmefall war gegeben, wenn die Monopolstellung in sittenwidriger Weise mißbraucht wurde.

Dieser Mißbrauch konnte nach Ansicht des RG zum einen darin gesehen werden, daß der Monopolinhaber einzelne Personen willkürlich oder aus unlauteren Gründen von sonst allgemein gültigen Vertragsbedingungen ausschloß[654]. Auch sollte es sittenwidrig sein, wenn der Monopolinhaber dem Geschäftspartner unbillige, unverhältnismäßige Opfer auferlegte[655]. Ebenso war ein Rechtsgeschäft sittenwidrig, bei dem der Monopolinhaber mißbräuchlich einseitig seine Belange zugrunde legte, ohne Rücksicht auf das allgemeine Verkehrsbedürfnis zu nehmen[656]. Schließlich wurde eine Sittenwidrigkeit angenommen, wenn durch die Vereinbarung eine Umkehr der vom Gesetzgeber gewollten und vom Verkehr gebilligten Rechtslage erfolgte, die nicht durch besondere äußere Umstände geboten war[657].

Diese allgemeinen Grundsätze zur Sittenwidrigkeit fanden vor allem bei einem Haftungsausschluß oder einer Haftungsbeschränkung durch den Monopolinhaber Anwendung, so daß sich zu diesem Spezialfall eine umfassende Rechtsprechung entwickelte[658]. Bei der Bewertung dieser Freizeichnungsklauseln, die häu-

653 Urteil vom 19.3.1927 (RG I 367/26) = JW 1927,1588 (1588); Urteil vom 24.3.1930 (RG VI 383/29) = RGZ 128,92 (97); Urteil vom 8.7.1931 (RG V 84/31) = JW 1931,2719 (2720).

654 Urteil vom 11.4.1901 (RG VI 443/00) = RGZ 48,114 (127); Urteil vom 15.5.1920 (RG I 25/20) = RGZ 99,107 (109); Urteil vom 19.11.1926 (RG II 108/26) = RGZ 115,254 (258); Urteil vom 7.9.1931 (RG V 106/31) = RGZ 133,388 (391); Urteil vom 15.12.1933 (RG VII 292/33) = RGZ 143,24 (28).

655 Urteil vom 8.1.1906 (RG I 320/05) = RGZ 62,264 (266); Urteil vom 13.4.1912 (RG VI 371/11) = RGZ 79,224 (229); Urteil vom 12.2.1913 (RG I 394/12) = RGZ 81,316 (320); Urteil vom 27.6.1913 (RG I 389/12) = RGZ 83,9 (14); Urteil vom 15.5.1920 (RG I 25/20) = RGZ 99,107 (109); Urteil vom 19.11.1926 (RG II 108/26) = RGZ 115,254 (258); Urteil vom 10.6.1931 (RG V 291/30) = LZ 1931,1065 (1067); Urteil vom 8.7.1931 (RG V 84/31) = JW 1931,2719 (2720); Urteil vom 15.12.1933 (RG VII 292/33) = RGZ 143,24 (28).

656 Urteil vom 15.5.1920 (RG I 25/20) = RGZ 99,107 (109); Urteil vom 26.10.1921 (RG I 123/21) = RGZ 103,82 (83); Urteil vom 24.3.1930 (RG VI 383/29) = RGZ 128,92 (97); Urteil vom 15.12.1933 (RG VII 292/33) = RGZ 143,24 (28).

657 Urteil vom 26.10.1921 (RG I 123/21) = RGZ 103,82 (84); Urteil vom 8.11.1926 (RG I 154/26) = RGZ 115,218 (219f.); Urteil vom 19.3.1927 (RG I 367/26) = JW 1927,1588 (1588); Urteil vom 8.7.1931 (RG V 84/31) = JW 1931,2719 (2720); Urteil vom 15.12.1933 (RG VII 292/33) = RGZ 143,24 (28).

658 Urteil vom 29.10.1902 (RG I 173/02) = RGZ 52,396; Urteil vom 8.1.1906 (RG I 320/05) = RGZ 62,264; Urteil vom 12.2.1913 (RG I 394/12) = RGZ 81,316; Urteil vom 12.12.1913 (RG II 626/13) = JW 1914,204; Urteil vom 15.5.1920 (RG I 25/20)

fig in allgemeinen Geschäftsbedingungen Anwendung fanden, wurden die bereits angeführten Grundsätze zugrundegelegt. Darüber hinaus wurde vom RG festgestellt, daß im Endeffekt eine Abwägung zwischen den Interessen des Monopolinhabers und der Interessen der Geschäftspartner Aufschluß darüber geben müsse, ob die Haftungsfreizeichnung sittenwidrig sei[659].

(2) Entwicklung in der Rechtsprechung des OGH und des BGH

(a) Urteil vom 16.4.1952[660] (Haftungsfreizeichnung vom Kriegsrisiko)

Nachdem der OGH sich mit dem vorliegendem Problemkreis nicht befaßt hatte, urteilte der BGH in einer Entscheidung vom 16.4.1952 erstmals über die Sittenwidrigkeit einer Haftungsfreizeichnung wegen Ausnutzung einer Monopolstellung. Dem Urteil lag folgender Sachverhalt zugrunde:

Die Beklagte mietete durch Vertrag vom 25.2.1939 fünf Kühlwagen von der Klägerin. Drei der Wagen wurden im Oktober 1944 durch Fliegerangriffe so schwer beschädigt, daß größerer Instandsetzungsarbeiten erforderlich waren. Die Kosten für die Instandsetzung verlangte die Klägerin von der Beklagten als Wertersatz. Sie stützte die Klage darauf, daß aufgrund der dem Mietvertrag zugrundeliegenden allgemeinen Geschäftsbedingungen die Beklagte als Mieterin für die Dauer des Mietvertrages das Kriegsrisiko übernommen habe.

Das Landgericht gab der Klage statt. Auf die Berufung wurde die Klage abgewiesen.

Die Revision führte zur Wiederherstellung des erstinstanzlichen Urteils. Das Berufungsgericht hatte die Haftung der Beklagten für jedes Kriegsrisiko als einseitige Existenzversicherung zugunsten der Klägerin aufgefaßt. Diese Vereinbarung sei daher sittenwidrig und nichtig. Der BGH führte dagegen aus, daß es gemäß § 276 BGB den Vertragschließenden frei gestellt sei, die gesetzliche Haf-

---

= RGZ 99,107; Urteil vom 1.10.1921 (RG I 135/21) = RGZ 102,396; Urteil vom 26.10.1921 (RG I 123/21) = RGZ 103,82; Urteil vom 21.3.1923 (RG I 203/22) = RGZ 106,386; Urteil vom 28.4.1924 (RG I 475/23) = LZ 1924,464; Urteil vom 18.3.1925 (RG I 243/24) = JW 1925,1395; Urteil vom 4.11.1925 (RG I 511/24) = JW 1926,570; Urteil vom 8.11.1926 (RG I 154/26) = RGZ 115,218; Urteil vom 19.3.1927 (RG I 367/26) = JW 1927,1588; Urteil vom 10.6.1931 (RG V 291/30) = LZ 1931,1065; Urteil vom 8.7.1931 (RG V 84/31) = JW 1931,2719; Urteil vom 11.7.1931 (RG II 528/30) = LZ 1931,1379; Urteil vom 6.12.1933 (RG I 136/33) = RGZ 142,353; Urteil vom 31.3.1941 (RG II 120/40) = DR 1941,1726.

659 Urteil vom 21.3.1923 (RG I 203/22) = RGZ 106,386 (388); Urteil vom 19.3.1927 (RG I 367/26) = JW 1927,1588 (1588); Urteil vom 10.6.1931 (RG V 291/30) = LZ 1931,1065 (1067f.); Urteil vom 8.7.1931 (RG V 84/31) = JW 1931,2719 (2720).

660 BGH II ZR 251/51 = LM § 138 (Bb) BGB.

tung zu erweitern oder zu verkürzen. Die Grenze sei nur nach § 138 BGB zu bestimmen. Für diese Grenze habe das RG allgemeine Grundsätze aufgestellt. Die Haftungserleichterung sei demnach nicht grundsätzlich, sondern nur bei Hinzutreten weiterer Umstände sittenwidrig. Solche Umstände seien vor allem angenommen worden, wenn ein Vertragspartner eine Monopol- oder eine wirtschaftliche Machtstellung innegehabt habe. Wenn sich durch den Druck dieser Stellung der andere Vertragspartner zu einer unangemessenen oder unbilligen Haftungsbeschränkung habe bewegen lassen, so sei diese Vereinbarung sittenwidrig. Diese Grundsätze für die Zulässigkeit einer Haftungserleichterung mußten nach Ansicht des BGH auch für die Zulässigkeit einer Haftungsverschärfung Anwendung finden.

Es sei hier jedoch bereits keine Monopolstellung gegeben. Zudem sei die Haftungsverschärfung im vorliegenden Fall nicht unangemessen oder unbillig. Zunächst liege keine Existenzversicherung der Klägerin vor, da sich die Sicherung nicht auf die gesamte wirtschaftliche Existenz der Klägerin, sondern nur auf die Mietsachen erstrecke. Auch sei eine solche Sicherung im Wirtschaftsleben vielfach überhaupt nicht zu entbehren. Um einen pfleglichen Umgang des Mieters mit den Mietsachen zu gewährleisten, sei es häufig erforderlich, dem Mieter die Gefahr für die Mietsache in gleicher Weise aufzubürden wie für seine eigenen Sachen. Somit war nach Ansicht des BGH die Haftungsverschärfung nicht sittenwidrig.

Der BGH führte im vorliegenden Fall die Rechtsprechung des RG zu den Haftungsfreizeichnungen konsequent fort. Er wendete die bestehenden Grundsätze nun auch auf Haftungsverschärfungen zu Lasten des Vertragspartners an. Da diese die gleiche Wirkung wie eine Haftungserleichterung zu Gunsten des Monopolinhabers hatten, war diese Ausdehnung der Rechtsprechung durch den BGH nachvollziehbar und erforderlich. Eine Erweiterung dahingehend, daß die gleichen Grundsätze auch außerhalb von Monopolstellungen gelten sollten, erfolgte jedoch nicht.

Interessant war, daß der BGH die Verlagerung des Kriegsrisikos auf den Vertragspartner zuließ. Diese Entscheidung dürfte in der Nachkriegszeit Einfluß auf zahlreiche Rechtsstreitigkeiten gehabt haben, bei denen es um ähnliche Risikoverlagerungen ging.

(b) Urteil vom 25.9.1952[661] (Sicherungsübereignungen an ein Elektrizitätswerk)

In einem Urteil vom 25.9.1952 hatte sich der BGH mit einem Sicherungsübereignungsvertrag an ein Elektrizitätswerk zu befassen. Dem Urteil lag folgender Sachverhalt zugrunde:

Eine Fabrik bezog von den Stadtwerken, die von der Beklagten betrieben wurden, elektrischen Strom. Ab Anfang 1949 beglich die Fabrik die Stromrechnungen nicht mehr regelmäßig. Nachdem die Schulden auf 24.000 DM angestiegen waren, drohte der Direktor der Stadtwerke damit, den Strom sperren zu lassen, falls sich die Fabrik nicht zu Verhandlungen bereit erkläre. Daraufhin wurde vereinbart, daß die Fabrik wöchentlich Abzahlungen von 4.000 DM leisten und eine Anzahl von Herden zur Sicherheit übereignen werde. Ein entsprechender Sicherungsübereignungsvertrag wurde am 29.3.1949 geschlossen.

Bereits die zweite Rate wurde nicht gezahlt. Nachdem auf Antrag der Fabrik ein gerichtliches Vergleichsverfahren durchgeführt worden war, wurde im Juli 1949 das Anschlußkonkursverfahren eröffnet. Der Kläger wurde zum Konkursverwalter bestellt. Die Beklagte hatte die zur Sicherheit übereigneten Herde kurz vor Eröffnung des Anschlußkonkurses abgeholt. Der Kläger begehrte Herausgabe der Herde, da er den Sicherungsübereignungsvertrag für sittenwidrig erachtete. Die Klage wurde vom Landgericht abgewiesen. Die Berufung des Klägers hatte Erfolg.

Die Revision der Beklagten wurde zurückgewiesen. Ebenso wie das Berufungsgericht kam der BGH jedoch zu dem Ergebnis, daß der Sicherungsübereignungsvertrag nicht sittenwidrig sei. Zunächst wurde festgestellt, daß die Beklagte durch die Drohung mit der Einstellung der Stromversorgung nicht unsittlich ihre Monopolstellung dahingehend ausgenutzt habe, die Fabrik zum Abschluß des Sicherungsübereignungsvertrags zu bewegen. Die Beklagte sei aufgrund der damaligen Gesetzeslage berechtigt gewesen, die Stromversorgung fristlos einzustellen, wenn der Stromkunde, wie im vorliegenden Fall, nicht durch Zahlung die fällige Schuld tilge.

Mit dem Abschluß des Sicherungsübereignungsvertrages habe die Beklagte der Fabrik vielmehr eine Möglichkeit geboten, die drohende Stromsperre zu verhindern, ohne daß eine Zahlung der Stromkosten sofort erfolgen mußte. Die Handlungsmöglichkeiten der Fabrik seien also erweitert worden. Da der Fabrik somit kein unverhältnismäßiges Opfer auferlegt worden sei, sei der Sicherungsübereignungsvertrag nicht aus diesem Grund sittenwidrig.

---

661 BGH IV ZR 13/52 = BB 1952,868.

Auch im Verhältnis zu den Konkursgläubigern könne keine Unsittlichkeit des Vertrages festgestellt werden. Wenn der Vertrag einer gleichmäßigen Befriedigung der übrigen Gläubiger entgegenstehe, so könne dies nur zur Anfechtbarkeit des Vertrages führen. Auch wenn die Beklagte hier ihre Monopolstellung dazu ausgenutzt haben sollte, sich eine Vorzugsstellung zu sichern, so sei diese doch konkursrechtlich anfechtbar. Die Beklagte habe daher durch ihre Monopolstellung nichts gewonnen, sondern müsse wie jeder andere Gläubiger das Risiko einer Anfechtung in Kauf nehmen. Wie der Fall zu beurteilen wäre, wenn die Beklagte eine konkursrechtlich unanfechtbare Stellung erworben hätte, müsse hier nicht entschieden werden.

Obwohl der Sicherungsübereignungsvertrag als nicht sittenwidrig bewertet wurde, hatte der BGH der Klage aber aus anderen, hier nicht interessierenden Gründen stattgegeben.

Überzeugend wendete der BGH hier die zur Ausnutzung einer Monopolstellung vom RG entwickelten Grundsätze an und verneinte die Sittenwidrigkeit wegen einer solchen Ausnutzung zu Lasten der Beklagten. Interessanterweise übertrug der BGH diese Grundsätze auch auf das Verhältnis zu den anderen Gläubigern der Beklagten. Dabei ging der BGH zunächst der Frage nach, ob die Sicherung unter Ausnutzung der Monopolstellung erlangt worden sei, was bejaht wurde. Dann beurteilte der BGH jedoch die erworbene Sicherung der Beklagten danach, welche Auswirkungen der Vertrag für die anderen Gläubiger habe. Da aufgrund der Anfechtbarkeit keine unmittelbaren Nachteile für diese Gläubiger erwuchsen, lehnte der BGH hier die Annahme der Sittenwidrigkeit ab. Die Beurteilung nach der Wirkung für die übrigen Gläubiger entsprach der Rechtsprechung zur Sittenwidrigkeit wegen Gläubigergefährdung[662]. Dabei war jedoch irrelevant, wie der Gläubiger die Sicherung erlangt hatte. Entscheidend war stets nur die Wirkung auf die anderen Gläubiger. Somit waren die Ausführungen im vorliegenden Urteil vom Ergebnis her überzeugend, die Einbeziehung der Monopolstellung bei der Frage, ob ein unsittliches Verhalten gegenüber den übrigen Gläubigern vorlag, war jedoch überflüssig.

(c) *Urteil vom 13.3.1956[663] (Freizeichnungsklausel bei einem Seefrachtvertrag)*

In einem Urteil vom 13.3.1956 befaßte sich der BGH mit der Sittenwidrigkeit einer Klausel, durch welche die Haftung beim Transport eines Schiffes ausgeschlossen werden sollte. Das Urteil basierte auf folgendem Sachverhalt:

---

662 Vgl. oben 3. Teil B. 2. b).

663 BGH I ZR 132/54 = LM § 138 (Cc) BGB Nr.1.

Eine Firma, die bei der Klägerin kaskoversichert war, beauftragte die Beklagte, ein Schiff zu überführen. Dem Vertrag lagen die "Allgemeinen Schleppbedingungen" der Beklagten zugrunde, nach denen sie weder für irgendwelche Unfälle noch für Beschädigungen der geschleppten Schiffe verantwortlich sei. Bei der Überführung brach die Manilatrosse, so daß ein Bergungsschiff gerufen werden mußte, um die Schleppverbindung wieder herzustellen. Es entstanden Kosten für die Bergung in Höhe von 9.500 DM, die an die Reederei gezahlt wurden. Die Klägerin forderte diesen Betrag von der Beklagten, da das zum Schleppen eingesetzte Schiff nicht ausreichend ausgerüstet gewesen sei. Mit einem Draggen und einer Reservetrosse wäre es möglich gewesen, die Schleppverbindung ohne fremde Hilfe wieder herzustellen. Die Beklagte berief sich auf ihre Haftungsfreizeichnung.

Das Landgericht hatte die Klage abgewiesen. Auf die Berufung wurde der Klage stattgegeben.

Die Revision führte zur Aufhebung und Zurückverweisung. Der BGH erläuterte, daß der grundsätzlich zulässige Haftungsausschluß seine Grenze bei § 138 BGB finde. Nach langjähriger Rechtsprechung des RG sei diese Grenze dann erreicht, wenn zur Haftungserleichterung weitere Umstände hinzuträten, die zur Sittenwidrigkeit führten. Ein solcher Umstand sei vor allem dann gegeben, wenn ein Vertragspartner unter Ausnutzung einer Monopol- oder wirtschaftlichen Machtstellung den anderen Vertragspartner dazu bestimme, eine unangemessene oder unbillige Haftungsbeschränkung anzuerkennen.

Der BGH führte an, daß eine tatsächliche Monopolstellung nicht nur vorliege, wenn einzelne Unternehmer oder eine Gruppe von solchen ein bestimmtes Gewerbe in einem festen Bezirk allein zu den gleichen Geschäftsbedingungen ausübten. Neben diesem absoluten Monopol genüge es vielmehr, wenn Unternehmer, die ein für den Verkehr unentbehrliches Gewerbe betreiben, aufgrund ihrer wirtschaftlichen Machtstellung einseitig die Vertragsbedingungen diktieren könnten. Es sei dann keine Absprache unter den Gewerbetreibenden über einen Haftungsausschluß erforderlich. Es sei ausreichend, daß ein solcher Haftungsausschluß tatsächlich allgemein vorgesehen sei. Auch in diesem Fall bestehe für den Vertragspartner die Zwangslage, die es ihm unmöglich mache, einen Vertrag zu günstigeren Bedingungen abzuschließen. Wie das Berufungsgericht festgestellt hatte, arbeiteten die Schleppdampferunternehmungen an der Nordsee zu Bedingungen, die im wesentlichen gleich gewesen waren. Der BGH billigte daher die Auffassung des Berufungsgerichts, daß ein tatsächliches Monopol vorgelegen habe.

Zur Frage, ob die Freizeichnungsklausel unangemessen oder unbillig gewesen sei, führte der BGH an, daß dies nach den vom RG entwickelten Grundsätzen beurteilt werden müsse. Demnach sei eine Haftungsfreizeichnung dann sittenwidrig, wenn sich der Monopolinhaber unter Umkehrung der vom Gesetzgeber gewollten und vom Verkehr gebilligten Rechtslage besonders große Vorteile einräumen lasse. Im vorliegenden Fall sei darauf abzustellen, daß es eine "Kardinalspflicht" des Verfrachters sei, ein in jeder Beziehung seetüchtiges Schiff zur Verfügung zu stellen. Nur so sei die Vertragserfüllung sichergestellt. Außerdem müsse bei der gebotenen Abwägung der beiderseitigen Interessen beachtet werden, daß es für den Verfrachter keine große Mühe sei, die Seetüchtigkeit des Schiffes vor dem Ablegen zu überprüfen, während dies für den Vertragspartner in der Regel nicht möglich sei. Daher stelle die Freizeichnung von verschuldeter Seeuntüchtigkeit, wie sie hier erfolgt sei, einen besonderen Vorteil für den Verfrachter dar, für den es keine billigenswerten Gründe gebe. Daher wurde die Freizeichnungsklausel vom BGH als sittenwidrig bewertet. Er führte aber weiter aus, daß dem Anspruch des Klägers aus anderen Gründen möglicherweise nicht stattgegeben werden könne, so daß die Sache zurückverwiesen wurde.

Der BGH führte konsequent die Rechtsprechung des RG und des eigenen Urteils vom 16.4.1952[664] fort. Dabei wurde zunächst die Bewertung einer Monopolstellung vom RG übernommen. Auch dieses hatte nicht strikt auf ein absolutes Monopol abgestellt, sondern bereits bei ähnlichen wirtschaftlichen Gestaltungen die gleichen Maßstäbe angelegt. Die Besonderheit im vorliegenden Urteil war, daß noch nicht einmal Absprachen zwischen den Unternehmern getroffen worden waren, die hier die Monopolstellung innehatten. Es zeigte sich im vorliegenden Urteil, wie weit der BGH bei der Feststellung einer Monopolstellung ging. Dies geschah jedoch zu Recht, da es für die Zwangslage des Vertragspartners ohne Bedeutung war, wie die Monopolstellung ausgestaltet war.

Auch die einzelnen Gesichtspunkte zur Feststellung der Sittenwidrigkeit wurden vom RG übernommen. Insbesondere wurde hervorgehoben, daß eine Interessenabwägung zwischen den Vertragspartnern erfolgen mußte.

(d) Urteil vom 30.4.1957[665] (Kündigung eines Energielieferungsvertrages)

In einem Urteil vom 30.4.1957 hatte sich der BGH mit der Kündigung eines Energielieferungsvertrages zu beschäftigen. Dem Urteil lag folgender Sachverhalt zugrunde:

Der Betrieb der Kläger wurde vom Elektrizitätswerk der beklagten Stadt jahrelang mit Gleichstrom versorgt. Den bestehenden Energielieferungsvertrag kündigte die Beklagte mit Schreiben vom 29.3.1954 zum 30.6.1954 den Klägern ebenso, wie sie die Verträge mit allen anderen Abnehmern von Gleichstrom kün-

664 BGH II ZR 251/51 = LM § 138 (Bb) BGB Nr.1.
665 BGH VIII ZR 217/56 = BGHZ 24,148.

digte. Gleichzeitig bot sie die Belieferung mit Drehstrom ab 1.7.1954 an. Das Versorgungsnetz wurde seit dem 1.7.1954 mit Drehstrom gespeist. Die Kläger stellten ihren Betrieb auf diese Stromart um. Dabei entstanden Kosten für Umstellungsarbeiten und neue Motoren, die im Gegensatz zu den alten Motoren mit Drehstrom betrieben werden konnten. Die Kläger verlangten diese Kosten von der Beklagten ersetzt, da sie unter anderem die Kündigung für sittenwidrig hielten.

Sowohl das Land- als auch das Berufungsgericht hatten die Klage abgewiesen.

Die Revision wurde als unbegründet zurückgewiesen. Der BGH führte aus, daß die Kündigung als Monopolmißbrauch gegen die guten Sitten verstoßen würde, wenn die Weiterbelieferung des Abnehmers in der bisherigen Weise wirtschaftlich zumutbar gewesen wäre. Die Weiterbelieferung einzelner Abnehmer mit der bisherigen Stromart sei bei einer allgemeinen Netzumstellung technisch aber nur mit unverhältnismäßig hohen und gänzlich unwirtschaftlichen Aufwendungen möglich.

Zwar müßten auch die Interessen des Abnehmers Beachtung finden. Jedoch müßten diese hier hinter den Interessen des Energieversorgungsunternehmens zurückstehen. Dessen Belange liefen nämlich mit denen der Allgemeinheit gleich. Nach Westdeutschland seien nach dem 2.Weltkrieg Millionen von Menschen hereingeströmt und das Industriepotential habe sich zudem erheblich vergrößert. Dies habe zu einem wesentlich größeren Stromverbrauch geführt, der in den folgenden Jahren noch ansteigen werde. Um die Versorgung mit Elektrizität zu gewährleisten, müßten die Versorgungsunternehmen sich aller Errungenschaften der Technik bedienen. Die Netzumstellung von Gleich- auf Drehstrom sei nur eine von vielen erforderlichen Maßnahmen. Die Elektrizitätsversorgungsunternehmen seien zu diesen Maßnahmen gezwungen, um in wirtschaftlich vertretbarer Weise die Belange der Allgemeinheit wahrzunehmen. Der einzelne Abnehmer könne nun nicht unter Berufung auf eine Schädigung seiner wirtschaftlichen Interessen die Weiterbelieferung mit Gleichstrom verlangen. Die Kündigung war daher nach Ansicht des BGH nicht sittenwidrig gewesen.

Die vorliegenden Ausführungen des BGH zur Sittenwidrigkeit der Kündigung wären entbehrlich gewesen, wenn die Elektrizitätsunternehmen bereits gesetzlich ermächtigt gewesen wären, die Stromart und Spannung jederzeit zu ändern. *Clement*[666] verwies in diesem Zusammenhang auf Abschnitt II Ziffer 1 Absatz 2 der "Allgemeinen Bedingungen für die Versorgung mit elektrischer Arbeit aus dem Niederspannungsnetz der Elektrizitätsversorgungsunternehmen (AVB)"[667]. In

666 DRZ 1949,466 (466).
667 Abgedruckt bei: Knüppel, Anhang I (S.117ff.).

diesem Abschnitt hieß es: “Welche dieser Stromarten und Spannungen für das Vertragsverhältnis Geltung haben soll, ergibt sich daraus, an welche Stromart und Spannung der Abnehmer angeschlossen ist oder nach Wahl des Elektrizitätswerks angeschlossen werden soll.” Aus dieser Bestimmung wollte *Clement* folgern, daß das Elektrizitätswerk jederzeit Stromart und Spannung ändern könne. Diese Auslegung konnte aber nicht überzeugen. Vielmehr war der Wortlaut der Vorschrift darauf ausgerichtet, dem Elektrizitätswerk eine einmalige Wahlmöglichkeit bis zum Anschluß des Abnehmers zu geben. Die gewählte Stromart und Spannung war dann jedoch für die gesamte Vertragsdauer maßgebend[668].

Auffällig am vorliegenden Urteil des BGH war, daß eine Sittenwidrigkeit der Kündigung wegen Mißbrauchs einer Monopolstellung dann vorliegen sollte, wenn die Weiterbelieferung des Abnehmers in der bisherigen Weise wirtschaftlich zumutbar gewesen wäre. Es wurde nicht auf die vom RG und BGH entwikkelten Grundsätze zurückgegriffen, nach denen ein Monopolmißbrauch nur in Ausnahmefällen vorliegen sollte. Die wirtschaftliche Zumutbarkeit einer Vereinbarung war sonst stets nur im Rahmen der abschließenden Interessenabwägung der beteiligten Personen erörtert worden.

Der Grund dafür, daß der BGH im vorliegenden Fall diesen neuen Ansatz gewählt hatte, könnte in der damals herrschenden Gesetzeslage und den sich darauf gründenden Ansichten zum vorliegenden Problem zu finden sein. Nach § 6 Abs.1 EnWG[669] bestand für die Versorgungsunternehmen, die ein bestimmtes Gebiet versorgten, die Pflicht, allgemeine Bedingungen und Tarifpreise öffentlich bekannt zu machen und zu diesen Bedingungen jedermann an ihr Versorgungsnetz anzuschließen. Diese allgemeine Anschluß- und Versorgungspflicht entfiel gemäß § 6 Abs.2 Ziff.1 EnWG, wenn der Anschluß oder die Versorgung dem Versorgungsunternehmen aus wirtschaftlichen Gründen nicht zugemutet werden konnte. Nun wurde die Ansicht vertreten, daß bei einer Umstellung der Stromart die Anschluß- und Versorgungspflicht für die alte Stromart entfalle, wenn die Weiterversorgung mit dieser Stromart für das Versorgungsunternehmen wirtschaftlich unzumutbar sei. Diese Pflicht entstehe aber für die Versorgung mit der neuen Stromart[670]. Somit sollte eine Kündigung des ursprünglichen Stromlieferungsvertrages zulässig sein. Es mußte allerdings ein neuer Vertrag über die jetzt lieferbare Stromart angeboten werden. Teilweise wurde dieser Ansicht widersprochen[671], im Ergebnis aber wieder auf die wirtschaftliche Zumutbarkeit

668 Trendelenburg, JR 1951,548 (548); Schumacher, NJW 1951,788 (788 Fn.1); Müller-Engelhardt, NJW 1952,572 (573).
669 Energiewirtschaftsgesetz vom 13.12.1935 (RGBl. I S.1451).
670 Trendelenburg, JR 1951,548 (549); ähnlich Schumacher, NJW 1951,788 (788); im Ergebnis ebenso Henke/ Müller/ Rumpf, S.179.
671 Müller-Engelhardt, NJW 1952,572 (573).

abgestellt. Indem der BGH hier ohne weitere Begründung bei der Sittenwidrigkeit die wirtschaftliche Zumutbarkeit prüfte, legte er den entscheidenden Aspekt zugrunde, den weitgehend alle Literaturmeinungen anführten[672]. Die umstrittenen dogmatischen Ausführungen, warum dieser Aspekt zugrunde zu legen sei, beachtete der BGH dagegen nicht. Da das Ergebnis tatsächlich nur von der wirtschaftlichen Zumutbarkeit abhing, war dies eine sehr pragmatische Lösung. Allerdings war die Vorgehensweise des BGH der dogmatischen Klarheit des Urteils nicht zuträglich.

Die Interessenbewertung, die der BGH im vorliegenden Urteil vorgenommen hatte, konnte jedoch überzeugen. Durch die Netzumstellung waren neben den Nachteilen, die im vorliegenden Urteil die Kläger getroffen hatten, zahlreiche Vorteile für die Bevölkerung zu erwarten, wie Verbilligung der Strompreise, höhere Sicherheit, größere Verwendungsmöglichkeit der elektrischen Energie, Versorgung einer größeren Anzahl von Abnehmern[673]. Diese Vorteile für die Allgemeinheit überwogen die Nachteile, die einzelne Personen durch die Netzumstellung zu erleiden hatten[674].

(e) Urteil vom 30.5.1958[675] (Überhöhtes Nutzungsentgelt)

In einem Urteil vom 30.5.1958 hatte sich der BGH wiederum mit der Sittenwidrigkeit wegen Ausnutzung einer Monopolstellung zu befassen. Der Entscheidung lag folgender Sachverhalt zugrunde:

Die Klägerin betrieb einen Lebensmittelhandel. Zusätzlich zu den Ladenverkaufsstellen wollte sie ein Selbsbedienungsverkaufsfahrzeug auf den Straßen der beklagten Stadt einsetzen. Dies wurde von der Beklagten als Sondernutzung angesehen. Auf Antrag der Klägerin erteilte die Beklagte die Genehmigung zur Benutzung der Straßen mit dem Selbstbedienungsfahrzeug. Die Beklagte bestimmte eine Vergütung in Höhe von 4 % des Umsatzes.

In erster Instanz klagte die Klägerin unter anderem auf Feststellung, daß die Vergütung 1,5 % des Umsatzes nicht übersteigen dürfe. Die Klage wurde abgewiesen. In der Berufungsinstanz wurde dieser Antrag dahingehend erweitert festzustellen, daß die Vergütung nun 2 % des Umsatzes nicht übersteigen dürfe. Hilfsweise sollte die Nichtigkeit des zwischen den Parteien geschlossenen Ver-

---

672 Trendelenburg, JR 1951,548 (549); Schumacher, NJW 1951,788 (788); Müller-Engelhardt, NJW 1952,572 (573); vgl. auch weitere Nachweise bei Gelhaar, LM Allg. Beding. d. Elektr-VersorgUnternehmen Nr.4.
673 Müller-Engelhardt, NJW 1952,572 (573).
674 Anders jedoch Schumacher, NJW 1951,788 (788).
675 BGH V ZR 280/56 = DB 1958,953.

trages festgestellt werden. Das Berufungsgericht gab dem ersten Antrag der Klägerin statt.

Auf die Revision wurde dieses Urteil aufgehoben und das Urteil des Landgerichts abgeändert. Übereinstimmend mit den Vorinstanzen bejahte der BGH die Zulässigkeit des Rechtsweges. Das Berufungsgericht hatte den Vertrag zwischen den Beteiligten als sittenwidrig bewertet. Der BGH stimmte dem zu und führte aus, daß die Ausnutzung eines Monopols sittenwidrig sei, wenn der Monopolinhaber sich unangemessene Vorteile, insbesondere unangemessen hohe Vergütungen für die Leistungen versprechen und gewähren lasse.

Zunächst wurde von der Revision ausgeführt, daß hier kein Monopol der Beklagten gegeben sei. Ein Monopol sei nur dann vorhanden, wenn die vom Vertragspartner gewünschten Leistungen nur von einer Person erbracht werden könnten. Hier sei aber ein Ausweichen auf Privatgrundstücke möglich gewesen, von denen aus die Klägerin ihrer gewerblichen Tätigkeit hätte nachkommen können. Dazu merkte der BGH an, daß die Klägerin dem Straßenhandel nachgehen wollte. Wenn sie sich daher nicht den Bedingungen der Beklagten unterwerfen wollte, so sei kein Ausweichen auf andere Straßen in dieser Stadt möglich gewesen. Für die Annahme eines Monopols genüge es, wenn eine von der Verkehrsauffassung gebilligte, von einer größeren Zahl von Personen ausgeübte, gewerbliche Tätigkeit, hier der Straßenhandel, in einem größeren Raum vom Willen einer Person abhänge.

Diese Monopol habe die Beklagte hier auch ausgenutzt. Sie habe sich eine unangemessen hohe Vergütung versprechen lassen. Dies hatte bereits das Berufungsgericht durch einen Vergleich mit der Mietaufwendung von Ladengeschäften in der beklagten Stadt festgestellt. Dort habe die Aufwendung 2 % des Jahresumsatzes nicht überstiegen.

Das Berufungsgericht hatte nun unter Anwendung des § 139 BGB den Vertrag für teilnichtig erklärt. Er sei unter Zugrundelegung einer Vergütung von 2 % des Jahresumsatzes aufrecht zu erhalten. Der BGH stimmte diesen Ausführungen nicht zu. Er führte aus, daß die Vereinbarung eines Entgelts in unzulässiger Höhe nicht nach § 139 BGB geteilt und in zulässiger Höhe aufrecht erhalten werden könne. Es sei vielmehr das ganze Rechtsgeschäft nichtig. Der BGH begründete dies damit, daß die Sittenwidrigkeit der Ausnutzung einer Monopolstellung gerade darin liege, daß eine Zwangslage des Vertragspartners ausgenutzt werde. Insoweit berühre ein solches Geschäft den Wuchertatbestand des § 138 Abs.2 BGB. Bei diesem sei die Anwendung des § 139 BGB zur Aufrechterhaltung des wucherischen Geschäfts zu einem angemessenen Preis aber bereits ausdrücklich vom Gesetzeswortlaut ausgeschlossen. Somit könne § 139 BGB auch bei der Ausnutzung einer Monopolstellung nicht in der vom Berufungsgericht angeführten Weise Anwendung finden. Der Vertrag sei vielmehr vollständig nichtig.

In diesem Urteil folgte der BGH der Linie, die er bisher in den Urteilen zur Ausnutzung einer Monopolstellung entwickelt hatte. Wiederum wurde eine monopolartige Stellung angenommen, obwohl dieses Monopol auf den Straßenhandel und damit auf einen recht kleinen Leistungsbereich begrenzt war. Dieser Rechtsprechung konnte jedoch zugestimmt werden[676], da für den Vertragspartner die Zwangslage in einer solchen Situation genau so entstehen konnte wie beim Vorliegen eines absoluten Monopols.

Nicht voll überzeugen konnten dagegen die Ausführungen des BGH zur Anwendung des § 139 BGB. Als einzige Begründung, warum diese Norm hier keine Anwendung finden sollte, wurde auf den Wortlaut des § 138 Abs.2 BGB verwiesen. Der Wortlaut ist aber im Zivilrecht nicht immer ausschlaggebend, insbesondere wenn interessengerechtere Ergebnisse erreicht werden konnten, hatte der BGH oft gegen den Wortlaut entschieden[677]. In den hier relevanten Fällen der Monopolausnutzung bestand aber häufig das Problem, daß der in der Zwangslage befindliche Vertragspartner auf die Leistung des Monopolinhabers angewiesen war. Wenn man nun die vollständige Nichtigkeit des Vertrages annahm, so blieb ihm diese Leistung verwehrt. Interessengerechter erschien daher die vom Berufungsgericht vertretene Lösung, den Vertrag zu angemessener Vergütung aufrecht zu erhalten[678].

Allerdings mußte die Wirkung beachtet werden, die eine solche Lösung entfalten konnte. Der Monopolinhaber hätte die Möglichkeit gehabt, ohne Gefahr stark überhöhte Entgelte zu verlangen. Er hätte bei nichtsahnenden Vertragspartnern diese Gegenleistung erlangen können. In den Fällen, in denen es dagegen zu einer gerichtlichen Klärung gekommen wäre, hätte der Monopolinhaber kaum etwas verloren, da ihm der angemessene Preis immer noch zuerkannt worden wäre. Dies hätte zu einer ungesunden Preisentwicklung gerade bei Monopolstellungen führen können. Die Rechtsprechung des BGH vermied dieses Ergebnis, da für den Monopolinhaber nun die Gefahr bestand, bei sittenwidrig überhöhten Preisforderungen den kompletten Anspruch zu verlieren und nur auf die wesentlich unsichereren Bereicherungsansprüche verwiesen zu sein. Somit war das Urteil des BGH zwar nicht von der Begründung, wohl aber vom Ergebnis sehr zu begrüßen.

676 Herrmann, MDR 1959,116 (116).
677 Herrmann, MDR 1959,116 (116).
678 Herrmann, MDR 1959,116 (116).

(f) Urteil vom 9.6.1959[679] (Haftungsausschluß bei Stromlieferungsverträgen)

In einem Urteil vom 9.6.1959 hatte sich der BGH wiederum mit einer Haftungsfreizeichnungsklausel zu beschäftigen. Das Urteil basierte auf folgendem Sachverhalt:

Die Klägerin hatte im Jahre 1938 mit der Rechtsvorgängerin der Beklagten einen Elektrizitätsversorgungsvertrag über die Lieferung von Drehstrom von ca. 5.000 Volt abgeschlossen. Dem Vertrag lagen allgemeine Geschäftsbedingungen zugrunde, nach denen unter anderem die Haftung des Elektrizitätswerkes für alle Schäden ausgeschlossen wurde, die aus einer Unterbrechung der Erzeugung oder Fortleitung des Stroms entstünden.

Zu dem Fabrikgrundstück der Klägerin führten zwei Stromkabel, die streckenweise im gleichen Kabelgraben lagen. Jedes Stromkabel konnte allein die Stromversorgung der Fabrik sichern. Eines dieser Kabel sollte in den Jahren 1954 und 1955 durch ein stärkeres ersetzt werden. Bei diesen Arbeiten wurde der Strom nur noch durch das andere Kabel geleitet. Ein Arbeiter der von der Beklagten beauftragten Firma beschädigte das andere, stromführende Kabel aus grober Unachtsamkeit, so daß der Strom in der Fabrik für einen Tag ausfiel und die Produktion stillstand. Die Klägerin verlangte nun den durch diesen Ausfall entstandenen Schaden ersetzt. Sowohl das Land- als auch das Berufungsgericht wiesen die Klage ab.

Auch die Revision hatte keinen Erfolg. Der BGH führte aus, daß die Beklagte sich wirksam von der Haftung frei gezeichnet habe. Es komme hier nur in Betracht, daß die Klausel wegen Sittenwidrigkeit nichtig sei. Die Beklagte habe als Elektrizitätsversorgungsunternehmen zwar eine Monopolstellung besessen. Es sei aber nicht stets zu mißbilligen, wenn ein Monopolinhaber von der gesetzlich zulässigen Möglichkeit des Haftungsausschlusses Gebrauch mache. Ein Sittenverstoß sei erst dann anzunehmen, wenn das Unternehmen seine Monopolstellung in sittenwidriger Weise dazu ausnutze, um sich aus eigensüchtigen Beweggründen unter Mißachtung berechtigter Belange des Vertragspartners einseitig und ohne sachliche Berechtigung zu bevorzugen.

Im vorliegenden Fall hätten die Elektrizitätsversorgungsunternehmen ein großes Risiko zu tragen, da die durch die Unterbrechung der Stromversorgung entstandenen Schäden bei der großen Zahl der Stromabnehmer ungeahnte Höhen annehmen könnten. Die Unternehmen müßten dann große Rücklagen anlegen, um diesem Risiko begegnen zu können. Dies würde sich auf den Strompreis auswirken, so daß auch die Interessen der Stromabnehmer durch eine Haftungsfreizeichnung gewahrt würden.

---

679 BGH VIII ZR 61/58 = NJW 1959,1423.

Auch seien inzwischen die "Allgemeinen Bedingungen für die Versorgung mit elektrischer Arbeit aus dem Niederspannungsnetz der Elektrizitätsversorgungsunternehmen (AVB)"[680] geschaffen worden, die einen solchen Haftungsausschluß grundsätzlich gewährten. Diese hätten nur Wirkung gegenüber den gewöhnlichen Stromabnehmern. Die Klägerin sei jedoch ein Sonderabnehmer. Nach Ansicht des BGH ließ es sich aber nicht beanstanden, wenn diese Bedingungen für den überwiegenden Teil der Stromabnehmer Geltung hätten, ein gleichartige Haftungsfreizeichnung auch bei Sonderabnehmern zuzulassen.

Die berechtigten Belange der Klägerin seien daher durch die Freizeichnungsklausel nicht verletzt worden, so daß eine sittenwidrige Ausnutzung der Monopolstellung nicht vorliege. Die Haftungsfreistellung sei daher wirksam erfolgt.

Der BGH führte die Rechtsprechung zur Sittenwidrigkeit von Haftungsfreizeichnungen wegen Mißbrauchs einer Monopolstellung konsequent fort. Allerdings wurden die Interessen des Abnehmers bei der Abwägung nur sehr zurückhaltend berücksichtigt. So wurde vom BGH darauf hingewiesen, daß es für das Elektrizitätsversorgungsunternehmen ein großes Risiko sei, wenn es für den durch einen Stromausfall entstandenen Schaden aufkommen müsse. Nicht berücksichtigt wurde dagegen, daß für den einzelnen Unternehmer unter Umständen durch einen Stromausfall existenzbedrohende Schäden entstehen konnten. Das Versorgungsunternehmen konnte dagegen solche anfallenden Schäden durch eine Umlegung auf alle Abnehmer ausgleichen. Dies hätte zwar zu einer Steigerung der Stromkosten geführt. Ob die geringeren Stromkosten aber tatsächlich mehr im Interesse der Abnehmer lagen als eine Übernahme der Haftung durch das Versorgungsunternehmen war doch recht zweifelhaft[681].

Das weitere Argument des BGH, mit dem er auf die Regelung der AVB verwies, war ebenfalls nicht voll überzeugend. Die dort geltende Haftungsfreizeichnung war sicherlich angemessen, da bei einem weitreichenden Stromausfall eine Vielzahl von Stromabnehmern betroffen gewesen wären und insgesamt eine hohe Schadenssumme geltend gemacht hätten. Die Verträge mit den Sonderabnehmern wurden jedoch einzeln ausgehandelt, so daß dieses Risiko hier besser eingeschätzt werden konnte. Zudem handelte es sich bei den Sonderabnehmern meist um Industrieunternehmen, die bei einem Stromausfall besonders stark betroffen waren und deshalb in ihrer Existenz eher gefährdet waren als der gewöhnliche Privathaushalt. Ob es für das Versorgungsunternehmen noch tragbar gewesen wäre, für solche möglicherweise hohen Schäden die Haftung zu übernehmen, hätte dann im Einzelfall entschieden werden müssen und nicht durch den Hinweis auf allgemein gültige Bedingungen festgestellt werden dürfen.

---

680 Abgedruckt bei: Knüppel, Anhang I (S.117ff.).
681 Fischer, BB 1957,481 (485).

Es zeigte sich im vorliegenden Urteil die bereits im Urteil des BGH vom 30.4.1957[682] erkennbare Tendenz, im Rahmen von Stromlieferungsverträgen zu Gunsten der Versorgungsunternehmen zu entscheiden, wenn dies gleichzeitig zum Vorteil der Volkswirtschaft war. Diese Tendenz war grundsätzlich begrüßenswert. Allerdings hätte im vorliegenden Fall eine interessengerechte Lösung besser durch Abwägung der Einzelinteressen gefunden werden können.

(g) Gesamtbetrachtung

Insgesamt übernahm der BGH in seiner Rechtsprechung zur Ausnutzung einer Monopolstellung die vom RG in zahlreichen Fällen entwickelten Grundsätze ohne große Änderungen.

So legte auch der BGH bei der Feststellung einer Monopolstellung einen recht weiten Maßstab an, so daß bereits bei monopolähnlichen Situationen die gleichen Grundsätze galten[683]. Diese weite Auslegung war interessengerecht, da es für den Vertragspartner nicht entscheidend darauf ankam, ob ein absolutes Monopol vorlag. Es genügte, wenn er durch eine monopolähnliche Situation in die Zwangslage geraten war, nur mit einem Vertragspartner zu dessen diktierten Bestimmungen kontrahieren zu können, um eine Überprüfung dahingehend erforderlich erscheinen zu lassen, ob eine Ausnutzung dieser Lage erfolgte.

Auch die einzelnen Kriterien, die angelegt wurden, um eine Ausnutzung der Monopolstellung festzustellen, stimmten weitgehend mit den Ausführungen des RG überein. Weiterhin sollte die Sittenwidrigkeit der bloße Ausnahmefall sein. Dies spiegelte sich auch darin wider, daß in den vorliegenden Urteilen nur in zwei Entscheidungen die Sittenwidrigkeit angenommen wurde[684].

Inhaltlich gab es kaum eine Weiterentwicklung. Allein in dem Urteil vom 25.9.1952[685] wurden die Grundsätze für die Sittenwidrigkeit wegen Ausnutzung einer Monopolstellung aus dem Zwei-Personen-Verhältnis der Vertragspartner auf dritte Gläubiger übertragen. Eine Fortführung dieser Rechtsprechung gab es jedoch soweit ersichtlich nicht, so daß dies als Einzelfall zu bewerten war, der keinen weitergehenden Einfluß entwickelte.

Schließlich lehnte der BGH eine Anwendung des § 139 BGB auf sittenwidrig überhöhte Entgelte, die ein Monopolinhaber von seinem Vertragspartner forderte, mit kaum überzeugender Begründung aber begrüßenswertem Ergebnis ab.

---

682 BGH VIII ZR 217/56 = BGHZ 24,148.

683 Vgl. Urteil vom 13.3.1956 (BGH I ZR 132/54) = LM § 138 (Cc) BGB Nr.1; Urteil vom 30.5.1958 (BGH V ZR 280/56) = DB 1958,953.

684 Urteil vom 13.3.1956 (BGH I ZR 132/54) = LM § 138 (Cc) BGB Nr.1; Urteil vom 30.5.1958 (BGH V ZR 280/56) = DB 1958,953.

685 BGH IV ZR 13/52 = BB 1952,868.

Wirtschaftlich gesehen wurde besonders deutlich, daß der BGH einige Entscheidungen, vor allem im Hinblick auf die Stromlieferungsverträge, mit Rücksicht auf die Volkswirtschaft fällte, und dann eine Ausnutzung der Monopolstellung hinnahm, wenn dies der Allgemeinheit zu gute kam. Dabei wurden die Einzelinteressen nicht immer in überzeugendem Maße berücksichtigt[686].

b) Knebelungsverträge

In weiteren zahlreichen Fällen gab es sittenwidrige Rechtsgeschäfte, weil ein Teilnehmer, der in der Regel eine wirtschaftliche oder persönliche Machtstellung besaß, einer anderen Person solche Bedingungen auferlegen konnte, die diese in unsittlicher Weise belasteten. Neben unzumutbaren Arbeitsverhältnissen[687], Wettbewerbsverboten[688], Kündigungen[689] und der Ausnutzung von Hoheitsrechten[690] fanden in der Rechtsprechung des BGH in diesem Zusammenhang die Knebelungsverträge Beachtung. Zu diesen zählten vor allem Verträge mit langfristigen Bindungen, wie Bierlieferungsverträge, und Sicherungsverträge, die eine knebelnde Wirkung entfalteten.

(1) Verträge mit langfristigen Bindungen

(a) Entwicklung in der Rechtsprechung des RG

In der umfassenden Rechtsprechung des RG, die sich zu Verträgen mit langfristigen Bindungen entwickelt hatte, wurde fast ausschließlich auf Bierlieferungsver-

---

686 Vgl. Urteil vom 9.6.1959 (BGH VIII ZR 61/58) = NJW 1959,1423.

687 Vgl. Urteil vom 8.7.1965 (BGH II ZR 143/63) = WM 1965,1035; Urteil vom 12.7.1965 (BGH II ZR 118/63) = WM 1965,1021; vgl. auch die Rechtsprechung des BAG: Urteil vom 10.5.1957 (BAG 1 AZR 249/56) = AP Art.6 Abs.1 GG Nr.1; Urteil vom 10.3.1960 (BAG 5 AZR 426/58) = AP § 138 BGB Nr.2; Urteil vom 24.1.1963 (BAG 5 AZR 100/62) = AP Art.12 GG Nr.29.

688 Urteil vom 17.12.1956 (BGH II ZR 202/55) = WM 1957,320; Urteil vom 30.4.1957 (BGH VIII ZR 201/56) = BGHZ 24,165; Urteil vom 10.6.1964 (BGH VIII ZR 262/63) = LM § 581 BGB Nr.25; Urteil vom 7.1.1965 (BGH II ZR 187/63) = WM 1965,310.

689 Urteil vom 29.1.1962 (BGH II ZR 172/60) = BB 1962,465; Urteil vom 1.3.1962 (BGH II ZR 252/59) = BB 1962,385.

690 Urteil vom 21.11.1957 (BGH III ZR 250/55) = MDR 1958,158; Urteil vom 9.7.1964 (BGH VII ZR 257/62) = WM 1964,1086; Urteil vom 11.7.1963 (BGH III ZR 227/61) = LM Verwaltungsrecht - Allgemeines (Abgrenzung zw. hoheitlicher u. privatrechtl. Tätigkeit) Nr.9.

träge abgestellt. Die entwickelten Grundsätze sollten aber grundsätzlich auch Anwendung auf andere langfristig bindende Verträge finden[691].

Zunächst wurde festgestellt, daß Verträge, die eine langjährige Verpflichtung enthielten, wegen ihrer großen wirtschaftlichen Wichtigkeit nicht als sittenwidrig bewertet werden mußten[692]. Nur im Einzelfall konnte bereits die langfristige Bindung allein den Vertrag unsittlich machen[693], z.B. bei unbefristeten Bierabnahmeverpflichtungen[694]. Es mußten ansonsten weitere Umstände hinzukommen, die den Vertrag wegen übermäßiger Beschränkung der wirtschaftlichen Freiheit eines Vertragsteils als sittenwidrig erscheinen ließen. Dabei waren stets alle Umstände des Einzelfalles heranzuziehen[695]. Sie waren um so kritischer zu würdigen, je länger die zeitliche Bindung war[696].

Regelmäßig wurde keine Sittenwidrigkeit von langfristig bindenden Verträgen angenommen, wenn die Interessen des Verpflichteten in ausreichendem Maße gewahrt wurden, insbesondere wenn ein Ausgleich durch ihm gewährte Vorteile erfolgte, wie es z.B. bei einer Existenzgründung durch ein gewährtes Darlehen der Fall war[697]. Allerdings mußte der Begünstigte seine Interessen nicht zurückstellen, um einen sittengemäßen Vertrag zu gewährleisten. Insbesondere bei Berufsanfängern, bei denen die Darlehensgewährung aufgrund fehlender Sicher-

---

691 Vgl. z.B. das Urteil vom 20.10.1930 (RG VIII 229/30) = RGZ 130,143 (145), in dem es um die Sittenwidrigkeit landwirtschaftlicher Pachtverträge ging, oder das Urteil vom 3.5.1932 (RG II 438/31) = RGZ 136,236 (240), in dem über einen auf 30 Jahre abgeschlossenen Kartellvertrag geurteilt wurde.

692 Urteil vom 15.6.1906 (RG II 514/05) = RGZ 63,390 (392); Urteil vom 9.10.1918 (RG V 134/18) = WarnR 1918,333 Nr.223; Urteil vom 15.5.1926 (RG V 449/25) = JW 1927,119 (119); Urteil vom 22.3.1935 (RG VII 278/34) = JW 1935,2553 (2553); Urteil vom 3.12.1935 (RG VIII 138/35) = JW 1936,569 (570); Urteil vom 30.10.1936 (RG VII 65/36) = RGZ 152,251 (253).

693 Urteil vom 16.11.1907 (RG V 102/70) = RGZ 67,101 (102); Urteil vom 5.2.1909 (RG VIII 145/08) = WarnR 1909,248 Nr.273; Urteil vom 15.5.1926 (RG V 449/25) = JW 1927,119 (119f.); Urteil vom 3.5.1932 (RG II 438/31) = RGZ 136,236 (240).

694 Urteil vom 5.2.1909 (RG VIII 145/08) = WarnR 1909,248 Nr.273; Urteil vom 15.5.1926 (RG V 449/25) = JW 1927,119 (119f.).

695 Urteil vom 15.6.1906 (RG II 514/05) = RGZ 63,390 (392); Urteil vom 16.11.1907 (RG V 102/70) = RGZ 67,101 (102); Urteil vom 27.2.1912 (RG II 455/11) = WarnR 1912,277(277) Nr.242; Urteil vom 9.10.1918 (RG V 134/18) = WarnR 1918,333 (334) Nr.223; Urteil vom 20.10.1930 (RG VIII 229/30) = RGZ 130,143; Urteil vom 3.5.1932 (RG II 438/31) = RGZ 136,236 (240); Urteil vom 14.1.1938 (RG VII 107/37) = WarnR 1938,131 (132) Nr.56.

696 Urteil vom 15.5.1926 (RG V 449/25) = JW 1927,119 (119); siehe auch Huppertz, S.26.

697 Urteil vom 15.6.1906 (RG II 514/05) = RGZ 63,390 (391f.); Urteil vom 27.2.1912 (RG II 455/11) = WarnR 1912,277 (277) Nr.242; Urteil vom 9.10.1918 (RG V 134/18) = WarnR 1918,333 (334) Nr.223.

heiten und Berufserfahrung ein Risiko darstellte, durften die auferlegten Pflichten ein recht hohes Maß erreichen[698]. Auch eine Bierbezugspflicht, die über die Rückzahlung des damit verbundenen Darlehens hinaus fortbestehen sollte, wurde regelmäßig als sittengemäß bewertet[699].

Unzulässig und sittenwidrig waren dagegen Verträge, durch welche die wirtschaftliche Freiheit ohne Berücksichtigung der Interessen des Verpflichteten übermäßig eingeschränkt wurde und der Verpflichtete sich völlig in die Hände des anderen Vertragspartners begab[700], insbesondere wenn seine wirtschaftliche Existenz gefährdet war[701].

Als Rechtsfolge waren solche Verträge regelmäßig nichtig und wurden vom RG nicht gemäß § 139 BGB im Rahmen des Erlaubten aufrecht erhalten[702]. War jedoch eine Auslegung des Vertrages möglich, daß er für eine kürzere Laufzeit vereinbart sein sollte, so konnte dies die Rechtsfolge der Nichtigkeit verhindern[703]. Ebenso wurde keine Nichtigkeit angenommen, wenn der Schuldner einer Vertragsbedingung, die entscheidend für die Knebelungswirkung war, den Einwand der unzulässigen Rechtsausübung gemäß § 242 BGB entgegenhalten konnte[704].

---

698 Urteil vom 15.6.1906 (RG II 514/05) = RGZ 63,390 (391); Urteil vom 9.10.1918 (RG V 134/18) = WarnR 1918,333 (333) Nr.223; Urteil vom 30.10.1936 (RG VII 65/36) = RGZ 152,251 (254); Urteil vom 28.2.1941 (RG VII 93/40) = DR 1941,1456 (1457).

699 Urteil vom 15.6.1906 (RG II 514/05) = RGZ 63,390 (393); Urteil vom 27.2.1912 (RG II 455/11) = WarnR 1912,277 (277) Nr.242; Urteil vom 22.3.1935 (RG VII 278/34) = JW 1935,2553 (2553); Urteil vom 3.12.1935 (RG VIII 138/35) = JW 1936,569 (570); Urteil vom 30.10.1936 (RG VII 65/36) = RGZ 152,251 (253); Urteil vom 14.1.1938 (RG VII 107/37) = WarnR 1938,131 (133) Nr.56.

700 Urteil vom 15.6.1906 (RG II 514/05) = RGZ 63,390 (392); Urteil vom 27.2.1912 (RG II 455/11) = WarnR 1912,277 (277) Nr.242; Urteil vom 9.10.1918 (RG V 134/18) = WarnR 1918,333 (333) Nr.223; Urteil vom 15.5.1926 (RG V 449/25) = JW 1927,119 (119); Urteil vom 20.10.1930 (RG VIII 229/30) = RGZ 130,143 (145); Urteil vom 22.3.1935 (RG VII 278/34) = JW 1935,2553 (2553); Urteil vom 23.9.1935 (RG VI 146/35) = JW 1935,3217 (3217); Urteil vom 3.12.1935 (RG VII 138/35) = JW 1936,569 (569f.); Urteil vom 30.10.1936 (RG VII 65/36) = RGZ 152,251 (253).

701 Urteil vom 22.3.1935 (RG VII 278/34) = JW 1935,2553 (2553); Urteil vom 3.12.1935 (RG VII 138/35) = JW 1936,569 (569).

702 Urteil vom 5.2.1909 (RG VII 145/08) = WarnR 1909,248 (249) Nr.273; Urteil vom 28.3.1911 (RG II 627/10) = RGZ 76,78 (80); Urteil vom 15.5.1926 (RG V 449/25) = JW 1927,119 (120).

703 Urteil vom 15.5.1926 (RG V 449/25) = JW 1927,119 (120).

704 Urteil vom 30.10.1936 (RG VII 65/36) = RGZ 152,251(260); Urteil vom 14.1.1938 (RG VII 107/37) = WarnR 1938,131 (133) Nr.56; Urteil vom 28.2.1941 (RG VII 93/40) = DR 1941,1456 (1457).

(b) *Entwicklung in der Rechtsprechung des OGH und des BGH*

(aa) *Urteil vom 23.11.1951*[705] *(Bierlieferungsvertrag)*

Der BGH[706] hatte sich in einem Urteil vom 23.11.1951 erstmals mit einem Bierlieferungsvertrag zu beschäftigen. Dem Urteil lag folgender Sachverhalt zugrunde:

Die Kläger, die gerade eine Gastwirtschaft erworben hatten, erhielten von dem Beklagten im Sommer 1934 ein Darlehen über 10.000 RM. In dem darüber aufgenommenen Vertrag vom 20.6.1934 verpflichteten sich die Kläger Bier und einige andere Getränke bis zum 30.6.1939 nur von dem Beklagten zu beziehen. Es sollte jedoch mindestens eine Gesamtmenge von 2000 hl Bier abgenommen werden, so daß der Vertrag auch über diesen Zeitpunkt hinaus weiterhin Geltung haben konnte. Monatlich sollten die Kläger mindestens 33,33 hl Bier vom Beklagten beziehen und bei geringerer Abnahme eine Vertragsstrafe zahlen. Zur Sicherheit wurde unter anderem eine Grundschuld am Grundstück der Kläger in Höhe von 20.000 DM bestellt.

Das Darlehen sollte sofort zur Rückzahlung fällig sein, wenn die Kläger in drei aufeinanderfolgenden Monaten weniger als 15 hl Bier abnahmen, ihren monatlichen Zahlungsverpflichtungen aus dem Darlehen nicht nachkamen oder auch nur gegen eine Vertragsbestimmung verstießen.

Das Darlehen wurde bis 1941 vollständig zurückgezahlt. Ab Mai 1946 wurde die Gastwirtschaft an einen anderen Gastwirt verpachtet, der die Bierbezugspflicht übernahm. Insgesamt wurden bis zum Zeitpunkt der Urteilsfällung nur 1200-1300 hl Bier abgenommen. Der Beklagte weigerte sich, die Grundschuld vor Erfüllung der Bierbezugspflicht freizugeben.

Die Kläger verlangten nun unter anderem die Feststellung, daß der Vertrag vom 20.6.1934 wegen Sittenwidrigkeit nichtig sei. Außerdem begehrten sie Herausgabe des Grundschuldbriefes und Abtretung der Grundschuld. Das Landgericht wies die Klage ab, das Berufungsgericht gab ihr statt.

Die Revision des Beklagten hatte Erfolg. Der BGH verwies zunächst auf die Rechtsprechung des RG zu den Bierbezugsverträgen und stellte fest, daß 1934, zum Zeitpunkt des Vertragsabschlusses, diese Verträge grundsätzlich nicht als sittenwidrig bewertet worden seien. Nur unter besonderen Umständen könne ein Bierbezugsvertrag als sittenwidrig erachtet werden. Diese Umstände seien dann noch nicht erfüllt, wenn eine zeitlich beschränkte ausschließliche Bindung an eine Brauerei erfolge. Auch wenn der Vertrag mit der Hingabe eines Darlehens

705 BGH I ZR 24/51 = DB 1952,120.

706 Ein Urteil des OGH zu dem fraglichen Komplex liegt, soweit ersichtlich, nicht vor.

verbunden sei und die Bezugsverpflichtung über die Rückzahlung des Darlehens hinausgehen solle, sei der Vertrag noch nicht sittenwidrig. Dies müsse stets nach den besonderen Umständen des Einzelfalls beurteilt werden. Nur wenn die Vereinbarungen für den Gastwirt eine übermäßige Härte darstellten, so daß die Bierbezugsverpflichtung eine drückende Beschränkung oder Aufhebung seiner wirtschaftlichen Selbständigkeit und Unabhängigkeit bedeute und er sich so völlig in die Hände der Brauerei begebe, sei eine Sittenwidrigkeit anzunehmen.

Das Berufungsgericht hatte festgestellt, daß eine solche Sittenwidrigkeit hier gegeben sei. Die auferlegte Bierbezugspflicht gehe über das Maß des Zumutbaren weit hinaus. Die den Klägern zur Verpflichtung gemachten monatlichen Mindestabnahmemengen von 33,33 hl bzw. 15 hl Bier seien tatsächlich in der Gastwirtschaft nicht abgesetzt worden. Die Kläger seien nach der Art ihrer Gastwirtschaft auch gar nicht in der Lage gewesen, dem Beklagten diese Mengen abzunehmen. Da das Darlehen hinreichend gesichert gewesen sei, hätte der Beklagte auch kein Risiko eingehen müssen, daß solche umfassenden Abnahmepflichten gerechtfertigt hätte.

Der BGH stimmte diesen Ausführungen zwar grundsätzlich zu, bemerkte aber, daß die Umstände des Einzelfalles nicht hinreichend berücksichtigt worden seien, so daß der Fall an das Berufungsgericht zur erneuten Verhandlung zurückverwiesen werden müsse.

Zum einen habe der Beklagte betont, daß er das Bier nicht erzeuge, sondern nur damit handele. So könne er jede Sorte Bier von den Brauereien beziehen und dieses Bier zu dem Preis weitergeben, den auch die Brauereien beim Verkauf an Gastwirte verlangten. Unter diesen Umständen könne die wirtschaftliche Freiheit der Kläger und ihres Pächters möglicherweise gewahrt sein. Solange ein Bierausschank betrieben werde und ein Gastwirt sein Bier nicht selbst erzeuge, sei er auf die Lieferung durch Brauereien angewiesen. Für das Maß der Bindung komme es hier dann entscheidend darauf an, ob die Kläger tatsächlich die Möglichkeit hatten, die geführten Biersorten zu wechseln.

Zudem müsse geprüft werden, ob unter den gegeben Umständen die Bierbezugsverpflichtung für eine untragbar lange Zeit eingegangen worden sei. Dabei sei zu berücksichtigen, ob die Kläger nicht bereits aus § 242 BGB eine zeitliche Beschränkung ihrer Bierabnahmepflicht fordern könnten. Aus solchen Bestimmungen, denen der Einwand der unzulässigen Rechtsausübung entgegengehalten werden könne, dürfe die Sittenwidrigkeit des Vertrages nicht gefolgert werden.

Der BGH bemerkte, daß diese Ausführungen zur Sittenwidrigkeit von Bierlieferungsverträgen den Grundsätzen zur Zeit des Vertragsabschlusses im Jahr 1934 entsprachen. Diese seien entgegen der Ansicht des Berufungsgerichts nicht allein maßgebend. Es seien vielmehr, wie auch das RG bemerkt habe, die jeweiligen zur Zeit der Beurteilung herrschenden Ansichten zu berücksichtigen. Diese gäben jedoch zu einer anderen Beurteilung keinen Anlaß. Auch ein Verstoß gegen die 1951 geltenden Dekartellierungsbestimmungen könne nicht festgestellt werden.

Der BGH schloß sich im vorliegenden Urteil ohne Änderung der sehr umfangreichen Rechtsprechung des RG zu den Bierlieferungsverträgen an. Besonders deutlich wurde die Bedeutung, die den Umständen des Einzelfalles bei der Bewertung dieser Verträge beigemessen wurde. Obwohl der BGH mit den Ausführungen des Berufungsgerichts übereinstimmte, wurde der Fall zurückverwiesen, da nicht alle Bestimmungen des Vertrages in ausreichendem Maße gewürdigt worden waren.

Eine Neuerung zu den Urteilen des RG lag im vorliegenden Fall darin, daß hier ein Bierhändler und keine Brauerei den Bierlieferungsvertrag abgeschlossen hatte. Tatsächlich bestand ein Großteil der Knebelungswirkung bei den Verträgen mit einer Brauerei darin, daß der Gastwirt gezwungen war, stets eine bestimmte oder nur wenige unterschiedliche Biersorten auf lange Zeit abzunehmen, so daß er auf Änderungen des Kundengeschmacks nicht eingehen konnte. Da dieses Problem für die Kläger im vorliegenden Fall möglicherweise nicht bestand, war eine Klärung dieses Punktes für die Prüfung der Sittenwidrigkeit unausweichlich.

Diesen Ausführungen des BGH, die im wesentlichen nichts neues im Vergleich zur Rechtsprechung des RG brachten[707], war daher beizupflichten.

Bemerkenswert waren jedoch die Ausführungen des BGH dazu, welche Anschauungen für die Sittenwidrigkeit maßgebend waren. Hatte das RG bis 1933 noch stets die Anschauungen zur Zeit des Vertragsschlusses zugrunde gelegt, so wurde in der Zeit des Nationalsozialismus auf die Ansichten zur Zeit der gerichtlichen Entscheidung abgestellt[708]. Im vorliegenden Fall hatte der BGH letztere Ansicht übernommen. Da diese Frage aber aufgrund der nicht geänderten Anschauungen kaum entscheidungsrelevant war, blieb noch offen, ob diese Ansicht grundsätzlich gelten oder ob sie nur bei Bierlieferungsverträgen aufgrund der langen Dauer der Verpflichtung ausnahmsweise herangezogen werden sollte.

(bb) Urteil vom 14.12.1956[709] (Verlagsrechtlicher Optionsvertrag)

In einem Urteil vom 14.12.1956 hatte sich der BGH mit einem weiteren Vertrag zu beschäftigen, bei dem zu prüfen war, ob er durch die langfristige Bindung der einen Vertragspartei als Knebelungsvertrag sittenwidrig war. Dem Urteil lag folgender Sachverhalt zugrunde:

707 Mueller, JZ 1952,366 (367).
708 Vgl. oben 2. Teil C..
709 BGH I ZR 105/55 = BGHZ 22,346.

Am 2.5.1950 schlossen die Parteien einen Verlagsvertrag über einen Roman des Beklagten. Am 22.12.1950 ergänzten sie den Vertrag dahingehend, daß eine Vorschußzahlung in Höhe von 4.500 DM vereinbart wurde und daß sich der Beklagte verpflichtete, zukünftige Manuskripte zunächst dem Verlag des Klägers anzubieten. Im Februar wurden daraufhin Verlagsverträge über drei Werke des Beklagten zwischen den Parteien geschlossen.

Bereits im Herbst 1950 war ein weiterer Roman des Beklagten bei einem anderen Verlag erschienen. Zu diesem Werk sollte nun im Herbst 1953 wiederum bei diesem Verlag ein Vorroman erscheinen. Da der Roman nicht zunächst dem Verlag des Klägers angeboten worden war, erhob der Kläger Klage auf Auskunftserteilung und Rechnungslegung darüber, welche Verträge der Beklagte mit anderen Verlagen geschlossen hatte. Außerdem verlangte er Schadensersatz wegen Verletzung des Vertrages vom 22.12.1950.

Das Landgericht hatte die Klage abgewiesen, da es den besagten Vertrag wegen Knebelung für sittenwidrig erachtete. Die Berufung führte zur Aufhebung und Zurückverweisung.

Auf die Revision wurde das Berufungsurteil aufgehoben und die Klage abgewiesen. Das Berufungsgericht hatte eine sittenwidrige Knebelung verneint, da der Vertrag nur eine sehr lose Bindung des Beklagten begründe. Er könne seine Werke anderen Verlagen anbieten und das Angebot des Klägers abweisen, wenn diese Verlage günstigere Bedingungen anböten. Zudem könne der Vertrag, da er ein Dauerschuldverhältnis sei, bei Vorliegen eines wichtigen Grundes gekündigt werden, so daß auch die unbefristete Laufzeit des Vertrages die Sittenwidrigkeit nicht begründen könne.

Der BGH teilte diese Auffassung nicht und hielt den Optionsvertrag wegen Knebelung in persönlicher und wirtschaftlicher Hinsicht für sittenwidrig. Verlagsverträge setzten in der Regel ein besonderes Vertrauensverhältnis des Verlegers und des Verfassers auch in geistiger und persönlicher Hinsicht voraus. Wenn nun eine Bindung für die gesamte Lebenszeit eingegangen werde, so seien bereits aus diesem Grund Bedenken zu erheben. Die Entwicklung der Umstände, die für diese Vertrauensverhältnis maßgebend seien, könne nicht vorausgesehen werden. Es könne aus vielen Gründen zu einer Entfremdung zwischen Verleger und Verfasser kommen, die aber noch keinen zur Kündigung berechtigenden wichtigen Grund darstellen müßten. Die Tatsache, daß eine Lösung vom Vertrag unter diesen Umständen nicht möglich sei, könne schließlich die Schaffenskraft des Verfassers lähmen.

Neben diesen Bedenken in persönlicher Hinsicht bestünden durchgreifende Bedenken in wirtschaftlicher Hinsicht. Der Verfasser müsse, wenn er ein Manuskript fertiggestellt habe, dieses zunächst dem Verleger anbieten, mit dem er den Optionsvertrag geschlossen habe. An dieses Angebot sei er zwar grundsätzlich nicht gebunden, er sei aber nach Treu und Glauben dazu verpflichtet, kein schlechteres Angebot eines anderen Verlages anzunehmen. Somit könne er keine verbindlichen Verhandlungen mit anderen Verlagen führen, bevor er das Manuskript seinem Verleger angeboten habe. Der BGH führte an, daß Schriftsteller sich ihren Lebensunterhalt gerade wegen der damaligen wirtschaftlichen Verhältnisse häufig dadurch sicherten, daß sie Vorschußzahlungen mit einem am Werk interessierten Verlag vereinbarten. Im vorliegenden Fall werde der bevorrechtigte Verleger auf solche Zahlungen meist verzichten, da ihm das Werk in jedem Fall angeboten werden müsse. Andere Verleger würden nicht zu Vorschußzahlungen bereit sein, da eine bindende Verpflichtung des Autors wegen des Optionsvertrages nicht möglich sei..

Zudem könne der Verleger frei entscheiden, welches Werk er veröffentlichen werde. Mit den abgelehnten Manuskripten müsse sich der Verfasser an andere Verlage wenden, wenn er diese Werke noch veröffentlichen wollte. Da dies in der Regel aber wenig erfolgversprechende Werke sein dürften, werde kaum ein Verlag Interesse an der Veröffentlichung haben. Häufig könne ein Schriftsteller nur einen Verleger für diese Romane finden, weil der Verlag sich Gewinn durch die Veröffentlichung zukünftiger Werke des Autors verspreche. Diese zukünftigen Werke müsse der Verfasser jedoch wieder seinem bevorrechtigten Verleger zuerst anbieten. Die Verhandlungsposition des Schriftstellers gegenüber anderen Verlagen sei daher durch den Optionsvertrag erheblich eingeschränkt.

Aus den genannten persönlichen und wirtschaftlichen Gesichtspunkten ergebe sich, daß eine zeitlich und gegenständlich unbefristete Optionsabrede den Verfasser außerordentlich stark behindere. Zwar sei es nicht zu verkennen, daß der Verleger ein Interesse daran habe, einen Autor auch hinsichtlich seiner zukünftigen Schaffenskraft an sich zu binden. Bereits unbefristete Verlagsverträge, die alle zukünftigen Werke des Schriftstellers umfaßten, seien jedoch rechtlich bedenklich. Um so stärker seien diese Bedenken bei einem Optionsvertrag, bei dem der Pflicht des Verfassers keine Pflicht des Verlegers gegenüberstehe. Wenn daher ein solcher Vertrag ohne eine die starke Bindung des Autors rechtfertigende Gegenleistung des Verlegers geschlossen werde, so sei der Optionsvertrag sittenwidrig.

Nun ging der BGH darauf ein, daß das RG in einer Entscheidung vom 27.3.1912[710] eine zeitlich unbegrenzte und unentgeltlich übernommene Verpflichtung eines Operettenkomponisten, seinem Verleger seine künftigen Kompositionen zuerst zum Erwerb anzubieten, für rechtswirksam erachtet habe. Abgesehen von dem wegen der höheren Unkosten größeren Verlegerrisiko in dem entschiedenen Fall hätten sich, nach Ansicht des BGH, inzwischen die Rechtsauf-

710 RG I 150/11 = RGZ 79,156.

fassungen über das Verleger- Autorenverhältnis gewandelt. Neben Auffassungen in der Literatur[711] führte der BGH für diesen Wandel vor allem Ziffer 11 der "Richtlinien für den Geschäftsverkehr zwischen erzählenden Schriftstellern und Verlegern"[712] und Ziffer 12 Abs.1 des "Abkommens über Vertragsnormen bei wissenschaftlichen Verlagswerken"[713] an. Dort sei festgehalten, daß in Verlagsverträgen keine Vereinbarung getroffen werden dürfe, daß der Verfasser sich mit seinem gesamten zukünftigen Schaffen an den Verleger binde. Bei Optionsverträgen, die wegen der fehlenden Pflichten des Verlegers wie dargestellt noch strenger zu bewerten seien, müsse dies nach Ansicht des BGH erst recht gelten.

Der BGH hatte sich im vorliegenden Fall sehr eingehend und teilweise mit bemerkenswerter Begründung mit der Sittenwidrigkeit des Optionsvertrages befaßt. Dabei griff er die Grundsätze der geltenden Rechtsprechung zu Knebelungsverträgen wieder auf. Dem Urteil wurde in der Literatur größtenteils zugestimmt[714]. Auch die kritischen Stimmen befürworteten die grundsätzliche Entscheidung des BGH, kritisierten jedoch Einzelheiten des Urteils[715]. *Ulmer*, der in weitesten Teilen das Urteil des BGH begrüßte, führte an, daß ein Optionsvertrag nicht nur dann sittenwidrig sei, wenn er zeitlich unbefristet sei und eine Gegenleistung fehle[716]. Er propagierte also eine noch strengere Beurteilung der Optionsverträge, als sie der BGH vorgenommen hatte.

Ansonsten wurde jedoch meist die zu harte und ungenaue Bewertung der Optionsverträge bemängelt. Insbesondere habe der BGH im vorliegenden Fall die Gegenleistung nicht hinreichend berücksichtigt. Möglicherweise habe die Vorschußzahlung in Höhe von 4.500 DM eine ausreichende Gegenleistung für den unbefristeten Optionsvertrag dargestellt[717]. Dem war aber entgegenzuhalten, daß der Beklagte ein sehr produktiver Schriftsteller war. In den Jahren 1950-1953 hatte er fünf Romane zur Veröffentlichung gebracht. Es war daher zu erwarten, daß er weiterhin eine große Anzahl von Werken fertigstellen würde, so daß 4.500 DM keine entsprechende Gegenleistung für ein lebenslängliches Optionsrecht darstellten. Zuzugeben war allerdings, daß der BGH zumindest einige Ausführungen über diese Gegenleistung hätte machen müssen und nicht einfach hätte feststellen dürfen, daß eine Gegenleistung nicht vorhanden sei.

---

711 Bappert/Maunz, § 1 VerlG Rdn.29; Allfeld, § 8 LitUrG Anm.9; Runge, S.440; Ulmer, S.242.

712 Abgedruckt bei: Schulze, Anh.2 S.96.

713 Abgedruckt bei: Bappert/Maunz, S.478.

714 Henrich, S.318f.; Ulmer, 2. Aufl., S.325; vgl. auch Goldbaum, S.218 und Hubmann, S.182, welche die Ansicht des BGH kritiklos wiedergeben.

715 Brandi-Dohrn, S.91; Kleine, JZ 1957,303 (304).

716 Ulmer, 2. Aufl., S.325.

717 Kleine, JZ 1957,303 (304).

Bemängelt wurde weiterhin, daß aus dem Urteil des BGH nicht ersichtlich sei, wann eine gegenständliche und zeitliche Beschränkung vorliege, welche die Sittenwidrigkeit entfallen lasse[718]. Allerdings mußte der BGH dies auch nicht entscheiden, da im vorliegenden Fall weder eine zeitliche noch eine gegenständliche Beschränkung des Optionsrechtes vorhanden war. Auch weitere Einschränkungen in persönlicher und zeitlicher Hinsicht wurden diskutiert[719], konnten aber im Interesse der Rechtssicherheit als allgemeine Grundsätze nicht überzeugen[720]. Es blieben weiterhin die Umstände des Einzelfalles relevant, so daß eine interessengerechte Lösung stets möglich war. Das vorliegende Urteil konnte grundsätzlich überzeugen.

Auch die Abwendung von der Rechtsprechung des RG für diesen eng umgrenzten Spezialbereich der Knebelungsverträge war nachvollziehbar. Dabei war aber der Rückhalt in der Literatur nicht so deutlich, wie es der BGH darstellte[721]. Auch der Hinweis auf das "Abkommen über Vertragsnormen bei wissenschaftlichen Verlagswerken"[722] konnte für den vorliegenden Fall keine Bedeutung haben, da es sich bei den Werken des Beklagten um Trivialliteratur und keine wissenschaftlichen Werke handelte. Lediglich die "Richtlinien für den Geschäftsverkehr zwischen erzählenden Schriftstellern und Verlegern"[723] gestatteten eindeutige Rückschlüsse auf den vorliegenden Fall, so daß trotz der Ungenauigkeiten ein Wandel in den Auffassungen doch festgestellt werden konnte.

Beachtenswert erschien, daß im "Gesetz über Urheberrecht und verwandte Schutzrechte"[724] vom 9.9.1965 in § 40 Abs.1 S.2 ein Kündigungsrecht nach fünf Jahren für beide Vertragspartner bei Verlagsverträgen über künftige Werke eingeführt wurde. Dies sollte analog auch für Optionsverträge gelten[725]. Möglicherweise wäre nach dieser Gesetzeslage der vorliegende Vertrag anders zu bewerten gewesen[726]. Allerdings wurde er in der amtlichen Begründung als Beispiel dafür

718 Brandi-Dohrn, S. 89.
719 Brandi-Dohrn, S.91f..
720 Brandi-Dohrn, S.91 wies selbst darauf hin, daß der Vorteil am Urteil des BGH sei, daß es Rechtssicherheit und einen umfassenden Schutz des Autors bot.
721 So äußerte sich Allfeld, § 8 LitUrG Anm.9 nicht zum vorliegenden Problem; Runge, S.440 und Ulmer, S.242 hielten zeitlich unbefristete Verlags- und Optionsverträge lediglich für sittlich bedenklich; nur Bappert/Maunz, § 1 VerlG Rdn.29 sprach sich deutlich gegen diese zeitlich unbefristeten Verträge aus.
722 Abgedruckt bei: Bappert/Maunz, S.478.
723 Abgedruckt bei: Schulze, Anh. 2 S.96.
724 BGBl. 1965 I S.1273.
725 Bappert/ Maunz/ Schricker, § 1 VerlG Rdn.18.
726 So der Ausblick bei Kleine, JZ 1957,303 (304); Ulmer, 2. Aufl., S.326; für § 31 ÖUG, die entsprechende Norm des österreichischen Rechts: Rintelen, S.275f..

angeführt, daß solche Verträge weiterhin im Einzelfall als sittenwidrig zu bewerten seien[727].

(cc) Urteil vom 12.7.1962[728] (Knebelung eines Gesellschafters)

In weiteren Urteilen wurde die Rechtsprechung von RG und BGH zu den Bierlieferungsverträgen ohne Änderung weiter geführt[729]. In einem Urteil vom 12.7.1962 hatte sich der BGH mit einem Gesellschaftsvertrag zu befassen, der knebelnde Wirkung entfaltete. Das Urteil basierte auf folgendem Sachverhalt:

Die Parteien gründeten 1951 ein Unternehmen, das sich mit der Herstellung und dem Vertrieb von technischen Geräten und Anlagen befaßte. Im Dezember 1952 nahmen sie zwei weitere Gesellschafter als Kommanditisten in das Unternehmen auf. Im schriftlichen Gesellschaftsvertrag vom 23.12.1952 wurde unter anderem bestimmt, daß der Beklagte seine Arbeitskraft in das Unternehmen einzubringen habe. Am 25.1.1953 schlossen die Parteien einen weiteren schriftlichen Vertrag, in dem unter anderem bestimmt war, daß Einkünfte des Beklagten aus einer anderweitigen Tätigkeit jeder Art als Einkünfte der Firma gelten sollten, sobald sie einen für die Bestreitung der Lebenshaltungskosten angemessenen Betrag überschritten.

Im April 1954 übernahm der Beklagte neben seiner Arbeit in dem Unternehmen eine Lehrtätigkeit an einer Maschinenbauschule, für die er monatlich 1.100 DM erhielt. Der Kläger wollte diese Einkünfte, soweit sie einen für den Lebensunterhalt angemessenen Betrag von 750 DM überstiegen, für das Unternehmen bzw., nachdem die Gesellschaft durch Vergleich vom 13.1.1959 aufgelöst worden war, für die Liquidationsgesellschaft erfassen. Aus dem Urteil des BGH ergab sich nicht, wie das Landgericht geurteilt hatte. Das Berufungsgericht hatte der Zahlungsklage stattgegeben.

Die Revision des Beklagten hatte Erfolg. Das Berufungsgericht hatte angeführt, daß ein Gesellschafter sich verpflichten könne, seine gesamte Arbeitskraft der Gesellschaft zur Verfügung zu stellen. Die vorliegende Vereinbarung sei demgegenüber eine weniger einschneidende Regelung. Der Einsatz der Arbeitskraft außerhalb des Unternehmens sei dem Beklagten schließlich gestattet. Er müsse nur einen Teil seiner Einkünfte abführen. Daher sei das Abkommen vom 25.1.1953 nicht sittenwidrig.

727 Haertel/ Schiefler, S. 199f; ausdrücklich von dieser Begründung abweichend: Brandi-Dohrn, S.90.

728 BGH II ZR 13/61 = BGHZ 37,381.

729 Urteil vom 14.5.1952 (BGH II ZR 256/51) = nicht veröffentlicht; Urteil vom 13.10.1955 (BGH II ZR 185/54) = nicht veröffentlicht; Urteil vom 22.12.1959 (BGH VIII ZR 9/59) = LM § 138 (Aa) BGB Nr. 7a.

Der BGH kam dagegen zum gegenteiligen Ergebnis. Er bemerkte, daß bereits der Ausgangspunkt der Ausführungen des Berufungsgerichts verfehlt sei. Wenn sich ein Gesellschafter dazu verpflichte, seine volle Arbeitskraft der Gesellschaft zur Verfügung zu stellen, so werde der Umfang dieser Verpflichtung durch die Besonderheiten der in Betracht kommenden Gesellschaft bestimmt. Der Gesellschafter dürfe die Interessen der Gesellschaft nicht dadurch hintanstellen und verletzen, daß er seine Arbeitskraft einer anderweitigen Tätigkeit zukommen lasse. Wenn jedoch seine Arbeitskraft mit den Aufgaben in der Gesellschaft nicht erschöpft sei, so dürfe er anderen Beschäftigungen nachgehen, wenn diese nicht zu einer Beeinträchtigung seiner Arbeit in der Gesellschaft führten. Die Verpflichtung, eine solche Beschäftigung zu unterlassen, sei mit den guten Sitten nicht vereinbar. Sie würde auf eine Verpflichtung zum Nichtstun trotz der Möglichkeit einer sinnvollen Beschäftigung hinauslaufen, was sich nicht mit der Würde des Menschen vereinbaren ließe.

Auch eine Verpflichtung, die Einkünfte aus einer solchen Beschäftigung an die Gesellschaft ganz oder teilweise abzuführen, widerspreche grundsätzlich den sittlichen Anschauungen. Es werde durch eine solche Vereinbarung in unzulässiger Weise in den jedem Menschen zustehenden Freiheitsbereich eingegriffen. Der Verpflichtete werde in eine persönliche und wirtschaftliche Abhängigkeit getrieben, die nicht mehr gebilligt werden könne. Insbesondere gelte dies, wenn die Vereinbarung für eine lange Zeit getroffen werde. Im vorliegenden Fall sei der Gesellschaftsvertrag auf 30 Jahre abgeschlossen worden. Somit sei das Abkommen vom 25.1.1953 als sittenwidrig zu bewerten.

Der BGH führte die Rechtsprechung zu den Knebelungsverträgen hier konsequent fort. Hatte das RG diese Grundsätze aber vor allem im Hinblick auf Bierlieferungsverträge entwickelt, so wendete der BGH sie nun nach dem Urteil vom 14.12.1956[730] wiederum auf einen anderen Vertragstyp an. Eine echte Neuerung war diese Entwicklung nicht, da bereits das RG die Grundsätze über knebelnde Bierlieferungsverträge auch auf andere Vertragstypen angewendet hatte[731].

(dd) Urteil vom 22.1.1964[732] (Reklamevorführungsvertrag für Filmtheater)

In einem Urteil vom 22.1.1964 hatte sich der BGH wiederum mit einem langfristig bindenden Vertrag zu beschäftigten. Dem Urteil lag folgender Sachverhalt zugrunde:

---

730 BGH I ZR 105/55 = BGHZ 22,346.
731 Vgl. oben S.199.
732 BGH VIII ZR 274/62 = UFITA Bd. 42 S.192.

Die Klägerin nutzte gewerbsmäßig die Reklamemöglichkeiten in Filmtheatern aus. Sie ließ im Auftrage ihrer an Werbung interessierten Kunden Werbefilme und Diapositive durch Filmtheaterunternehmer vorführen. Am 26.5.1955 schloß sie mit dem Beklagten einen Vertrag, in dem ihr das alleinige Reklamevorführungsrecht in allen Filmtheatern des Beklagten eingeräumt wurde. Als Entgelt erhielt der Beklagte 50 % der Bruttoeinnahmen aus den Werbeaufträgen. Zusätzlich wurde unter anderem vereinbart, daß der Vertrag zunächst für 10 Jahre gelte und er bei fehlender Kündigung jeweils stillschweigend um weitere 10 Jahre verlängert werde. Zudem müsse der Beklagte sicherstellen, daß der Vertrag auch bei Veräußerung oder Verpachtung eines Filmtheaters weiterhin gelte. Schließlich müsse der Beklagte der Klägerin bei allen weiteren Filmtheatern, die er in Zukunft übernehmen oder errichten werde, die Reklameauswertung zu den im vorliegenden Vertrag geltenden Bedingungen anbieten.

Nachdem bereits ein Rechtsstreit über die Reklamevorführungsrechte in zwei Filmtheatern geführt worden war, erwarb der Beklagte im Mai 1960 ein weiteres Filmtheater. Da er nicht bereit war, der Klägerin die Reklamevorführungsrechte anzubieten, machte diese ihre Rechte aus dem Vertrag geltend. Sie klagte unter anderem auf Abschluß eines Reklamevorführungsvertrages zu den Bedingungen des Vertrages vom 26.5.1955 und machte Schadensersatz wegen bestehender Verträge mit anderen Filmwerbeunternehmen geltend.

Sowohl das Land- als auch das Berufungsgericht wiesen die Klage ab.

Die Revision führte zur Zurückverweisung. Der BGH hielt den Vertrag vom 26.5.1955 im Gegensatz zum Berufungsgericht nicht für sittenwidrig. Zwar bemerkte der BGH, daß der Vertrag vom 26.5.1955 in gewissem Maße die kaufmännische und wirtschaftliche Entschließungs- und Bewegungsfreiheit des Beklagten beschränke. Es werde ihm die Möglichkeit genommen, während der Vertragszeit günstigere Bedingungen auszuhandeln. Dies sei aber die notwendige Folge eines Vertragsabschlusses, insbesondere wenn dieser Vertrag für längere Zeit geschlossen werde. Ein solcher Umstand führe noch nicht zur Sittenwidrigkeit des Vertrages.

Zudem sei ein schutzwürdiges Interesse der Klägerin auch an einer so langfristigen Bindung gegeben, wie sie hier vorgelegen habe. Es sei das nicht zu mißbilligende Bestreben der Klägerin zu erkennen gewesen, ihre geschäftliche Existenz weitgehend zu sichern.

Einen entscheidenden Grund für die Sittenwidrigkeit habe das Berufungsgericht darin gesehen, daß der vertraglich eingeräumten Aussicht auf künftige Vertragsobjekte keine Gegenleistung der Klägerin gegenüberstand. Dies war nach Ansicht des BGH aber kein so schwerwiegender Umstand, daß er zur Sittenwidrigkeit geführt hätte. Daß keine solche Gegenleistung vereinbart worden sei, habe auf dem freien Willen des Beklagten beruht. Es sei kein Anhaltspunkt ersichtlich, daß der Beklagte bei Abschluß des Vertrages durch wirtschaftliche Schwierigkeiten in seiner Entschlußfreiheit eingeengt gewesen wäre. Auch könne ein Filmtheaterbesitzer die Werbemöglichkeiten selbst ausnutzen oder zwischen zahlreichen konkurrierenden Filmwerbeunternehmen wählen. Es sei daher auch nicht ersichtlich, daß die Klägerin dem Beklagten die Vertragsbedingungen habe aufzwingen können.

Der Vertrag sei deshalb, obwohl der Klägerin die günstigere Vertragsstellung eingeräumt worden sei, wegen des Grundsatzes der Vertragsfreiheit als wirksam zu beurteilen. Dies zeige auch der Vergleich mit den Bierlieferungsverträgen, die trotz drückender Bedingungen in der Regel für sittengemäß erachtet worden seien, obwohl der Gastwirt mit den Brauereien Vertragspartner habe, die ihm an wirtschaftlicher Macht weit überlegen seien.

Zunächst fiel an diesem Urteil auf, daß der BGH ausgesprochen kurz auf die Frage einging, ob der Beklagte durch den Vertrag in sittenwidriger Weise in seiner wirtschaftlichen und persönlichen Entschließungs- und Bewegungsfreiheit beeinträchtigt wurde. Bei dieser Frage waren nach gefestigter Rechtsprechung des RG[733] und des BGH[734] stets die gesamten besonderen Umstände des Einzelfalles zu berücksichtigen. Im vorliegenden Fall hätte eine sittenwidrige Knebelung z.B. darin bestehen können, daß der Beklagte selbst zwar langfristig an den Vertrag gebunden war, der Klägerin aber selbst kaum Pflichten oblagen. So gab es z.B. für den Beklagten keine Sicherheit, daß der Kläger tatsächlich die erforderliche Mühe walten ließ, um einen möglichst hohen Reklameumsatz im Filmtheater zu sichern[735]. Jedoch hätte dem Beklagten in diesem Fall wohl ein außerordentliches Kündigungsrecht aus wichtigem Grund zugestanden[736]. Aber der BGH hätte auf diesen oder ähnliche Aspekte eingehen müssen, um alle Umstände des Einzelfalles zu würdigen. Insbesondere ein Vergleich mit dem Urteil vom 14.12.1956[737], das eine wesentlich umfangreichere Argumentation aufwies, zeigt, daß im vorliegenden Urteil eine umfassende Abwägung der Umstände des Einzelfalles nicht erfolgte.

Einen besonderen Schwerpunkt legte der BGH darauf, daß der Beklagte aus freiem Willen einen Vertrag geschlossen habe, in dem keine Gegenleistung für die Aussicht auf künftige Vertragsobjekte vorgesehen sei. Er hätte die Verwertung der Werbemöglichkeiten selbst oder durch konkurrierende Filmwerbeunternehmen vornehmen können. Dazu war jedoch anzumerken, daß der Beklagte die Werbemöglichkeiten selbst mit Sicherheit nicht so professionell und ertragreich

733 Vgl. oben S.199, vor allem Fn.695.
734 Urteil vom 23.11.1951 (BGH I ZR 24/51) = DB 1952,120.
735 Spengler, WuW 1954,706 (709).
736 Spengler, WuW 1954,706 (709).
737 BGH I ZR 105/55 = BGHZ 22,346

hätte verwerten können wie die Klägerin, die sich auf diese Arbeit spezialisiert hatte. Zudem könnten auch Gastwirte mit einem gewissen Aufwand ihr Bier selbst brauen, ohne daß dieser Punkt bei der Sittenwidrigkeit von Bierlieferungsverträgen von Bedeutung gewesen wäre. Ein Ausweichen auf konkurrierende Unternehmen wäre im vorliegenden Fall zwar theoretisch möglich gewesen, jedoch war der Vertrag, den der Beklagte unterzeichnet hatte, ein Formularvertrag. Diesen legten zur damaligen Zeit fast alle Reklameunternehmen mit nur geringfügigen Abweichungen ihren Geschäften zugrunde[738]. Somit lag es zumindest nahe, daß der Beklagte unter vernünftigen wirtschaftlichen Gesichtspunkten die Verwertung der Werbemöglichkeiten in seinen Filmtheatern nur zu den Bedingungen vornehmen konnte, die der vorliegende Vertrag enthielt. Somit konnte die Freiwilligkeit des Vertragsabschlusses keinen relevanten Einfluß darauf haben, ob der Vertrag als sittenwidrig bewertet werden mußte.

Der entscheidende Grund dafür, daß der BGH den vorliegenden Vertrag nicht als sittenwidrig bewertete, war vielmehr in der abschließenden Bemerkung des BGH zu sehen. Er verglich diesen Vertrag mit den Bierlieferungsverträgen, die in der höchstrichterlichen Rechtsprechung meist nicht als sittenwidrig bewertet worden waren. Dort stehe der Gastwirt, der auf den Bierbezug angewiesen sei, den Brauereien gegenüber, die ihm an wirtschaftlicher Macht weit überlegen seien. Im vorliegenden Fall fehlte dieser Unterschied in der wirtschaftlichen Macht, so daß es vom Ergebnis her konsequent war, daß der BGH den Vertrag nicht als sittenwidrig bewertete. Trotz einiger Kritikpunkte an der Begründung war dem Urteil des BGH daher zumindest vom Ergebnis her zuzustimmen.

(ee) Gesamtbetrachtung

Der BGH setzte im Rahmen der Sittenwidrigkeit von langfristig bindenden Verträgen die gefestigte Rechtsprechung des RG ohne entscheidende Änderung fort. Aufgrund der verstärkten wirtschaftlichen Probleme nach dem 2. Weltkrieg bestand zwar ein größerer Bedarf an langfristigen Verträgen, da so die Verpflichteten häufig ein Darlehen erhielten und so eine Existenz aufbauen konnten. Ihre Vertragspartner hatten ein verstärktes Interesse an diesen Verträgen, um in Zeiten großer wirtschaftlicher Unsicherheit langfristig Kunden an sich zu binden. Eine Korrektur der Rechtsprechung war aber deshalb entbehrlich, weil bereits vor 1945 in der höchstrichterlichen Rechtsprechung regelmäßig langfristig bindende Verträge für wirksam und nur im Ausnahmefall für sittenwidrig erklärt worden waren.

738 Spengler, WuW 1954,706 (715).

Das RG hatte in zahlreichen Entscheidungen über die Sittenwidrigkeit von Bierlieferungsverträgen geurteilt[739]. Da sich der BGH nicht von dieser Rechtsprechung abwendete, waren die wesentlichen Probleme im Rahmen dieser Verträge bereits höchstrichterlich entschieden worden. Die Bierlieferungsverträge hatten daher in den 50er und 60er Jahren keine entscheidende Bedeutung in der Rechtsprechung des BGH. Stärkere Beachtung fanden dagegen andere langfristig bindende Verträge, auf welche die geltenden Grundsätze Anwendung finden sollten[740].

Ein Gesichtspunkt, der sich im Vergleich zu der Zeit der RG-Urteile geändert hatte, war allerdings der verstärkte Konkurrenzkampf der verschiedenen Unternehmen. Der BGH hatte diesen Aspekt im Urteil vom 22.1.1964[741] bezüglich der Filmwerbeunternehmer kurz erwähnt. Insbesondere hatte der Konkurrenzkampf aber im Brauereigewerbe zugenommen[742]. Diese Tatsache hätte jedoch nur zu einer milderen Bewertung der Bierlieferungsverträge führen können, da der Gastwirt besser zwischen verschiedenen Angeboten wählen konnte und er daher nicht mehr so schützenswert war wie zur Zeit der Rechtsprechung des RG. In dieser Richtung bestand aufgrund der bereits recht liberalen Bewertung der Bierlieferungsverträge jedoch kein Handlungsbedarf, so daß die gefestigte Rechtsprechung zu Recht ohne Änderung fortgeführt wurde.

(2) Sicherungsverträge

(a) Entwicklung in der Rechtsprechung des RG

Bei Sicherungsverträgen gab es zwei Aspekte, die zur Sittenwidrigkeit dieser Verträge führen konnten. Neben der Gefährdung dritter Gläubiger[743] war dies die

739 Urteil vom 15.6.1906 (RG II 514/05) = RGZ 63,390; Urteil vom 16.11.1907 (RG V 102/70) = RGZ 67,101; Urteil vom 5.2.1909 (RG VIII 145/08) = WarnR 1909,248 Nr.273; Urteil vom 27.2.1912 (RG II 455/11) = WarnR 1912,277 Nr.242; Urteil vom 9.10.1918 (RG V 134/18) = WarnR 1918,333 Nr.223; Urteil vom 15.5.1926 (RG V 449/25) = JW 1927,119; Urteil vom 22.3.1935 (RG VII 278/34) = JW 1935,2553; Urteil vom 3.12.1935 (RG VIII 138/35) = JW 1936,569; Urteil vom 30.10.1936 (RG VII 65/36) = RGZ 152,251; Urteil vom 14.1.1938 (RG VII 107/37) = WarnR 1938,131 Nr.56; Urteil vom 28.2.1941 (RG VII 93/40) = DR 1941,1456.

739 Urteil vom 15.5.1926 (RG V 449/25) = JW 1927,119 (119);

740 Vgl. Urteil vom 14.12.1956 (BGH I ZR 105/55) = BGHZ 22,346; Urteil vom 12.7.1962 (BGH II ZR 13/61) = BGHZ 37,381; Urteil vom 22.1.1964 (BGH VIII ZR 274/62) = UFITA Bd. 42 S.192.

741 BGH VIII ZR 274/62 = UFITA Bd. 42 S.192.

742 Künstler, S.89.

743 Vgl. oben 3. Teil B. 2. b).

Knebelungswirkung für den Schuldner, welche die Übertragung der wesentlichen Vermögenswerte an den Gläubiger bewirken konnte. Wurden zunächst in der Rechtsprechung des RG beide Aspekte vermengt und zusammen angewendet, um eine Sittenwidrigkeit festzustellen[744], so erfolgte später doch meist eine klare Trennung[745].

Bei der Sittenwidrigkeit eines Sicherungsvertrages wegen Knebelung des Schuldners wurden ähnliche Aspekte zugrunde gelegt wie bei der Bewertung langfristiger Knebelungsverträge. So war ein Sicherungsvertrag dann wegen Knebelung des Schuldners sittenwidrig, wenn dieser sich durch die Sicherungen so in die Hände des Gläubigers begab, daß von diesem die wirtschaftliche Existenz des Schuldners abhängig war[746]. Dabei spielte vor allem der Umfang der Sicherungen eine entscheidende Rolle, da der Gläubiger bei umfassenden Sicherungen jederzeit durch Entziehung der ihm übereigneten und sich nur im Besitz

---

744 Urteil vom 5.5.1911 (RG III 204/10) = JW 1911,576 (577); Urteil vom 24.6.1911 (RG VI 525/10) = RGZ 77,210; Urteil vom 24.1.1912 (RG I 321/11) = WarnR 1912,170 (170) Nr.155; Urteil vom 17.12.1912 (RG VII 416/12) = WarnR 1913,164 (164) Nr.129; Urteil vom 30.6.1913 (RG IV 148/13) = WarnR 1913,478 (479) Nr.400; Urteil vom 19.10.1914 (RG VI 354/14) = RGZ 85,343 (345); Urteil vom 16.3.1915 (RG VII 456/14) = WarnR 1915,193 (195) Nr.134; Urteil vom 21.9.1916 (RG VI 159/16) = WarnR 1916,446 (447) Nr.271; Urteil vom 24.9.1917 (RG VI 233/17) = WarnR 1918,1(2) Nr.1; Urteil vom 8.11.1927 (RG (VIII) VI 315/27) = RGZ 118,361 (363); Urteil vom 5.3.1929 (RG VII 483/28) = WarnR 1929,129 (130) Nr.74; Urteil vom 16.9.1930 (RG III 381/29) = RGZ 130,1 (2f.); Urteil vom 11.10.1930 (RG IX 74/30) = WarnR 1931,34 (36) Nr.17; Urteil vom 14.3.1931 (RG IX 522/30) = JW 1931,2088p (2089); Urteil vom 7.7.1931 (RG II 447/30) = RGZ 133,234 (239).

745 Urteil vom 5.3.1929 (RG VII 483/28) = WarnR 1929,129 (130) Nr.74; Urteil vom 15.11.1930 (RG IX 77/30) = JW 1931,515 (516f.); Urteil vom 9.4.1932 (RG IX 74/31) = RGZ 136,247 (253); Urteil vom 9.4.1932 (RG IX 372/30) = RGZ 136,293 (295); Urteil vom 21.12.1933 (RG VI 196/33) = RGZ 143,48 (51f.); vgl. auch Huppertz, S.40f.; Bauer-Mengelberg, S.41.

746 Urteil vom 5.5.1911 (RG III 204/10) = JW 1911,576 (577); Urteil vom 24.1.1912 (RG I 321/11) = WarnR 1912,170 (170) Nr.155; Urteil vom 17.12.1912 (RG VII 416/12) = WarnR 1913,164 (164) Nr.129; Urteil vom 30.6.1913 (RG IV 148/13) = WarnR 1913,478 (479) Nr.400; Urteil vom 19.10.1914 (RG VI 354/14) = RGZ 85,343 (345); Urteil vom 26.11.1914 (RG III 287/14) = JW 1915,191 (191); Urteil vom 16.3.1915 (RG VII 456/14) = WarnR 1915,193 (195) Nr.134; Urteil vom 21.9.1916 (RG VI 159/16) = WarnR 1916,446 (447) Nr.271; Urteil vom 24.9.1917 (RG VI 233/17) = WarnR 1918,1 (2) Nr.1; Urteil vom 8.10.1929 (RG VII 101/29) = HRR 1930, Nr.90; Urteil vom 9.12.1929 (RG VI 142/29) = JW 1930,2927 (2930); Urteil vom 21.12.1933 (RG VI 196/33) = RGZ 143,48 (51).

des Schuldners befindlichen Betriebsmittel die Produktion zum Erliegen bringen konnte[747].

Eine Beschränkung der wirtschaftlichen Entschließungsfreiheit konnte zur Sittenwidrigkeit führen, wenn dem Gläubiger beispielsweise umfassende Befugnisse in der Geschäftsführung eingeräumt wurden[748]. Schließlich konnte auch die reine Übersicherung des Gläubigers dazu führen, daß der Sicherungsvertrag wegen seiner knebelnden Wirkung als sittenwidrig bewertet wurde[749]. Selbst wenn Anhaltspunkte für einen solchen sittlich bedenklichen Vertrag vorlagen, war die Sittenwidrigkeit doch stets die Ausnahme. Es mußten alle Umstände des Einzelfalles Beachtung finden. Insbesondere mußte überprüft werden, ob die Belange des Verpflichteten in ausreichendem Maße gewahrt waren, was sich z.B. aus den subjektiven Momenten beim Vertragsschluß oder der Gegenleistung ergeben konnte[750].

Ob ein Sicherungsvertrag wegen einer knebelnden Wirkung sittenwidrig war, ergab sich weitgehend bereits aus der umfassenden tatrichterlichen Würdigung der Umstände des Einzelfalles. Im Revisionsrechtszug war dies daher nur beschränkt nachprüfbar[751].

(b) Entwicklung in der Rechtsprechung des OGH und BGH

(aa) Urteil vom 14.7.1952[752] (Knebelung wegen Übertragung des wesentlichen Umlaufvermögens)

In einem Urteil vom 14.7.1952 hatte der BGH[753] erstmals einen Sicherungsübereignungsvertrag auf eine Sittenwidrigkeit wegen Knebelung des Sicherungsgebers zu untersuchen[754]. Zur Knebelung führte der BGH aus:

---

747 Dies wurde besonders deutlich im Urteil vom 5.5.1911 (RG III 204/10) = JW 1911,576 (577) hervorgehoben. Der Umfang der Sicherungen spielte aber auch in den übrigen Urteilen zu diesem Problemkreis eine entscheidende Rolle (vgl. die Urteile in Fn.746).

748 Urteil vom 24.9.1917 (RG VI 233/17) = WarnR 1918,1 (3) Nr.1.

749 Urteil vom 5.5.1911 (RG III 204/10) = JW 1911,576 (576); Urteil vom 16.3.1915 (RG VII 456/14) = WarnR 1915,193 (195) Nr.134.

750 Urteil vom 19.10.1914 (RG VI 354/14) = RGZ 85,343 (345); Urteil vom 21.9.1916 (RG VI 159/16) = WarnR 1916,446 (447); Urteil vom 24.9.1917 (RG VI 233/17) = WarnR 1918,1 (2) Nr.1; Urteil vom 8.10.1929 (RG VII 101/29) = HRR 1930, Nr.90; Urteil vom 11.2.1930 (RG VII 327/29) = WarnR 1930,129 (131) Nr.67; siehe auch Huppertz S. 42 f..

751 Urteil vom 11.2.1930 (RG VII 327/29) = WarnR 1930,129 (131) Nr.67; vgl. auch Mezger, KTS 1962,129 (135); Serick, Band III § 30 VII 1, S.76.

752 BGH IV ZR 1/52 = BGHZ 7,111.

Das RG habe seit langem einem wirtschaftlichen Bedürfnis folgend Sicherungsübereignungen ganzer Warenlager einschließlich künftiger Bestandteile für sittengemäß erachtet. Jedoch verstießen solche Verträge gegen die guten Sitten, wenn sie die wirtschaftliche Selbständigkeit des Schuldners nicht wahrten. Der Vertrag vom 15.3.1949 könne zu einer weitgehenden Beschränkung der wirtschaftlichen Freiheit der Schuldnerin geführt haben, die im vorliegenden Fall eine Firma gewesen sei, die sich mit der Herstellung und Verarbeitung von Pektinen befaßt habe. Die Schuldnerin habe der Klägerin durch den Vertrag den gesamten Bestand an Flüssigpektinen übereignet. Außerdem habe sie weitgehende Verpflichtungen übernommen, durch welche die Erlöse aus der Veräußerung des Pektins oder die aus diesen Erlösen angeschafften Waren, Rohstoffe und aus den Rohstoffen hergestellten Waren u.U. der Klägerin zugeführt werden sollten.

Diese Möglichkeit umfasse nicht nur den zum Zeitpunkt des Vertragsschlusses vorhandenen Flüssigpektinbestand im Wert von 178.150 DM. Die Schuldnerin habe sich vielmehr verpflichtet, die Sicherungen stets auf dem Wert des gegebenen Darlehens in Höhe von 340.000 DM zu halten. Außerdem seien weitere Kredite in Aussicht gestellt worden, die auf gleiche Weise gesichert werden sollten. Es habe daher der Vertrag vom 15.3.1949 die Grundlage geschaffen, daß im Laufe der Zeit der Schuldnerin das gesamte Umlaufvermögen entzogen werde.

Es bestehe daher die Möglichkeit, daß die Schuldnerin in eine ihre Lebensfähigkeit bedrohende Abhängigkeit von der Klägerin gerate. Insbesondere sollten der Schuldnerin nach den vertraglichen Vereinbarungen keine Betriebsmittel zur Deckung der weiteren Herstellungskosten verbleiben. Zudem habe die Klägerin jederzeit Herausgabe der Waren verlangen und die Ermächtigung zur Verarbeitung und Veräußerung der Rohstoffe widerrufen können. Obwohl der Vertrag im einzelnen keine drückenden Bestimmungen enthalte, bestehe doch im ganzen die Gefahr, daß die Schuldnerin durch jede weitere Kreditgewährung in eine immer stärkere Abhängigkeit von der Klägerin gerate. Der Vertrag könne daher als Knebelungsvertrag sittenwidrig gewesen sein.

Dagegen spreche auch nicht, daß das Anlagevermögen der Schuldnerin, das 2.360.000 DM betrage, nicht von dem Sicherungsvertrag erfaßt sei. Der Wert des Anlagevermögens sei nämlich in Frage gestellt, wenn die Klägerin die Möglichkeit habe, das Umlaufvermögen mit einem Schlag aus dem Betrieb zu ziehen.

Dieses Urteil des BGH wurde im Hinblick auf die festgestellte Knebelungswirkung in der Literatur scharf kritisiert. Dabei wurde von der Überlegung aus-

---

753 Der OGH hatte, soweit ersichtlich, kein Urteil zum vorliegenden Themenkomplex gefällt.

754 Zum Sachverhalt und den übrigen Entscheidungsgründen vgl. oben 3. Teil B. 2. b) (2) (a).

gegangen, daß die §§ 311, 419 BGB zeigten, daß die Übertragung des ganzen Vermögens gesetzlich vorgesehen sei. Daher müsse auch die Übertragung des ganzen Vermögens zur Sicherung eines Kredits grundsätzlich möglich sein[755]. Selbst wenn im vorliegenden Fall das ganze Umlaufvermögen übereignet worden sei, so dürfe der Sicherungsvertrag nur bei Vorliegen weiterer besonderer Umstände als sittenwidrig bewertet werden.

Allgemein müsse bei der Feststellung einer Knebelung sehr restriktiv vorgegangen werden[756]. Insbesondere wenn der Sicherungsnehmer nur eine angemessene Sicherung für die Darlehenshingabe erhalten habe, sei keine Knebelung anzunehmen[757]. Im vorliegenden Fall hatte die Klägerin für ein Darlehen in Höhe von 340.000 DM nur eine Sicherung durch Übereignung von Flüssigpektinen im Wert von 178.150 DM erhalten. Diese Sicherung konnte als angemessen bewertet werden[758]. Auch verblieb der Schuldnerin noch das Betriebsvermögen von erheblichem Umfang, so daß selbst bei Entziehung des ganzen Umlaufvermögens eine Sittenwidrigkeit wegen Knebelung nicht angenommen werden mußte[759].

Zudem wurde besonders hervorgehoben, daß es sich hier um einen Sanierungsfall handelte. Dabei könne durch die Vereinbarung der Sicherung gar keine Knebelung entstehen, da der Sicherungsnehmer durch die Darlehenshingabe bestehende wirtschaftliche Probleme des Schuldners beseitigen wolle[760]. Auch wenn dem Sicherungsnehmer so umfassende Sicherheiten eingeräumt würden, daß er den Betrieb des Schuldners lahmlegen könnte, so könne ihm doch ein solches Verhalten nicht zur Feststellung der Sittenwidrigkeit unterstellt werden. Diese Rechte werde der Gläubiger nämlich niemals in vollem Umfang ausüben, da er durch ein solch zerstörerisches Verhalten seine eigene Befriedigung gefährden würde[761].

Überhaupt wurde grundsätzlich bezweifelt, ob die Knebelung ein geeignetes Kriterium sei, um eine Sittenwidrigkeit von Sicherungsverträgen festzustellen. So wurde bemerkt, daß die wirtschaftliche Freiheit des Schuldners durch die Forderungen des Gläubigers überhaupt nicht beeinträchtigt sei. Durch die Kreditzusage könne der Schuldner über die Geldmittel verfügen und durch den Besitz und die

---

755 Lange, NJW 1950,565 (568); Schweiger, MDR 1953,707 (711); Serick, Band III § 30 VII 1, S.77; Soergel-Hefermehl, 11. Aufl., § 138 Rdn. 100.

756 Lange, NJW 1950,565 (568); Flessa, NJW 1953,84 (85).

757 Lange, NJW 1950,565 (568); Nebelung, NJW 1953,57 (57); Schweiger, MDR 1953,707 (711).

758 Nebelung, NJW 1953,57 (57).

759 Schweiger, MDR 1953,707 (708).

760 Barkhausen, NJW 1953, 1412 (1413); Flessa, NJW 1953,84 (85); Schweiger, MDR 1953,707 (710); Sprengel, MDR 1954, 257 (258).

761 Schweiger, MDR 1953,707 (708, 711).

Verfügungsmacht an den sicherungsübereigneten Betriebsmitteln könnten auch diese weiterhin wirtschaftlich sinnvoll genutzt werden[762]. Auch die Gefahr, daß der Schuldner durch die ständige Gewährung von neuen Krediten immer stärker in die Abhängigkeit vom Darlehensgeber getrieben werden könne, sei nicht gegeben. Es sei wirtschaftsfern anzunehmen, daß eine Bank einem Unternehmen, daß trotz Hingabe eines ersten Kredits immer noch wirtschaftlich schwach und kreditbedürftig sei, immer weitere Kredite gewähren werde, da die Bank dann über diese gewährten Mittel nicht weiter verfügen könne und außerdem die Gefahr sehr groß sei, daß eine Rückerstattung in vollem Umfang nicht erfolgen werde[763].

Überhaupt sei durch die Vereinbarung des Sicherungsvertrages über alle Betriebsmittel die wirtschaftliche Freiheit des Schuldners nicht betroffen. Wenn der Darlehensgeber einen Blankokredit gewährt hätte und der Schuldner mit seinen Zahlungen in Verzug geraten wäre, so hätte der Darlehensgeber nach den damaligen AGB der Banken den Kredit zur sofortigen Rückzahlung kündigen können. Der Darlehensgeber hätte dann einen Titel erwirken und in das Vermögen des Schuldners vollstrecken können. Wenn, wie im vorliegenden Fall, der Kredit von erheblicher Höhe gewesen wäre, so hätte diese Vollstreckung auch die gesamten Betriebsmittel des Schuldners erfaßt, so daß für ihn die Vereinbarung eines Sicherungsvertrages keinen Nachteil gebracht habe[764]. Die Sicherungen seien nur vereinbart, um den Darlehensgeber gegenüber anderen Gläubigern abzusichern. Nur aus dem Gesichtspunkt der Gläubigergefährdung könne daher ein Sicherungsvertrag sittenwidrig sein[765]. Dies ergebe sich auch daraus, daß bei einem typischen Knebelungsvertrag wie dem Bierlieferungsvertrag mit der Nichtigkeit die wirtschaftliche Bewegungsfreiheit des Verpflichteten wieder hergestellt werde, was aber mit der Nichtigkeit des Sicherungsvertrages nicht bewirkt werde[766].

Vor allem die Ausführungen *Barkhausens* wirkten zunächst sehr überzeugend und ließen berechtigte Zweifel daran aufkommen, ob die Knebelung bei Sicherungsverträgen ein geeignetes Kriterium für die Feststellung der Sittenwidrigkeit war. Dabei schenkte er aber nur der rein wirtschaftlichen Bewegungsfreiheit Beachtung. Eine Knebelung konnte jedoch auch in anderer Hinsicht erfolgen, z.B. durch Beraubung der Entschließungsfreiheit. Wenn der Darlehensgeber sich umfassende Sicherheiten bestellen ließ, so hatte er ein direktes Druckmittel gegen den Schuldner und konnte so auch auf wichtige Entscheidungen in der Firmenpolitik Einfluß nehmen. Aber auch die wirtschaftliche Bewegungsfreiheit war bei

---

762 Barkhausen, NJW 1953,1412 (1413); Sprengel, MDR 1954,257 (258).
763 Barkhausen, NJW 1953,1412 (1413).
764 Barkhausen, NJW 1953,1412 (1413).
765 Barkhausen, NJW 1953,1412 (1415); Berges, BB 1954,886 (888).
766 Barkhausen, NJW 1953,1412 (1414f.); Berges, BB 1954,886 (887).

einem umfassenden Sicherungsvertrag entgegen der Ansicht *Barkhausens* betroffen. So konnte der Schuldner weiteren Kredit von anderen Banken nur erhalten, wenn ihm noch Betriebsmittel verblieben, die er diesen als Sicherung anbieten konnte. Die Knebelung konnte hier also darin gesehen werden, daß der Schuldner durch den Sicherungsvertrag an ein bestimmtes Kreditinstitut gebunden war.

War daher auch die Knebelung bei Sicherungsverträgen ein geeignetes Kriterium, um die Sittenwidrigkeit des Sicherungsvertrages festzustellen, so mußte doch festgehalten werden, daß Knebelung und Gläubigergefährdung häufig gleichzeitig auftraten und meist gerade die Kombination dieser Aspekte zur Sittenwidrigkeit führte[767]. Dabei konnte die Knebelung zwar auch allein vorliegen, aber die Knebelung des Schuldners bewirkte häufig auch die Gefährdung dritter Gläubiger, wie schon die vom RG herausgebildeten typischen Fälle der Gläubigergefährdung[768] zeigten.

Konnte demnach die grundsätzliche Kritik an der Sittenwidrigkeit wegen Knebelung bei Sicherungsverträgen nicht überzeugen, so war jedoch die Kritik an den Ausführungen im vorliegenden Urteil berechtigt. Eine Knebelung mußte stets die Ausnahme bleiben, da die Banken ein Interesse an einer angemessenen Sicherung ihrer Darlehensforderungen hatten. Im vorliegenden Fall standen dem Darlehen in Höhe von 340.000 DM nur übereignete Waren in Höhe von 178.150 DM gegenüber. Zudem verblieb der Schuldnerin noch ein beträchtliches Betriebsvermögen. Unter diesen Umständen war eine Knebelung entgegen der Ansicht des BGH nicht anzunehmen[769].

(bb) Urteile vom 4.2.1954[770] und 2.2.1955[771] (Weitere Urteile zur sittenwidrigen Sicherung von Krediten)

In einem Urteil vom 4.2.1954[772] führte der BGH aus, daß bei einem Unternehmen, das sich noch im Aufbau befinde, eine Knebelung nur sehr restriktiv anzunehmen sei[773]. Der BGH räumte ein, daß ein solches Unternehmen aufgrund schwacher Finanzgrundlage häufig auf größere Kredite angewiesen sei. Wenn

767 Meyer-Cording, JZ 1953, 664 (667).
768 Siehe oben 3.Teil B. 2 b) (1), insbesondere die Fallgruppen der Aussaugung und der stillen Geschäftsinhaberschaft.
769 So auch Serick, Band III § 30 VII 1, S.75.
770 BGH IV ZR 164/53 = LM § 3 AnfG Nr.1.
771 BGH IV ZR 252/54 = NJW 1955,1272.
772 Vgl. zum Sachverhalt und weiteren Entscheidungsgründen oben 3.Teil B. 2 b) (2) (c).
773 Das Urteil vom 14.5.1958 (BGH V ZR 267/56) = WM 1958,1082 bestätigte diese Rechtsprechung.

dabei die Kredite fast doppelt so hoch wie das Stammkapital seien, so müsse das Unternehmen eine gewisse Kontrolle und Überwachung durch den Kreditgeber hinnehmen. Dieses Urteil zeigte, daß eine Knebelung nicht nur in der wirtschaftlichen Bewegungs-, sondern auch in der Entschließungsfreiheit zu sehen sein konnte und daher der Aspekt der Knebelung bei Sicherungsverträgen stets beachtet werden mußte.

Auch in einem Urteil vom 2.2.1955[774] ging der BGH bei einem Sicherungsvertrag sowohl auf die Sittenwidrigkeit wegen Gläubigergefährdung[775] als auch wegen Knebelung ein. Bezüglich der Knebelung stellte der BGH wiederum auf die völlige wirtschaftliche Abhängigkeit der Schuldnerin von der Sicherungsnehmerin ab. Zudem habe es von dem Belieben der Sicherungsnehmerin abgehangen, ob die Schuldnerin über die Gelder habe verfügen können, um ihre laufenden Betriebsausgaben zu bestreiten. Diese Urteil brachte daher keine neuen Erkenntnisse darüber, wann ein Sicherungsvertrag wegen seiner knebelnden Wirkung als sittenwidrig zu bewerten sei. Auch in der Kritik des Urteils wurde nur wiederholt, daß die Knebelung kein geeigneter Gesichtspunkt sei, um über die Sittenwidrigkeit eines Sicherungsvertrages zu urteilen[776].

(cc) Urteil vom 4.3.1955[777] (Sicherungen eines Warenlieferanten)

Der BGH hatte sich bereits im Urteil vom 25.10.1952[778] kurz zur Sittenwidrigkeit eines verlängerten Eigentumsvorbehalts geäußert und festgestellt, daß die Vollabtretung aller Forderungen nicht sittenwidrig sei, wenn vereinbart gewesen sei, daß Forderungen freigegeben werden sollten, wenn deren Wert die Darlehenssumme um eine bestimmte Höhe überschreite. Eine sittenwidrige Übersicherung liege dann nicht vor. Im vorliegenden Urteil vom 4.3.1955 befaßte sich der BGH eingehender mit der Sittenwidrigkeit eines verlängerten Eigentumsvorbehalts. Es basierte auf folgendem Sachverhalt:

Die Klägerin betrieb ein Großhandelsgeschäft für Röhren, Armaturen und sanitäre Artikel. Am 3.6.1950 schloß sie mit dem Beklagten, der ein gleichartiges Geschäft betrieb, einen Vertrag, durch den sich dieser verpflichtete, seinen gesamten Bedarf an den von ihm geführten Artikeln bei der Klägerin zu beziehen. Ausgenommen waren nur kleinere Aushilfsaufträge an andere Firmen. Die Klägerin verpflichtete sich, diese Artikel zu den jeweils gültigen Verbandspreisen zu liefern.

---

774 BGH IV ZR 252/54 = NJW 1955,1272.
775 Vgl. dazu oben 3.Teil B. 2 b) (2) (d).
776 Barkhausen, NJW 1955,1272 (1272).
777 BGH I ZR 183/53 = BB 1955,556.
778 BGH I ZR 48/52 = BGHZ 7,365.

Zur Sicherung für die der Klägerin aus der Geschäftsverbindung erwachsenden Ansprüche trat der Beklagte alle gegen seine Abnehmer bestehenden und zukünftig erwachsenden Forderungen an die Klägerin ab. Er übereignete ihr auch sein gesamtes Warenlager. Zudem sollten die Waren der Klägerin unter Eigentumsvorbehalt geliefert werden, der bis zur vollen Abdeckung aller der Klägerin entstehenden Ansprüche bestehen bleiben sollte. Der Beklagte war berechtigt, die Waren im ordnungsgemäßen Geschäftsbetrieb zu veräußern. Der Erlös sollte zunächst zur Deckung der laufenden Geschäftsunkosten verwendet werden. Der Beklagte war jedoch verpflichtet, keine weiteren geschäftlichen Verbindlichkeiten einzugehen, insbesondere keine Waren von dritter Seite zu beziehen. Der Vertrag sollte zunächst eine Laufzeit bis zum 31.12.1951 haben. Er konnte halbjährlich gekündigt werden. Schon vor Abschluß des Vertrages hatte die Klägerin die Verbindlichkeiten des Beklagten gegenüber dessen Gläubigern in Höhe von 40.000 DM übernommen.

Aufgrund angeblicher Vertragsverletzungen durch den Beklagten wurden zwischen den Parteien weitere Vereinbarungen geschlossen. Schließlich kam es am 7.8.1951 zu einem Abkommen, das eine endgültige Lösung der vertraglichen Bindung vorsah. Der Beklagte sollte die inzwischen gegenüber der Klägerin entstandenen Verpflichtungen in Höhe von 234.000 DM begleichen. Bis Mitte November 1951 hatte der Beklagte diese Schuld bis auf einen Restbetrag in Höhe von 27.185,24 DM abgetragen.

Er rechnete nun mit eigenen Forderungen auf. Diese sollten ihm unter anderem aus § 826 BGB zustehen, da die Klägerin ihn während der Geschäftsbeziehung in sittenwidriger Weise geschädigt habe. Die Klägerin wendete sich gegen diese Aufrechnung und bestritt die Forderung nach Grund und Höhe. Sie erhob Klage auf Zahlung des Restbetrages. Sowohl das Land- als auch das Berufungsgericht gaben der Klage statt.

Die Revision des Beklagten hatte keinen Erfolg. Übereinstimmend mit dem Berufungsgericht ging der BGH davon aus, daß für die Beurteilung, ob während der Geschäftsbeziehung ein sittenwidriges Verhalten der Klägerin zu beobachten gewesen sei, entscheidungserheblich sei, ob der Vertrag vom 3.6.1950 wirksam oder bereits wegen Sittenwidrigkeit gemäß § 138 BGB nichtig sei.

Wie das Berufungsgericht kam der BGH zu dem Ergebnis, daß dieser Vertrag die wirtschaftliche Freiheit und Selbständigkeit des Beklagten nicht unzulässig beschränke und somit nicht gemäß § 138 Abs.1 BGB als Knebelungsvertrag sittenwidrig sei. Der Vertrag verpflichte den Beklagten zwar, sämtliche Waren nur von der Klägerin zu beziehen. Jedoch seien die Bestellungen des Beklagten nach Art und Umfang nicht beschränkt gewesen. Auch habe die Klägerin jeden Bedarf des Beklagten befriedigen können. Somit liege aus diesem Grund keine unzulässige Beschränkung seiner wirtschaftlichen Bewegungsfreiheit vor.

Desweiteren bewegten sich die Sicherungen, die sich die Klägerin habe gewähren lassen, im angemessenen Rahmen. Die Klägerin habe schließlich ganz erhebliche Schulden des Beklagten übernommen, so daß die Sicherungsübereignung des gesamten Warenlagers wirtschaftlich gerechtfertigt und nicht wegen Übersicherung sittenwidrig gewesen sei. Auch die Einräumung eines verlängerten Eigentumsvorbehalts habe die kaufmännische Betätigungsfreiheit des Beklagten nicht behindert. Ihm sei es gestattet gewesen, die Waren im ordnungsgemäßen Geschäftsbetrieb zu veräußern und aus dem Erlös die Geschäftsunkosten und seinen persönlichen Bedarf zu decken. Zwar sei er verpflichtet gewesen, den übrigen Teil des Erlöses an die Klägerin abzuführen. Dies sei jedoch gerechtfertigt gewesen, da die Klägerin dem Beklagten laufend neue Kredite habe gewähren müssen

Außerdem seien die relativ kurze Laufzeit des Vertrages und die vorgesehenen Kündigungsmöglichkeiten des Vertrages zu berücksichtigen, so daß der Vertrag keine knebelnde Wirkung entfaltet habe. Somit sei nicht wie im Urteil des BGH vom 14.7.1952[779] eine für die Lebensfähigkeit des Sicherungsgebers bedrohliche Abhängigkeit von einem Kreditgeber eingetreten, so daß der vorliegende Vertrag sittengemäß sei. Auch aus dem nach Vertragsschluß folgenden Verhalten der Klägerin könne nicht geschlossen werden, daß sie den Beklagten sittenwidrig geschädigt habe. Sein Anspruch aus § 826 sei daher nicht erfüllt, so daß die Aufrechnung unwirksam und der Anspruch der Klägerin begründet sei.

Die übrigen bisher ergangenen Urteilen des BGH zur Sittenwidrigkeit eines Vertrages wegen Sicherungsübereignungen an einen Kreditgeber hatten sich meist mit Verträgen zu Gunsten einer Bank beschäftigt. Im vorliegenden Urteil, bei dem es um einen Vertrag mit einem Warenlieferanten ging, befaßte sich der BGH zunächst mit der Frage, ob die alleinige Bezugspflicht von der Klägerin sittenwidrig sei. Erst dann wendete er sich der in demselben Vertrag vereinbarten Sicherung zu. Beide Aspekte mußten Beachtung finden, da beide zu einer unzulässigen Beschränkung der wirtschaftlichen Bewegungsfreiheit des Schuldners und so zur Sittenwidrigkeit des Vertrages wegen Knebelung führen konnten.

Die Betrachtungen des BGH zu den einzelnen Vereinbarungen des Vertrages konnten überzeugen. Jedoch war es überraschend, daß der BGH sich auf Einzelbetrachtungen beschränkte und auf eine Gesamtbetrachtung des Vertrages verzichtete. Im Urteil vom 14.7.1952[780], auf das der BGH sich ausdrücklich bezog, hatte noch die Gesamtwirkung aller Vereinbarungen zum Ergebnis geführt, daß der Vertrag als sittenwidriger Knebelungsvertrag zu bewerten war.

779 BGH IV ZR 1/52 = BGHZ 7,111.
780 BGH IV ZR 1/52 = BGHZ 7,111.

(dd) *Urteil vom 9.11.1955*[781] *(Sittenwidrigkeit wegen fehlender Befriedigungsmöglichkeit von Altgläubigern)*

In einem Urteil vom 9.11.1955, in dem der BGH Aspekte der Gläubigergefährdung und der Knebelung vermengte[782], wurden die Maßstäbe verschärft, an denen ein Sicherungsvertrag zu bewerten war. So sollte bereits dann eine Knebelung vorliegen, wenn dem Schuldner die Mittel soweit entzogen wurden, daß es ihm nicht möglich war, nach Kredithingabe auch andere Gläubiger aus früherer Zeit zu befriedigen.

Diese Verschärfung wurde in folgenden Urteilen aufgegriffen und entwickelte sich zu einem ständigen Prüfungspunkt bei Knebelungsverträgen[783]. Im Gegensatz zum vorliegenden Urteil trennte der BGH jedoch in der Folgezeit wieder regelmäßig zwischen einer Sittenwidrigkeit wegen Knebelung des Schuldners und einer Sittenwidrigkeit wegen Gefährdung dritter Gläubiger[784].

(ee) *Urteil vom 16.12.1957*[785] *(Sittenwidrigkeit eines verlängerten Eigentumsvorbehaltes)*

In einem Urteil vom 16.12.1957 hatte sich der BGH wiederum mit der Sittenwidrigkeit eines verlängerten Eigentumsvorbehaltes zu befassen[786].

Der BGH stellte fest, daß ein verlängerter Eigentumsvorbehalt, der bestehen bleiben solle, bis alle Forderungen des Vorbehaltsverkäufers getilgt worden sei-

781 BGH IV ZR 196/54 = BGHZ 19,13.

782 Ausführliche Besprechung des Urteils oben 3. Teil B 2. b) (2) (e).

783 Urteil vom 8.2.1956 (BGH IV ZR 287/55) = BGHZ 10,43; Urteil vom 11.12.1958 (BGH VII ZR 14/58) = WM 1959,406; Urteil vom 30.4.1959 (BGH VII ZR 19/58) = NJW 1959,1533; Urteil vom 30.10.1961 (BGH VII ZR 157/60) = WM 1962,13.

784 Noch nicht ganz deutlich im Urteil vom 21.12.1955 (BGH IV ZR 160/55) = nicht veröffentlicht; dann jedoch einheitlich: Urteil vom 21.12.1955 (BGH VI ZR 192/54) = WM 1956,283; Urteil vom 1.2.1956 (BGH IV ZR 249/55) = JR 1956,179; Urteil vom 8.2.1956 (BGH IV ZR 287/55) = BGHZ 10,43; Urteil vom 16.12.1957 (BGH VII ZR 49/57) = BGHZ 26,185; Urteil vom 16.10.1958 (BGH VII ZR 211/57) = WM 1959,115; Urteil vom 30.4.1959 (BGH VII ZR 19/58) = NJW 1959,1533; Urteil vom 27.9.1960 (BGH VIII ZR 230/59) = nicht veröffentlicht; Urteil vom 30.10.1961 (BGH VII ZR 157/60) = WM 1962,13; Urteil vom 15.6.1962 (BGH VI ZR 268/61) = WM 1962,962; Urteil vom 5.11.1964 (BGH VII ZR 2/63) = WM 1965,84. Nur im Urteil vom 12.6.1963 - (BGH VII ZR 278/61) = nicht veröffentlicht- erfolgte wiederum die Vermengung der beiden Aspekte. Allerdings waren die Ausführungen zu § 138 BGB in diesem Urteil sehr knapp gehalten, so daß ihm keine große Aussagekraft zugemessen werden durfte.

785 BGH VII ZR 49/57 = BGHZ 26,185.

786 Ausführliche Besprechung des Urteils oben 3.Teil 2. b) (2) (f).

en, zu einer unverhältnismäßigen und die wirtschaftliche Bewegungsfreiheit des Käufers unerträglich beschränkenden Übersicherung des Verkäufers führen könne. Im vorliegenden Fall sei dies jedoch nicht geschehen.

So sei in Bezug auf den verlängerten Eigentumsvorbehalt die Vereinbarung getroffen worden, voll bezahlte Lieferungen nach Wahl des Vorbehaltskäufers freizugeben, wenn die gewährte Sicherung die zu sichernde Forderung um 25 % übersteige. Diese Klausel biete dem Abnehmer die Möglichkeit, sich freie Mittel zur Erfüllung seiner Verbindlichkeiten gegen andere Gläubiger zu beschaffen. Somit sei schon aus diesem Grund zweifelhaft, ob die mit dem Eigentumsvorbehalt verbundene Vorausabtretung wegen übermäßiger Beschränkung des Zedenten als sittenwidrig bezeichnet werden könne.

Jedenfalls sei eine solche übermäßige Beschränkung nicht gegeben, da der Vorbehaltskäufer berechtigt sei, die abgetretenen Forderungen solange selbst einzuziehen, wie ihm der Vorbehaltsverkäufer keine andere Anweisung erteile. Es liege eine stille Zession vor, die dem Zessionar zwar die Gläubigerstellung gewähre. Jedoch sei sie dahin eingeschränkt, daß der Zedent, solange keine andere Anweisung erfolge, d.h. solange er seine Geschäfte normal führe, zur eigenen wirtschaftlichen Verwaltung und Verwertung der abgetretenen Forderungen berechtigt sein solle. Die wirtschaftliche Bewegungsfreiheit des Zedenten sei in einem solchen Fall nicht in unzulässiger Weise beschränkt.

Dieses Ergebnis entsprach den vom BGH entwickelten Grundsätzen. Es zeigte sich zudem, daß der BGH weiterhin Vorausabtretungen von Forderungen kaum als sittenwidrig aufgrund einer Knebelungswirkung bewertete. Auch in den früheren Urteilen des BGH[787] waren Vorausabtretungen nicht als sittenwidrig bewertet worden.

Die Erwägung, daß der Schuldner nicht in unzulässiger Weise in seiner wirtschaftlichen Bewegungsfreiheit beeinträchtigt sei, wenn er abgetretene Forderungen auf eigene Rechnung einziehen könne, setzte sich in der Rechtsprechung des BGH fort[788].

---

787 Urteil vom 25.10.1952 (BGH I ZR 48/52) = BGHZ 7,365; Urteil vom 4.3.1955 (BGH I ZR 183/53) = BB 1955,556; Urteil vom 8.2.1956 (BGH IV ZR 287/55) = BGHZ 10,43.

788 Urteil vom 30.4.1959 (BGH VII ZR 19/58) = NJW 1959,1533; Urteil vom 27.9.1960 (BGH VIII ZR 230/59) = nicht veröffentlicht; Urteil vom 30.10.1961 (BGH VII ZR 157/60) = WM 1962,13.

(ff) Urteil vom 5.5.1958[789] (Sittenwidrige Sicherung eines Darlehensvertrages)

In einem Urteil vom 5.5.1958 hatte der BGH die Sittenwidrigkeit der Sicherung eines Darlehensvertrages zu überprüfen. Dem Urteil lag folgender Sachverhalt zugrunde:

Die Beklagten gründeten im Jahre 1952 eine GmbH. Durch Bescheid des Finanzministers des Landes Nordrhein-Westfalen vom 23.7.1952 wurde der GmbH ein Gemeinschaftshilfedarlehen aus dem Soforthilfefonds zur Schaffung von Dauerarbeitsplätzen in Höhe von 360.000 DM bewilligt. Die Klägerin schloß als bei der Kreditgewährung eingeschaltete Bank am 1.8.1952 mit der GmbH einen Darlehensvertrag über 360.000 DM. In diesem Vertrag wurden zahlreiche Sicherungen des Darlehens vereinbart. Vertragsgemäß verbürgten sich die Gesellschafter für die Rückzahlung der Darlehenssumme und es wurde eine Grundschuld in Höhe von 25.000 DM bestellt. Zudem sollten laut Vertrag vorhandene Maschinen im Wert von 60.000 DM und noch zu beschaffende Maschinen im Wert von 170.000 DM sicherungsübereignet werden. Tatsächlich übereignete die GmbH vorhandene Maschinen im Wert von 44.000 DM und später erworbene Maschinen im Wert von 78.600 DM.

Die Darlehenssumme wurde bis zu einer Höhe von 335.000 DM in Teilbeträgen ausgezahlt. Am 27.6.1953 kündigte die Klägerin das Darlehen. Über das Vermögen der GmbH wurde das Konkursverfahren eröffnet.

Nach Verwertung der Sicherheiten nahm die Klägerin die Beklagten auf Zahlung der offenen Teile der Darlehenssumme als Bürgen in Anspruch. Sie klagte einen Teilbetrag in Höhe von 7.000 DM ein.

Sowohl das Land- als auch das Berufungsgericht gaben der Klage statt.

Die Revision der Beklagten hatte keinen Erfolg. In Übereinstimmung mit den Vorinstanzen bewertete der BGH den Darlehensvertrag als nicht sittenwidrig. Die Klägerin habe sich nicht Sicherheiten in einem solchen Umfang versprechen lassen, daß die GmbH geknebelt und wirtschaftlich ausgehöhlt worden sei. Die Sicherungen hätten das erforderliche Maß nicht überschritten. Es seien neben der Bürgschaft nur Sicherheiten in einer Höhe von 255.000 DM vereinbart worden. Diese hätte nicht einmal den Nennbetrag der Darlehenssumme in Höhe von 360.000 DM erreicht.

Allerdings seien später noch weitere Sicherheiten verlangt und gegeben worden. Es könne jedoch die Wirksamkeit eines einmal gültig abgeschlossenen Darlehens- und Bürgschaftsvertrages nicht berühren, wenn später geleistete Sicherheiten das zulässige Maß überstiegen. Es sei nicht einzusehen, warum der Schuldner nicht dadurch hinreichend geschützt sein sollte, daß die spätere Siche-

789 BGH VII ZR 102/57 = WM 1958,756.

rungsvereinbarung für sittenwidrig und nichtig erachtet werde, der ursprüngliche Vertrag aber weiterhin gültig sei. Im Ergebnis ließ der BGH jedoch diese Frage offen, da die später gegebenen Sicherheiten verhältnismäßig geringwertig gewesen seien und die Klägerin zuvor nicht die vollen im Darlehensvertrag vereinbarten Sicherheiten erhalten habe.

Durch die Übereignung der aufgrund des Darlehensvertrages vereinbarten Sicherheiten sei der GmbH zudem die wirtschaftliche Bewegungsfreiheit nicht genommen worden. Es habe sich dabei nur um Anlagewerte, die der GmbH weiter zur Benutzung verblieben, und Vermögensstücke der Gesellschafter gehandelt. Letztere seien für den Geschäftsbetrieb nicht in Betracht gekommen. Das Umlaufvermögen, wie Waren und Forderungen, seien dagegen nicht von der Sicherungsübereignung erfaßt gewesen.

In diesem Urteil griff der BGH die gefestigte Rechtsprechung zur Sittenwidrigkeit von Knebelungsverträgen auf. Er beschäftigte sich hier unter anderem mit dem Zeitpunkt, der bei der Bewertung des Vertrages zugrunde zu legen war. Übereinstimmend mit der Rechtsprechung zur Sittenwidrigkeit wegen Gläubigergefährdung[790] wurden offensichtlich auch beim Knebelungsvertrag die Umstände zur Zeit des Vertragsschlusses zugrunde gelegt. Allerdings wurde hier offengelassen, ob auch später vereinbarte Sicherungen die Sittenwidrigkeit des ursprünglichen Sicherungsvertrages begründen konnten. Jedenfalls war dies vom BGH im Urteil vom 14.7.1952[791] dahingehend angenommen worden, daß die Hingabe von späteren Krediten bereits im Ausgangsvertrag angelegt war und so die Möglichkeit bestand, daß in Zukunft der Schuldner vom Gläubiger abhängig wurde. Eine echte Rückwirkung durch tatsächlich vereinbarte Sicherungen wurde aber auch dort verneint. Der vorliegende Fall bot jedoch, da auch die späteren Sicherungen nicht so umfassend waren, daß sie zur Knebelung geführt hätten, keinen Anlaß dieser Frage weiter nachzugehen.

In einem Urteil vom 4.10.1965[792] bestätigte der BGH die feststehende Rechtsprechung, daß eine Knebelung nach den Umständen zur Zeit des Vertragsschlusses zu beurteilen sei und spätere Sicherungen einen einmal wirksam vereinbarten Sicherungsvertrag nicht sittenwidrig machen konnten.

---

790 Vgl. oben 3. Teil 2 b) (2) (k).
791 BGH IV ZR 1/52 = BGHZ 7,111.
792 BGH VII ZR 185/63 = WM 1966,13.

(gg) Urteil vom 30.5.1960[793] (Sittenwidrigkeit eines erweiterten Eigentumsvorbehalts ohne Freigabeklausel)

In einem Urteil vom 30.5.1960 hatte sich der BGH mit der Sittenwidrigkeit eines Sicherungsvertrages zu beschäftigen, in dem ein erweiterter Eigentumsvorbehalt vereinbart worden war. Dem Urteil lag folgender Sachverhalt zugrunde:

Die Klägerin, die Tonmöbel herstellte, stand im Jahre 1955 mit dem Einzelhändler H. in Geschäftsverbindung. Er bezog von der Klägerin Geräte, die er an Kunden häufig auch auf Abzahlung weiter veräußerte. In den Liefer- und Zahlungsbestimmungen der Klägerin war unter anderem bestimmt, daß der Abnehmer im Falle der Weiterveräußerung grundsätzlich verpflichtet sei, den Kaufpreis abzüglich seines Gewinnanteils unverzüglich der Klägerin zukommen zu lassen.

Weiterhin stünden die gelieferten Waren unter Eigentumsvorbehalt, der bis zur Bezahlung aller auch zukünftig entstehender Forderungen aus der Geschäftsverbindung bestehen bleiben solle. Der Abnehmer sei ermächtigt, die Waren im ordnungsgemäßen Geschäftsbetrieb zu veräußern. Er sei jedoch verpflichtet, die Kaufpreisforderung im Zeitpunkt des Vertragsschlusses mit seinen Kunden zur Sicherheit an die Klägerin abzutreten, wozu eine gesonderte Abtretungserklärung nicht erforderlich sei. Der Abnehmer sei jedoch ermächtigt, diese Forderungen einzuziehen. Die Klägerin werde die Forderungen erst dann selbst einziehen, wenn der Abnehmer seinen Zahlungsverpflichtungen nicht nachkomme.

Der Einzelhändler H. bediente sich bei der Finanzierung eines Abzahlungskaufes, den er mit einem seiner Kunden vereinbart hatte, nicht wie vorgesehen einer von der Klägerin vorgeschlagenen Bank. Dem eingeschalteten Kreditinstitut trat der Einzelhändler unter anderem die Kaufpreisforderung gegen den Kunden ab. Während die Bank diese Forderung einzog, wurde der Einzelhändler zahlungsunfähig. Da er der Klägerin nach ihrer Behauptung noch 21.000 DM schuldete und sie der Meinung war, daß ihr die Kaufpreisforderung zustand, verklagte sie die Bank auf Zahlung von 629,75 DM. Die Bank erhob Widerklage auf Feststellung, daß der Klägerin keine Forderung aus Teilzahlungsverträgen zustand, die der Einzelhändler mit seinen Kunden geschlossen hatte. Sowohl das Land- als auch das Berufungsgericht gaben der Klage statt und wiesen die Widerklage ab.

Die Revision der Beklagten hatte keinen Erfolg. Der BGH führte aus, daß der Klägerin keine Ansprüche aus den Teilzahlungsverträgen des Einzelhändlers zustünden, wenn die Liefer- und Zahlungsbedingungen der Klägerin wegen Sittenwidrigkeit nichtig seien. Im vorliegenden Fall sei jedoch weder die Vereinbarung

793 BGH VII ZR 257/59 = WM 1960,855.

des erweiterten Eigentumsvorbehalts noch das Fehlen einer Freigabeklausel dazu geeignet, die Bedingungen als sittenwidrig bewerten zu müssen.

Zum einen war von der Revision angemerkt worden, daß durch den erweiterten Eigentumsvorbehalt die Gefahr bestehe, daß der Abnehmer, selbst wenn er ein wertvolles Warenlager größtenteils abbezahlt habe, nicht Eigentümer dieser Waren werde, solange auch nur ein geringer Rest der Forderungen aus der Geschäftsbeziehung bestehen bleibe. Abgesehen davon, daß dieser Fall nur sehr selten eintreten werde, war es nach Ansicht des BGH aufgrund einer Interessenabwägung zwischen den Beteiligten geboten, die Geschäftsbedingungen anzuerkennen. Die Klägerin habe aufgrund der Verfügungsbefugnis des Abnehmers fortlaufend Verluste an ihrem Eigentum und aufgrund der Einziehungsermächtigung Einbußen an ihren Forderungen erlitten. Sie habe nur einen schuldrechtlichen Anspruch auf Begleichung der Kaufpreisforderungen. Es sei daher gerechtfertigt, daß sie sich dieses Risiko so umfassend absichere.

Zum anderen habe der Abnehmer in dem angeführten Fall, wenn nur noch ein geringer Rest an Forderungen zu begleichen sei, die Möglichkeit sich Kredit von anderer Seite zu beschaffen und so die Schuld zu tilgen. Auch bestehe bei grobem Mißverhältnis zwischen der Höhe der Sicherheiten und der Restschuld des Abnehmers ein Anspruch auf Freigabe von Sicherheiten. Dies folge auch ohne Freigabeklausel aus dem Grundsatz von Treu und Glauben. Somit bestehe keine Gefahr der Übersicherung.

Im Gegensatz zu früheren Urteilen[794] überprüfte der BGH hier einen Eigentumsvorbehalt, bei dem keine Vorausabtretung der Kundenforderungen erfolgte, sondern nur ein Anspruch auf Abtretung bestand. Wie der BGH ausführte, war der Warenlieferant in diesem Fall besonders schutzbedürftig, so daß er weitgehender Sicherheiten bedurfte.

Eine weitere Besonderheit des Urteils lag darin, daß im Gegensatz zu den Urteilen vom 25.10.1952[795] und vom 16.12.1957[796] eine Freigabeklausel fehlte. Die Erwägung des BGH, daß in bestimmten Fällen nach Treu und Glauben ein Anspruch auf Freigabe bestehe und so das Fehlen der Klausel nicht zur Sittenwidrigkeit führen könne, entsprach den in der Rechtsprechung geltenden Grundsätzen. Bereits in einem früheren Urteil[797], das sich allerdings mit der Knebelungswirkung von langfristig bindenden Verträgen und nicht mit Sicherungsver-

794 Urteil vom 25.10.1952 (BGH I ZR 48/52) = BGHZ 7,365; Urteil vom 4.3.1955 (BGH I ZR 183/53) = BB 1955,556; Urteil vom 16.12.1957 (BGH VII ZR 49/57) = BGHZ 26,185.

795 BGH I ZR 48/52 = BGHZ 7,365.

796 BGH VII ZR 49/57 = BGHZ 26,185.

797 BGH I ZR 24/51 = DB 1952,120.

trägen befaßte, hatte der BGH in Fortführung der Rechtsprechung des RG[798] Bestimmungen, die sittlich bedenklich waren, gegen die aber der Vertragspartner unter Berufung auf Treu und Glauben vorgehen konnte, für die Feststellung der Sittenwidrigkeit außer Betracht gelassen. Die vorliegende Rechtsprechung, daß bei Fehlen einer Freigabeklausel ein Anspruch auf Freigabe entstehe und eine Sittenwidrigkeit nicht aus diesem Grund anzunehmen sei, wurde in späteren Urteilen beibehalten[799].

(hh) Urteil vom 11.10.1961[800] (Umfassende Sicherungen verschiedener Kredite)

In einem Urteil vom 11.10.1961 hatte sich der BGH mit einem weiteren Vertrag zu befassen, in dem umfassende Sicherungen eines Kredits vereinbart waren. Dem Urteil lag folgender Sachverhalt zugrunde:

Die Beklagte war seit 1951 die Hausbank eines Kaufmanns und Schmiedemeisters, der mit Landmaschinen handelte, sie herstellte und reparierte. Er erhielt zunächst einen Kontokorrentkredit, der im Laufe der Zeit bis auf 160.000 DM erhöht wurde. Im September 1951 wurde ihm zudem ein Vertriebenenkredit in Höhe von 45.000 DM gewährt.

Zur Sicherung dieser Kreditgewährung wurden unter anderem am 22.4.1951 und am 21.9.1954 Mantelzessionen vereinbart. Die aufgrund dieser Vereinbarungen abgetretenen Forderungen beliefen sich am 15.10.1954 auf 60.622,27 DM. Weiterhin wurden Sicherungsübereignungen vereinbart, nach denen im Laufe der Zeit Maschinen und Geräte im Wert von 111 546 DM, Waren im Wert von 108 682,02 DM und weitere landwirtschaftliche Maschinen und Geräte übereignet wurden. Aufgrund laufender Änderungen dieser Bestände war der Kreditnehmer verpflichtet, ständig neue Waren in die Sicherungslager einzubringen.

Im Sommer und Herbst 1954 ließ die Beklagte Waren, die nach ihrer Ansicht von diesen Sicherungsübereignungen erfaßt waren, in Lager schaffen, die sie unter Alleinverschluß hielt. Am 24.11.1954 beantragte der Kreditnehmer die Eröffnung des Vergleichsverfahrens zur Abwendung des Konkurses über sein Vermögen. Mit Beschluß vom 17.1.1955 wurde dieser Antrag abgelehnt und das Anschlußkonkursverfahren eröffnet. Der Kläger wurde zum Konkursverwalter bestellt.

---

798 Urteil vom 30.10.1936 (RG VII 65/36) = RGZ 152,251(260); Urteil vom 14.1.1938 (RG VII 107/37) = WarnR 1938,131 (133) Nr.56; Urteil vom 28.2.1941 (RG VII 93/40) = DR 1941,1456 (1457).

799 Urteil vom 5.11.1964 (BGH VII ZR 2/63) = WM 1965,84; Urteil vom 4.10.1965 (BGH VII ZR 185/63) = WM 1966,13.

800 BGH VIII ZR 113/60 = WM 1961,1297.

Die Beklagte veräußerte nach Konkurseröffnung einen Teil der in ihre Lager geschafften Sachen. Außerdem zog sie eine Teil der Forderungen ein, die ihr abgetreten worden waren. Der Konkursverwalter, der die Sicherungsvereinbarungen für sittenwidrig hielt, klagte auf Herausgabe der noch nicht veräußerten Sachen und Rückabtretung der noch nicht eingezogenen Forderungen. Zudem klagte er auf den von der Beklagten erlangten Erlös aus den veräußerten Sachen und eingezogenen Forderungen. Sowohl das Land- als auch das Berufungsgericht wiesen die Klage ab.

Die Revision des Klägers hatte keinen Erfolg. Ebenso wie das Berufungsgericht bewertete der BGH die Sicherungsvereinbarungen als nicht sittenwidrig. Die Ausführungen des Berufungsgerichts stimmten größtenteils mit der gefestigten Rechtsprechung des BGH überein, so daß in diesem Zusammenhang nur ein Aspekt von der Revision angegriffen wurde. Die Revision führte an, daß die Sicherungsverträge deshalb wegen Knebelung sittenwidrig seien, weil für die Bank die Möglichkeit bestanden habe, jederzeit die Geschäftsfortführung des Kreditnehmers zu unterbinden. Dem pflichtete der BGH jedoch nicht bei.

Er führte an, daß es Sinn von Sicherungsverträgen sei, im Notfall von den eingeräumten Sicherungen Gebrauch zu machen. Dies könne in der Regel den Geschäftsbetrieb des Schuldners zum Erliegen bringen. Solche Vereinbarungen stellten jedoch keine sittenwidrige Knebelung dar, wenn von vornherein feststehe, daß die Bank von ihnen nur dann Gebrauch machen werde, wenn sie die wirtschaftliche Lage des Schuldners dazu zwinge so vorzugehen, um eigenen Schaden möglichst zu vermeiden, und daß darüber zwischen der Bank und ihrem Kunden Einverständnis vorhanden sei. Es sei daher entscheidend, wie die Bank die Verträge zu ihren Gunsten nutzen wollte. Im vorliegenden Fall sei mit der Ansicht des Berufungsgerichts davon auszugehen, daß die Maßnahmen, zu denen die Bank berechtigt gewesen sei, nur bei wichtigen Gründen haben greifen sollen.

Diese Maßnahmen hätten daher nur zur Sittenwidrigkeit wegen Knebelung führen können, wenn durch sie die wirtschaftliche Handlungsfreiheit des Kreditnehmers in zu großem Umfang eingeschränkt worden sei. Dieser sei jedoch dazu berechtigt gewesen, die übereigneten Waren in seinem Geschäftsbetrieb zu veräußern und Kundenforderungen einzuziehen. Da die Bank nur bei wichtigem Grund dazu befugt gewesen sei, von ihren Sicherungsmöglichkeiten Gebrauch zu machen und sie die Verträge auch so durchgeführt habe, sei eine Knebelung des Kreditnehmers nicht erfolgt.

Im vorliegenden Urteil erfolgte ein Wandel in der Rechtsprechung des BGH. War im Urteil vom 14.7.1952[801] ein Sicherungsvertrag unter anderem deshalb für sittenwidrig erachtet worden, weil der Sicherungsnehmer durch Entziehung der

801 BGH IV ZR 1/52 = BGHZ 7,111.

sicherungsübereigneten Waren den Betrieb des Schuldners zum Erliegen bringen konnte, so wurde nun in einem ähnlichen Fall dieser Umstand als nicht erheblich bewertet. Als entscheidend wurde im vorliegenden Fall zwar angeführt, daß der Sicherungsnehmer seine Rechte nur im Notfall ausüben sollte. Dies war aber bei allen Sicherungsverträgen regelmäßig so. Dem Sicherungsnehmer war nicht daran gelegen, dem Betrieb des Sicherungsgebers die Sicherungsmittel zu entziehen und so das Unternehmen lahmzulegen. Bei einem solchen Vorgehen konnte der Sicherungsnehmer in der Regel nur einen Teil der Darlehenssumme zurückerhalten, während bei einem weiterhin arbeitsfähigen Unternehmen die Chance gegeben war, im Laufe der Zeit eine vollständige Rückzahlung zu erhalten[802]. Die hier vom BGH angeführte Besonderheit, daß der Sicherungsnehmer nur im Notfall seine Sicherungsrechte geltend machen wollte, war daher eigentlich der Regelfall[803]. Somit konnte die Tatsache, daß der Sicherungsnehmer durch Entziehung der Sicherungsmittel den Betrieb des Sicherungsgebers zum Erliegen bringen konnte, bei konsequenter Anwendung des vorliegenden Urteils nicht mehr für die Feststellung herangezogen werden, daß ein Sicherungsvertrag knebelnde Wirkung entfaltete.

(ii) Gesamtbetrachtung

Trotz einiger Kritik[804] hielt der BGH an dem bereits zur Zeit des RG geltenden Grundsatz fest, daß neben der Gläubigergefährdung auch die Knebelung des Schuldners die Sittenwidrigkeit des Sicherungsvertrages begründen konnte. Dabei erfolgte fast durchgehend eine klare Trennung zwischen diesen beiden Merkmalen[805]. Sie waren jedoch regelmäßig in den gleichen Fällen anzusprechen, so daß die allgemeinen Aspekte bei ihnen grundsätzlich gleich zu bewerten waren[806].

---

802 So bereits Schweiger, MDR 1953,707 (708, 711) zum Urteil vom 14.7.1952.

803 Vgl. auch das Urteil vom 25.11.1954 (BGH IV ZR 105/54) = WM 1955,470, in dem der BGH bezüglich der Sicherungsübereignung einer Maschine kurz feststellte, daß es keine Handhabe gebe, daß der Sicherungsnehmer diese dem Sicherungsgeber willkürlich entziehen werde, obwohl der Sicherungsnehmer sich ausdrücklich das Recht hatte einräumen lassen, dem Sicherungsgeber die Maschine jederzeit entziehen zu können.

804 Barkhausen, NJW 1953,1412 (1413); Sprengel, MDR 1954,257 (258); Berges, BB 1954,886 (888).

805 Vermengt wurden sie nur in den Urteilen vom 9.11.1955 (BGH IV ZR 196/54) = BGHZ 19,13 und vom 12.6.1963 (BGH VII ZR 278/61) = nicht veröffentlicht.

806 Vgl. daher z.B. zur Prüfungspflicht des Sicherungsnehmers und zum relevanten Zeitpunkt zur Feststellung der Sittenwidrigkeit, oben 3. Teil B. 2..

Im einzelnen wurde die gefestigte Rechtsprechung des RG fortgeführt. Nur unter einigen wenigen Gesichtspunkten gab es Abweichungen. So wurde bereits dann eine Knebelung angenommen, wenn dem Schuldner nicht mehr genügend Mittel verblieben, um auch zumindest einen Teil seiner Altgläubiger zu befriedigen[807]. Allerdings war dies der einzige Punkt, in dem es eine Verschärfung der Bewertung der Sicherungsverträge hinsichtlich der Knebelung gab.

Die weiteren Abweichungen kamen dem Sicherungsnehmer zugute. So wurden Sicherungsverträge, die mit einem im Aufbau befindlichen Flüchtlingsunternehmen abgeschlossen wurden, nur sehr restriktiv als sittenwidrig erachtet[808]. Hatte der BGH zunächst noch einen Sicherungsvertrag als sittenwidrig bewertet, weil er dem Sicherungsnehmer die Möglichkeit bot, jederzeit durch Entziehung der Betriebsmittel die Produktion des Sicherungsgebers zum Erliegen zu bringen[809], so wurde später ein Vertrag, der sich dahingehend auslegen ließ, daß ein solches Vorgehen nur im Notfall erfolgen sollte, als sittengemäß betrachtet[810]. Bei Sicherungsverträgen, die im Laufe der Zeit nach ihrer Eigenart eine Übersicherung ermöglichen konnten, insbesondere verlängerte und erweiterte Eigentumsvorbehalte, erklärte der BGH zunächst Verträge mit Freigabeklauseln für wirksam[811]. Später wurden auch Verträge, die solche Klauseln nicht aufwiesen für nicht sittenwidrig erachtet, da dem Sicherungsgeber aus dem Grundsatz von Treu und Glauben ein Anspruch auf Freigabe von Sicherheiten zugestanden wurde, wenn gesicherte Forderung und Sicherheiten in einem krassen Mißverhältnis standen[812].

Bei der Bewertung von Sicherungsverträgen legte der BGH insgesamt im untersuchten Zeitraum von 1948-1965 liberalere Maßstäbe an, wenn es um die Feststellung einer Sittenwidrigkeit wegen des knebelnden Charakters des Vertrages ging. Eine Begründung konnte darin gesehen werden, daß die meisten Unternehmen, selbst wenn sie sich nicht im Aufbau befanden, nach dem 2. Weltkrieg auf finanziell schwacher Grundlage standen. Insbesondere fehlte es häufig an

---

807 Urteil vom 9.11.1955 (BGH IV ZR 196/54) = BGHZ 19,13; Urteil vom 8.2.1956 (BGH IV ZR 287/55) = BGHZ 10,43; Urteil vom 11.12.1958 (BGH VII ZR 14/58) = WM 1959,406; Urteil vom 30.4.1959 (BGH VII ZR 19/58) = NJW 1959,1533; Urteil vom 30.10.1961 (BGH VII ZR 157/60) = WM 1962,13.

808 Urteil vom 4.2.1954 (BGH IV ZR 164/53 = LM § 3 AnfG Nr.1; Urteil vom 14.5.1958 (BGH V ZR 267/56) = WM 1958,1082.

809 Urteil vom 14.7.1952 (BGH IV ZR 1/52) = BGHZ 7,111.

810 Urteil vom 11.10.1961 (BGH VIII ZR 113/60) = WM 1961,1297.

811 Urteil vom 25.10.1952 (BGH I ZR 48/52) = BGHZ 7,365; Urteil vom 16.12.1957 (BGH VII ZR 49/57) = BGHZ 26,185.

812 Urteil vom 30.5.1960 (BGH VII ZR 257/59) = WM 1960,855; Urteil vom 5.11.1964 (BGH VII ZR 2/63) = WM 1965,84; Urteil vom 4.10.1965 (BGH VII ZR 185/63) = WM 1966,13.

Betriebsmitteln oder Warenlagern, die einen wesentlichen Faktor bei der Bestellung von Sicherheiten darstellten. Somit wurde häufig von Sicherungsverträgen das ganze Vermögen des Unternehmens erfaßt und auch weitere bindende Vereinbarungen waren nicht selten. Ohne diese Sicherungen waren die Banken aber nicht bereit, Kredite zu geben. Dies hätte jedoch zum Untergang vieler Unternehmen geführt. Daher durfte nur in Ausnahmefällen, bei ganz außergewöhnlichen Belastungen des Schuldners eine Sittenwidrigkeit wegen Knebelung angenommen werden. Sonst wäre der Schutz des Schuldners, der bei dieser Bewertung mit im Vordergrund stehen mußte, in das Gegenteil verkehrt worden und hätte den Unternehmen nur Nachteile gebracht. Auch im Sinne der gesamten Wirtschaft war es wünschenswert, Unternehmen durch Hingabe von Krediten arbeitsfähig zu machen oder zu erhalten.

Da stets die Umstände des Einzelfalles betrachtet werden mußten, gab es in der Rechtsprechung des BGH zahlreiche Gesichtspunkte, die zur Sittenwidrigkeit eines Sicherungsvertrages aufgrund seiner knebelnden Wirkung führen konnten. Als Folge gab es sehr viele Urteile, in denen dieser Aspekt angesprochen wurde. Allerdings wurden dabei, wie festgestellt, sehr strenge Anforderungen an die knebelnde Wirkung gestellt. Dies führte dazu, daß in den wenigsten Fällen eine Sittenwidrigkeit aus diesem Grund angenommen wurde[813].

2. *Wucher (§ 138 Abs.2 BGB)*

Ein Spezialfall der sittenwidrigen Ausbeutungsgeschäfte wurde in § 138 Abs.2 BGB geregelt. Der dort festgelegte Tatbestand des Wuchers war im ersten Entwurf zum BGB noch nicht vorgesehen[814]. Er wurde erst von der Reichstagskommission eingeführt[815]. Dort erhielt er bereits die Fassung, die endgültig in das BGB aufgenommen wurde: "Nichtig ist insbesondere ein Rechtsgeschäft, durch das Jemand unter Ausbeutung der Notlage, des Leichtsinns oder der Unerfahrenheit eines Anderen sich oder einem Dritten für eine Leistung Vermögensvorteile versprechen oder gewähren läßt, welche den Wert der Leistung dergestalt übersteigen, daß den Umständen nach die Vermögensvorteile in auffälligem Mißver-

813 In den vorliegenden Urteilen wurde nur viermal eine Sittenwidrigkeit aus diesem Grund angenommen (im Urteil vom 14.7.1952 (BGH IV ZR 1/52) = BGHZ 7,111; Urteil vom 2.2.1955 BGH IV ZR 252/54 = NJW 1955,1272; Urteil vom 9.11.1955 (BGH IV ZR 196/54) = BGHZ 19,13; Urteil vom 21.12.1955 (BGH IV ZR 160/55) = nicht veröffentlicht). In weiteren 20 Urteilen wurde dagegen die Sittenwidrigkeit wegen Knebelung abgelehnt.

814 Vgl. Motive I, S.211.

815 Vgl. Bericht der XII. Kommission vom 12.6.1896 in: Mugdan, Bd.1 S.969f..

hältnis zu der Leistung stehen."[816] Geändert wurde § 138 Abs.2 BGB erst durch das Erste Gesetz zur Bekämpfung der Wirtschaftskriminalität vom 29.7.1976[817], durch das er seine heutige Fassung erhielt. Somit beruhten sowohl die Entscheidungen des RG als auch die Urteile des OGH und des BGH aus dem untersuchten Zeitraum von 1948-1965 auf der gleichen gesetzlichen Grundlage.

a) Entwicklung in der Rechtsprechung des RG

Um ein Rechtsgeschäft wegen Wuchers gemäß § 138 Abs.2 BGB für sittenwidrig zu erklären, mußte zunächst ein auffälliges Mißverhältnis zwischen dem Vermögensvorteil und der Leistung bestehen. Dabei wurde grundsätzlich als Maßstab die verkehrsübliche Vergütung herangezogen[818]. Es waren aber stets die Besonderheiten des Einzelfalles und die subjektiven Verhältnisse des Bewucherten zu beachten, so daß auch bei starker Abweichung von der üblichen Vergütung ein auffälliges Mißverhältnis verneint werden konnte, wie es z.B. bei Risikogeschäften oder Geschäften im Zusammenhang mit einer Sanierung der Fall war[819].

Bei Vergleichen zeigte sich bei der Betrachtung des auffälligen Mißverhältnisses jedoch eine Besonderheit. Es waren nicht die im Vergleich übernommenen Pflichten allein heranzuziehen. Zunächst ging das RG davon aus, daß die im Vergleich übernommenen Pflichten mit der objektiven Rechtslage vor Abschluß des Vergleichs in Beziehung gesetzt werden mußten. Wenn dann der Verzicht auf Rechte durch eine Person im auffälligem Mißverhältnis zum Verzicht der anderen Person stand, konnte der Vergleich wucherisch sein[820]. Später vertrat das RG die Ansicht, daß nicht die objektive Rechtslage vor Abschluß des Vergleichs zugrundezulegen sei, sondern daß entscheidend sei, wie die Parteien die Rechtslage bei Abschluß des Vergleichs tatsächlich bewertet hatten[821].

Damit ein Rechtsgeschäft als wucherisch bewertet werden konnte, mußten neben der objektiven Komponente des auffälligen Mißverhältnisses noch weitere subjektive Voraussetzungen erfüllt sein. Es mußte, wie in § 138 Abs.2 BGB ge-

---

816 RGBl. 1896, I S. 195.

817 BGBl. 1976, I S.2034.

818 Urteil vom 20.12.1901 (RG III 321/01) = GruchotBeitr. 46,897 (899); Urteil vom 25.2.1909 (RG VI 92/08) = JW 1909,215 (215).

819 Urteil vom 20.12.1901 (RG III 321/01) = GruchotBeitr. 46,897 (899); Urteil vom 18.4.1905 (RG II 253/04) = JW 1905, 366 (366); Urteil vom 25.2.1909 (RG VI 92/08) = JW 1909, 215 (215).

820 Urteil vom 5.7.1927 (RG VII 131/27) = Recht 1927,734 (735) Nr.2394; Urteil vom 14.12.1937 (RG VII 141/37) = RGZ 156,265 (267).

821 Urteil vom 28.3.1941 (RG VII 222/39) = SeuffA 95,119 (120f.) Nr.52; Urteil vom 28.4.1942 (RG VII 121/41) = SeuffA 96,134 (135) Nr.50; Urteil vom 5.3.1943 (RG VII 140/42) = DR 1943,801 (802).

fordert wurde, die Notlage, der Leichtsinn oder die Unerfahrenheit einer Person ausgebeutet worden sein. Für das Vorliegen einer Ausbeutung bedurfte es keiner Absicht, wucherisch tätig zu werden. Vielmehr genügte die bewußte Ausnutzung einer sich auch nur zufällig ergebenden Gelegenheit zur Erlangung ungerechtfertigter Vorteile[822]. Dem Wucherer mußte dabei zumindest das auffällige Mißverhältnis der Leistungen bekannt sein[823].

Eine Notlage des Bewucherten war dann gegeben, wenn eine drängende Not vorlag, die seine wirtschaftliche Existenz bedrohte[824]. Diese Notlage mußte stets in wirtschaftlicher Hinsicht bestehen. Eine bloße finanzielle Bedrängnis, die nicht existenzbedrohend war, genügte jedoch nicht[825].

Leichtsinnig handelte jemand, der sich sorglos, ohne genügende Überlegung und unbekümmert um die Folgen seiner Handlungen auf einen Vertrag einließ[826]. Dabei konnte sich die Leichtsinnigkeit sowohl aus dem Motiv des Bewucherten, als auch aus dem Mittel der Ausführung ergeben[827].

Unerfahrenheit wurde definiert als eine dem Menschen anhaftende Eigenschaft, die auf einem Mangel an Geschäftskenntnis und Lebenserfahrung im allgemeinen oder auf begrenzten Gebieten des menschlichen Wirkens beruhte und ihrem Wesen nach eine Einschränkung der Fähigkeit mit sich brachte, Zustände und Ereignisse irgendwelcher Art richtig zu beurteilen[828]. Es wurde dabei beson-

---

822 Urteil vom 7.1.1905 (RG II 344/04) = RGZ 60,9 (11); Urteil vom 18.4.1905 (RG II 253/04) = JW 1905,366 (367); Urteil vom 28.1.1907 (RG IV 276/06) = JW 1907,167 (167); Urteil vom 1.5.1911 (RG V 455/10) = JW 1911,576 (576); Urteil vom 22.1.1913 (RG I 300/12) = JW 1913,483 (484); Urteil vom 4.3.1915 (RG VI 583/14) = RGZ 86,296 (300); Urteil vom 9.6.1926 (RG V 496/25) = LZ 1926,819 (820); Urteil vom 11.7.1928 (RG V 649/27) = HRR 1928, Nr. 2259.

823 Urteil vom 4.3.1915 (RG VI 583/14) = RGZ 86,296 (300); Urteil vom 11.7.1928 (RG V 696/27) = HRR 1928, Nr.2080.

824 Urteil vom 30.11.1904 (RG V 233/04) = JW 1905,75 (75); Urteil vom 6.3.1915 (RG V 483/14) = JW 1915,574 (574); Urteil vom 25.11.1926 (RG IV 551/26) = JR 1927,193 (193) Nr. 342; Urteil vom 24.10.1933 (RG VII 191/33) = DJZ 1934,145 (146); Urteil vom 22.3.1937 (RG IV 309/36) = JW 1937,2447 (2448).

825 Urteil vom 1.5.1911 (RG V 455/10) = JW 1911,576 (576); Urteil vom 16.4.1926 (RG VI 28/26) = LZ 1926,917 (917); Urteil vom 25.11.1926 (RG IV 551/26) = JR 1927,193 (193) Nr. 342; Urteil vom 28.5.1934 (RG VI 19/34) = HRR 1934, Nr.1006.

826 Urteil vom 18.4.1905 (RG II 253/04) = JW 1905,366 (366); Urteil vom 15.4.1916 (RG V 44/16) = WarnR 1916,204 (205) Nr.128.

827 Urteil vom 30.5.1908 (RG V 463/07) = SeuffA 64,3 (5) Nr.2.

828 Urteil vom 3.1.1914 (RG V 360/13) = WarnR 1914,157 (157) Nr.111; Urteil vom 15.4.1916 (RG V 44/16) = WarnR 1916,204 (205) Nr.128; Urteil vom 19.4.1918 (RG II 485/17) = WarnR 1918,237 (238) Nr.157; Urteil vom 9.6.1926 (RG V 496/25) = LZ 1926,819 (819); Urteil vom 3.12.1926 (RG II 85/26) = LZ 1927,606 (607); Urteil vom 10.11.1930 (RG VIII 433/30) = HRR 1931, Nr.196.

ders betont, daß es sich um eine Eigenschaft der bewucherten Person handeln mußte und die Unkenntnis des einzelnen Falles niemals ausreichte[829].

Im Gegensatz zu § 138 Abs.1 BGB waren in § 138 Abs.2 BGB stets sowohl das schuldrechtliche Verpflichtungsgeschäft als auch das dingliche Erfüllungsgeschäft bei Vorliegen der Tatbestandsvoraussetzungen nichtig[830]. Begründet wurde dies damit, daß der Gesetzeswortlaut des § 138 Abs.2 BGB sowohl das Sichversprechen- als auch das Sichgewährenlassen von Vermögensvorteilen erfaßte. Ergab sich aus den frühen Urteilen des RG noch nicht, ob neben dem Erfüllungsgeschäft des Bewucherten auch das Erfüllungsgeschäft des Wucherers nichtig war[831], so wurde in späteren Urteilen deutlich, daß das RG alle Erfüllungsgeschäfte, die auf einem wucherischen Verpflichtungsgeschäft beruhten, als nichtig erachtete[832].

b) *Entwicklung in der Rechtsprechung des OGH und des BGH*

(1) *Urteil vom 4.12.1953[833] (Berücksichtigung einer politischen Notlage)*

In einem Urteil vom 4.12.1953 hatte sich der BGH[834] erstmals mit einem Fall zu befassen, in dem ausführlich die Anwendung des § 138 Abs.2 BGB zu diskutieren war. Das Urteil basierte auf folgendem Sachverhalt:

---

829 Urteil vom 19.4.1918 (RG II 485/17) = WarnR 1918,237 (238) Nr.157.

830 Urteil vom 19.2.1904 (RG VII 462/03) = RGZ 57,95 (97); Urteil vom 19.10.1909 (RG II 662/08) = RGZ 72,61 (63); Urteil vom 17.12.1910 (RG V 62/10) = RGZ 75,68 (76); Urteil vom 3.6.1918 (RG IV 11/18) = RGZ 93,74 (75); Urteil vom 15.3.1924 (RG V 385/23) = LZ 1924,329 (329); Urteil vom 18.11.1924 (RG VI 164/24) = RGZ 109,201 (202); Urteil vom 27.3.1936 (RG VII 336/35) = RGZ 151,70 (71); Urteil vom 8.1.1937 (RG II 140/36) = JW 1937,1233 (1233); Urteil vom 15.6.1937 (RG II 291/36) = JW 1937,2515 (2515); Urteil vom 25.5.1939 (RG V 1/39) = HRR 1939, Nr.1151; Urteil vom 30.6.1939 (RG V 50/38) = RGZ 161,52 (55f.).

831 Urteil vom 19.2.1904 (RG VII 462/03) = RGZ 57,95 (97); Urteil vom 19.10.1909 (RG II 662/08) = RGZ 72,61 (63); Urteil vom 17.12.1910 (RG V 62/10) = RGZ 75,68 (76); Urteil vom 3.6.1918 (RG IV 11/18) = RGZ 93,74 (75); Urteil vom 15.3.1924 (RG V 385/23) = LZ 1924,329 (329); Urteil vom 18.11.1924 (RG VI 164/24) = RGZ 109,201 (202); Urteil vom 8.1.1937 (RG II 140/36) = JW 1937,1233 (1233); Urteil vom 15.6.1937 (RG II 291/36) = JW 1937,2515 (2515).

832 Urteil vom 27.3.1936 (RG VII 336/35) = RGZ 151,70 (71); Urteil vom 25.5.1939 (RG V 1/39) = HRR 1939, Nr.1151; Urteil vom 30.6.1939 (RG V 50/38) = RGZ 161,52 (55f.).

833 BGH V ZR 108/52 = LM § 138 (Ba) BGB Nr.1.

834 Soweit ersichtlich hatte der OGH kein Urteil über den Wuchertatbestand gefällt.

Der Kläger und seine Ehefrau waren je zur Hälfte Miteigentümer eines Hausgrundstücks, das sie auch bewohnten. Durch notariellen Vertrag vom 9.10.1945 verkauften sie dieses Grundstück an den Beklagten, dem es anschließend aufgelassen wurde. Als Kaufpreis wurden 4.000 RM angegeben. Der ausgestellte Scheck des Beklagten sollte jedoch nur als Sicherheit dienen, bis den Eheleuten das Eigentum an dem ihnen als Gegenleistung versprochenen Behelfsheim eingeräumt worden war. Der Scheck wurde daher nach dem am 17.10.1945 erfolgten Einzug in das Behelfsheim vernichtet. Der Beklagte wurde, nachdem die erforderlichen Genehmigungen eingeholt worden waren, am 27.2.1948 als Eigentümer des Hausgrundstücks im Grundbuch eingetragen.

Der Kläger war seit dem 1.5.1933 Mitglied der NSDAP gewesen, hatte der SA-Reserve angehört und war zum Schluß Scharführer gewesen. Auf Grund einer Anzeige seines Sohnes war ein Nachbar Anfang 1944 wegen Wehrkraftzersetzung zu 3 Jahren Zuchthaus verurteilt worden. Dieser wurde infolge der Besetzung Deutschlands befreit. Wegen des Verdachts, bei der Anzeige gegen ihn mitgewirkt zu haben, erstattete er gegen den Kläger am 19.9.1946 Anzeige wegen eines Verbrechens gegen die Menschlichkeit. Durch Urteil vom 22.11.1948 wurde der Kläger freigesprochen.

Der Kläger verlangte nun Rückauflassung des Hausgrundstücks und Herausgabe desselben Zug um Zug gegen Rückgabe des Behelfsheims. Das Landgericht hatte die Klage entsprechend dem Begehren des Beklagten abgewiesen. Das Berufungsgericht gab der Klage statt.

Die Revision des Beklagten hatte keinen Erfolg. Der BGH führte aus, daß sowohl der Kaufvertrag als auch die Übereignung wegen Wuchers unwirksam seien. Statt des eigentlich gegebenen Anspruchs auf Grundbuchberichtigung gemäß § 894 BGB könne auch der schuldrechtliche Anspruch auf Auflassung geltend gemacht werden.

Zunächst müsse für die Annahme des Wuchers gemäß § 138 Abs.2 BGB ein auffälliges Mißverhältnis von Leistung und Gegenleistung vorgelegen haben. Dabei sei der Zeitpunkt des Vertragsschlusses zugrundezulegen. Am 9.10.1945 habe das Hausgrundstück einen Wert von 6.925 DM, das Behelfsheim nur von 2.050 DM gehabt, wie sich aus dem Sachverständigengutachten ergebe. Daher liege ein auffälliges Mißverhältnis vor.

Die Revision führte an, daß bei der Feststellung des auffälligen Mißverhältnisses der Leistungen nicht nur der objektive Wert verglichen werden dürfe, sondern daß auch die subjektiven Interessen der Beteiligten zu beachten seien. Im vorliegenden Fall müsse daher das subjektive Interesse des Klägers daran berücksichtigt werden, aus der Nachbarschaft fortzuziehen und der befürchteten Exmittierung durch die Behörden zuvorzukommen. Der BGH bemerkte dazu, daß das Merkmal des Mißverhältnisses der Leistungen anerkanntermaßen ein rein objektives sei. Zwar seien auch die persönlichen Verhältnisse der Beteiligten zu beachten, sie seien aber nur bei der Frage von Bedeutung, ob eine Ausbeutung der Notlage erfolgt sei. Die Ungewißheit, ob der Verkäufer in seiner Notlage sich die Sache erhalten könne, dürfe nicht wertmindernd in Betracht gezogen werden. Sonst müßte in vielen Fällen, in denen in einer Notlage ein Gegenstand unter seinem objektiven Wert verkauft werde, der Wuchertatbestand verneint werden. Durch den Wuchertatbestand solle jedoch gerade verhindert werden, daß die Notlage des Bewucherten ausgebeutet werde.

Eine Notlage des Klägers hatte das Berufungsgericht angenommen. Diese sei dadurch hervorgerufen worden, daß der Kläger als früheres Mitglied der NSDAP und der SA bereits politisch belastet gewesen sei und er zudem dem Verdacht ausgesetzt gewesen sei, bei der Anzeige gegen den Nachbarn mitgewirkt zu haben. Die Zwangslage des Klägers sei zwar politischer Art gewesen, habe jedoch auch wirtschaftliche Auswirkungen gehabt, die eine Notlage im Sinne des § 138 Abs.2 BGB begründeten. Der BGH stimmte dieser Bewertung zu. Er bemerkte jedoch, daß es umstritten sei, ob die Notlage auf wirtschaftlichem Gebiet liegen müsse. Insbesondere könne es zweifelhaft sein, ob durch die Vielgestaltigkeit der durch die politischen Ereignisse seit dem Jahre 1933 entstandenen Not weiterhin an einer Auffassung festgehalten werden könne, die eine Notlage im Rahmen des § 138 Abs.2 BGB nur auf wirtschaftlichem Gebiet annehmen wolle. Jedoch müsse diese Frage hier nicht entschieden werden, da im vorliegenden Fall die politische Notlage sich auch auf wirtschaftlichem Gebiet ausgewirkt habe, was ausreichend sei.

Diese Notlage habe der Beklagte auch ausgebeutet. Unter anderem begründete der BGH dieses Ergebnis damit, daß zur damaligen Zeit ein Wohnungstausch verständlich gewesen wäre, ein Haustausch unter den vorliegenden Bedingungen jedoch nicht ohne besondere Bemühungen des Beklagten denkbar gewesen sei. Unter Heranziehung der Zeugenaussagen zum Vorgehen des Beklagten sei es daher als erwiesen anzusehen, daß der Beklagte die Notlage des Klägers gekannt und zu seinen Gunsten ausgenutzt habe.

Im vorliegenden Urteil äußerte sich der BGH zunächst dazu, wie ein auffälliges Mißverhältnis zwischen Leistung und Gegenleistung festzustellen war. Obwohl er die rein objektiven Werte zugrundelegte, bemerkte er doch, daß in der Rechtsprechung des RG auch subjektive Kriterien Beachtung gefunden hatten[835]. Entgegen der Ansicht des BGH ging es aber in der Rechtsprechung des RG an den genannten Stellen nicht um die Ausbeutung der Notlage des Bewucherten. Vielmehr sollten tatsächlich die subjektiven Kriterien im Rahmen der Abwägung

---

835 Urteil vom 20.12.1901 (RG III 321/01) = GruchotBeitr. 46,897 (899); Urteil vom 18.4.1905 (RG II 253/04) = JW 1905,366 (366).

des Mißverhältnisses der Leistungen herangezogen werden[836]. In welcher Weise jedoch die subjektiven Kriterien dabei im einzelnen Berücksichtigung finden sollten, blieb unklar. Jedenfalls durften sie nicht in der Weise Anwendung finden, wie es die Revision hier anstrebte. Sie wollte das Interesse des Bewucherten berücksichtigen, einen Gegenstand möglichst schnell und falls erforderlich auch unter Wert zu verkaufen, obwohl dieser Wunsch gerade durch die Notlage hervorgerufen worden war. Die Berücksichtigung dieser subjektiven Interessen hätte zur Folge gehabt, daß der Wuchertatbestand bei Vorliegen einer Notlage in vielen Fällen nicht erfüllt gewesen wäre, in denen er nach dem Zweck der Vorschrift aber eingreifen sollte. Obwohl der BGH dies richtig erkannte und ihm im Ergebnis daher zugestimmt werden mußte, wäre aufgrund der Unbestimmtheit der oben genannten Entscheidungen des RG eine klare Abwendung von den dort erwähnten Grundsätzen wünschenswerter gewesen als die Umdeutung, welche der BGH vorgenommen hatte.

Dann befaßte sich der BGH mit dem Begriff der Notlage in § 138 Abs.2 BGB. Er erörterte den Streit darüber, ob eine Notlage in wirtschaftlicher Hinsicht erforderlich sei oder ob eine anders geartete Notlage genüge. Das RG hatte den Standpunkt vertreten, daß unter Notlage im Sinne des § 138 Abs.2 BGB eine dringende Geldnot zu verstehen sei, welche die wirtschaftliche Existenz des von ihr Betroffenen bedrohe[837]. Dieser Ansicht wurde von Teilen der Literatur gefolgt[838]. Zum Teil wurde jedoch vertreten, daß eine Notlage im Sinne des § 138 Abs.2 BGB keine wirtschaftliche sein müsse, es genüge auch eine Notlage, die rein körperlicher oder ideeller Art sei[839]. Im vorliegenden Urteil mußte der BGH diese Frage nicht entscheiden, äußerte aber seine Zweifel daran, ob an einer wirtschaftlichen Betrachtungsweise festgehalten werden müsse. In der Tat gab es keine überzeugenden Argumente, warum die Notlage beim Wucher auf den ökonomischen Bereich beschränkt werden sollte, so daß die bestehende Meinung des

---

836 So hieß es wörtlich im Urteil vom 18.4.1905 (RG II 253/04) = JW 1905,366 (366): "Bei der Prüfung des auffälligen Mißverhältnisses müssen die subjektiven Verhältnisse des Verkäufers in vollem Maße berücksichtigt werden."

837 Urteil vom 30.11.1904 (RG V 233/04) = JW 1905,75 (75); Urteil vom 1.5.1911 (RG V 455/10) = JW 1911,576 (576); Urteil vom 6.3.1915 (RG V 483/14) = JW 1915,574 (574); Urteil vom 25.11.1926 (RG IV 551/26) = JR 1927,193 (193) Nr.342; Urteil vom 24.10.1933 (RG VIII 191/33) = DJZ 1934,145 (146); Urteil vom 22.3.1937 (RG IV 309/36) = JW 1937,2447 (2448).

838 Planck-Flad, § 138 Anm. III 1 b) = S.368; BGB-RGRK-Oegg, 9. Aufl., § 138 Anm.2 = S.298; LK-Nagler/Schinnerer, § 302a Anm.II 1. = S.623 (mit dem Hinweis, daß sowohl beim strafrechtlichen als auch beim zivilrechtlichen Wucherbegriff eine wirtschaftliche Notlage zu fordern sei).

839 Oertmann, § 138 Anm. C 3 b) = S.433; Enneccerus-Nipperdey, 13.Aufl., § 179 II Fn.3 = S.587; Staudinger-Riezler, 10. Aufl., § 138 Anm.35.

RG als willkürlich und daher rechtspolitisch bedenklich beurteilt werden mußte[840].

Die weitere Entwicklung zeigte, daß ein Bedürfnis danach bestand, mit dem Tatbestand des Wuchers nicht nur die Ausbeutung einer wirtschaftlichen Notlage, sondern jeder Zwangslage zu erfassen. Durch die Gesetzesänderung vom 29.7.1976[841] wurde nämlich der Begriff der Notlage in den Begriff der Zwangslage geändert. Dabei sollte zum einen eine wirtschaftliche Bedrängnis auch dann erfaßt sein, wenn sie nicht existenzbedrohend war. Zum anderen sollte klargestellt werden, daß auch Zwangslagen, die nicht wirtschaftlicher Art waren, genügten, um den Tatbestand des § 138 Abs.2 BGB zu erfüllen[842]. Somit ließ der BGH im vorliegenden Urteil erstmals eine richtungsweisende Tendenz zur Auslegung des Begriffes der Notlage erkennen.

In den weiteren Urteilen des BGH im untersuchten Zeitraum war allerdings bei der Prüfung einer Notlage stets eine wirtschaftliche Notlage vorhanden[843], so daß eine Weiterentwicklung in dieser Hinsicht zunächst nicht eintrat.

(2) Urteil vom 27./ 28.7.1956[844] (Darlehensvertrag mit politisch Verfolgten)

In einem Urteil vom 27./ 28.7.1956 hatte der BGH einen Darlehensvertrag zu überprüfen, der zwischen einem deutschen Exportunternehmen und einem Konsortium von Auswanderern vorwiegend jüdischer Herkunft geschlossen worden war. Dem Exportunternehmen wurde das Vermögen der Auswanderer in Höhe von 3.000.000 RM in einem Vertrag vom 31.7./1.8.1939 als Darlehen übertragen. Zurückgezahlt werden sollte dieser Betrag unter Abzug von 75 % in holländischen Gulden. Die Beklagte mußte aufgrund erforderlicher Genehmigungen 1.750.000 RM des erhaltenen Darlehens an die Deutsche Golddiskontbank abführen. 500.000 RM sollten ihr verbleiben.

Vereinbarungsgemäß wurden 25 % des Darlehensbetrages, also 750.000 RM, in holländischen Gulden an das Konsortium zurückgezahlt. Die Erben von zwei Auswanderern machten nun Rückerstattungsansprüche geltend, die nach Maßgabe der Rückerstattungs- und Entschädigungsgesetze in den dort vorgesehenen Verfahren erfolglos verfolgt wurden. Weitergehende angebliche Forderungen trat einer dieser Erben an die Klägerin ab. Diese machte unter Berufung auf die Nichtigkeit des Darlehensvertrages eine Nutzungsentschädigung gemäß §§ 818,

---

840 Oertmann, § 138 Anm. C 3 b) = S.433.
841 BGBl. 1976, I S.2034.
842 Begr RegE BT-Drucks 7/3441 S.40 unten.
843 Urteil vom 21.5.1957 (BGH VIII ZR 226/56) = ZMR 1957,333; Urteil vom 8.1.1959 (BGH VII ZR 21/58) = WM 1959,566.
844 BGH IV ZR 179/55 = WM 1956,1325.

819 BGB geltend. Sowohl das Land- als auch das Berufungsgericht wiesen die Klage ab.

Auch die Revision der Klägerin hatte keinen Erfolg. Der BGH bemerkte zwar zunächst, daß die zivilrechtlichen Ansprüche im ordentlichen Rechtszug geltend gemacht werden könnten und nicht nur nach Maßgabe der Entschädigungsgesetze in den dort vorgesehenen Verfahren. Es sei jedoch der Darlehensvertrag nicht gemäß § 138 BGB nichtig. Zunächst lägen die besonderen Voraussetzungen des § 138 Abs.2 BGB nicht vor. Die Beklagte habe nicht die Notlage der Auswanderer ausgebeutet. Zum einen seien die Bedingungen des Vertrages von einer Bank in Berlin mit dem Reichswirtschaftsministerium ausgehandelt worden, so daß es für die Beklagte nicht möglich gewesen sei, einen Vertrag mit einem anderem, für die Darlehensgeber wesentlich günstigeren Inhalt abzuschließen. Aber auch der Abschluß des Vertrages selbst stelle keine Ausbeutung der Notlage der Darlehensgeber dar.

Es müßten dabei folgenden Umstände berücksichtigt werden: Die Darlehensgeber seien zur Auswanderung gezwungen gewesen, da sie als Juden der Verfolgung durch die nationalsozialistischen Machthaber ausgesetzt gewesen seien. Mit der Auswanderung seien die Auswandererguthaben zu Sperrguthaben geworden. Die Vermögensschädigung, die in der Umwandlung des Vermögens in Sperrmark und der damit verbundenen Entziehung der Nutzungs- und Verwertungsmöglichkeit zu sehen gewesen sei, sei bereits zu dem Zeitpunkt vollendet gewesen, zu dem die Darlehensgeber die Absicht geäußert hätten, daß sie auswandern würden. Sie seien zur Minderung dieses Schadens gezwungen gewesen, einen Transfer in eine ausländische Währung vorzunehmen. Dabei seien hohe Transferverluste aufgrund der damaligen Situation unausweichlich gewesen. Hätten sie jedoch niemanden gefunden, der sich bereit erklärt hätte, einen solchen Vertrag abzuschließen, so wäre ihre Situation nicht besser, sondern schlechter gewesen. Durch den Abschluß des Darlehensvertrages sei die bereits bestehende Schädigung der Darlehensgeber gemindert worden. Daher sei es für die rechtliche Bewertung auch unerheblich, daß die Beklagte außer sonstigen sich aus der Transaktion ergebenden Vorteilen einen Gewinn von 500.000 RM erhalten sollte. Auch eine Sittenwidrigkeit aus § 138 Abs.1 BGB sei nicht ersichtlich.

Die rechtliche Begründung des vorliegenden Urteils konnte nicht voll überzeugen. Der BGH begründete das Ergebnis, daß Wucher nicht gegeben sei, damit, daß keine Ausbeutung der Notlage ersichtlich sei. Nach der Rechtsprechung des RG war für die Ausbeutung der Notlage jedoch nur erforderlich, daß eine Notlage in wirtschaftlicher Hinsicht bestand, dem Wucherer diese Notlage bekannt war und er seinen Vorteil daraus zog[845]. Im vorliegenden Fall war durch

845 Vgl. oben S.235.

die erforderliche Auswanderung die wirtschaftliche Existenz der Darlehensgeber bedroht, so daß eine Notlage vorlag. Dies war der Darlehensnehmerin auch bekannt. Zudem verblieb ihr ein Gewinn von 500.000 RM zuzüglich sonstiger durch die Transaktion bedingter Vorteile. Somit konnte man zu dem Ergebnis kommen, daß die Beklagte die Notlage der Darlehensgeber ausgebeutet hatte.

Eine rechtlich überzeugendere Begründung dafür, daß kein Wucher vorlag, hätte der BGH erreichen können, wenn er zunächst das auffällige Mißverhältnis von Leistung und Gegenleistung überprüft hätte. Zwar mußte die Darlehensnehmerin nur 25 % der Darlehenssumme zurückzahlen, was auf den ersten Blick ein auffälliges Mißverhältnis offensichtlich erscheinen ließ. Jedoch mußten bereits nach der Rechtsprechung des RG bei dieser Prüfung die besonderen Umstände des Einzelfalles Berücksichtigung finden[846]. Im vorliegenden Fall führte der BGH an anderer Stelle aus, daß zu der damaligen Zeit für die Auswanderer keine günstigere Möglichkeit bestanden habe, ihr Vermögen zu retten und daß so hohe Transferverluste hingenommen werden mußten. Wenn man eine solche Beurteilung zugrunde legte, hätte der Darlehensvertrag bezüglich der besonderen Situation, in der er geschlossen wurde, als "verkehrsüblich" beurteilt werden können, so daß kein auffälliges Mißverhältnis von Leistung und Gegenleistung festzustellen gewesen wäre.

Allerdings hatte der BGH in zwei gleichlautenden Urteilen vom 11.7.1957[847] bei der Beurteilung von Darlehensverträgen, die mit jüdischen Auswanderern geschlossen wurden und bei denen die Hälfte des Darlehensbetrages an die Deutsche Golddiskontbank abgeführt werden mußte, darauf abgestellt, daß ein auffälliges Mißverhältnis von Leistung und Gegenleistung nicht vorliege. Der Unterschied zum vorliegenden Fall bestand darin, daß die Hälfte des Darlehens, welche nicht an die Golddiskontbank abgegeben werden mußte, vollständig an die Darlehensgeber wieder ausgezahlt werden sollte. Im vorliegenden Urteil vom 27./28.7.1956 verblieb dem Darlehensnehmer jedoch ein Gewinn von 500.000 RM. Daher erscheint es fraglich, ob der BGH den dortigen Darlehensvertrag tatsächlich richtig bewertet hatte. Besonderen Schwerpunkt bei seiner Argumentation hatte er darauf gelegt, daß die Einbußen am Vermögen der Darlehensgeber unvermeidlich waren und sie keine Möglichkeit hatten, günstigere Verträge abzuschließen. Es war jedoch, wie die Urteile vom 11.7.1957 zeigten, möglich, Darlehensverträge zu günstigeren Bedingungen abzuschließen. Insbesondere der Gewinn von 500.000 RM, der dem Darlehensnehmer zustehen sollte, konnte da-

846 Urteil vom 20.12.1901 (RG III 321/01) = GruchotBeitr. 46,897 (899); Urteil vom 18.4.1905 (RG II 253/04) = JW 1905, 366 (366); Urteil vom 25.2.1909 (RG VI 92/08) = JW 1909, 215 (215).

847 BGH VII ZR 203/56 = WM 1957,1155; BGH VII ZR 75/57 = WM 1957,1118.

her zur Annahme eines auffälligen Mißverhältnisses führen. Auch eine Ausbeutung der Notlage könnte entgegen der Annahme des BGH vorgelegen haben, da sich andere Darlehensnehmer nicht diese persönlichen Vorteile gewähren ließen.

(3) Urteil vom 27.3.1958[848] *(Begriff der Unerfahrenheit)*

In einem Urteil vom 27.3.1958 bestätigte der BGH die Rechtsprechung des RG zum Begriff der Unerfahrenheit. Sie sei ein Mangel an Lebenserfahrung und Kenntnis geschäftlicher Dinge. Die Unerfahrenheit habe ihrem Wesen nach eine Einschränkung der Wahrnehmung oder richtigen Beurteilung von Zuständen oder Ereignissen zur Folge[849]. Sie sei eine Eigenschaft, die dem einzelnen Menschen anhafte. Sie müsse nicht umfassender Natur sein, die Unerfahrenheit könne sich auch nur auf beschränkten Gebieten des menschlichen Wirkens zeigen[850].

Insoweit stimmte der BGH mit dem RG überein. Nun stellte er jedoch klärend fest, daß die Unerfahrenheit keinesfalls in einem Mangel an Fachkenntnissen in einem bestimmten Spezialgebiet bestehen könne. Eine andere Ansicht würde dazu führen, daß jeder Mensch in weiten Teilbereichen des Lebens als unerfahren gelten würde, was über den Schutzzweck des § 138 Abs.2 BGB weit hinausgehe. Im vorliegenden Fall führe daher das Fehlen der erforderlichen pharmazeutischen Fachkenntnisse bei der Beurteilung eines Warenlagers nicht zur Nichtigkeit des über die Verwertung des Lagers geschlossenen Vertrages.

Die vom BGH vorgenommene Klarstellung war insoweit geboten, als in den meisten Urteilen des RG nur allgemein festgestellt worden war, daß sich die Unerfahrenheit auch in einem beschränkten Gebiet des menschlichen Wirkens zeigen konnte. In einem Urteil vom 3.1.1914[851] war zudem erwähnt worden, daß sich eine solche Unerfahrenheit auch auf den Mangel von Erfahrungen in landwirtschaftlichen Dingen beschränken könne. Dies konnte leicht zu der Auffassung führen, daß auch ein Mangel an Fachkenntnissen eine Unerfahrenheit im Sinne des § 138 Abs.2 BGB darstellte, was aufgrund der damit verbundenen Fol-

---

848 BGH II ZR 327/56 = WM 1958,723.

849 Vgl. auch Urteil vom 15.4.1916 (RG V 44/16) = WarnR 1916,204 (205) Nr.128; Urteil vom 19.4.1918 (RG II 485/17) = WarnR 1918,237 (238) Nr.157; Urteil vom 10.11.1930 (RG VIII 433/30) = HRR 1931, Nr.196.

850 Vgl. Urteil vom 3.1.1914 (RG V 360/13) = WarnR 1914,157 (157) Nr.111; Urteil vom 15.4.1916 (RG V 44/16) = WarnR 1916,204 (205) Nr.128; Urteil vom 19.4.1918 (RG II 485/17) = WarnR 1918,237 (238); Urteil vom 9.6.1926 (RG V 496/25) = LZ 1926,819 (819); Urteil vom 3.12.1926 (RG II 85/26) = LZ 1927,606 (607); Urteil vom 10.11.1930 (RG VIII 433/30) = HRR 1931, Nr.196.

851 RG V 360/13 = WarnR 1914,157 Nr.111.

gen vom BGH überzeugend abgelehnt wurde. In einem Urteil vom 22.12.1965[852] bestätigte er diese Auffassung.

(4) Urteil vom 10.12.1959[853] (Auffälliges Mißverhältnis von Leistung und Gegenleistung)

Der BGH hatte sich bereits in früheren Urteilen damit befaßt, auf welche Weise ein auffälliges Mißverhältnis von Leistung und Gegenleistung festzustellen war. In einem Urteil vom 19.6.1957[854] betonte er, daß eine wirtschaftliche Betrachtungsweise im Rahmen des § 138 BGB zugrunde gelegt werden müsse und daher bei der Feststellung des auffälligen Mißverhältnisses nicht in jedem Fall der gesetzlich festgelegte Umtauschkurs von RM in DM entscheidend sei. In einem Urteil vom 10.4.1958[855] stellte der BGH fest, daß die Frage, wann ein solches Mißverhältnis bei der Vereinbarung nicht verkehrsüblicher Darlehenszinsen bestehe, nicht allgemein und losgelöst vom wirtschaftlichen Zweck der Darlehenshingabe und ihren Begleitumständen beantwortet werden könne. Im näher zu besprechenden Urteil vom 10.12.1959 befaßte sich der BGH ausführlich mit dem Vorliegen eines auffälligen Mißverhältnisses beim Erwerb eines Schiffsanteils. Dieses Urteil basierte auf folgendem Sachverhalt:

Die Beklagten waren je zur Hälfte Miteigentümer eines Schleppkahns. Sie beschlossen im Jahre 1951, diesen in ein Motorschiff umbauen zu lassen. Zur Finanzierung dieses Umbaus, dessen Kosten mit 180.000 DM veranschlagt waren, verschaffte der Kläger den Beklagten ein unverzinsliches Darlehen in Höhe von 70.000 DM. Die Auszahlung wurde im Auftrag des Klägers von einer KG vorgenommen, deren persönlich haftender Gesellschafter er war. Das Darlehen sollte in zehn gleichen Jahresraten zurückgezahlt werden. Das umgebaute Schiff wurde am 17.12.1953 wieder in Dienst gestellt.

Am 8.4.1954 schlossen die Parteien einen Vertrag, in dem die Beklagten dem Kläger jeweils einen Miteigentumsanteil von 2/10 verkauften und übereigneten, so daß der Kläger zu 4/10 und die Beklagten jeweils zu 3/10 Miteigentümer am Schiff waren. Der Kaufpreis sollte 70.000 DM betragen und unverzinslich sein. Er sollte in zehn Jahresraten von dem durch die Benutzung des Schiffes erzielten Gewinn abgezogen werden, der dem Kläger zustand. Der überschüssige Gewinn sollte ihm ausgezahlt werden. Die Verwaltung des Schiffes sollte allen Miteigentümern gemeinsam obliegen.

---

852 BGH V ZR 107/63 = BB 1966,226.
853 BGH II ZR 62/58 = WM 1960,293.
854 BGH V ZR 57/56 = nicht veröffentlicht.
855 BGH VII ZR 94/57 = WM 1958,938.

Die Auflassung und die Eintragung des Klägers als Eigentümer des Schiffes zu 4/10 in das Schiffsregister wurden vorgenommen. Die Beklagten zahlten regelmäßig ihre jährliche Darlehensschuld von 7.000 DM. Wegen der Verwaltung des Schiffes kam es jedoch zu Meinungsverschiedenheiten. Der Kläger verlangte nun Zahlung der über den einzubehaltenden Betrag von 7.000 DM hinausgehenden Gewinnbeteiligung für 1954.

Sowohl das Land- als auch das Berufungsgericht gaben der Klage statt.

Die Revision der Beklagten hatte keinen Erfolg. Diese hielten den Vertrag vom 8.4.1954 insbesondere wegen Wuchers für nichtig. Der BGH führte aus, daß dafür zunächst ein auffälliges Mißverhältnis zwischen Leistung und Gegenleistung bestehen müsse, wobei die gesamten Umstände des Einzelfalles in ihrem Zusammenhang gewürdigt werden müßten. Es sei dazu eine wirtschaftliche Betrachtungsweise der gesamten Beziehungen der Parteien nach Beweggrund, Inhalt und Zweck sowie die Prüfung ihrer wirtschaftlichen Lage vor und nach Abschluß ihrer Vereinbarung erforderlich, der gegenüber die rechtliche Einordnung ihrer Beziehungen zurücktrete.

Im vorliegenden Fall habe der Kläger durch die Hingabe des Darlehens die Möglichkeit erhalten wollen, eine Beteiligung am umgebauten Schiff zu erwerben. Da sich die von den Beklagten zu zahlenden Darlehensraten und die vom Kläger zu zahlenden Kaufpreisraten gegenseitig aufhöben, habe der Kläger die Beteiligung wirtschaftlich gesehen durch die einmalige Hingabe von 70.000 DM erhalten. Fraglich sei daher, ob diese Leistung zu den vom Kläger erlangten Vorteilen im auffälligen Mißverhältnis stehe.

Es bestehe Streit über den jetzigen Wert des Schiffes. Zugunsten der Revision sei jedoch der höhere Wert von 270.000 DM zugrundezulegen, auch wenn dieser Wert nicht richtig sei, da bei der Prüfung des auffälligen Mißverhältnisses gemäß § 138 Abs.2 BGB nicht unberücksichtigt bleiben dürfe, wie die Parteien selbst bei Abschluß eines Geschäfts eine zweifelhafte und ungewisse Lage bewertet hätten[856] und nach dem Vortrag beider Parteien nicht davon ausgegangen werden könne, daß dieser Betrag zugrunde gelegt worden sei. Ginge man trotzdem von einem Wert von 270.000 DM aus, so habe der Eigentumsanteil des Klägers 108.000 DM betragen. Der Kläger habe dann nur rund 2/3 dieses Wertes bezahlt.

Der BGH führte nun aus, daß das BGB das Rechtsinstitut der laesio enormis (Mißverhältnis von mehr als die Hälfte) nicht übernommen habe[857]. Das deutsche bürgerliche Recht kenne kein starres System, nach dem ein auffälliges Mißverhältnis festzustellen sei. Vielmehr müßten stets alle sachlichen und persönlichen

856 Vgl. Urteil vom 5.3.1943 (RG VII 140/42) = DR 1943,801 (802).

857 Vgl. Urteil vom 13.10.1906 (RG V 154/06) = RGZ 64,181 (182); Beschluß vom 13.3.1936 (RG V 184/35) = RGZ 150,1 (6f.).

Umstände des Einzelfalles Beachtung finden. Schon bei einem objektiven Mißverhältnis von mehr als der Hälfte könne nur nach einer sorgfältigen Würdigung aller Umstände ein Sittenverstoß festgestellt werden. Bei einem geringeren Mißverhältnis, wie es hier vorliege, könne nur unter ganz besonderen Umständen die Sittenwidrigkeit festgestellt werden. Es könne zwar Fälle geben, in denen bei Bezahlung von 2/3 des Wertes einer Sache ein auffälliges Mißverhältnis bejaht werden könne, z.B. bei Sachen mit objektiv einwandfrei feststellbaren Wert. Jedoch sei im vorliegenden Fall ein solches auffälliges Mißverhältnis nicht gegeben.

Der Wert des Schiffes und der Beteiligung am Schiffsbetrieb sei einer objektiven, sicheren und allgemein anerkannten Schätzung schwer zugänglich. Er sei wesentlich von der Konjunkturlage und dem Funktionieren des Schiffsbetriebes abhängig. Zudem bringe die Beteiligung ein erhebliches Risiko mit sich. Das Schiff sei mit Hypotheken belastet gewesen, so daß in Verlustjahren das vom Kläger investierte Geld nicht nur keinen Gewinn erbringe, sondern auch die Gefahr bestehe, daß er von den Hypothekengläubigern in Anspruch genommen werde, denen er mit seinem Eigentumsanteil hafte.

Somit liege ein auffälliges Mißverhältnis nicht vor, so daß der Vertrag vom 8.4.1954 nicht wegen Wuchers nichtig sei. Auch eine Sittenwidrigkeit des Vertrages gemäß § 138 Abs.1 BGB sei nicht gegeben.

Interessant am vorliegenden Urteil war, daß der BGH es unter Bezug auf die Rechtsprechung des RG bei der Feststellung des auffälligen Mißverhältnisses von Leistung und Gegenleistung für beachtlich hielt, wie die Parteien den Wert der Leistungen bei Vertragsschluß bewertet hatten. Das RG hatte diese Überlegung in dem vom BGH erwähnten Urteil für den Abschluß eines Vergleichs angeführt[858]. Der Grund dafür war in der Rechtsnatur des Vergleiches begründet gewesen[859].

Im vorliegenden Fall war die Anwendung dieses Grundsatzes aber nicht überzeugend. Zum einen handelte es sich hier um einen Kaufvertrag und nicht um einen Vergleich. Bei einem Kaufvertrag mußten der Wert des Kaufgegenstandes und der Kaufpreis gegeneinander abgewogen werden, um ein auffälliges Mißverhältnis festzustellen. Der subjektiven Bewertung des Bewucherten konnte kein entscheidendes Gewicht beigemessen werden, da er ja gerade vor wirtschaftlichen Verlusten geschützt werden sollte, die häufig bei § 138 Abs.2 BGB gerade durch eine Fehlbewertung seitens des Bewucherten hervorgerufen wurden. Die subjektive Einschätzung durch den Wucherer war relevant bei der Feststellung, ob er den Bewucherten ausgebeutet hatte. War ihm das objektiv vorliegende auffällige Mißverhältnis zwischen Leistung und Gegenleistung nicht bekannt, so war

858 Urteil vom 5.3.1943 (RG VII 140/42) = DR 1943,801 (802).

859 Vgl. zu diesem Problem unten S.248ff..

eine Ausbeutung zu verneinen und der Tatbestand des Wucher war nicht erfüllt[860].

Zum anderen hatte der BGH zur Feststellung eines auffälligen Mißverhältnisses der Leistungen bei einem Vergleich die von ihm zitierte Rechtsprechung des RG nicht übernommen. Denn in Urteilen vom 29.9.1958[861] und vom 8.1.1959[862] wurde bei einem Vergleich das auffällige Mißverhältnis von Leistung und Gegenleistung unter Bezugnahme auf die objektiv bei Vertragsschluß herrschende Rechtslage überprüft. Unabhängig davon, welche Betrachtungsweise beim Vergleich vorzugswürdig war[863], konnte es im vorliegenden Urteil kaum überzeugen, einen vom RG aufgestellten Grundsatz auf gewöhnliche Verträge zu übertragen, welcher nur für Vergleiche gelten sollte, vom BGH jedoch bisher bei der Bewertung von Vergleichen nicht übernommen worden war.

Dieser hatte zudem in einem Urteil vom 4.12.1953[864] festgestellt, daß bei der Prüfung des auffälligen Mißverhältnisses die subjektiven Interessen der Beteiligten keine Berücksichtigung finden sollten und der Bewertungsmaßstab ein rein objektiver sei. Im vorliegenden Urteil wich er von dieser Rechtsprechung ohne überzeugende Gründe ab.

Die übrige Bewertung des Vertrages, die der BGH vornahm, zeigte dagegen in bemerkenswerter Weise, daß bei der Feststellung des auffälligen Mißverhältnisses eine stark wirtschaftlich betonte Betrachtungsweise zugrunde gelegt werden mußte und alle Umstände des Einzelfalles genau zu berücksichtigen waren. Schon im Wortlaut des § 138 Abs. 2 BGB war erwähnt, daß ein auffälliges Mißverhältnis nach den jeweiligen Umständen festgestellt werden mußte. Eine schematische Lösung verbot sich daher. Der BGH verwies in der Begründung dieses Ergebnisses darauf, daß vom deutschen bürgerlichen Recht die laesio enormis nicht übernommen worden sei, da eine solch starre Regelung nicht erwünscht gewesen sei[865]. Die Folgerung, daß bei der Feststellung des auffälligen Mißverhältnisses von Leistung und Gegenleistung kein starrer, in einem zahlenmäßigen Verhältnis darstellbarer Maßstab angelegt werden dürfe, konnte überzeugen[866].

---

860 Vgl. oben S.235 und Urteil vom 4.3.1915 (RG VI 583/14) = RGZ 86,296 (300); Urteil vom 11.7.1928 (RG V 696/27) = HRR 1928, Nr.2080.

861 BGH VII ZR 198/57 = LM § 779 BGB Nr.13.

862 BGH VII ZR 21/58 = WM 1959,566.

863 Vgl. dazu unten S.250ff..

864 BGH V ZR 108/52 = LM § 138 (Ba) BGB Nr.1.

865 Ebenso Urteil vom 13.10.1906 (RG V 154/06) = RGZ 64,181 (182); Beschluß vom 13.3.1936 (RG V 184/35) = RGZ 150,1 (6f.) und Harenberg, S.42; Bender, NJW 1980,1129 (1132); Müko-Mayer-Maly, 2. Aufl, § 138 Rdn.119.

866 Vgl. auch das diese Rechtsprechung ausdrücklich bestätigende Urteil vom 23.3.1961 (BGH II ZR 157/59) = WM 1961,727.

In einem weiteren Urteil vom 27.10.1965[867] zeigte sich dies besonders deutlich. Dort stand einem Kaufpreis von 1.000.000 DM ein Zeitwert der gekauften Maschinen von 50.000 DM gegenüber. Aufgrund der besonderen Umstände des Falles und der Risikoverteilung wurde ein auffälliges Mißverhältnis der beiderseitigen Leistungen jedoch verneint.

(5) Urteil vom 3.4.1963[868] (Sittenwidrigkeit eines Vergleiches)

Bereits in früheren Urteilen hatte der BGH sich mit der Sittenwidrigkeit von Vergleichen zu befassen. In diesen Urteilen[869] hatte der BGH das Vorliegen eines auffälligen Mißverhältnisses von Leistung und Gegenleistung stets anhand der objektiven Rechtslage überprüft, die vor Abschluß des Vergleiches geherrscht hatte und hatte dieser Rechtslage die im Vergleich übernommenen Pflichten gegenüber gestellt. Im vorliegenden Urteil befaßte sich der BGH erneut mit dieser Frage. Das Urteil basierte auf folgendem Sachverhalt:

Im Jahr 1956 beschäftige sich der Kläger mit Bau- und Wiederaufbauprojekten. Von dem Beklagten ließ er sich am 2.3.1956 ein Darlehen über 15.000 DM geben, das mit 4 % monatlich verzinst werden sollte. Zur Sicherung gab der Kläger drei Wechsel in Höhe von je 5.000 DM.

Anfang 1957 stellte der Kläger die Zahlung der monatlichen Zinsen in Höhe von 600 DM ein. In einem Verfahren vom Juni/ Juli 1957 klagte der Beklagte drei vom Kläger im Jahre 1957 akzeptierte Wechsel ein. In dem Verfahren war unter anderem streitig, ob die Wechsel auf dem Vertrag vom 2.3.1956 beruhten. Nach Ansicht des Beklagten dienten sie der Sicherung eines weiteren Darlehens in Höhe von 15.000 DM, das der Beklagte am 20.9.1956 hingegeben habe. Der Kläger bestritt das Bestehen eines solchen Darlehensvertrages.

In einem prviatschriftlichen Vergleich vom 7.10.1957 erkannte der Kläger die Schuld aus der notariellen Urkunde vom 2.3.1956 in Höhe von 15.000 DM an und verpflichtete sich zur Zahlung von 10.000 DM zur Abgeltung der im Prozeß geltend gemachten Ansprüche.

In der Folgezeit betrieb der Beklagte aufgrund der Schuldurkunde vom 2.3.1956 die Zwangsverwaltung der Grundstücke des Klägers. Da der Kläger die Grundstücke verkaufen wollte, bemühte er sich, diese Vollstreckungsmaßnahmen rückgängig zu machen. Gegen Zahlung von 7.000 DM übergab der Beklagte dem Kläger entsprechende Anträge an das Vollstreckungsgericht. Es stellte sich je-

---

867 BGH VIII ZR 166/63 = WM 1966,92.

868 BGH VIII ZR 217/61 = LM § 779 BGB Nr.19.

869 Urteil vom 29.9.1958 (BGH VII ZR 198/57) = LM § 779 BGB Nr.13; Urteil vom 8.1.1959 (BGH VII ZR 21/58) = WM 1959,566; Urteil vom 18.10.1961 (BGH VIII ZR 108/60) = nicht veröffentlicht.

doch heraus, daß die Anträge nicht die Zwansgverwaltung sämtlicher Grundstükke erfaßten.

In einem notariellen Vergleich vom 20.7.1958 verpflichtete sich der Beklagte zur Rücknahme der Zwangsverwaltung und verzichtete auf seine Rechte aus der Urkunde vom 2.3.1956. Der Kläger erkannte an, daß er dem Beklagten noch 18.000 DM als Hauptforderung, 1.150 DM als rückständige Zinsen und 450 DM als Gerichtskosten schulde. Außerdem unterwarf er sich der sofortigen Zwangsvollstreckung.

Gegen diesen Vergleich wendete sich der Kläger mit der Vollstreckungsgegenklage, da er ihn unter anderem wegen Wuchers für nichtig hielt. Sowohl das Land- als auch das Berufungsgericht wiesen die Klage ab.

Die Revision führte zur Zurückverweisung an das Berufungsgericht. Dieses hatte angeführt, daß eine Nichtigkeit des Vertrages vom 2.3.1956 nicht ohne weiteres eine Nichtigkeit der beiden Vergleiche nach sich ziehe. Durch die Vergleiche seien die rechtlichen Beziehungen der Parteien endgültig geregelt worden. Es sei nun nicht mehr möglich, die in den Vergleichen übernommenen Pflichten auf ihre Vereinbarkeit mit den guten Sitten zu überprüfen.

Der BGH stimmte der Ansicht des Berufungsgerichts dahingehend zu, daß die Nichtigkeit des Darlehensvertrages nicht automatisch die Nichtigkeit der darüber abgeschlossenen Vergleiche nach sich ziehe. Denn die Vertragsparteien könnten sich auch über die Rechtsbeziehungen aus einem sittenwidrigen und deshalb nichtigen Vertrag vergleichen, wenn sie über die Sittenwidrigkeit und damit über die Nichtigkeit des Geschäfts stritten und diesen Streit durch den Vergleich beilegen wollten. Jedoch könne auch ein solcher Vergleich nichtig sein. Dies hänge davon ab, ob auch zwischen den durch ihn festgelegten beiderseitigen Leistungen ein auffälliges Mißverhältnis bestehe und die weiteren Voraussetzungen des Wuchers gemäß § 138 Abs.2 BGB oder der Sittenwidrigkeit gemäß § 138 Abs.1 BGB gegeben seien.

Um festzustellen, ob ein solches Mißverhältnis bestehe, müsse von dem Rechtszustand ausgegangen werden, der vor Abschluß des Vergleiches zwischen den Beteiligten bestanden habe. Entscheidend sei daher gewesen, ob der Darlehensvertrag vom 2.3.1956 nichtig gewesen sei. In diesem Fall hätte der Beklagte zwar die Darlehensvaluta nach Bereicherungsrecht zurückfordern können, er hätte jedoch keinen Anspruch auf Zahlung der Zinsen gehabt. Der Kläger hätte in diesem Fall 6.850 DM an (angeblich) gezahlten Zinsen zurückfordern können und der Verzicht auf diesen Betrag im Vergleich wäre eine Leistung gewesen, die bei der Feststellung des auffälligen Mißverhältnisses hätte beachtet werden müssen. Bei Gültigkeit des Darlehensvertrages hätte der Kläger noch rückständige Zinsen in Höhe von 7.200 DM dem Beklagten geschuldet. Dann wäre durch den Vergleich ein Verzicht des Beklagten zu beachten gewesen. Insgesamt habe sich das Verhältnis der beiderseitigen Vergleichsleistungen durch die Wirksamkeit oder Unwirksamkeit des Darlehensvertrages um 14.050 DM verschieben können.

Auch sei es entscheidungseheblich, ob der Beklagte dem Kläger ein weiteres Darlehen in Höhe von 15.000 DM gewährt habe. Sei dies nicht der Fall gewesen, so habe der Kläger, indem er sich in den Vergleichen verpflichtete 10.000 DM an den Beklagten zu zahlen, eine zusätzliche Schuld in dieser Höhe übernommen. Ansonsten habe der Beklagte auf 5.000 DM verzichtet. Das Gesamtverhältnis habe sich durch die Klärung dieser Frage also um 15.000 DM verschieben können. Insgesamt habe sich das Verhältnis der beiderseitigen Leistungen also um 29.050 DM verändern können, was für die Feststellung eines auffälligen Mißverhältnisses offensichtlich relevant gewesen sei.

Diese Prüfung hätte jedoch dahinstehen können, wenn die subjektiven Voraussetzungen des Wuchers nicht gegeben seien. Die Kenntnis des Klägers, daß er vom Beklagten bei dem Darlehensvertrag ausgebeutet worden sei, könne jedoch nicht ausschließen, daß der Vergleich wegen Wuchers nichtig sei. Es sei für die Vergleiche gesondert zu prüfen, ob durch sie der Beklagte den Kläger ausgebeutet habe.

Dieses Urteil konnte ebenso wie die früheren Urteile des BGH zum Wucher bei Vergleichen nicht überzeugen. Zuzustimmen war ihm dahingehend, daß ein Vergleich nicht deshalb bereits nichtig war, weil das Rechtsgeschäft sittenwidrig war, über dessen Rechtsfolgen gestritten wurde. Dies entsprach der gefestigten Rechtsprechung des RG[870]. Es war überzeugend, daß der Vergleich als eigenständiger Vertrag getrennt von bestehenden Rechtsverhältnissen zu prüfen war. Auch die Feststellung, daß den Besonderheiten des Vergleiches Rechnung getragen werden mußte und das auffällige Mißverhältnis danach zu bestimmen war, wie stark die Parteien nachgegeben hatten, erforderte keinen Widerspruch.

Jedoch war es bedenklich, wenn der BGH die objektiven Verhältnisse zur Zeit des Vertragsschlusses für die Beurteilung heranziehen wollte, wie stark die Parteien nachgegeben hatten. Zwar hatte das RG in früherer Rechtsprechung diese Auffassung vertreten[871] und ein Teil der Literatur hatte diese Ansicht auch weiterhin übernommen[872]. Jedoch hatte das RG in späteren Entscheidungen stets darauf abgestellt, wie die Parteien die Rechtslage vor Abschluß des Vergleiches

---

870 Urteil vom 5.7.1927 (RG VII 131/27) = Recht 1927,734 (735) Nr.2394; Urteil vom 5.7.1927 (RG VI 153/27) = JR 1927,1158 (1158) Nr.1803; Urteil vom 23.2.1931 (RG IV 296/30) = WarnR 1931,119 (121) Nr.58; Urteil vom 15.1.1935 (RG VII 175/34) = JW 1935,1009 (1009).

871 Urteil vom 5.7.1927 (RG VII 131/27) = Recht 1927,734 (735) Nr.2394; Urteil vom 14.12.1937 (RG VII 141/37) = RGZ 156,265 (267).

872 Staudinger-Coing, 11. Aufl., § 138 Rdn.34; Staudinger-Brändl, 11.Aufl., § 779 Rdn.22, jedoch jeweils ohne Begründung.

bewertet hatten[873]. Es verwunderte sehr, daß der BGH in dem vorliegenden wie in den früheren Urteilen[874] diese Ansicht des RG nicht einmal erwähnte[875].

Zudem erschien die in den späteren Urteilen vom RG vertretene Meinung überzeugender als die frühere Ansicht, welcher der BGH sich anschloß[876]. So war es der Zweck eines Vergleiches, einen Streit beizulegen. Das streitige Rechtsverhältnis sollte damit endgültig bereinigt werden. Wenn man jedoch auf die objektive Lage vor Abschluß des Vergleiches abstellte, so mußten gerade die streitigen Fragen häufig geklärt werden. Es kam daher dem Wesen des Vergleiches näher, wenn die von den Parteien zugrundegelegte Rechtslage berücksichtigt wurde und nicht die objektive Rechtslage.

Ein weiteres Problem konnte sich bei Zugrundelegung der objektiven Rechtslage ergeben, wenn einem Vertragspartner der streitige Anspruch tatsächlich nicht zustand. Seine Leistung, die eigentlich darin bestanden hätte, nur einen Teil des Anspruchs geltend zu machen, wäre mit Null anzusetzen. Im Vergleich mit der Leistung des anderen Teils wäre in diesen Fällen fast immer ein auffälliges Mißverhältnis festzustellen, was insbesondere aufgrund der recht geringen subjektiven Anforderungen in § 138 Abs.1 BGB[877] leicht zur Nichtigkeit des Vergleichs führen konnte. Da der Vergleich aber gerade auch dazu dienen sollte, das Rechtsverhältnis zwischen den Beteiligten zu regeln, wenn ein streitiger Anspruch objektiv nicht gegeben war, sprach dieses Ergebnis gegen ein Zurückgreifen auf die objektive Rechtslage vor Abschluß des Vergleiches[878].

In einem weiteren Urteil vom 25.5.1964[879] beschäftigte sich der BGH wiederum mit der Frage, wie das auffällige Mißverhältnis bei einem Vergleich festzustellen sei. Er bemerkte kurz, daß dies nach dem Maß des Nachgebens der Parteien zu bewerten sei. Es seien daher die im Vergleich übernommenen Pflichten mit der Sach- und Rechtslage, welche die Parteien vor Abschluß des Vergleichs zugrundegelegt hätten oder mit den tatsächlich objektiv übernommenen Pflichten zu vergleichen.

Diese Entscheidung berücksichtigte erstmals die subjektive Einschätzung der Lage durch die Parteien und stellte somit einen Wendepunkt in der Rechtspre-

---

873 Urteil vom 28.3.1941 (RG VII 222/39) = SeuffA 95,119 (120f.) Nr.52; Urteil vom 28.4.1942 (RG VII 121/41) = SeuffA 96,134 (135) Nr.50; Urteil vom 5.3.1943 (RG VII 140/42) = DR 1943,801 (802).

874 Urteil vom 8.1.1959 (BGH VII ZR 21/58) = WM 1959,566; Urteil vom 18.10.1961 (BGH VIII ZR 108/60) = nicht veröffentlicht .

875 Hartmaier, MDR 1964,370 (370).

876 BGB-RGRK-Fischer/Kuhn, 11. Aufl., § 779 Anm.35; Hartmaier MDR 1964,370 (371).

877 Vgl. dazu unten 3. Teil C. 3., vor allem S. 266ff..

878 Hartmaier, MDR 1964,370 (371).

879 BGH II ZR 87/62 = WM 1964,817.

chung des BGH dar. Allerdings sollte zudem die objektive Lage Beachtung finden. Wann welche Bewertung erfolgen sollte, legte der BGH nicht fest. Wenn ein reines Wahlrecht beabsichtigt war, so lief dies der Rechtssicherheit entgegen und war abzulehnen. Ansonsten fehlten in der vorliegenden Entscheidung des BGH Kriterien dafür, unter welchen Voraussetzungen ein Rückgriff auf die objektive oder subjektive Sach- und Rechtslage erfolgen sollte. Es war sicherlich richtig, daß auch die objektive Sach- und Rechtslage in gewissem Maße berücksichtigt werden mußte. Sie konnte Rückschlüsse auf die subjektive Einschätzung durch die Parteien zulassen. Mit dieser Aufgabe erschöpfte sich jedoch die Bedeutung, welche der objektiven Sach- und Rechtslage bei der Feststellung des auffälligen Mißverhältnisses zukommen durfte.

In der gleichen Entscheidung erwähnte der BGH, daß die Sittenwidrigkeit eines Vergleiches nicht schon deshalb angenommen werden könne, weil sich später herausstelle, daß der einen Partei der von ihr geltend gemachte Anspruch gar nicht zugestanden habe. Es war aber selbstverständlich, daß in einem solchen Fall, sowohl wenn man die objektive als auch wenn man die subjektive Sach- und Rechtslage zugrunde legte, höchstens ein auffälliges Mißverhältnis der Leistungen, aber noch keine Sittenwidrigkeit anzunehmen war. Dazu mußten weitere subjektive Tatbestandsmerkmale erfüllt sein. Ob der BGH in einem solchen Fall bereits das auffällige Mißverhältnis der Leistungen verneinen wollte, wurde nicht deutlich.

In späteren Urteilen[880] schloß sich der BGH schließlich der Meinung an, daß grundsätzlich die Sach- und Rechtslage so zugrunde zu legen sei, wie die Parteien sie bei Abschluß des Vergleiches eingeschätzt hatten. Diese Ansicht wurde auch von weiten Teilen der Literatur übernommen[881].

(6) Gesamtbetrachtung

Der BGH setzte im wesentlichen die gefestigte Rechtsprechung des RG zum Wuchertatbestand fort. Eine Fortentwicklung gab es nur in sehr wenigen Bereichen. So wurde daran festgehalten, daß ein auffälliges Mißverhältnis anhand einer objektiven Bewertung von Leistung und Gegenleistung erfolgen müsse, wobei auf eine wirtschaftliche Betrachtungsweise zurückgegriffen wurde und sämtliche be-

---

880 Urteil vom 24.10.1968 (BGH II ZR 214/66) = BGHZ 51,141 (143f.); Urteil vom 11.12.1980 (BGH III ZR 38/79) = BGHZ 79,131 (139).

881 Ebel, S.153; Erman-Seiler, 9. Aufl., § 779 Rdn.10; Jauernig-Vollkommer, § 779 Rdn.15; Larenz, § 7 IV Fn.42; MüKo-Pecher, 2. Aufl., § 779 Rdn.35; RGRK-Steffen, 12.Aufl., § 779 Rdn.48; Soergel-Hefermehl, 13. Aufl., § 138 Rdn.76; Staudinger-Marburger, 12.Aufl., § 779 Rdn.70.

sonderen Umstände des Einzelfalles Beachtung finden sollten[882]. Unklar blieb jedoch, in welchem Umfang subjektive Interessen bei dieser Bewertung heran zu ziehen waren. In einem Urteil vom 4.12.1953[883] wurden subjektive Interessen für unbeachtlich erklärt, in einem Urteil vom 10.12.1959[884] wurde jedoch erwähnt, daß die subjektive Einschätzung der Werte relevant sei. Große Bedeutung erlangten diese Gesichtspunkte jedoch nicht.

Bei der Feststellung des auffälligen Mißverhältnisses der Leistungen im Rahmen von Vergleichen legte der BGH zunächst die objektive Rechtslage vor Abschluß des Vergleiches zugrunde und setzte sie in Bezug zu den im Vergleich übernommenen Verpflichtungen[885]. Damit folgte er der früheren Rechtsprechung des RG[886]. Erst in einem Urteil vom 25.5.1964[887] erwähnte der BGH erstmals, daß die subjektive Einschätzung der Rechtslage durch die Parteien relevant sei. Zusätzlich wurde jedoch noch auf die objektive Rechtslage Bezug genommen. In späteren Urteilen[888] schloß sich der BGH schließlich völlig der subjektiven Betrachtungsweise an, die das RG bereits in den 40er Jahren vertreten hatte[889].

Als Notlage im Rahmen des § 138 Abs.2 BGB wurde weiterhin eine wirtschaftliche Notlage gefordert, welche existenzbedrohend sein mußte[890]. Nur in einem Urteil vom 4.12.1953 äußerte der BGH seine Zweifel daran, ob eine wirtschaftliche Notlage erforderlich sei, ließ diese Frage aber dahingestellt.

---

882 Urteil vom 4.12.1953 (BGH V ZR 108/52) = LM § 138 (Ba) BGB Nr.1; Urteil vom 19.6.1957 (BGH V ZR 57/56) = nicht veröffentlicht; Urteil vom 10.4.1958 (BGH VII ZR 94/57) = WM 1958,938; Urteil vom 10.12.1959 (BGH II ZR 62/58) = WM 1960,293.

883 BGH V ZR 108/52 = LM § 138 (Ba) BGB Nr.1.

884 BGH II ZR 62/58 = WM 1960,293.

885 Urteil vom 29.9.1958 (BGH VII ZR 198/57) = LM § 779 BGB Nr.13; Urteil vom 8.1.1959 (BGH VII ZR 21/58) = WM 1959,566; Urteil vom 18.10.1961 (BGH VIII ZR 108/60) = nicht veröffentlicht; Urteil vom 3.4.1963 (BGH VIII ZR 217/61) = LM § 779 BGB Nr.19.

886 Urteil vom 5.7.1927 (RG VII 131/27) = Recht 1927,734 (735) Nr.2394; Urteil vom 14.12.1937 (RG VII 141/37) = RGZ 156,265 (267).

887 BGH II ZR 87/62 = WM 1964,817.

888 Urteil vom 24.10.1968 (BGH II ZR 214/66) = BGHZ 51,141 (143f.); Urteil vom 11.12.1980 (BGH III ZR 38/79) = BGHZ 79,131 (139).

889 Urteil vom 28.3.1941 (RG VII 222/39) = SeuffA 95,119 (120f.) Nr.52; Urteil vom 28.4.1942 (RG VII 121/41) = SeuffA 96,134 (135) Nr.50; Urteil vom 5.3.1943 (RG VII 140/42) = DR 1943,801 (802).

890 Urteil vom 4.12.1953 (BGH V ZR 108/52) = LM § 138 (Ba) BGB Nr.1; Urteil vom 21.5.1957 (BGH VIII ZR 226/56) = ZMR 1957,333; Urteil vom 8.1.1959 (BGH VII ZR 21/58) = WM 1959,566.

Zur Unerfahrenheit, deren Definition im Vergleich zum RG unverändert blieb, stellte der BGH klar, daß ein Mangel an Fachkenntnissen zur Begründung der Unerfahrenheit nicht ausreiche[891].

Eine besondere Bedeutung in der Rechtsprechung des BGH zum Wucher kam den Darlehensverträgen zu, die mit jüdischen Auswanderern zur Zeit des Nationalsozialismus geschlossen worden waren. Diese Verträge wurden einhellig für wirksam und nicht wegen Wuchers als nichtig erachtet[892]. Neben tatsächlichen Problemen bei der Rückabwicklung spielte dabei vor allem eine Rolle, daß der Darlehensnehmer trotz der im erwachsenden Vorteile vor allem den Flüchtlingen half, ihr Vermögen wenigstens zum Teil zu erhalten. Diese Linderung der Not widersprach dem Ausbeutungscharakter des Wuchers. Zudem erfolgte der größte Teil des Vermögensverlustes durch den Zwang, eine bestimmte Geldmenge an das Deutsche Reich abzuführen. Darin war die eigentliche Verwerflichkeit der Verträge begründet. Dieser wurde aber durch die Entschädigungsgesetze genüge getan. Es war daher nicht geboten, die Darlehensverträge wegen Wuchers für nichtig zu erklären., auch wenn es rechtlich zumindest in einem vom BGH entschiedenen Fall möglich gewesen wäre[893].

3. *Wucherähnliche Geschäfte*

a) *Entwicklung in der Rechtsprechung des RG*

Es gab weitere Rechtsgeschäfte, bei denen eine Ausbeutung des Geschäftspartners erfolgte, die aber die einzelnen Tatbestandsvoraussetzungen des Wuchers nicht aufwiesen. Schon früh ergab sich die Frage, ob ein Rechtsgeschäft gemäß § 138 Abs.1 BGB sittenwidrig sein konnte, wenn bei diesem Rechtsgeschäft zwar ein auffälliges Mißverhältnis zwischen Leistung und Gegenleistung vorhanden war, jedoch die übrigen Voraussetzungen des Wuchers gemäß § 138 Abs.2 BGB fehlten. Zunächst verneinte das RG grundsätzlich eine solche Möglichkeit mit der Begründung, daß § 138 Abs.2 BGB zwar erläuternde Spezialnorm zu § 138 Abs.1 BGB sei, die einzelnen Tatbestandsmerkmale des § 138 Abs.2 BGB jedoch nicht auseinander gerissen werden dürften, um allein den Tatbestand des

---

891 Urteil vom 27.3.1958 (BGH II ZR 327/56) = WM 1958,723; Urteil vom 22.12.1965 (BGH V ZR 107/63) = BB 1966,226.

892 Urteil vom 27./28.7.1956 (BGH IV ZR 179/55) = WM 1956,1325; Urteil vom 11.7.1957 (BGH VII ZR 203/56) = WM 1957,1155; Urteil vom 11.7.1957 (BGH VII ZR 75/57) = WM 1957,1118.

893 Urteil vom 27./28.7.1956 (BGH IV ZR 179/55) = WM 1956,1325.

§ 138 Abs.1 BGB zu erfüllen[894]. Diese Auffassung wurde aber schnell aufgegeben[895]. Es sollte nun jedoch nicht das auffällige Mißverhältnis allein die Sittenwidrigkeit begründen, vielmehr mußten weitere objektive oder subjektive Umstände hinzutreten, die den Vertrag nach seiner sich aus der Zusammenfassung von Inhalt, Beweggrund und Zweck ergebenden Gesamtgestaltung als sittenwidrig erscheinen ließen[896].

Obwohl sich diese Auffassung zur ständigen Rechtsprechung des RG entwikkelte, stellte sich schließlich wiederum die Frage, ob ein auffälliges Mißverhältnis allein die Sittenwidrigkeit gemäß § 138 Abs.1 BGB begründen konnte. In einer Grundsatzentscheidung des Großen Senats für Zivilsachen vom 13.3.1936[897] wurde eine solche Möglichkeit mit der Begründung abgelehnt, daß § 138 Abs.2 BGB sonst überflüssig geworden wäre. Zu dem auffälligen Mißverhältnis mußte nach Ansicht des RG nun eine solche Gesinnung des die übermäßigen Vorteile beanspruchenden Teils hinzukommen, daß das Rechtsgeschäft nach Inhalt, Beweggrund und Zweck gegen das gesunde Volksempfinden verstieß[898]. Auf diese Gesinnung konnte unter Umständen aus dem Mißverhältnis geschlossen werden[899].

Vor dieser Grundsatzentscheidung mußte der sich sittenwidrig Verhaltende, wie allgemein für § 138 Abs.1 BGB gefordert wurde, der Umstände bewußt gewesen sein, die sein Verhalten zu einem sittenwidrigen machten[900]. Nun sollte es zur Feststellung der verwerflichen Gesinnung genügen, wenn er sich böswillig oder grob fahrlässig der Erkenntnis verschloß, daß sich der andere Teil aus einer mißlichen Lage heraus auf die schweren Bedingungen einließ[901].

---

894 Urteil vom 13.10.1906 (RG V 154/06) = RGZ 64,181 (182).

895 Vgl. Beschluß vom 13.3.1936 (RG V 184/35) = RGZ 150,1 (3).

896 Urteil vom 7.7.1909 (RG I 380/08) = WarnR 1909,472 (472) Nr.494; Urteil vom 9.7.1909 (RG III 418/08) = WarnR 1909,472 (473f.) Nr.495; Urteil vom 7.1.1913 (RG III 234/12) = JW 1913,319 (320); Urteil vom 24.9.1913 (RG III 178/13) = RGZ 83,109 (111); Urteil vom 22.10.1913 (RG I 300/12) = JW 1913,483 (484); Urteil vom 26.5.1914 (RG II 620/13) = RGZ 85,100 (102); Urteil vom 6.5.1918 (RG VI 450/17) = RGZ 93,27 (29); Urteil vom 6.12.1919 (RG I 123/19) = RGZ 97,253 (254f.); Urteil vom 23.4.1926 (RG II 605/24) = SeuffA 80,257 (258) Nr.145; Urteil vom 22.9.1926 (RG I 435/25) = RGZ 114,304 (307); Urteil vom 26.9.1934 (RG V 68/34) = JW 1935,279 (279).

897 RG V 184/35 = RGZ 150,1.

898 Beschluß vom 13.3.1936 (RG V 184/35) = RGZ 150,1 (2); dem folgend: Urteil vom 30.3.1936 (RG VI 437/35) = WarnR 1936,195 (196) Nr.101; Urteil vom 29.7.1940 (RG V 199/39) = RGZ 165,1 (14).

899 Beschluß vom 13.3.1936 (RG V 184/35) = RGZ 150,1 (2).

900 Urteil vom 6.12.1919 (RG I 123/19) = RGZ 97,253 (255); Beschluß vom 13.3.1936 (RG V 184/35) = RGZ 150,1 (3), unter Hinweis auf die frühere Rechtsprechung.

901 Beschluß vom 13.3.1936 (RG V 184/35) = RGZ 150,1 (2).

b) *Entwicklung in der Rechtsprechung des OGH und des BGH*

(1) *Urteil vom 5.10.1951*[902] *(Sittenwidrigkeit einer Vertragsstrafe)*

In einem Urteil vom 5.3.1951[903] hatte sich der BGH[904] vorbehaltlos der vom Großen Zivilsenat des RG in dem Beschluß vom 13.3.1936[905] entwickelten Rechtsprechung zur Sittenwidrigkeit von wucherähnlichen Geschäften angeschlossen. Er führte aus, daß ein auffälliges Mißverhältnis der beiderseitigen Leistungen nicht nur nach § 138 Abs.2 BGB sondern auch nach § 138 Abs.1 BGB zur Sittenwidrigkeit führen könne. Darüber hinaus müsse eine solche Gesinnung des die übermäßigen Vorteile erstrebenden Teils ersichtlich sein, daß das Rechtsgeschäft nach Inhalt, Beweggrund und Zweck gegen das Anstandsgefühl aller billig Denkenden verstoße. Es genüge dafür, daß sich ein Teil böswillig oder grob fahrlässig der Erkenntnis verschließe, daß sich der andere aus einer mißlichen Lage heraus auf die schweren Bedingungen einlasse, die ihm auferlegt würden.

In einem Urteil vom 5.10.1951 hatte sich der BGH mit der Sittenwidrigkeit einer Vertragsstrafe zu beschäftigen. Dem Urteil lag folgender Sachverhalt zugrunde:

Der Kläger war Inhaber von Patenten auf bestimmte Pumpen. Der Beklagte zu 1) hatte im Jahre 1945 einen Betrieb gegründet, in dem er u.a. diese Pumpen instandsetzte oder unter Einfügung neuer Ersatzteile zusammenbaute. Am 29.5.1946 erwirkte der Kläger gegen ihn eine einstweilige Verfügung, durch die ihm diese und ähnliche Tätigkeiten an den patentgeschützten Pumpen unter Strafandrohung untersagt wurden. Am 21.1.1947 unterschrieb der Beklagte zu 1) eine Verpflichtungserklärung, durch die er den vorgenannten Beschluß anerkannte und sich bei jeder Zuwiderhandlung abgesehen von der gerichtlichen Strafe zu einer Vertragsstrafe von 3.000 RM verpflichtete.

Am 15.4.1948 wurde in das Handelsregister eine OHG eingetragen, deren Gesellschafter der Beklagte zu 1) und sein Sohn, der Beklagte zu 2) waren. Der Kläger verlangte nun wegen zahlreicher, angeblicher Verstöße gegen die Verpflichtungserklärung vom 21.1.1947 die Zahlung einer Vertragsstrafe von 40.000 DM. Die Beklagten hielten die Verpflichtungserklärung unter anderem wegen existenzvernichtender Höhe der Vertragsstrafe für nichtig.

---

902 BGH I ZR 74/50 = LM § 343 BGB Nr.1.

903 BGH IV ZR 107/50 = NJW 1951,397.

904 Soweit ersichtlich war kein Urteil des OGH zur Sittenwidrigkeit von wucherähnlichen Geschäften ergangen.

905 RG V 184/35 = RGZ 150,1.

Das Landgericht hatte den Beklagten zu 1) unter Herabsetzung der Vertragsstrafe zur Zahlung von 34.000 DM nebst 4 % Zinsen verurteilt. Das Berufungsgericht hatte beide Beklagte als Gesamtschuldner zur Zahlung von 40.000 DM nebst 4 % Zinsen verurteilt.

Die Revision der Beklagten hatte keinen Erfolg. Der BGH führte aus, daß das Berufungsgericht zu Recht die Verpflichtungserklärung vom 21.1.1947 nicht für sittenwidrig gehalten habe. Die unverhältnismäßige Höhe der Vertragsstrafe reiche für sich allein nicht aus, um die zugrundeliegende Verpflichtungserklärung für sittenwidrig zu erachten. Die Strafe müsse nämlich, um wirksam zu sein, den Möglichkeiten der Zuwiderhandlung angepaßt sein. Sie sei nicht sittenwidrig, wenn die einzelne spätere Zuwiderhandlung im auffälligen Mißverhältnis zur Strafe stehe.

Im vorliegenden Fall hätten große wirtschaftliche Interessen des Klägers auf dem Spiel gestanden, so daß eine wirksame Sicherung nur durch hohe Vertragsstrafen erreicht werden könne. Auch die im Falle einer Zuwiderhandlung zu zahlende Gerichtsstrafe müsse den Kläger nicht davon abhalten, selbst eine endgültige Regelung zu treffen, zu deren Einhaltung er sich eine zusätzliche Vertragsstrafe versprechen lasse. Die Verpflichtungserklärung sei also nicht sittenwidrig.

Im vorliegenden Fall setzte der BGH die Rechtsprechung zu den wucherähnlichen Geschäften fort. Im Einklang mit dem Urteil vom 5.3.1951[906] stellte er fest, daß ein auffälliges Mißverhältnis allein eine Sittenwidrigkeit nicht begründen könne. Nun erwähnte der BGH aber nicht, daß eine besondere Gesinnung des Vertragsteils erforderlich sei, der sich übermäßige Vorteile versprechen lasse. Vielmehr ging der BGH auf die bestehende Rechtsprechung des RG zu den Vertragsstrafen ein[907] und stellte auf den Zweck der Vertragsstrafe ab. Da sich aber aus dem Zweck der Vertragsstrafe auf die Gesinnung des Vertragspartners schließen ließ und bei Verfolgung eines berechtigten Zweckes eine verwerfliche Gesinnung kaum vorliegen konnte, widersprach diese Vorgehensweise nicht der üblichen Rechtsprechung zu den wucherähnlichen Geschäften..

Daß eine Vertragsstrafe nicht bereits wegen des auffälligen Mißverhältnisses sittenwidrig sein konnte, ergab sich bereits aus der Vorschrift des § 343 BGB, auf die auch der BGH hinwies[908]. Danach konnte eine unverhältnismäßig hohe Vertragsstrafe durch Urteil auf ein angemessenes Maß herabgesetzt werden und so aufrecht erhalten werden.

---

906 BGH IV ZR 107/50 = NJW 1951,397.

907 Urteil vom 13.10.1906 (RG V 154/06) = RGZ 64,181; Urteil vom 26.5.1914 (RG II 620/13) = RGZ 85,100; Urteil vom 22.9.1926 (RG I 435/25) = RGZ 114,304; Urteil vom 4.10.1935 (RG II 76/35) = JW 1936,179.

908 Ebenso Staudinger-Kaduk, 12. Aufl., § 343 Rdn.15, vom Ergebnis her gleich: Erman-Westermann, 8. Aufl., § 343 Rdn.1; Soergel-Lindacher, 12. Aufl., § 343 Rdn.5.

(2) Urteil vom 26.10.1955[909] (Sittenwidrigkeit von Abstandsvereinbarungen)

Nachdem in weiteren Urteilen die Rechtsprechung zu wucherähnlichen Geschäften ohne Änderung fortgesetzt worden war[910], hatte sich der BGH in einem Urteil vom 26.10.1955 mit dem umstrittenen Problem der Abstandsvereinbarungen bei Mieträumen zu beschäftigen. Das Urteil basierte auf folgendem Sachverhalt:

Der Kläger war Mieter einer zwangsbewirtschafteten Altbauwohnung. Im Herbst 1951 bezog er eine neue Wohnung bei einem Vermieter, demgegenüber er sich verpflichtet hatte, 3.500 DM als unverzinsliches, nach 13 Jahren rückzahlbares Baukostendarlehen zu geben.

Die Beklagte suchte eine Wohnung. Sie verpflichtete sich, dem Kläger eine Abstandssumme von 1.500 DM zu zahlen, wenn sie seine Altbauwohnung erhielt. Als der Kläger auszog, wies das Wohnungsamt der Beklagten diese Wohnung zu. Die Beklagte weigerte sich, die Abstandssumme zu zahlen, da sie die Vereinbarung für sittenwidrig erachtete.

Der Kläger erhob Klage und trug vor, daß er sich zur Zahlung eines Baukostenvorschusses von 3.500 DM nur verpflichten konnte, weil ein anderer potentieller Mieter ihm 1.500 DM als Abstandssumme für die Altbauwohnung geboten habe. Die Beklagte sei in diese Vereinbarung eingetreten. Sowohl das Land- als auch das Berufungsgericht wiesen die Klage ab.

Die Revision des Klägers führte zur Aufhebung und Zurückverweisung. Entgegen der Ansicht des Berufungsgerichts erachtete der BGH die Abstandsvereinbarung nicht als sittenwidrig.

Zunächst sei die teilweise in der Rechtsprechung[911] und in der Literatur[912] vertretene Ansicht abzulehnen, daß solche Vereinbarungen deshalb sittenwidrig seien, weil sie eine Gefährdung oder Umgehung der Wohnraumbewirtschaftung bewirkten. Die Zustimmung des Wohnungsamtes sei natürlich Voraussetzung einer solchen Abstandsvereinbarung. Die Zustimmung könne jedoch durch diese private Abstandsvereinbarung nicht beeinflußt werden. Insbesondere seien im vorliegenden Fall keine Anhaltspunkte ersichtlich, daß die bestehende Rangordnung bei der Berücksichtigung der Wohnungssuchenden zugunsten der Beklagten

---

909 BGH VI ZR 165/53 = NJW 1955,1873.

910 Urteil vom 25.9.1953 (BGH I ZR 104/52) = GRUR 1954,129; Urteil vom 18.3.1954 (BGH IV ZR 148/53) = nicht veröffentlicht; Urteil vom 30.9.1954 (BGH IV ZR 68/54) = nicht veröffentlicht.

911 Urteil des LG Bonn vom 18.4.1952 (5 S 48/52) = NJW 1952,1097 (1098); Urteil des LG Göttingen vom 25.9.1952 (1 S 251/52) = NJW 1953,225 (225f.).

912 Rötelmann, NJW 1953,864 (865); Rötelmann, MDR 1953,586 (587); Schlottmann, BB 1951,574 (575).

durchbrochen worden sei. Durch die Abstandsvereinbarung werde daher nicht die gerechte Verteilung des Wohnraumes gefährdet[913].

Beachtlich sei dagegen der Gesichtspunkt, daß der Handel mit zwangsbewirtschaftetem Raum angesichts der bestehenden Zwangswirtschaft mit der Anschauung aller billig und gerecht Denkenden nicht vereinbar sei. Wie bereits das RG bemerkt habe, sei es dem Mieter als Sittenverstoß anzurechnen, wenn er durch Fordern einer Abstandssumme von seinem Mietnachfolger die durch die Wohnungszwangsbewirtschaftung gegebene Konjunktur in rücksichtsloser Weise ausnutze[914].

Dieser Gesichtspunkt müsse aber anders bewertet werden, wenn der ursprüngliche Mieter dieses Abstandsgeld zur Zahlung eines Baukostenvorschusses einsetzen wolle und es ihm so das Beziehen einer neuen Wohnung ermöglichen oder erleichtern solle. Das System der Baukostenzuschüsse habe einen wesentlichen Teil zur Bekämpfung der katastrophalen Wohnungsnot beigetragen und sei daher wohnungspolitisch zu billigen. Wenn es jedoch dem Vermieter gestattet sei, die Lasten des Aufbaus seines Hauses zum Teil seinen Mietern aufzubürden, so könne in der Regel auch nichts Sittenwidriges darin gesehen werden, daß eine Abstandsvereinbarung zugunsten des weichenden Mieters geschlossen werde, die ihm die Möglichkeit verschaffen solle, sich durch Hingabe eines Baudarlehens eine neue Wohnung zu beschaffen.

Daß bei Zulassung der Abstandsvereinbarung sozial schwächere Bevölkerungsteile benachteiligt werden könnten, könne allein die Sittenwidrigkeit der Abstandsvereinbarungen nicht rechtfertigen. Die gleiche Benachteiligung ergebe sich auch durch Baukostenvorschüsse. Wer in der Lage sei, einen solchen Vorschuß zu leisten, könne einfacher eine Neubauwohnung beziehen als Personen, denen dies nicht möglich sei. Im Rahmen der Bekämpfung der Wohnungsnot, wozu die Baukostenvorschüsse dienten, seien solche sozial unerwünschten Ergebnisse hinzunehmen. Daher könne auch die Vereinbarung einer Abstandssumme nicht aus diesem sozialen Gesichtspunkt als sittenwidrig erklärt werden.

Zudem habe sich der Gesetzgeber inzwischen im ersten Bundesmietengesetz vom 27.7.1955[915] mit der Frage der Abstandsvereinbarungen befaßt. Gemäß § 29 Abs.2 dieses Gesetzes sei es unter bestimmten Umständen zulässig, sich Abstandszahlungen für die Aufgabe von preisgebundenen Wohn- und anderen Räumen gewähren zu lassen. Damit gehe der Gesetzgeber davon aus, daß Abstands-

913 So auch Urteil des OLG Köln vom 18.11.1952 (4 U 76/52) = MDR 1953,292 (293); Urteil des OLG Düsseldorf vom 14.10.1952 (4 U 138/52) = MDR 1953,294 (294); Roquette, NJW 1952,1097 (1097); Roquette, NJW 1953,225 (226); Kiefersauer, MDR 1953,265 (266); Schultz, MDR 1954,210 (211); Cranz, HuW 1953,349 (350).

914 Urteil vom 20.11.1925 (RG VI 356/25) = JW 1926,977 (978).

915 BGBl.1955 I, 459.

zahlungen auch in Zeiten der Wohnungsnot rechtlich möglich seien. Eine Vereinbarung, die gesetzlich gebilligt werde, verstoße nicht gegen das Anstandsgefühl aller billig und gerecht Denkenden, wenn keine besonderen Umstände hinzukämen, die ihr den Charakter des Sittenwidrigen gäben. Solche Umstände seien hier nicht ersichtlich.

Es handelte sich im vorliegenden Fall nicht um ein typisches wucherähnliches Geschäft, bei dem ein Vertragsteil einen Vermögensvorteil in verwerflicher Gesinnung erstrebte, der im auffälligen Mißverhältnis zu seiner Leistung stand. Vielmehr wurde diskutiert, ob eine allgemein herrschende Notlage in verwerflicher Weise ausgenutzt worden war und der Kläger sich so ungerechtfertigte Vorteile verschaffen wollte. Auch dies war ein Ausbeutungsgeschäft, bei dem eine Notlage ausgenutzt wurde, so daß ein dem Wucher ähnliches Geschäft vorlag.

Zu Beginn der 50er Jahre war heftig umstritten, ob Abstandszahlungen, die ein weichender Mieter von dem Neumieter verlangte, gegen ein gesetzliches Verbot verstießen und so gemäß § 134 BGB nichtig waren[916]. Wie der BGH im vorliegenden Urteil feststellte, wurde die Zahlung von Abstandsgeldern im Bundesmietengesetz vom 27.7.1955 jedoch gesetzlich gebilligt, so daß eine Nichtigkeit gemäß § 134 BGB nicht mehr in Betracht kam. Daher war es überzeugend, daß der BGH die Abstandsvereinbarung nur auf ihre Sittenwidrigkeit gemäß § 138 Abs.1 BGB überprüfte.

Zuzustimmen war dem BGH dahingehend, daß eine direkte Einwirkung auf die Wohnraumzwangsbewirtschaftung durch solche Abstandsvereinbarungen nicht zu befürchten war. Unabhängig von privaten Vereinbarungen unterlag der freiwerdende Wohnraum der alleinigen Verfügung des Wohnungsamtes, dessen Zustimmung daher Voraussetzung einer Abstandsvereinbarung war, durch wel-

916 Für die Nichtigkeit gemäß § 134 BGB vgl. in der Rechtsprechung: Urteil des LG Lüneburg vom 1.7.1952 (4 O 41/52) = MDR 1953,98 (99); Urteil des LG Göttingen vom 25.9.1952 (1 S 251/52) = NJW 1953,225 (225); Urteil des OLG Celle vom 21.4.1953 (8 U 217/50) = ZMR 1953,275 (275); Urteil des BGH vom 19.12.1953 (BGH VI ZR 330/52) = MDR 1954,218 (218f.). Für die Nichtigkeit gemäß § 134 BGB vgl. in der Literatur: Schlottmann, BB 1951,574 (575); Cranz, HuW 1953,349 (350); Rötelmann, NJW 1953,864 (864); Rötelmann, MDR 1953,586 (586); Rötelmann, MDR 1954,218 (219); Schultz, MDR 1954,,210 (211). Gegen eine Nichtigkeit gemäß § 134 BGB vgl. in der Rechtsprechung: Urteil des OLG Düsseldorf vom 14.10.1952 (4 U 138/52) = MDR 1953,294 (294); Urteil des OLG Stuttgart vom 15.10.1952 (1 U 73/52) = ZMR 1953,7 (7); Urteil des OLG Köln vom 18.11.1952 (4 U 76/52) = MDR 1953,292 (292f.). Gegen eine Nichtigkeit gemäß § 134 BGB vgl. in der Literatur:Kiefersauer, MDR 1953,265 (266f.); Roquette, NJW 1953,225 (226); Roquette, ZMR 1953,275 (277f.); Mühl, MDR 1954,324 (325).

che das Wohnungsamt aber nicht beeinflußt werden konnte[917]. Allerdings wurde die Wohnraumzwangsbewirtschaftung durch solche Vereinbarungen mittelbar beeinflußt, da häufig ein Mieter seine Wohnung erst zu räumen bereit war, wenn ihm ein Abstandsgeld angeboten wurde[918].

Als Folge wurden die sozial schlechter gestellten Bevölkerungskreise benachteiligt, da es für sie schwierig war, Wohnraum zu erlangen, wenn sie solche Abstandszahlungen nicht leisten konnten. Dem BGH war aber auch dahingehend zuzustimmen, daß diese zwangsläufige Folge nicht zur Sittenwidrigkeit der Abstandsvereinbarungen führen konnte, da es das gleiche Problem bei den schon länger gesetzlich gebilligten Baukostenzuschüssen gab und hier nicht anders entschieden werden durfte[919].

Als weiterer Gesichtspunkt, der gegen die Wirksamkeit der Abstandszahlungen sprechen sollte, wurde in der Rechtsprechung zum Teil angeführt, daß diese Vereinbarungen zwischen zwei Mietern ohne Wissen des Vermieters geschlossen wurden und so eine Beeinträchtigung seiner Interessen darstellen konnten, etwa wenn er vom Neumieter einen Baukostenzuschuß nur schwer erlangen konnte, da dieser bereits ein Abstandsgeld zahlen mußte[920]. Diesen Aspekt erörterte der BGH im vorliegenden Urteil zwar nicht, er konnte jedoch dahinstehen, da die Zustimmung des Vermieters stets erforderlich war, um den Neumieter den Besitz an den Mieträumen zu verschaffen, so daß der Vermieter seine Interessen wahren konnte[921].

Im Ergebnis waren daher nur die Interessen der sozial schwächer gestellten Bevölkerungskreise betroffen. Der in der Beeinträchtigung dieser Interessen liegende Nachteil mußte aber hingenommen werden, da durch die Abstandsgelder eine wünschenswerte Belebung des Wohnungsmarktes eintrat. Zum einen wurde

---

917 So auch Roquette, NJW 1951,1097 (1097); Cranz, HuW 1953,349 (350); Roquette, NJW 1953,225 (226); Urteil des OLG Düsseldorf vom 14.10.1952 (4 U 138/52) = MDR 1953,294 (294); Urteil des OLG Stuttgart vom 15.10.1952 (1 U 73/52) = ZMR 1953,7 (7); Urteil des OLG Köln vom 18.11.1952 (4 U 76/52) = MDR 1953,292 (293); Urteil des OLG Celle vom 21.4.1953 (8 U 217/50) = ZMR 1953,275 (276); Schultz, MDR 1954,210 (211).

918 Schlottmann, BB 1951,574 (575); Rötelmann, NJW 1953,864 (865); Mühl, MDR 1954,324 (326f.).

919 Ebenso Roquette, NJW 1952,1097 (1097); Urteil des OLG Düsseldorf vom 14.10.1952 (4 U 138/52) = MDR 1953,294 (295); Urteil des OLG Stuttgart vom 15.10.1952 (1 U 73/52) = ZMR 1953,7 (7f.); Cranz, HuW 1953,349 (350). Dagegen jedoch: Urteil des LG Bonn vom 18.4.1952 (5 S 48/52) = NJW 1952,1097 (1098); Rötelmann, MDR 1953,586 (587).

920 Urteil des LG Bonn vom 18.4.1952 (5 S 48/52) = NJW 1952,1097 (1098).

921 Roquette, NJW 1952,1097 (1097); Urteil des OLG Köln vom 18.11.1952 (4 U 76/52) = MDR 1953,292 (293); Urteil des OLG Düsseldorf vom 14.10.1952 (4 U 138/52) = MDR 1953,294 (295); Kiefersauer, MDR 1953,265 (267).

die Wohnraumnutzung aufgelockert, indem der weichende Mieter die Wohnung freimachte, ohne Wohnraum zu beanspruchen, welcher der Bewirtschaftung unterlag oder indem er eine größere gegen eine kleinere Wohnung tauschte. Zum anderen wurde die Schaffung von neuem Wohnraum gefördert, wenn die Abstandszahlungen als Baukostenzuschüsse Verwendung fanden[922].

Allerdings wurde trotz dieser positiven Aspekte die Gefahr gesehen, daß Wohnraum zum reinen Handelsobjekt werden würde, was mit den Zwangsbewirtschaftungsvorschriften nicht im Einklang stand[923]. Dem konnte aber entgegengehalten werden, daß der BGH zum einen im vorliegenden Urteil diese Gefahr gesehen und Abstandsvereinbarungen, in denen der weichende Mieter die Wohnungsnot ausnutzte und aus ihr nicht gerechtfertigte Vorteile zog, für sittenwidrig erachtet hatte. Zum anderen war es nicht einzusehen, warum ein Mieter, der selbst Wohnraum geschaffen hatte, diesen mit einem anderen Mieter tauschen, er jedoch nicht durch eine Abstandszahlung gleiches erreichen durfte, die in Form eines Baukostenzuschusses Verwendung finden und so ebenfalls Wohnraum schaffen sollte[924].

Das vorliegende Urteil des BGH war daher insgesamt überzeugend. Die betroffenen Interessen wurden umfassend beachtet und es wurde ein wohl abgewogener Kompromiß gefunden, welcher den Notwendigkeiten des Wirtschaftslebens entsprach.

(3) Urteil vom 4.7.1956[925] (Wucherisches Darlehen)

In einem Urteil vom 15.2.1956[926] hatte der BGH die vom RG entwickelte Rechtsprechung zu wucherähnlichen Geschäften[927] bestätigt und festgestellt, daß bei einem Darlehensvertrag von den ungewöhnlich hohen Zinsen, also einem besonders auffälligen Mißverhältnis, auf die verwerfliche Gesinnung des Darlehensgebers geschlossen werden könne. Darüber hinaus fügte der BGH als neuen Aspekt hinzu, daß Zinsen in einer Höhe, die zu einer ungesunden Entwicklung des allgemeinen Kreditwesens führen könnten und dazu führen müßten, daß es entweder zu Preissteigerungen komme oder der Darlehensnehmer geschäftlich zusammenbreche, die Sittenwidrigkeit des Darlehensvertrages begründeten. Desweite-

922 Kiefersauer, MDR 1953,265 (267).
923 Urteil des LG Bonn vom 18.4.1952 (5 S 48/52) = NJW 1952,1097 (1098); Urteil des OLG Celle vom 21.4.1953 (8 U 217/50) = ZMR 1953,275 (276); Rötelmann, MDR 1953,586 (587).
924 Mühl, MDR 1954,324 (326).
925 BGH IV ZR 36/56 = WM 1956,1353.
926 BGH IV ZR 180/55 = WM 1956,459.
927 Beschluß vom 13.3.1936 (RG V 184/35) = RGZ 150,1.

ren wurde die Rechtsprechung des RG[928] bestätigt, daß bei einem nichtigen Darlehensvertrag der Darlehensgeber erst nach Ablauf der vorgesehenen Laufzeit sein Kapital zurückfordern könne.

In einem Urteil vom 4.7.1956 ging der BGH wiederum auf die Sittenwidrigkeit eines Darlehensvertrages ein, wobei insbesondere das auffällige Mißverhältnis der beiderseitigen Leistungen Beachtung fand. Folgender Sachverhalt lag dem Urteil zugrunde:

Die Klägerin machte Ansprüche geltend, welche bei der Streitverkündeten gepfändet und der Klägerin zur Einziehung überwiesen worden waren. Diese Ansprüche leiteten sich aus einem Darlehensvertrag her, welchen die Streitverkündete laut einer notariellen Urkunde vom 11.6.1951 mit dem Beklagten abgeschlossen hatte. In dieser Urkunde bekannte die Streitverkündete, dem Beklagten einen Darlehensbetrag in Höhe von 30.000 DM zu schulden, der mit 5,5 % jährlich verzinst werden sollte.

Unstreitig hatte die Streitverkündete nur einen Teil der Darlehenssumme erhalten. Unklar war jedoch, ob es sich um 24.500 DM oder 25.500 DM handelte. Zur Sicherung des Darlehens trat die Streitverkündete in der notariellen Urkunde eine Forderung ab, die durch eine Briefhypothek in Höhe von 38.000 DM am Grundstück des M. gesichert war. Zur Zeit der Abtretung an den Beklagten war die Hypothek aufgrund teilweiser Tilgung nur noch mit 33.542,72 DM valutiert.

Nach Kündigung des Darlehens zum 11.6.1952 erhielt der Beklagte keine Zahlung von der Streitverkündeten. Er wendete sich an M. und erhielt unter Nachlaß von 3.500 DM den Hypothekenbetrag ausbezahlt. Daraufhin bewilligte er die Löschung der Hypothek.

Die Klägerin hielt den Darlehensvertrag für sittenwidrig und machte Ansprüche aus ungerechtfertigter Bereicherung geltend. Sie verlangte von dem Beklagten den von M. erlangten Betrag heraus, soweit er die Darlehenssumme überstieg. Das Landgericht hatte die Klage abgewiesen, die Berufung der Klägerin hatte Erfolg.

Die Revision führte zur Aufhebung und Zurückverweisung. Übereinstimmend mit dem Berufungsgericht stellte der BGH fest, daß zwischen der Streitverkündeten und dem Beklagten ein Darlehensvertrag geschlossen worden sei und daher zur Feststellung eines auffälligen Mißverhältnisses die Darlehenssumme und die dafür durch Zinsen oder Zahlung einer festen Summe geschuldete Vergütung gegenüber zu stellen seien. Ein auffälliges Mißverhältnis genüge jedoch nicht, um die Sittenwidrigkeit des Vertrages zu begründen. Vielmehr müßten weitere subjektive Voraussetzungen erfüllt sein. In Übereinstimmung mit der Rechtspre-

928 Beschluß vom 30.6.1939 (RG V 50/38) = RGZ 161,52.

chung des RG[929] und des BGH[930] sei nicht nur bei § 138 Abs.2 BGB sondern auch bei § 138 Abs.1 BGB eine Gesinnung des den übermäßigen Vorteil erstrebenden Vertragspartners erforderlich, durch die das Rechtsgeschäft nach Inhalt, Zweck und Beweggrund gegen das Anstandsgefühl aller billig und gerecht Denkenden verstoße. Wucher sei im vorliegenden Fall nicht gegeben, da der Beklagte bei Abschluß des Darlehensvertrages nicht gewußt habe, daß die Streitverkündete sich in einer wirtschaftlichen Notlage befunden habe. Es könnten jedoch die subjektiven Voraussetzungen erfüllt sein, die einen sittlichen Vorwurf gem. § 138 Abs.1 BGB gegen den Beklagten rechtfertigten.

Insoweit stimmte der BGH mit dem Berufungsgericht überein. Rechtliche Bedenken bestünden jedoch dagegen, daß das Berufungsgericht ein auffälliges Mißverhältnis festgestellt und dem Beklagten vorgeworfen habe, er habe die allgemeine wirtschaftliche Notlage im Berlin des Jahres 1951 hemmungslos ausgenutzt und sein Handeln sei von bedenkenloser Gewinnsucht bestimmt gewesen.

Das Berufungsgericht hatte zunächst festgestellt, daß die Streitverkündete 24.500 DM ausgezahlt bekommen habe. 4.500 DM seien vom Beklagten wie vereinbart als einmalige Zahlung, 1.000 DM als Zinsen einbehalten worden. Da die Rückzahlung des Darlehens nach einem Jahr erfolgt sei, habe eine Realverzinsung von 25,82 % vorgelegen. Auch wenn dieser Zinssatz durch eine längere Laufzeit hätte gemindert werden können, so sei doch die vertraglich vorausgesetzte Laufzeit von einem Jahr entscheidend. Ein auffälliges Mißverhältnis liege daher offensichtlich vor. Zwar könnten die besonderen Umstände, wie ein hohes Risiko, eine solche Verpflichtung rechtfertigen. Es seien jedoch keine solchen Umstände ersichtlich, da die Forderung durch die Hypothek voll gesichert gewesen sei.

Der BGH widersprach diesen Ausführungen und stellte fest, daß es entscheidend sei, daß ein wirtschaftliches Mißverhältnis vorliege. Zunächst sei die vom Berufungsgericht vorgenommene Zinsenberechnung bedenklich. Der Beklagte habe damit rechnen müssen, daß er das Darlehen nicht schon nach einem Jahr zurückgezahlt bekomme, wie es auch eingetreten sei. Daher sei die Realverzinsung wesentlich niedriger anzusetzen. Auch der Ansicht, daß die Forderung durch die Hypothek voll gesichert gewesen sei, könne nicht gefolgt werden. Es müsse bei der Bewertung einer Sicherheit deren Liquidität, d.h. deren Möglichkeit und Leichtigkeit der Verwertung beachtet werden. Die Hypothek habe jedoch nur an einem Miteigentumsanteil bestanden. Solche Hypotheken seien erfahrungsgemäß schwerer verwertbar als Hypotheken, die auf dem gesamten Grundstück ruhten. Zudem sei die Verwertung einer Hypothek recht zeitaufwendig. Somit sei das

929 Beschluß vom 13.3.1936 (RG V 184/35) = RGZ 150,1.
930 Urteil vom 5.3.1951 (BGH IV ZR 107/50) = NJW 1951,397.

Darlehen nicht so stark gesichert, daß es eine höhere Verzinsung nicht rechtfertigen würde.

Besonders schwerwiegend sei es, daß das Berufungsgericht nicht auf die Lage auf dem Kapitalmarkt in Berlin eingegangen sei. Da der vorliegende Fall sich in Berlin ereignet habe, hätte zunächst ermittelt werden müssen, welcher Darlehenszins zur damaligen Zeit an diesem Ort angemessen gewesen sei. Durch den Krieg und die Kriegsfolgen sei die Berliner Wirtschaft in der Zeit der Blockade stark gegenüber dem übrigen Bundesgebiet zurückgeworfen worden. Der Bedarf an Geldmitteln sei sehr groß gewesen, so daß teilweise auch hohe Zinsen verlangt und gezahlt worden seien. Soweit sich dies nicht als Mißbrauch darstellte, hätten diese zeitlichen und örtlichen Besonderheiten Beachtung finden müssen.

Im vorliegenden Urteil stellte der BGH zunächst die bekannten Voraussetzungen für die Sittenwidrigkeit eines wucherähnlichen Geschäfts heraus, welche auch vom Berufungsgericht richtig erkannt worden waren. Es zeigte sich, daß insoweit eine klare Rechtsprechung herrschte, die weite Anerkennung gefunden hatte.

Dann hob der BGH hervor, daß bei der Feststellung des auffälligen Mißverhältnisses eine wirtschaftliche Betrachtungsweise der rechtlichen vorzuziehen sei. Rechtlich hatte das Berufungsgericht schließlich die Darlehenszinsen richtig berechnet. Der BGH stellte aber auf den tatsächlich zu erwartenden Verlauf der Dinge ab, der rechtlich nicht mehr zu erfassen war. Bedenklich an dieser Rechtsprechung war, daß eine solche wirtschaftliche Betrachtungsweise der Rechtssicherheit nicht förderlich war und im Einzelfall schwieriger erkennen ließ, ob ein auffälliges Mißverhältnis vorlag. Es war aber zu bedenken, daß stets im Rahmen des § 138 Abs.1 BGB eine umfassende Betrachtung der Umstände des Einzelfalles erfolgen mußte, so daß die Rechtssicherheit in diesem Bereich bereits sehr gering war. Eine wirtschaftliche Betrachtungsweise kam jedoch der Bedeutung näher, welche das Rechtsgeschäft für die Beteiligten hatte, als es eine rein rechtliche Betrachtung vermochte. Somit war die vom BGH zugrundegelegte Betrachtungsweise zu begrüßen.

Besonders hervorgehoben wurde vom BGH bei der Feststellung des auffälligen Mißverhältnisses die Beachtung der zeitlichen und örtlichen Besonderheiten. Bereits das RG hatte auf diese Verhältnisse abgestellt[931]. Ebenso wie der BGH betonte auch das RG, daß es sich dabei nicht um einen in weiten Bevölkerungskreisen eingebürgerten Mißbrauch handeln dürfe[932].

---

931 Urteil vom 22.9.1925 (RG II 604/24) = SeuffA 80,1 Fn.1; Urteil vom 23.4.1926 (RG II 605/24) = SeuffA 80,257 (259) Nr.145; Urteil vom 30.3.1936 (RG VI 437/35) = WarnR 1936,195 (197) Nr.101.

932 Urteil vom 30.3.1936 (RG VI 437/35) = WarnR 1936,195 (197) Nr.101.

Im Anschluß an dieses Urteil griff der BGH auch in weiteren Urteilen zu wucherähnlichen und wucherischen Geschäften auf eine wirtschaftliche Bewertung zurück, wenn es darum ging ein auffälliges Mißverhältnis der beiderseitigen Leistungen festzustellen[933].

(4) Urteil vom 9.11.1961[934](Verwerfliche Gesinnung)

In einem Urteil vom 21.5.1957[935] bestätigte der BGH die bestehende Rechtsprechung, daß ein auffälliges Mißverhältnis der beiderseitigen Leistungen allein die Sittenwidrigkeit gemäß § 138 Abs.1 BGB nicht begründen konnte. Vielmehr mußte eine verwerfliche Gesinnung hinzukommen, die in Übereinstimmung mit der Rechtsprechung des RG[936] dann angenommen werden sollte, wenn der eine Vertragsteil die schwierige Lage des anderen Teils bewußt ausgenutzt hatte, um übermäßige Vorteile zu erzielen. Diese Rechtsprechung, die eine verwerfliche Gesinnung forderte, wurde auch in weiteren Urteilen fortgesetzt[937].

In einem Urteil vom 9.11.1961 zeigte sich besonders deutlich, in welcher Weise eine solche verwerfliche Gesinnung festzustellen war. Das Urteil basierte auf folgendem Sachverhalt:

Der Kläger war Konkursverwalter des Gemeinschuldners. Diesem hatte der Beklagte gemäß einem am 14.9.1956 geschlossenen Vertrag ein Darlehen von 20.000 DM gewährt. Laut Vertrag sollte das Darlehen eine Laufzeit von einem halben Jahr haben und bei fehlender Kündigung unbegrenzt verlängert werden. Es konnte dann monatlich von beiden Seiten gekündigt werden. Monatlich waren 750 DM als fest vereinbarter Gewinn an den Beklagten zu zahlen.

Zur Sicherung übereignete der Gemeinschuldner dem Beklagten einen Verkaufspavillon und sechs Ölgemälde im angeblichen Wert von 306.000 DM. Zudem erhielt er als Sicherheit einen Wechsel über 20.000 DM und eine Bürgschaft der Ehefrau des Gemeinschuldners.

---

933 Urteil vom 19.6.1957 (BGH V ZR 57/56) = nicht veröffentlicht; Urteil vom 10.10.1957 (BGH II ZR 345/56) = WM 1958,109 (allerdings zu § 826 BGB); Urteil vom 23.3.1965 (BGH V ZR 65/62) = WM 1965,526; Urteil vom 10.12.1959 (BGH II ZR 62/58) = WM 1960,293.

934 BGH VII ZR 158/60 = LM § 817 BGB Nr.5.

935 BGH VIII ZR 226/56 = ZMR 1957,333.

936 Beschluß vom 13.3.1936 (RG V 184/35) = RGZ 150,1(5).

937 Urteil vom 11.7.1957 (BGH VII ZR 203/56) = WM 1957,1155; Urteil vom 11.7.1957 (BGH VII ZR 75/57) = WM 1957,1118; Urteil vom 27.3.1958 (BGH II ZR 327/56) = WM 1958,723; Urteil vom 29.9.1958 (BGH VII ZR 198/57) = LM § 779 BGB Nr.13; Urteil vom 23.3.1961 (BGH II ZR 157/59) = WM 1961,727; Urteil vom 24.5.1965 (BGH VII ZR 46/63) = WM 1965,918; Urteil vom 22.12.1965 (BGH V ZR 107/63) = BB 1966,226.

Die Darlehenssumme wurde am 20.9.1956 ausgezahlt. Am 15.4.1957 vereinbarten der Beklagte und der Gemeinschuldner einen Vertragszusatz, in dem festgehalten wurde, daß sich die Darlehenssumme auf 35.000 DM und daher der zu zahlende monatliche Gewinn auf 1.350 DM erhöht hätten. Am 21.8.1957 wurde das Konkursverfahren über das Vermögen des Gemeinschuldners eröffnet.

Der Kläger verlangte nun die geleisteten monatlichen Gewinnzahlungen des Gemeinschuldners vom Beklagten heraus, da er den Darlehensvertrag für sittenwidrig hielt. Sowohl das Land- als auch das Berufungsgericht wiesen die Klage ab.

Die Revision des Klägers führte zur Zurückverweisung an das Berufungsgericht. Der BGH führte aus, daß der vereinbarte Gewinn ein jährlicher Darlehenszins von 45 % gewesen sei. Wegen der Höhe dieser Zinsen liege ein auffälliges Mißverhältnis von Leistung und Gegenleistung vor. Ein solches Mißverhältnis mache einen Vertrag gemäß § 138 Abs.1 BGB nichtig, wenn bei dem Teil, der sich einen übermäßigen Vorteil versprechen lasse, eine verwerfliche Gesinnung festzustellen sei. Diese Gesinnung liege dann vor, wenn er sich auch nur grob fahrlässig der Erkenntnis verschließe, daß der andere Teil durch eine mißliche Lage dazu gedrängt werde, den Vertrag zu den ihn übermäßig belastenden Bedingungen abzuschließen.

Nach Ansicht des Berufungsgerichts konnte hier auf eine solche Gesinnung nicht geschlossen werden. Der Gemeinschuldner habe dem Beklagten erklärt, das Darlehen sei für seinen Bilderhandel bestimmt, aus dem er riesige Gewinne erziele und auch für die Zukunft sicher erwarte. Der Beklagte habe dies geglaubt. Ohne grob fahrlässig zu handeln, sei er davon ausgegangen, daß keine Notlage den Gemeinschuldner dazu bewegt habe, Zinsen von 45 % jährlich zu zahlen. Dafür spreche auch, daß diese Zinsen vom Gemeinschuldner vorgeschlagen worden seien.

Der BGH wendete sich gegen diese Ansicht und führte aus, daß das Mißverhältnis so grob sei, daß eine verwerfliche Gesinnung vorgelegen haben müsse. Schon die jedes vernünftige Maß übersteigende Zinshöhe spreche für eine zu mißbilligende Gesinnung des Beklagten. Eine solche Verzinsung könne den Kapitalmarkt in ungesunder Weise beeinflussen und außerdem die Gefahr mit sich bringen, daß der Schuldner wirtschaftlich zusammenbreche. Ob eine Verzinsung von 45 % jährlich einen Darlehensvertrag stets nichtig mache, könne dahinstehen, da hier noch weitere Umstände von Bedeutung seien.

Im vorliegenden Vertrag seien außergewöhnlich hohe Sicherheiten vereinbart worden. Wenn jemand Sicherheiten in dieser Höhe zu bieten habe, so bekomme er überall Kredit zu den banküblichen Zinsen. Wenn der Gemeinschuldner trotzdem eine Verzinsung von 45 % jährlich auf sich genommen habe, so müsse sich dem Beklagten aufgedrängt haben, daß nur besondere Umstände ihn zu diesem

Schritt bewegt haben können. Entweder sei der Gemeinschuldner in einer mißlichen wirtschaftlichen Lage gewesen, welche ihm den Zugang zu den üblichen Krediten versagt habe oder die Geschäfte, für die er den Kredit benötigt habe, seien so fragwürdig gewesen, daß kein Kreditinstitut sie finanziert hätte.

Insbesondere der letzte Gesichtspunkt erscheine hier ausschlaggebend. Es habe sich bei den Geschäften des Gemeinschuldners um einen Bilderhandel gehandelt. Dabei hätten aber fortlaufend so riesige Gewinne, wie sie der Gemeinschuldner gegenüber dem Beklagten angegeben habe, nur erzielt werden können, wenn die Geschäftspartner des Gemeinschuldners über den wahren Wert der Bilder im unklaren gelassen worden und übervorteilt worden wären. Dies hätte sich dem Beklagten aufdrängen müssen.

Auch wenn diese Bedenken dem Beklagten nicht bewußt geworden seien, so habe er sich ihnen doch leichtfertig verschlossen. Er sei nur darauf bedacht gewesen, sich einen ungewöhnlich hohen Zinsgewinn zu verschaffen. Wegen dieses bedenkenlosen Gewinnstrebens müsse der Darlehensvertrag als sittenwidrig angesehen werden.

Im vorliegenden Urteil wendete der BGH alle Grundsätze an, die zur Feststellung einer verwerflichen Gesinnung in der Rechtsprechung des RG und des BGH entwickelt worden waren. Zunächst wurde überhaupt das Vorliegen einer verwerflichen Gesinnung gefordert[938]. Dazu war kein Vorsatz erforderlich, es genügte vielmehr die grobfahrlässige Unkenntnis[939]. Das auffällige Mißverhältnis der beiderseitigen Leistungen konnte Rückschlüsse auf die verwerfliche Gesinnung zulassen[940]. Auch der Aspekt, daß eine ungesunde Beeinflussung des Kapitalmarktes möglich erschien und deshalb die Vereinbarung zu hoher Darle-

---

938 Vgl. Beschluß vom 13.3.1936 (RG V 184/35) = RGZ 150,1; Urteil vom 5.3.1951 (BGH IV ZR 107/50) = NJW 1951,397; Urteil vom 25.9.1953 (BGH I ZR 104/52) = GRUR 1954,129; Urteil vom 18.3.1954 (BGH IV ZR 148/53) = nicht veröffentlicht; Urteil vom 30.9.1954 (BGH IV ZR 68/54) = nicht veröffentlicht; Urteil vom 15.2.1956 (BGH IV ZR 180/55) = WM 1956,459; Urteil vom 4.7.1956 (BGH IV ZR 36/56) = WM 1956,1353; Urteil vom 21.5.1957 (BGH VIII ZR 226/56) = ZMR 1957,333; Urteil vom 11.7.1957 (BGH VII ZR 203/56) = WM 1957,1155; Urteil vom 11.7.1957 (BGH VII ZR 75/57) = WM 1957,1118; Urteil vom 27.3.1958 (BGH II ZR 327/56) = WM 1958,723; Urteil vom 29.9.1958 (BGH VII ZR 198/57) = LM § 779 BGB Nr.13; Urteil vom 23.3.1961 (BGH II ZR 157/59) = WM 1961,727; später diesem Grundsatz folgend: Urteil vom 3.4.1963 (BGH VIII ZR 217/61) = LM § 779 BGB Nr.19; Urteil vom 23.10.1963 (BGH V ZR 256/62) = LM § 166 BGB Nr.9; Urteil vom 4.12.1963 (BGH V ZR 189/61) = WM 1964,248.

939 Beschluß vom 13.3.1936 (RG V 184/35) = RGZ 150,1; Urteil vom 5.3.1951 (BGH IV ZR 107/50) = NJW 1951,397.

940 Beschluß vom 13.3.1936 (RG V 184/35) = RGZ 150,1; Urteil vom 15.2.1956 (BGH IV ZR 180/55) = WM 1956,459; dem hier vorliegenden Urteil folgend: Urteil vom 3.4.1963 (BGH VIII ZR 217/61) = LM § 779 BGB Nr.19.

henszinsen als sittenwidrig bewertet werden mußte, war bereits vom BGH in einem früheren Urteil erörtert worden[941].

In einem Urteil vom 23.10.1963[942] äußerte sich der BGH wiederum dazu, in welcher Weise von einem auffälligen Mißverhältnis der beiderseitigen Leistungen auf eine verwerfliche Gesinnung geschlossen werden könne. Die bestehende Rechtsprechung wurde unter Verweis auf das RG[943] bestätigt. Jedoch wurde hinzugefügt, daß es erheblich sei, ob der wirkliche Wert der Leistungen, wenn schon nicht bekannt, so doch für jedermann oder zumindest für den Begünstigten leicht erkennbar oder ob die Bewertung schwierig oder ungewiß gewesen sei. Wenn letzterer Fall vorliege und sich nachträglich ein erhebliches Mißverhältnis für den Vertragszeitpunkt feststellen lasse, so genüge dieser Umstand für sich allein genommen noch nicht, um auf eine verwerfliche Gesinnung des Begünstigten zu schließen.

(5) Gesamtbetrachtung

Der BGH setzte die vom RG in der Grundsatzentscheidung vom 23.3.1936[944] entwickelte Rechtsprechung zu den wucherähnlichen Rechtsgeschäften ohne große Änderung fort. Die trotzdem recht große Anzahl an Urteilen, die sich mit diesem Themenkomplex befaßten, ergab sich vor allem daraus, daß bei der Feststellung des auffälligen Mißverhältnisses häufig sehr komplexe wirtschaftliche Vorgänge nachzuvollziehen und zu bewerten waren, so daß diese bis zur Revisionsinstanz strittig blieben.

Im einzelnen war für das Vorliegen eines wucherähnlichen Geschäfts zunächst ein auffälliges Mißverhältnis der beiderseitigen Leistungen erforderlich. Dieses wurde nach den gleichen Grundsätzen ermittelt wie beim wucherischen Rechtsgeschäft[945]. Besondere Bedeutung bei wucherähnlichen Geschäften erlangte die wirtschaftliche Betrachtungsweise[946] und die Beachtung der zeitlichen und örtlichen Besonderheiten[947].

---

941 Urteil vom 15.2.1956 (BGH IV ZR 180/55) = WM 1956,459.
942 BGH V ZR 256/62 = LM § 166 BGB Nr.9.
943 Beschluß vom 13.3.1936 (RG V 184/35) = RGZ 150,1 (2,6).
944 RG V 184/35 = RGZ 150,1.
945 Vgl. oben S.244ff..
946 Urteil vom 4.7.1956 (BGH IV ZR 36/56) = WM 1956,1353; Urteil vom 19.6.1957 (BGH V ZR 57/56) = nicht veröffentlicht; Urteil vom 10.10.1957 (BGH II ZR 345/56) = WM 1958,109 (allerdings zu § 826 BGB); Urteil vom 23.3.1965 (BGH V ZR 65/62) = WM 1965,526.
947 Urteil vom 4.7.1956 (BGH IV ZR 36/56) = WM 1956,1353.

Diese Mißverhältnis konnte allein die Sittenwidrigkeit jedoch nicht begründen. Es wurde vielmehr stets eine verwerfliche Gesinnung gefordert[948]. Dies deckte sich mit der allgemein verbreiteten Ansicht, daß das BGB das Rechtsinstitut der laesio enormis nicht übernommen hatte, welches die Nichtigkeit des Rechtsgeschäfts bei einem bloßen objektiven Mißverhältnis begründet hatte[949].

Für die verwerfliche Gesinnung war keine bewußte Ausnutzung der Zwangslage des Geschäftspartners erforderlich. Es genügte vielmehr die grobfahrlässige Unkenntnis[950].

Der BGH schloß sich ebenfalls der Rechtsprechung des RG an, daß unter Umständen aus dem besonders auffälligen Mißverhältnis auf das Vorliegen der verwerflichen Gesinnung geschlossen werden könne[951]. Er schränkte dies jedoch dahingehend ein, daß ein solches Mißverhältnis dann nicht auf die verwerfliche Gesinnung schließen lasse, wenn der Wert der beiderseitigen Leistungen bei Vertragsschluß nicht sicher oder nur sehr schwierig zu bestimmen war[952].

Zusätzlich zur subjektiv erforderlichen verwerflichen Gesinnung stellte der BGH zumindest bei Darlehensverträgen auf eine objektive Komponente ab, welche die Sittenwidrigkeit der Verträge begründen konnte. So wurden diese Verträge auch dann als sittenwidrig angesehen, wenn sie eine ungesunde Entwicklung des Kapitalmarktes für den Fall bewirkten, daß ihre Bestimmungen allgemeine

---

948 Urteil vom 5.3.1951 (BGH IV ZR 107/50) = NJW 1951,397; Urteil vom 5.10.1951 (BGH I ZR 74/50) = LM § 343 BGB Nr.1; Urteil vom 25.9.1953 (BGH I ZR 104/52) = GRUR 1954,129; Urteil vom 18.3.1954 (BGH IV ZR 148/53) = nicht veröffentlicht; Urteil vom 30.9.1954 (BGH IV ZR 68/54) = nicht veröffentlicht; Urteil vom 4.7.1956 (BGH IV ZR 36/56) = WM 1956,1353; Urteil vom 21.5.1957 (BGH VIII ZR 226/56) = ZMR 1957,333; Urteil vom 11.7.1957 (BGH VII ZR 203/56) = WM 1957,1155; Urteil vom 11.7.1957 (BGH VII ZR 75/57) = WM 1957,1118; Urteil vom 27.3.1958 (BGH II ZR 327/56) = WM 1958,723; Urteil vom 29.9.1958 (BGH VII ZR 198/57) = LM § 779 BGB Nr.13; Urteil vom 23.3.1961 (BGH II ZR 157/59) = WM 1961,727; Urteil vom 24.5.1965 (BGH VII ZR 46/63) = WM 1965,918; Urteil vom 22.12.1965 (BGH V ZR 107/63) = BB 1966,226; Urteil vom 9.11.1961 (BGH VII ZR 158/60) = LM § 817 BGB Nr.5; Urteil vom 23.10.1963 (BGH V ZR 256/62) = LM § 166 BGB Nr.9.

949 Vgl. dazu die Urteile des RG vom 13.10.1906 (RG V 154/06) = RGZ 64,181 (182) und vom 7.7.1909 (RG I 380/08) = WarnR 1909,472 (472) Nr.494 und in der Literatur: Bender, NJW 1980,1129 (1132); Harenberg, S.42; Kochendörfer, NJW 1980,215 (216); MüKo-Mayer-Maly, 2. Aufl., § 138 Rdn.119; ferner zur Frage, ob auch die laesio enormis ein subjektives Element forderte: Becker, S.83 ff..

950 Urteil vom 5.3.1951 (BGH IV ZR 107/50) = NJW 1951,397; Urteil vom 9.11.1961 (BGH VII ZR 158/60) = LM § 817 BGB Nr.5.

951 Urteil vom 15.2.1956 (BGH IV ZR 180/55) = WM 1956,459; Urteil vom 9.11.1961 (BGH VII ZR 158/60) = LM § 817 BGB Nr.5.

952 Urteil vom 23.10.1963 (BGH V ZR 256/62) = LM § 166 BGB Nr.9.

Verkehrsüblichkeit erlangen würden[953]. Insoweit knüpfte der BGH wieder an die Rechtsprechung des RG vor der Grundsatzentscheidung vom 23.3.1936[954] an, als zur Begründung der Sittenwidrigkeit neben dem auffälligen Mißverhältnis entweder weitere subjektive oder weitere objektive Umstände gefordert wurden[955]. Ansonsten folgte der BGH aber grundsätzlich der späteren Rechtsprechung des RG.

Eine Sonderstellung in der Rechtsprechung des BGH zu den wucherähnlichen Geschäften erlangte die Bewertung von Abstandszahlungen im Rahmen von Wohnmietverhältnissen. Unabhängig von den hier erörterten Grundsätzen sollten diese Geschäfte grundsätzlich sittenwidrig sein, wenn nicht mit den Abstandszahlungen wiederum die Zahlung eines Baukostenvorschusses finanziert werden sollte[956]. Neben der Ausbeutung des einzelnen standen bei diesen Geschäften vor allem allgemeine Erwägungen bei der Feststellung der Sittenwidrigkeit im Vordergrund.

---

953 Urteil vom 15.2.1956 (BGH IV ZR 180/55) = WM 1956,459; Urteil vom 9.11.1961 (BGH VII ZR 158/60) = LM § 817 BGB Nr.5.

954 RG V 184/35 = RGZ 150,1.

955 Vgl. oben S.255.

956 Urteil vom 26.10.1955 (BGH VI ZR 165/53) = NJW 1955,1873.

4. Teil: Gesamtbetrachtung der Entwicklung in der Rechtsprechung des OGH und des BGH in den Jahren 1948-1965

Die Rechtsprechung des OGH und des BGH zu § 138 BGB erstreckte sich auf zahlreiche Fallgruppen. Da bei diesen Fallgruppen stets eigene Kriterien herangezogen wurden, um eine Sittenwidrigkeit festzustellen, waren allgemeingültige Gemeinsamkeiten kaum festzustellen.

Regelmäßig waren alle Umstände des Einzelfalles zu bewerten, wenn die Sittenwidrigkeit eines Rechtsgeschäfts überprüft werden sollte. Wurden in allen Fallgruppen immer wiederkehrende Grundsätze festgelegt, die auf einen Sittenverstoß hindeuten konnten oder einem solchen entgegenstanden, so sollte doch nie eine schematische Lösung erfolgen, sondern stets den Besonderheiten des Einzelfalles Beachtung geschenkt werden.

In vielen Fällen setzte der BGH die Rechtsprechung des RG nahezu unverändert fort, wobei auch eine Abwendung von der Rechtsprechung zur Zeit des Nationalsozialismus nicht festzustellen war. Dies zeigte sich vor allem bei den Fallgruppen, die einen Sittenverstoß gegenüber Außenstehende oder gegenüber dem Geschäftspartner beinhalteten. Bei diesen Fallgruppen standen wirtschaftliche Erwägungen im Vordergrund, die nicht durch das nationalsozialistische Weltbild beeinflußt worden waren. Aber auch bei den Fallgruppen, bei denen die Sittenwidrigkeit auf einem Verstoß gegen übergeordnete Aspekte beruhte, erfolgte im Rahmen der unsittlichen Verfügungen von Todes wegen zunächst eine Fortführung der strengen Rechtsprechung des RG.

Bei der Bewertung dieser Verfügungen von Todes wegen zeigte sich jedoch im weiteren Verlauf der Rechtsprechung des BGH eine leichte Verschärfung der Kriterien, so daß in den Urteilen der 60er Jahre ein strengerer Maßstab angelegt wurde als in den Urteilen des BGH in den 50er Jahren und in den Urteilen des RG. Neben dieser nur geringfügigen Abweichung von der Rechtsprechung des RG erfolgte ansonsten bei den Fallgruppen, bei welchen die Sittenwidrigkeit durch einen Verstoß gegen übergeordnete Aspekte begründet wurde, die stärkste Abwendung von den Auffassungen des RG. Die Anforderungen an Rechtsgeschäfte unter Ärzten, Rechtsanwälten und Steuerberatern wurden gesenkt, so daß eine Sittenwidrigkeit wegen Verstoßes gegen Standespflichten nur noch in wenigen Fällen anzunehmen war. Dies beruhte vor allem auf der Abwendung vom Pflichten- und Gemeinwohlgedanken[957], der zur Zeit des Nationalsozialismus ge-

957 Zu diesem vgl. Hattenhauer, Rdn.634ff..

herrscht hatte und die genannten Berufsgruppen besonders stark betroffen hatte. Auch bezüglich der Unterhaltsvereinbarungen, die vor der Scheidung der Ehe abgeschlossen wurden, zeigte sich eine Abwendung von der Rechtsprechung des RG. Obwohl die Ehe zur Zeit des Nationalsozialismus aus bevölkerungspolitischen Gründen leichter geschieden werden sollte als es in den 50er und 60er Jahren der Fall war, in denen die Ehe als sehr hohes und beständiges Gut bewertet wurde, konnte keine einheitliche Tendenz festgestellt werden, scheidungsfördernde Vereinbarungen strenger zu bewerten. Vielmehr stand die Schaffung einer klaren, nachvollziehbaren Rechtsprechung im Vordergrund. Selbst im Rahmen der letztwilligen Verfügungen von Todes wegen, bei deren Bewertung größtenteils der Rechtsprechung des RG gefolgt wurde, gab es eine entscheidende Veränderung. Im Gegensatz zur Zeit des Nationalsozialismus wurde wieder der Zeitpunkt der Errichtung der Verfügung und nicht der Erbfall als maßgebend für die Feststellung der Sittenwidrigkeit erachtet. Auch dies beruhte auf den veränderten Anschauungen, da zur Zeit des Nationalsozialismus eine stärker verobjektivierte Bewertung der letztwilligen Verfügungen erfolgt war, während nach dem 2. Weltkrieg die subjektive Vorstellung des Erblassers stärker in den Vordergrund rückte.

Verschärfungen im Vergleich zur Rechtsprechung des RG erfolgten nur sehr vereinzelt. Sie bezogen sich meist auf einen bestimmten Einzelfall oder auf eine besondere Gruppe von Fällen. Eine solche Verschärfung zeigte sich beispielsweise bei den Sicherungsverträgen, die aufgrund ihrer knebelnden Wirkung sittenwidrig sein konnten. Dabei mußten dem Sicherungsgeber Mittel von einem solchen Umfang verbleiben, daß Altgläubiger befriedigt werden konnten. Allerdings wurden diese Sicherungsverträge unter anderen Gesichtspunkten milder bewertet. So sollte z.B. der Umstand, daß der Sicherungsgeber ein Flüchtlingsunternehmen war, in dem Sinne berücksichtigt werden, daß eine Sittenwidrigkeit nur sehr restriktiv angenommen werden konnte. Auf diese Weise wurden Veränderungen, die zu einer schärferen Bewertung bestimmter Rechtsgeschäfte führen konnten, regelmäßig wieder durch mildere Ansatzpunkte in anderen Bereichen ausgeglichen.

Bei zahlreichen Entscheidungen des BGH zeigte sich, daß die wirtschaftlichen Verhältnisse nach dem 2. Weltkrieg einen starken Einfluß auf die Beurteilung der Rechtsgeschäfte hatten. So war bereits die zurückhaltende Bewertung im Rahmen der Sittenwidrigkeit wegen Verstoßes gegen Standespflichten zum Teil darauf zurückzuführen, daß Ärzte, Rechtsanwälte und Steuerberater auch nach dem 2.Weltkrieg ihre Berufe ausüben sollten. Nur eine Lockerung der ihnen auferlegten strengen Maßstäbe gewährleistete, daß sie ihre Existenzgrundlage sichern konnten und die Bevölkerung mit diesen Dienstleistungen in ausreichender und qualifizierter Weise versorgt wurde. Größere Bedeutung erlangte die Einbeziehung der wirtschaftlichen Verhältnisse nach dem 2. Weltkrieg vor allem bei den Sicherungsverträgen. Sowohl bezüglich der Schädigung dritter Gläubiger als auch bezüglich der Knebelung des Sicherungsgebers wurde Flüchtlingsbetrieben eine besondere Bewertung zuteil. Diese Unternehmen, die weitgehend ohne Eigenkapital tätig werden mußten, waren auf Kredite angewiesen. Diese gewährten die Banken aber nur unter Hingabe von Sicherheiten, die aufgrund fehlender Vermögenswerte meist das ganze vorhandene Kapital und große Teile des noch zu erwerbenden Vermögens der Unternehmen umfaßten. Nach den üblichen Kriterien wären diese Sicherungsverträge in vielen Fällen sittenwidrig gewesen. Für die gesamte Wirtschaft war das Bestehen dieser Flüchtlingsunternehmen aber sehr wichtig, da sie dringend benötigte Produkte und Arbeitsplätze schufen. Aus diesem Grund wurden Sicherungsverträge mit solchen Unternehmen ausdrücklich wesentlich milder bewertet, als es nach bestehenden Grundsätzen der Fall gewesen wäre.

Die grundsätzliche Bedeutung des § 138 BGB stimmte mit der Auffassung überein, die sich bereits nach Ende des 1. Weltkrieges herausgebildet hatte. Bei Entstehung des BGB hatte diese Vorschrift noch dazu gedient, eine Verbindung zwischen dem Recht und den allgemein anerkannten Normen der bestehenden Sittenordnung zu bilden. Ab Ende des 1. Weltkrieges wurde sie jedoch vermehrt zu einem Werkzeug staatlicher Eingriffe in die Privatautonomie. Unter Bezugnahme auf die der Rechtsordnung selbst innewohnenden ethischen Werte wurde diese Norm ein Kontrollinstrument des Richters, durch das er rechtsschöpferisch tätig werden konnte. Dabei wurde regelmäßig versucht, politische und wirtschaftliche Interessen zu analysieren und gegeneinander abzuwägen[958]. Daß § 138 BGB diese Funktion auch nach dem 2. Weltkrieg zukam, zeigte sich besonders deutlich in der Rechtsprechung des BGH zur Sittenwidrigkeit von Sicherungsverträgen aufgrund der Schädigung dritter Gläubiger. In stetig wechselnder Rechtsprechung wurde versucht, die Interessen der Geld- und Warenkreditgläubiger gerecht gegeneinander abzuwägen. Die Bewertung dieser Verträge ließ sich aber nicht mehr auf eine allgemeine im Volk anerkannte Sittenordnung zurückführen. Eine gesetzlich festgelegte Grundlage gab es ebenfalls nicht, so daß der Richter Aufgaben wahrnahm, die eigentlich der Gesetzgebung zustanden und er so eigenständig Rechtssätze schuf, die allgemeine Geltung erlangten. Diese Funktion des § 138 BGB zeigte sich auch in den anderen Fallgruppen, welche der BGH zu beurteilen hatte.

Insgesamt ergab sich durch die kaum überschaubare Kasuistik in der Rechtsprechung zu § 138 BGB eine große Rechtsunsicherheit. Bei zahlreichen Fall-

958 Vgl. zu dieser Entwicklung die Darstellung bei Eckert, AcP 199 (1999), 337 (344-352).

gruppen konnten der OGH und der BGH durch eine klare Rechtsprechung allerdings für eine gewisse Rechtsbeständigkeit sorgen. So waren gemeinschaftsschädigende Rechtsgeschäfte regelmäßig sittenwidrig, Verträge mit langfristiger Bindung in der Regel sittengemäß. Als Folge dieser eindeutigen Rechtsprechung gab es zu diesen Fallgruppen relativ wenige Entscheidungen des BGH und eine beständige Rechtsprechung in den ersten beiden Instanzen. Andere Fallgruppen waren aufgrund der einem stetigen Wandel unterworfenen Rechtsprechung von größerer Rechtsunsicherheit geprägt, was sich auch in der Vielzahl der Urteile widerspiegelte. Zu diesen Fallgruppen gehörten die Sicherungsverträge. Schließlich gab es mit dem Wucher und den wucherähnlichen Geschäften Fallgruppen, bei denen zwar eine recht beständige Rechtsprechung vorhanden war, die anzulegenden Kriterien jedoch so unbestimmt waren und einen so großen Beurteilungsspielraum ließen, daß es zu zahlreichen Entscheidungen des BGH kam. In diesen Entscheidungen wurden meist keine neuen rechtlichen Erkenntnisse herausgestellt, es wurde nur überprüft, ob die bestehenden Grundsätze im vorliegenden Fall richtig angewendet worden waren.

Anhang 1: Verzeichnis der zu § 138 BGB ergangenen Entscheidungen des OGH und des BGH von 1948-1965

Es folgen hier die Entscheidungen, die zur Erstellung der vorliegenden Arbeit gesichtet wurden. Neben Datum und Aktenzeichen ist eine Fundstelle bezeichnet, in der die Entscheidung veröffentlicht worden ist. Es handelt sich dabei um die ausführlichste dem Verfasser bekannte Veröffentlichung der Entscheidung. Fehlt eine Eintragung in dieser Spalte, so handelt es sich um unveröffentlichte Urteile. Schließlich wird die primäre Fundstelle im vorliegenden Text angegeben. Weitere Verweise auf die Entscheidungen werden hier nicht berücksichtigt.

Entscheidungen:	**Veröffentlichung:**	**Fundstelle im Text:**
Urteil vom 1.7.1948 (OGH ZS 9/48)	OGHZ 1,87	
Urteil vom 22.9.1948 (OGH II ZS 3/48)	OGHZ 1,161	
Urteil vom 15.10.1948 (OGH I ZS 37/48)	OGHZ 1,249	69ff.
Urteil vom 9.5.1949 (OGH II ZS 64/48)		
Urteil vom 19.5.1949 (OGH I ZS 232/48)	OGHZ 2,160	
Urteil vom 21.12.1949 (OGH IIa ZS 101/49)	JR 1950,245	147
Beschluß vom 18.1.1950 (OGH II Blw 15/49)	OGHZ 3,173	71f.
Urteil vom 26.1.1950 (OGH I ZS 63/49)	OGHZ 3,158	71ff.
Urteil vom 10.3.1950 (OGH IIb ZS 120/49)	NJW 1950,427	
Urteil vom 11.5.1950 (OGH I ZS 71/49)		74
Urteil vom 22.9.1950 (OGH IIb ZS 281/49)	NJW 1951,72	
Urteil vom 10.1.1951 (BGH II ZR 18/50)	LM § 138 (Cd) BGB Nr.1	107ff.

Urteil vom 5.3.1951 (BGH IV ZR 25/50)	NJW 1951,397	256
Beschluß vom 10.5.1951 (BGH IV ZB 26/51)	BGHZ 2,112	114f.
Urteil vom 28.5.1951 (BGH IV ZR 5/51)	LM § 138 (Cb) BGB Nr.1	151f
Urteil vom 4.6.1951 (BGH IV ZR 21/50)	LM § 138 (Bc) BGB Nr.1	
Urteil vom 5.10.1951 (BGH I ZR 74/50)	LM § 343 BGB Nr.1	256ff.
Urteil vom 23.11.1951 (BGH I ZR 24/51)	BB 1952,68	201ff.
Urteil vom 16.4.1952 (BGH II ZR 251/51)	LM § 138 (Bb) BGB Nr.1	184ff.
Urteil vom 21.4.1952 (BGH IV ZR 142/51)	AnwBl.1952,118	42ff.
Urteil vom 14.7.1952 (BGH IV ZR 1/52)	BGHZ 7,111	152ff.; 215ff.
Urteil vom 25.9.1952 (BGH IV ZR 13/52)	BB 1952,868	186f.
Urteil vom 25.10.1952 (BGH I ZR 48/52)	BGHZ 7,365	220f.
Urteil vom 28.1.1953 (BGH II ZR 265/51)	GmbH-Rdsch. 1953,56	
Urteil vom 29.4.1953 (BGH VI ZR 207/52)	LM § 138 (Ca) BGB Nr.1	131ff.
Urteil vom 9.7.1953 (BGH IV ZR 242/52)	BGHZ 10,228	155ff.
Urteil vom 25.9.1953 (BGH I ZR 104/52)	GRUR 1954,129	258
Urteil vom 8.10.1953 (BGH IV ZR 30/53)	BGHZ 10,340	
Urteil vom 4.12.1953 (BGH V ZR 108/52)	LM § 138 (Ba) BGB Nr.1	236ff.
Urteil vom 22.12.1953 (BGH IV ZR 87/53)	LM § 139 BGB Nr.8	
Urteil vom 4.2.1954 (BGH IV ZR 164/53)	LM § 3 AnfG Nr.1	159ff.; 219

Urteil vom 24.2.1954 (BGH II ZR 3/53)	BGHZ 12,308	147
Urteil vom 18.3.1954 (BGH IV ZR 148/53)		258
Urteil vom 6.5.1954 (BGH IV ZR 53/54)	FamRZ 1954,195	74ff.
Urteil vom 31.5.1954 (BGH III ZR 17/53)		
Urteil vom 9.6.1954 (BGH II ZR 70/53)	BGHZ 14,25	129
Urteil vom 14.6.1954 (BGH IV ZR 47/54)	LM Art.48 REG (AmZ) Nr.1	
Urteil vom 14.7.1954 (BGH I ZR 240/52)	WuW 1955,118	
Urteil vom 30.9.1954 (BGH IV ZR 68/54)		258
Urteil vom 25.11.1954 (BGH IV ZR 105/54)	WM 1955,470	231
Urteil vom 18.12.1954 (BGH II ZR 76/54)	BGHZ 16,71	43ff.
Urteil vom 22.12.1954 (BGH IV ZR 92/53)	WM 1955,687	
Urteil vom 2.2.1955 (BGH IV ZR 252/54)	NJW 1955,1272	161ff.; 219
Urteil vom 4.3.1955 (BGH I ZR 183/53)	BB 1955,556	220ff.
Urteil vom 21.4.1955 (BGH II ZR 227/53)	BGHZ 17,130	
Urteil vom 25.5.1955 (BGH VI ZR 6/54)	BGHZ 17,327	
Urteil vom 25.5.1955 (BGH IV ZR 282/54)		77ff.
Urteil vom 15.6.1955 (BGH IV ZR 80/55)	FamRZ 1963,287	79ff.
Urteil vom 8.7.1955 (BGH I ZR 52/54)	WRP 1955,206	
Urteil vom 12.7.1955 (BGH V ZR 209/54)	LM § 134 BGB Nr.18	

Urteil vom 8.10.1955 (BGH IV ZR 82/55)	MDR 1957,26	109ff.
Urteil vom 26.10.1955 (BGH VI ZR 165/53)	NJW 1955,1873	258ff.
Urteil vom 2.11.1955 (BGH IV ZR 103/55)	WM 1955,1580	161ff.
Urteil vom 9.11.1955 (BGH IV ZR 196/54)	BGHZ 19,13	163ff.; 223
Urteil vom 21.12.1955 (BGH IV ZR 160/55)	WM 1956,283	163
Urteil vom 28.1.1956 (BGH IV ZR 216/55)	LM § 138 (Cd) BGB Nr.5	83ff.
Urteil vom 1.2.1956 (BGH IV ZR 249/55)	JR 1956,179	163
Urteil vom 8.2.1956 (BGH IV ZR 287/55)	BGHZ 20,43	163
Urteil vom 15.2.1956 (BGH IV ZR 180/55)	WM 1956,459	262
Urteil vom 15.2.1956 (BGH IV ZR 294/55)	BGHZ 20,71	87ff.
Urteil vom 3.3.1956 (BGH IV ZR 301/55)	MDR 1956,473	
Urteil vom 3.3.1956 (BGH IV ZR 334/55)	WM 1956,527	163
Urteil vom 13.3.1956 (BGH I ZR 132/54)	LM § 138 (Cc) BGB Nr.1	188f.
Urteil vom 25.4.1956 (BGH IV ZR 297/55)	FamRZ 1956,219	79
Urteil vom 18.5.1956 (BGH VI ZR 89/55)	WM 1956,1292	
Urteil vom 4.7.1956 (BGH IV ZR 36/56)	WM 1956,1353	262ff.
Urteil vom 27./28.7.1956 (BGH IV ZR 179/55)	WM 1956,1325	240ff.
Urteil vom 7.11.1956 (BGH IV ZR 90/56)	WM 1956,1517	165
Urteil vom 14.12.1956 (BGH I ZR 105/55)	BGHZ 22,346	204ff.

Urteil vom 17.12.1956 (BGH II ZR 202/55)	WM 1957,320	198
Urteil vom 18.12.1956 (BGH VIII ZR 19/56)	BB 1957,238	
Urteil vom 10.1.1957 (BGH II ZR 162/55)	BGHZ 23,76	90ff.
Urteil vom 15.1.1957 (BGH VIII ZR 36/56)	WM 1957,286	165
Urteil vom 30.4.1957 (BGH VIII ZR 201/56)	BGHZ 24,165	198
Urteil vom 30.4.1957 (BGH VIII ZR 217/56)	BGHZ 24,148	190ff.
Urteil vom 15.5.1957 (BGH IV ZR 294/299/56)	FamRZ 1957,298	111ff.
Urteil vom 21.5.1957 (BGH VIII ZR 226/56)	ZMR 1957,333	240; 266
Urteil vom 19.6.1957 (BGH V ZR 57/56)		244; 266
Urteil vom 11.7.1957 (BGH VII ZR 203/56)	WM 1957,1155	242f.; 266
Urteil vom 11.7.1957 (BGH VII ZR 75/57)	WM 1957,1118	242f.; 266
Urteil vom 19.9.1957 (BGH II ZR 1/56)	WM 1957,1334	
Urteil vom 10.10.1957 (BGH II ZR 345/56)	WM 1958,109	266
Urteil vom 21.11.1957 (BGH III ZR 250/55)	BGHZ 26,84	198
Urteil vom 16.12.1957 (BGH VII ZR 49/57)	BGHZ 26,185	166f.; 224f.
Urteil vom 20.12.1957 (BGH VI ZR 188/56)	WM 1958,249	168
Urteil vom 24.1.1958 (BGH IV ZR 234/57)	BGHZ 26,274	
Urteil vom 29.1.1958 (BGH IV ZR 251/57)	FamRZ 1958,127	92
Urteil vom 4.3.1958 (BGH VIII ZR 213/57)	WM 1958,590	168

Urteil vom 27.3.1958 (BGH II ZR 327/56)	WM 1958,723	243f.; 266
Urteil vom 10.4.1958 (BGH VII ZR 94/57)	WM 1958,938	244
Urteil vom 11.4.1958 (BGH VIII ZR 190/57)	BB 1958,496	47ff.
Urteil vom 28.4.1958 (BGH II ZR 197/57)	BGHZ 27,172	139ff.
Urteil vom 5.5.1958 (BGH VII ZR 102/57)	WM 1958,756	225ff.
Urteil vom 13.5.1958 (BGH VIII ZR 331/56)	WM 1958,845	168
Urteil vom 14.5.1958 (BGH V ZR 267/56)	WM 1958,1082	
Urteil vom 30.5.1958 (BGH V ZR 280/56)	DB 1958,953	192ff.
Urteil vom 3.6.1958 (BGH VI ZR 79/57)	WM 1958,895	163
Urteil vom 25.6.1958 (BGH IV ZR 75/58)	BGHZ 28,45	114ff.
Urteil vom 8.7.1958 (BGH VIII ZR 201/57)	WM 1958,1369	
Urteil vom 29.9.1958 (BGH VII ZR 198/57)	BGHZ 28,171	247; 266
Urteil vom 14.10.1958 (BGH VIII ZR 155/57)	ZMR 1959,102	
Urteil vom 16.10.1958 (BGH VII ZR 211/57)	WM 1959,115	165
Urteil vom 29.10.1958 (BGH IV ZR 41/58)	WM 1959,275	
Urteil vom 25.11.1958 (BGH VIII ZR 57/58)	WM 1959,52	
Urteil vom 11.12.1958 (BGH VII ZR 14/58)	WM 1959,406	223
Urteil vom 8.1.1959 (BGH VII ZR 21/58)	WM 1959,566	240; 247
Urteil vom 12.2.1959 (BGH VII ZR 70/58)	WM 1959,626	

Urteil vom 17.2.1959 (BGH VIII ZR 142/58)	WM 1959,693	
Urteil vom 30.4.1959 (BGH VII ZR 19/58)	NJW 1959,1533	169ff.
Urteil vom 14.5.1959 (BGH VII ZR 108/58)	WM 1959,786	143f.
Urteil vom 9.6.1959 (BGH VIII ZR 61/58)	NJW 1959,1423	195ff.
Urteil vom 9.6.1959 (BGH VIII ZR 107/58)	NJW 1959,1584	50
Urteil vom 18.9.1958 (BGH VI ZR 180/58)	VersR 1959,907	138f.
Urteil vom 10.11.1959 (BGH VIII ZR 143/58)	LM § 138 (Cf) BGB Nr.1a	50
Urteil vom 10.12.1959 (BGH II ZR 62/58)	WM 1960,293	244ff.
Urteil vom 10.12.1959 (BGH VII ZR 225/58)	WM 1960,434	266
Urteil vom 22.12.1959 (BGH VIII ZR 9/59)	LM § 138 (Aa) BGB Nr.7a	208
Urteil vom 9.1.1960 (BGH V ZR 103/58)	WM 1960,551	
Urteil vom 2.2.1960 (BGH VIII ZR 43/59)	LM § 398 BGB Nr.10	175
Urteil vom 22.2.1960 (BGH VII ZR 203/58)	WM 1960,346	
Urteil vom 3.3.1960 (BGH VII ZR 19/59)		55f.
Urteil vom 11.5.1960 (BGH IV ZR 241/59)	FamRZ 1960,357	118
Urteil vom 30.5.1960 (BGH VII ZR 257/59)	WM 1960,855	227ff.
Urteil vom 9.6.1960 (BGH VII ZR 228/58)	WM 1960,838	175
Urteil vom 27.9.1960 (BGH VIII ZR 230/59)	LM § 138 (Cb) BGB Nr.12	168
Urteil vom 7.10.1960 (BGH V ZR 178/59)	LM § 138 (Cd) BGB Nr.11	94ff.

Urteil vom 13.10.1960 (BGH VII ZR 138/59)	WM 1960,1407	
Urteil vom 3.11.1960 (BGH II ZR 78/60)	LM Art.21 ScheckG Nr.5	145
Urteil vom 14.11.1960 (BGH VIII ZR 116/59)	LM § 134 BGB Nr.34	133
Urteil vom 17.11.1960 (BGH VII ZR 124/59)	WM 1961,153	
Urteil vom 15.12.1960 (BGH VII ZR 141/59)	BGHZ 34,64	56
Urteil vom 21.12.1960 (BGH VIII ZR 1/60)	WM 1961,404	133
Urteil vom 21.12.1960 (BGH V ZR 76/60)		92f.
8Urteil vom 6.2.1961 (BGH VIII ZR 37/60)	WM 1961,671	
Urteil vom 8.2.1961 (BGH V ZR 137/59)		79
Urteil vom 9.2.1961 (BGH VII ZR 183/59)	WM 1961,530	
Urteil vom 23.3.1961 (BGH II ZR 157/59)	WM 1961,727	129f.; 266
Urteil vom 5.4.1961 (BGH IV ZR 212/60)	FamRZ 1961,306	
Urteil vom 29.5.1961 (BGH VII ZR 46/60)	BGHZ 35,180	139
Urteil vom 14.6.1961 (BGH V ZR 134/60)	WM 1961,978	
Urteil vom 21.9.1961 (BGH II ZR 86/60)		
Urteil vom 11.10.1961 (BGH VIII ZR 113/60)	WM 1961,1297	229ff.
Urteil vom 18.10.1961 (BGH VIII ZR 108/60)		248
Urteil vom 30.10.1961 (BGH VII ZR 157/60)	WM 1962,13	176
Urteil vom 9.11.1961 (BGH VII ZR 158/60)		266ff.

Urteil vom 20.12.1961 (BGH IV ZR 119/61)	JZ 1962,360	118ff.
Urteil vom 19.1.1962 (BGH I ZR 71/60)	GRUR 1962,256	
Urteil vom 29.1.1962 (BGH II ZR 172/60)	BB 1962,465	198
Urteil vom 1.3.1962 (BGH II ZR 252/59)	BB 1962,385	198
Urteil vom 6.3.1962 (BGH VI ZR 107/61)	LM § 826 (Gi) BGB Nr.14	
Urteil vom 7.3.1962 (BGH V ZR 132/60)	BGHZ 36,395	136
Urteil vom 26.3.1962 (BGH II ZR 151/60)	LM § 138 (Cb) BGB Nr.13	147
Urteil vom 24.5.1962 (BGH II ZR 199/60)	VersR 1962,659	135
Urteil vom 15.6.1962 (BGH VI ZR 268/61)	WM 1962,962	176ff.
Urteil vom 11.7.1962 (BGH V ZR 228/60)		93f.
Urteil vom 11.7.1962 (BGH VIII ZR 233/61)	DB 1962,1138	147
Urteil vom 12.7.1962 (BGH II ZR 13/61)	BGHZ 37,381	208f.
Urteil vom 5.11.1962 (BGH II ZR 161/61)		
Urteil vom 7.1.1963 (BGH VII ZR 214/61)	WM 1963,526	
Urteil vom 28.2.1963 (BGH VII ZR 167/61)	BGHZ 39,142	55ff.
Urteil vom 3.4.1963 (BGH VIII ZR 217/61)	LM § 779 BGB Nr.19	248ff.
Urteil vom 12.6.1963 (BGH VII ZR 278/61)		223
Urteil vom 20.6.1963 (BGH II ZR 185/61)	WM 1963,829	

Urteil vom 11.7.1963 (BGH III ZR 227/61)	LM Verwaltungsrecht - Allgemeines (Abgrenzung zw. hoheitlicher u. privatrechtl. Tätigkeit) Nr.9	198
Urteil vom 23.10.1963 (BGH V ZR 256/62)	LM § 166 BGB Nr.8	269
Urteil vom 30.10.1963 (BGH IV ZR 31/63)	BGHZ 41,166	120ff.
Urteil vom 4.12.1963 (BGH V ZR 189/61)	WM 1964,248	
Urteil vom 11.12.1963 (BGH V ZR 41/62)	WM 1964,231	
Urteil vom 8.1.1964 (BGH V ZR 5/62)	NJW 1964,764	96ff.
Urteil vom 22.1.1964 (BGH VIII ZR 274/62)	UFITA, Bd.42,192	210ff.
Urteil vom 25.5.1964 (BGH II ZR 87/62)	WM 1964,817	252
Urteil vom 25.5.1964 (BGH III ZR 231/62)		98f.
Urteil vom 10.6.1964 (BGH VIII ZR 262/63)	LM § 581 BGB Nr.25	198
Urteil vom 25.6.1964 (BGH VII ZR 215/62)	WM 1964,1088	55
Urteil vom 9.7.1964 (BGH VII ZR 257/62)	WM 1964,1086	198
Urteil vom 8.10.1964 (BGH II ZR 132/64)		
Urteil vom 5.11.1964 (BGH VII ZR 2/63)	WM 1965,84	163
Urteil vom 7.1.1965 (BGH II ZR 187/63)	WM 1965,310	198
Urteil vom 20.1.1965 (BGH VIII ZR 53/63)	BGHZ 43,46	50ff.
Urteil vom 21.1.1965 (BGH II ZR 32/62)	WM 1965,356	
Urteil vom 2.2.1965 (BGH V ZR 259/62)	RdL 1965,102	

Urteil vom 18.3.1965 (BGH II ZR 179/63)	WarnR 1965,234 Nr.126	
Urteil vom 23.3.1965 (BGH V ZR 65/62)	WM 1965,526	266
Urteil vom 1.4.1965 (BGH II ZR 182/62)	FamRZ 1965,368	
Urteil vom 27.4.1965 (BGH V ZR 245/62)	NJW 1965,2005	55
Urteil vom 24.5.1965 (BGH VII ZR 46/63)	WM 1965,918	163; 266
Urteil vom 8.7.1965 (BGH II ZR 143/63)	WM 1965,1035	198
Urteil vom 12.7.1965 (BGH II ZR 118/63)	WM 1965,1021	198
Urteil vom 13.7.1965 (BGH V ZR 62/63)	DB 1965,1813	
Urteil vom 4.10.1965 (BGH VII ZR 185/63)	WM 1966,13	227
Urteil vom 27.10.1965 (BGH VIII ZR 166/63)	WM 1966,92	248
Urteil vom 17.12.1965 (BGH V ZR 115/63)	WM 1966,161	130f.
Urteil vom 22.12.1965 (BGH V ZR 107/63)	BB 1966,226	244; 266

Anhang 2: Literaturverzeichnis

Allfeld, Philipp: Das Verlagsrecht, 2. Auflage, München 1929.

Arndt, Herbert : Anmerkung zum Urteil des BGH vom 28.5.1951, in: Lindenmaier/ Möhring § 138 (Cb) BGB Nr.1.

Arndt, Adolf: Die quota litis als ein Prüfstein des Anwaltsrechts, in: Neue Juristische Wochenschrift 1961, S.815-817.

Ascher, Walther: Anmerkung zum Urteil des BGH vom 9.7.1953, in: Lindenmaier/ Möhring § 138 (Bb) BGB Nr.3.

Ascher, Walther: Aufgaben des Gesetzgebers bei einer Neuordnung der Sicherungsgeschäfte des gewerblichen Kreditverkehrs, in: Deutsche Richterzeitung 1955, S.177-180.

Bappert, Walter/ Maunz, Theodor: Verlagsrecht- Kommentar, München/ Berlin 1952.

Bappert, Walter/ Maunz, Theodor/Schricker, Gerhard: Verlagsrecht-Kommentar, 2. Auflage, München 1984.

Barkhausen, Walter: Das Verhältnis der Nichtigkeit wegen Knebelung zur Gläubigergefährdung bei der Sicherungsübertragung, in: Neue Juristische Wochenschrift 1953, S.1412-1415.

Barkhausen, Walter: Anmerkung zum Urteil des BGH vom 9.7.1953, in: Neue Juristische Wochenschrift 1953, S.1665-1666.

Barkhausen, Walter: Anmerkung zum Urteil des BGH vom 2.2.1955, in: Neue Juristische Wochenschrift 1955, S.1272-1274.

Bauer-Mengelberg, Rudolf : Knebelungsverträge, Berlin 1929.

Baumbach, Adolf/Hefermehl, Wolfgang: Wechselgesetz und Scheckgesetz, 15. Auflage, München 1986.

Becker, Christoph: Die Lehre von der laesio enormis in der Sicht der heutigen Wucherproblematik, Köln/ Berlin/ Bonn/ München 1993.

Beitzke, Günther: Anmerkung zum Urteil des BGH vom 8.10.1955 (BGH IV ZR 82/55), in: Monatsschrift für Deutsches Recht 1957, S.26-27.

Beitzke, Günther: Familienrecht, 17. Auflage, München/ Berlin 1974.

Bender, Rolf: Probleme des Konsumentenkredits, in: Neue Juristische Wochenschrift 1980, S.1129-1136.

Berges, August Maria: Zur Sittenwidrigkeit von Sicherungsübereignungen, in: Der Betriebs-Berater 1954, S.886-888.

Beuthien, Volker: Verlängerter Eigentumsvorbehalt und Globalabtretung, in: Der Betriebs-Berater 1971, S.375-381.

BGB-RGRK: Das Bürgerliche Gesetzbuch mit besonderer Berücksichtigung der Rechtsprechung des Reichsgerichts und des Bundesgerichtshofes, 9. Auflage: 1. Band: §§ 1-432, Berlin 1939, 10. Auflage: 1. Band: §§ 1-432, 2. Band: §§ 433-853, Berlin 1953, 10./11. Auflage: 4. Band, 3. Teil: Ehegesetz, §§ 1-80 und Hausratsverordnung, Berlin 1968, 11. Auflage: 2. Band, 2. Teil: §§ 705-853, Berlin 1960, 12. Auflage: 1. Band: §§ 1-240, Berlin 1982, 2. Band, 4. Teil: §§ 631-811, Berlin 1978, (zit.: BGB-RGRK-Bearbeiter).

Blomeyer, Arwed: Anmerkung zum Urteil des BGH vom 30.4.1959, in: Juristenzeitung 1959, S.600-601.

Boehmer, Gustav: Ist die vertragliche Übernahme einer Entschädigungspflicht des Ehestörers zulässig ?, in: Monatsschrift für Deutsches Recht 1958, S.4-6.

Bosch, Friedrich Wilhelm: Anmerkung zum Urteil des BGH vom 15.5.1957 (BGH IV ZR 294-299/56), in: Zeitschrift für das gesamte Familienrecht 1957, S.298-301.

Bosch, Friedrich Wilhelm: Anmerkung zum Urteil des BGH vom 15.6.1955 (BGH IV ZR 80/55), in: Zeitschrift für das gesamte Familienrecht 1963, S.290.

Bosch, Friedrich Wilhelm: Ehe und Familie in der Rechtsordnung, in: Zeitschrift für das gesamte Familienrecht 1966, S.57-71.

Brandi-Dohrn, Matthias: Der urheberrechtliche Optionsvertrag München/ Berlin 1967.

Bremen-Kühne, York-Friedrich von: Anmerkung zum Urteil des OLG Celle vom 5.7.1955 (10 U 1/55), in: Neue Juristische Wochenschrift 1956, S.265-266.

Caemmerer, Ernst von: Verlängerter Eigentumsvorbehalt und Bundesgerichtshof, in: Juristenzeitung 1953, S.97-100.

Caemmerer, Ernst von: Anmerkung zum Urteil des BGH vom 2.11.1955, in: Juristenzeitung 1956, S.95-98.

Caemmerer, Ernst von: Anmerkung zum Urteil des BGH vom 28.4.1958, in: Juristenzeitung 1958, S.613-614.

Capeller, Rupert: Die doppelte Sicherungszession an den Waren- und den Geldkreditgeber, in: Monatsschrift für Deutsches Recht 1956, S.137-139.

Clement, Hans: Schadensersatz bei Umstellungen im elektrischen Stromnetz, in: Deutsche Rechtszeitschrift 1949, S.466.

Cranz, Werner: Sind Abstandszahlungen für Wohnungen zulässig ? in: Haus und Wohnung 1953, S.349-351.

Cremer, Ernst: Ansprüche des Inhabers eines Reitwechsels gegen den Akzeptvermittler, in: Der Betriebs-Berater 1958, S.1082-1083.

Dempewolf, Günter: Zur Konkurrenz von verlängertem Eigentumsvorbehalt und Globalzession, in: Neue Juristische Wochenschrift 1956, S.851-853.
Dempewolf, Günter: Sittenwidriger Akzepttausch, in: Neue Juristische Wochenschrift 1959, S.229-231.
Dempewolf, Günter: Anmerkung zum Urteil des BGH vom 30.4.1959, in: Neue Juristische Wochenschrift 1959, S.1533-1536.
Dempewolf, Günter: Verlängerter Eigentumsvorbehalt, Globalzession und Wechselrecht, in: Der Betrieb 1959, S.1160-1162.
Dernburg, Heinrich: Das bürgerliche Recht des Deutschen Reichs und Preußen, 1. Band: Die allgemeinen Lehren, 3. Auflage, Halle a.S. 1906, 3. Band: Das Sachenrecht, 4. Auflage, Halle a.S. 1908.
Ebel, Friedrich: Berichtung, transactio und Vergleich, Tübingen 1978.
Eccius, M.E: Kondiktion des Wucherers nach Bürgerlichem Gesetzbuche, in: Deutsche Juristen-Zeitung 1903, S.41-42.
Eckert, Jörn: Sittenwidrigkeit und Wertungswandel, in: Archiv für die civilistische Praxis 199 (1999), S. 337-359.
Eichhorn, Hans-Georg: Zur Konkurrenz des verlängerten Eigentumsvorbehaltes der Warenkreditgläubiger mit der Sicherungszession der Geldkreditgläubiger, in: Der Betrieb 1954, S.532-533.
Enneccerus, Ludwig: Lehrbuch des Bürgerlichen Rechts, Band 1: Einleitung, Allgemeiner Teil, 4./5. Auflage, Marburg 1909.
Enneccerus, Ludwig/Nipperdey, Hans Carl: Lehrbuch des Bürgerlichen Rechts, Erster Band: Einleitung, Allgemeiner Teil, 13. Auflage, Marburg 1931, Allgemeiner Teil des Bürgerlichen Rechts, 2. Halbband, 15. Auflage, Tübingen 1960.
Erman, Walter: Handkommentar zum Bürgerlichen Gesetzbuch, 2. Band: §§ 854-2385, 6. Auflage, Münster 1975, 1. Band: §§ 1-853, 8. Auflage, Münster 1989, 9.Auflage, Münster 1993, (zit. Erman-Bearbeiter).
Erman, Walter: Verlängerter Eigentumsvorbehalt und Globalzession, in: Der Betriebs-Berater 1959, S.1109-1113.
Erman, Walter: Die Globalzession in ihrem Verhältnis zum verlängerten Eigentumsvorbehalt, Karlsruhe 1960.
Esser, Josef: Globalzession und verlängerter Eigentumsvorbehalt, in: Juristenzeitung 1968, S.281-285.
Falkenstein, Wilhelm: Das Problem der Doppelabtretung (Globalzession und Vorausabtretung auf Grund verlängerten Eigentumsvorbehalts), in: Der Betrieb 1959, S.1245-1247.
Finger, Peter: Verlängerter Eigentumsvorbehalt und Globalzession, in: Juristenzeitung 1970, S.642-645.

Fischer, Robert: Anmerkung zum Urteil des BGH vom 10.1.1951 (BGH II ZR 18/50), in : Lindenmaier/ Möhring § 138 (Cd) BGB Nr.1.
Fischer, Robert: Die allgemeinen Geschäfts- und Lieferbedingungen, in: Der Betriebs-Berater 1957, S.481-487.
Flessa, Richard: Sittenwidrigkeit bei Sicherungsübereignungen, in: Neue Juristische Wochenschrift 1953, S.84-87.
Flume, Werner: Der verlängerte und erweiterte Eigentumsvorbehalt, in: Neue Juristische Wochenschrift 1950, S.841-850.
Flume, Werner: Zur Problematik des verlängerten Eigentumsvorbehalts, in: Neue Juristische Wochenschrift 1959, S.913-922.
Flume, Werner: Allgemeiner Teil des Bürgerlichen Rechts, 2. Band: Das Rechtsgeschäft, Berlin/ Heidelberg/ New York 1965.
Förster,: Veräußerung von Grundstücken mit Bordellbetrieb, in: Das Recht 1905, S.356-358.
Frank, Hans: Nationalsozialistisches Handbuch für Recht und Gesetzgebung, München 1935.
Friedlaender, Adolf/Friedlaender, Max: Kommentar zur Rechtsanwaltsordnung, 3. Auflage, München 1930.
Friedlaender, Max: Fragen des anwaltlichen Standesrechts: Fachanwaltschaft - Erfolgshonorar, in: Juristenzeitung 1954, S.20-22.
Geiger, Willi: Die Grundrechte in der Privatrechtsordnung, Stuttgart 1960.
Gelhaar, Wolfgang: Anmerkung zum Urteil des BGH vom 30.4.1957, in: Lindenmaier/ Möhring Allg. Beding. d. Elektr- VersorgUnternehmen Nr.4.
Gernhuber, Joachim: Testierfreiheit, Sittenordnung und Familie, in: Zeitschrift für das gesamte Familienrecht 1960, S.326-335.
Gernhuber, Joachim: Lehrbuch des Familienrechts, 2. Auflage, München/ Berlin 1971.
Gerold, Wilhelm: Ehegesetz, Stuttgart/ Köln 1950.
Goldbaum, Wenzel: Urheberrecht und Urhebervertragsrecht, 3. Auflage, Baden-Baden 1961.
Habscheid, Walther Jakob: Buchbesprechung: Zivilprozeßordnung und Nebengesetze. Auf Grund der Rechtsprechung kommentiert von Bernhard Wieczorek, Rechtsanwalt beim Bundesgerichtshof, in: Zeitschrift für das gesamte Familienrecht 1959, S.300.
Habscheid, Walther Jakob: Die Rechtsprechung zum Eheprozeßrecht, in: Zeitschrift für das gesamte Familienrecht 1960, S. 310-320.
Habscheid, Walther Jakob: Die Rechtsprechung zur Eheauflösung, zu den Folgen der Eheauflösung und zum Eheprozeßrecht, in: Zeitschrift für das gesamte Familienrecht 1965, S.185-192.

Hachenburg, Max: Wucher bei Nahrungsmitteln und Kriegsbedarf, in: Deutsche Juristenzeitung 1915, S. 852-859.

Haertel, Kurt/ Schiefler, Kurt: Urheberrechtsgesetz und Gesetz über die Wahrnehmung von Urheberrechten und verwandten Schutzrechten, Köln/ Berlin/Bonn/München 1967.

Harenberg, Friedrich E. : Kontrolle sittenwidriger, wucherischer und unangemessen hoher Preise durch die Rechtsprechung, Göttingen 1981.

Hartmaier, Hans Erich: Nichtigkeit eines Vergleichs wegen Wuchers oder wegen Sittenwidrigkeit, in: Monatsschrift für Deutsches Recht 1964, S.370-372.

Hattenhauer, Hans: Die geistesgeschichtlichen Grundlagen des deutschen Rechts, 4. Auflage, Heidelberg 1996.

Hees,: Verlängerter Eigentumsvorbehalt und Globalzession, in: Monatsschrift für Deutsches Recht 1955, S.525-527.

Hefermehl, Wolfgang. : Anmerkung zum Urteil des BGH vom 28.4.1958, in: Monatsschrift für Deutsches Recht 1958, S. 906.

Henke, Ernst/ Müller, Hans/Rumpf, Fritz: Rechtsgrundlagen der öffentlichen Elektrizitätswirtschaft in Deutschland, Berlin 1930.

Henrich, Dieter: Vorvertrag, Optionsvertrag, Vorrechtsvertrag, Tübingen 1965.

Herrmann, Johannes: Anmerkung zum Urteil des BGH vom 30.5.1958, in: Monatsschrift für Deutsches Recht 1959, S.116.

Hetzke, Meike: Die höchstrichterliche Rechtsprechung von 1948-1961 zum Scheidungsgrund des § 48 EheG 1946 wegen unheilbarer Zerrüttung, Frankfurt am Main 2000.

Hönn, Günther: Nicht-nationale Normen als Grenzen der Gültigkeit von Rechtsgeschäften nach nationalem Recht, in: Verfassungsrecht und Völkerrecht, Gedächtnisschrift für Wilhelm Karl Geck, Köln/ Berlin/ Bonn/ München 1989 S. 321-337.

Hoffmann, Edgar/ Stephan, Walter: Ehegesetz nebst Durchführungsverordnungen, 2. Auflage, München/ Berlin 1968.

Hubmann, Heinrich: Urheber- und Verlagsrecht, München/ Berlin 1959.

Hucko, Elmar: Die kombinierte Scheck- und Wechselreiterei, in: Der Betriebs-Berater 1968, S.1179-1181.

Hucko, Elmar: Der Mißbrauch von Wechsel und Scheck, in: Der Betrieb 1969, S.1135-1136.

Huhn, Diether: Über einverständliche Ehescheidung und Unterhaltsverzicht, in: Zeitschrift für das gesamte Familienrecht 1967, S.267-270.

Huppertz, Josef: Die Grenzen zulässiger Bindung der wirtschaftlichen Bewegungsfreiheit, Köln 1935.

Husmann, Hermann: Die Testierfreiheit im Lichte der Grundrechte und des Sittengesetzes, in: Neue Juristische Wochenschrift 1971, S.404-410.

Jakobs, Horst Heinrich/Schubert, Werner: Die Beratung des Bürgerlichen Gesetzbuchs, Allgemeiner Teil: §§ 1-240, 1. Teilband, Berlin 1985.

Jauernig, Othmar: Bürgerliches Gesetzbuch, 9. Auflage, München 1999, (zit. Jauernig-Bearbeiter).

Jeder, Klaus: Eheähnliche Verhältnisse und die Stellung der "Geliebten" im Spiegel der deutschen Rechtsprechung, München 1971.

Johannsen, Kurt Herbert: Anmerkung zum Urteil des BGH vom 2.11.1955, in: Lindenmaier/ Möhring § 138 (Cb) BGB Nr.5.

Johannsen, Kurt Herbert: Anmerkung zum Urteil des BGH vom 9.11.1955, in: Lindenmaier/ Möhring § 138 (Bb) BGB Nr.5.

Kallfelz, Walter: Ist der Verkauf einer ärztlichen Praxis als Verstoß gegen die guten Sitten (§ 138 Abs.1 BGB) nichtig ?, in: Juristische Wochenschrift 1937, S.1513-1518.

Kalsbach, Werner: Standesrechtliche Erwägungen zum Praxisübernahmevertrag, in: Anwaltsblatt 1954, S.37-40.

Karow, Oliver: Die Sittenwidrigkeit von Verfügungen von Todes wegen in historischer Sicht, Kiel 1997.

Keuk, Brigitte: Der Erblasserwille post testamentum. Zur Unzulässigkeit der testamentarischen Potestativbedingung, in: Zeitschrift für das gesamte Familienrecht 1972, S.9-16.

Kiefersauer, Fritz: Zur Frage der Rechtsgültigkeit der Vereinbarung über Abstandszahlungen, in: Monatsschrift für Deutsches Recht 1953, S.265-268.

Kleine, Heinz: Zur Gültigkeit von verlagsrechtlichen Optionsklauseln, in: Juristenzeitung 1957, S.303-304.

Kochendörfer, Heinz: Sittenwidrige Höhe von Darlehenszinsen, in: Neue Juristische Wochenschrift 1980, S.215-216.

Knüppel, Hans-Christian: Allgemeine Geschäftsbedingungen in der Energie-Wirtschaft, Köln/ Berlin/ Bonn/ München 1979.

Kraft, Alfons: Interessenabwägung und gute Sitten im Wett- Bewerbsrecht, München, Berlin 1963.

Krüger, Hildegard: Anmerkung zum Urteil des BAG vom 23.4.1959 (2 AZR 118/56), in: Arbeit und Recht 8 (1960), S.31-32.

Künstler, Leopold: Der Bierlieferungsvertrag 3. Auflage, Nürnberg 1959

Lange, Heinrich: Lage und Zukunft der Sicherungsübertragung, in: Neue Juristische Wochenschrift 1950, S.565-570.

Lange, Heinrich: BGB, Allgemeiner Teil, 6. Auflage, München/ Berlin 1963.

Larenz, Karl: Grundsätzliches zum Ehescheidungsrecht, in: Deutsches Recht 1937, S.184-188.

Larenz, Karl: Grundsätzliches zu § 138 BGB, Juristen-Jahrbuch 7 (1966/67), S.98-122.

Larenz, Karl: Lehrbuch des Schuldrechts, Band 1: Allgemeiner Teil, 14. Auflage, München 1987.

Lehmann, Heinrich/ Hübner, Heinz: Allgemeiner Teil des Bürgerlichen Gesetzbuches, 15. Auflage, Berlin 1966.

Leipziger Kommentar: Strafgesetzbuch, Band 2: §§ 153-370, Einführungsgesetz, 6./7. Auflage, Berlin 1951, (zit. LK-Bearbeiter).

Leisner, Walter: Grundrechte und Privatrecht, München 1960.

Lewald, Walter: Anmerkung zum Urteil des BGH vom 15.12.1960, in: Neue Juristische Wochenschrift 1961, S.313-314.

Menne, Heinz: Zur Frage der Sittenwidrigkeit der Akzeptvermittlung, in: Der Betriebs-Berater 1958, S.326-328.

Menne, Heinz: Anmerkung zum Urteil des BGH vom 28.4.1958, in: Neue Juristische Wochenschrift 1958, S. 989-990.

Meyer-Cording, Ulrich: Anmerkung zum Urteil des BGH vom 9.7.1953, in: Juristenzeitung 1953, S.664-667.

Meyer-Cording, Ulrich: Gute Sitten und ethischer Gehalt des Wettbewerbsrechts, in: Juristenzeitung 1964, S.273-278.

Mezger, Hans-Robert: Wann sind Sicherungsübereignungen wirksam ?, in: Konkurs, Treuhand- und Schiedsgerichtswesen , 1962, S.129-135.

Mikat, Paul: Möglichkeiten und Grenzen einer Leitbildfunktion des bürgerlichen Ehescheidungsrechts, in: Ius sacrum, S.615-643, Paderborn 1969.

Motive zu dem Entwurfe einesBürgerlichen Gesetzbuches: Band I: Allgemeiner Teil, Berlin/ Leipzig 1888, (zit.: Mot. I).

Mühl, Otto: Sind Vereinbarungen zwischen dem bisherigen und dem neuen Mieter über die Zahlung von Abstandsgeldern für Wohnraum rechtswirksam ?, (Zugleich zu BGH VI ZR 330/52 vom 19.12.1953), in: Monatsschrift für Deutsches Recht 1954, S.324-327.

Müller, Arthur: Der Wert einer Anwaltspraxis, in: Neue Juristische Wochenschrift 1957, S.1270-1271.

Mueller, Rudolf: Anmerkung zum Urteil des BGH vom 23.11.1951, in: Juristenzeitung 1952, S.366-367.

Müller-Engelhardt, : Nochmals Rechtsstellung des Abnehmers bei Stromumstellungen, in: Neue Juristische Wochenschrift 1952, S.572-573.

Müller-Freienfels, Wolfram:..Zur Rechtsprechung beim sog. “Mätressen-Testament”, in: Juristenzeitung 1968, S.441-449.

Münchener Kommentar: Bürgerliches Gesetzbuch, Band 1: Allgemeiner Teil (§§ 1-240), München 1978, 2. Auflage, München 1984, 3. Auflage, München 1993, Band 3: Schuldrecht. Besonderer Teil, 2. Halbband (§§ 652-853), 2. Auflage, München 1986, (zit.: MüKo-Bearbeiter).

Mugdan, Benno: Die gesamten Materialien zum Bürgerlichen Gesetzbuch für das Deutsche Reich, Band 1: Einführungsgesetz und Allgemeiner Teil, Berlin 1899.

Nahmmacher, Kathrin: Die Rechtsprechung des Reichsgerichts und der Hamburger Gerichte zum Scheidungsgrund des § 55 EheG 1938 in den Jahren 1938 bis 1945, Frankfurt am Main 1999.

Nebelung, Dietrich: Anmerkung zum Urteil des BGH vom 14.7.1952, in: Neue Juristische Wochenschrift 1953, S.57.

Nelken, Hans-Rudolf: Die quota litis und das Berufsbild des Rechtsanwalts, in: Neue Juristische Wochenschrift 1961, S.1288-1291.

Neubeck, Rudolf: Anmerkung zum Urteil des OLG Hamburg vom 13.11.1958, in: Neue Juristische Wochenschrift 1959, S.581-582.

Neubeck, Rudolf: Globalzession und verlängerter Eigentumsvorbehalt, in: Neue Juristische Wochenschrift 1959, S.1954-1955.

Obermüller, Walter: Kredit durch Finanzwechsel, in: Neue Juristische Wochenschrift 1958, S. 655-658.

Obermüller, Walter: Ausgleichsansprüche des Ausstellers eines Leerwechsels gegen Akzeptanten und Vermittler, in: Neue Juristische Wochenschrift 1958, S.1331-1332.

Obermüller, Walter: Anmerkung zum Urteil des BGH vom 14.5.1959, in: Der Betriebs-Berater 1959, S.684-686.

Oertmann, Paul: Bürgerliches Gesetzbuch, Erstes Buch: Allgemeiner Teil, 2. Auflage, Berlin 1908.

Oswald, Franz: Kaufverträge mit Steuerhinterziehung- Frage der Rechtswirksamkeit, in: Die Wirtschaftsprüfung 1969, S.695-696.

Oswald, Heinrich: Erfolgshonorare in Entschädigungssachen, in: Rechtsprechung zum Wiedergutmachungsrecht 1961, S.150-152.

Palandt, Otto: Bürgerliches Gesetzbuch, 19. Auflage, München/ Berlin 1960, 35. Auflage, München 1976, 58. Auflage, München 1999, (zit.: Palandt-Bearbeiter).

Paul, Willy: Über die Pflicht, sittenwidrige Finanzwechsel einzulösen, in: Neue Juristische Wochenschrift 1958, S.1905-1907.

Paulus, Gotthard: Anmerkung zum Urteil des BGH vom 28.5.1951, in: Juristenzeitung 1951, S.686-688.

Paulus, Heinz: Sittenwidrige Rechtsgeschäfte des bürgerlichen Rechts nach neuer Rechtsauffassung, Würzburg 1937.

Planck, Gottlieb: Kommentar zum Bürgerlichen Gesetzbuch, 1. Band: Allgemeiner Teil (§§ 1-240), 4. Auflage, Berlin 1913, (zit. Planck-Bearbeiter).

Pohle, Rudolf: Anmerkung zum Urteil des BGH vom 25.6.1958 (BGH IV ZR 75/58), in: Juristenzeitung 1959, S.91-94.

Protokolle der Kommission für die zweite Lesung des Entwurfs des Bürgerlichen Gesetzbuches: Band I: Allgemeiner Teil, Berlin 1897, (zit.: Prot. I).
Ramm, Thilo: Abschied vom "Mätressentestament", in: Juristenzeitung 1970, S.129-132.
Rechenmacher,: Anmerkung zum Urteil des BGH vom 15.2.1956 (BGH IV ZR 294/55), in: Neue Juristische Wochenschrift 1956, S.865-866.
Reinhardt, Dietrich: Die Zulässigkeit des Verzichts auf den nach Scheidung der Ehe gegebenen Unterhaltsanspruch, Bielefeld 1965.
Reinicke, Dietrich: Anmerkung zum Urteil des BGH vom 17.3.1969 (BGH III ZR 188/65), in: Neue Juristische Wochenschrift 1969, S. 1343-1345.
Rietschel,: Anmerkung zum Urteil des BGH vom 30.4.1959, in: Lindenmaier/ Möhring § 398 BGB Nr.9.
Rintelen, Max: Urheberrecht und Urhebervertragsrecht, Wien 1958.
Rötelmann, Wilhelm: Anmerkung zum Urteil des OLG Celle vom 26.2.1953, in: Neue Juristische Wochenschrift 1953, S.864-865.
Rötelmann, Wilhelm: Abstandsgelder für Mietwohnungen, in: Monatsschrift für Deutsches Recht 1953, S.586-587.
Rötelmann, Wilhelm: Anmerkung zum Urteil des BGH vom 19.12.1953, in: Monatsschrift für Deutsches Recht 1954, S.218-220.
Roquette, Hermann: Anmerkung zum Urteil des LG Bonn vom 18.4.1952, in: Neue Juristische Wochenschrift 1952, S.1097-1098.
Roquette, Hermann: Anmerkung zum Urteil des LG Göttingen vom 25.9.1952, in: Neue Juristische Wochenschrift 1953, S.225-226.
Roquette, Hermann: Anmerkung zum Urteil des OLG Celle vom 21.4.1953, in: Zeitschrift für Miet- und Wohnrecht 1953, S.275-278.
Rosenthal, Heinrich: Bürgerliches Gesetzbuch, 15. Auflage, Köln/ Berlin/ Bonn/ München 1965.
Roßdeutscher, Gabi: Privatautonomie im Scheidungsrecht, Frankfurt am Main 1995.
Rumpf, Max: Die reichsgerichtliche Rechtsprechung zu den §§ 138, 817 BGB, in: Archiv für die civilistische Praxis 117 (1919), S. 315-394.
Runge, Kurt: Urheber- und Verlagsrecht, Bonn 1948.
Rutkowsky, Heinz: Die Problematik der quota litis, in: Neue Juristische Wochenschrift 1962, S.18-20.
Scheffen, Wilhelm: Die Praxis in Entschädigungssachen, in: Anwaltsblatt 1961, S.57-60.
Scherner, Otto: Globalzession, verlängerter Eigentumsvorbehalt und vertikale Forderungsaufteilung, in: Der Betriebs-Berater 1968, S.1267-1271.
Schlottmann, : Verbotene Geschäfte mit Wohnraum, in: Der Betriebs-Berater 1951, S.574-576.

Schmitt, Carl: Neue Leitsätze für die Rechtspraxis, in: Juristische Wochenschrift 1933, S.2793-2794.
Schmitt, Carl: Nationalsozialismus und Rechtsstaat, in: Juristische Wochenschrift 1934, S.713-718.
Schmitz, Fritz: Anwaltliches Standesrecht, insbesondere die neuen Richtlinien für die Ausübung des Rechtsanwaltsberufs, in: Neue Juristische Wochenschrift 1963, S.1284-1288.
Schmitz-Beuting, Reinhard: Zur Kollision von Sicherungsvorausabtretungen an Geld- und Warenkreditgeber, in: Konkurs-, Treuhand- und Schiedsgerichtswesen, 1956, S.88-91.
Schmoeckel, Mathias: Der maßgebliche Zeitpunkt zur Bestimmung der Sittenwidrigkeit nach § 138 I BGB, in: Archiv für die civilistische Praxis 197 (1997), S.1-79.
Schneider, Herbert: Anmerkung zum Urteil des BGH vom 29.4.1953, in: Deutsche Wohnungswirtschaft 1953, S.177.
Schricker, Gerhard: Gesetzesverletzung und Sittenverstoß, München 1970.
Schultz, Günther: Blick in die Zeit, in: Monatsschrift für Deutsches Recht 1954, S.210-211.
Schulz, Günther: Die entgeltliche Überlassung einer Rechtsanwaltspraxis, in: Juristische Wochenschrift 1937, S.1377-1378.
Schulze, Erich: Urhebervertragsrecht, Baden-Baden 1960.
Schumacher, Adolf: Sittenwidrige Testamente, in: Zeitschrift für das gesamte Familienrecht 1956, S. 261-262.
Schumacher, Hermann: Rechtsstellung des Abnehmers bei Stromumstellungen, in: Neue Juristische Wochenschrift 1951, S.788.
Schweiger, Karl: Die Sittenwidrigkeit der Sicherungsübereignung, in: Monatsschrift für Deutsches Recht 1953, S. 707-712.
Serick, Rolf: Probleme bei mehrfacher Abtretung künftiger Forderungen, in: Der Betriebs-Berater 1960, S. 141-150.
Serick, Rolf: Eigentumsvorbehalt und Sicherungsübertragung, Band III: Die einfache Sicherungsübertragung - Zweiter Teil, Heidelberg 1970.
Siemens, Heinrich: Wandel in der Rechtsprechung zur Sittenwidrigkeit von "Mätressentestamenten" unter Berücksichtigung soziologischer Gesichtspunkte, Münster 1974.
Sihler, Heinrich: Darstellung und kritische Betrachtung der Scheidungsgründe des Ehegesetzes, in: Kleine Schriften zum Bürgerlichen Recht, Band 170, Tübingen 1940.
Simitis, Konstantin: Gute Sitten und ordre public, Marburg 1960.
Simshäuser, Wilhelm: Zur Sittenwidrigkeit der Geliebten-Testamente. Kritische Bemerkungen zur höchstrichterlichen Rechtsprechung, Bielefeld 1971.

Smid, Stefan: Rechtliche Schranken der Testierfreiheit aus § 138 I BGB, in: Neue Juristische Wochenschrift 1990, S.409-417.

Soergel, Hans Theodor: Bürgerliches Gesetzbuch, Band 1: Allgemeiner Teil (§§ 1-240), 11. Auflage, Stuttgart 1978, 12. Auflage, Stuttgart 1988, 13. Auflage, Stuttgart 1999, Band 2: Schuldrecht I (§§ 241-432), 12. Auflage, Stuttgart 1990, (zit.: Soergel-Bearbeiter).

Speckmann, Werner: Zur Frage der Teilnichtigkeit einer sittenwidrigen testamentarischen Zuwendung, in: Juristenzeitung 1970, S.401-403.

Speckmann, Werner: Nochmals: Testierfreiheit und Nichtigkeit bzw. Teilnichtigkeit des "Geliebtentestaments", in: Neue Juristische Wochenschrift 1971, S.924-925.

Spengler, Albrecht: Zur Frage der Rechtsgültigkeit langfristiger Pachtverträge der Filmwerbeunternehmen, in: Wirtschaft und Wettbewerb 1954, S.706-715.

Sprengel, Hans-Erhard: Grenzen zulässiger Kreditsicherungen, in: Monatsschrift für Deutsches Recht 1954, S.257-258.

Staudinger, Julius von: Kommentar zum Bürgerlichen Gesetzbuch mit Einführungsgesetz und Nebengesetzen, 10. Auflage: 1. Band: Allgemeiner Teil (§§ 1-240), München/ Berlin 1936, 10./11. Auflage: 2. Band: Recht der Schuldverhältnisse, 4. Teil (§§ 705-822), Berlin 1975, 11. Auflage: 1. Band: Allgemeiner Teil (§§ 1-240), Berlin 1957, 2. Band: Recht der Schuldverhältnisse, 2. Teil (§§ 433-610), Berlin 1955, 12. Auflage: 1. Buch: Allgemeiner Teil (§§ 90-240), Berlin 1980, 2. Buch: Recht der Schuldverhältnisse (§§ 328-397), Berlin 1994, 2. Buch: Recht der Schuldverhältnisse (§§ 741-822), Berlin 1986, 13. Bearbeitung: 1. Buch: Allgemeiner Teil (§§ 134-163), Berlin 1996, (zit.: Staudinger-Bearbeiter).

Steffen, Erich: Neues vom Bundesgerichtshof zum "Geliebtentestament", in: Deutsche Richterzeitung 1970, S.347-349.

Stolz, Joachim: Zur Geschichte der Trennung von Ehegatten, Kiel 1983.

Süß, Theodor: Objektives grobes Mißverhältnis von Leistung und Gegenleistung als Nichtigkeitsgrund nach § 138, Abs.1 BGB ?, in: Deutsche Rechtswissenschaft 1 (1936), S.359-376.

Tank, Max Otto: Kann die Möglichkeit, Vorausabtretungen von Forderungen zu vereinbaren, eine geschützte Rechtsposition sein ?, in: Wertpapiermitteilungen 1959, S.1446-1451.

Thielmann, Georg: Sittenwidrige Verfügungen von Todes wegen, Berlin 1973

Thur, Andreas von: Eigentumserwerb aus unsittlichem Vertrag, in: Archiv für die civilistische Praxis 120 (1922), S.1-13.

Tiefenbacher, Erhard: Ist der Verkauf einer Anwaltspraxis zulässig ?, in: Betriebs-Berater 1959, S.473-474.

Trendelenburg, F. : Wer hat die dem Stromabnehmer bei einer Umstellung der Stromart oder Spannung erwachsenden Kosten zu tragen ?, in: Juristische Rundschau 1951, S.548-549.

Ulmer, Eugen: Urheber- und Verlagsrecht, Berlin/ Göttingen/ Heidelberg 1951, 2. Auflage, Berlin/Göttingen/Heidelberg 1960.

Wanner, Jens: Die Sittenwidrigkeit der Rechtsgeschäfte im totalitären Staate, Ebelsbach 1996.

Wegerhoff, Bruno: Zur Prüfungspflicht bei Sicherungsübereignungen, in: Der Betrieb 1955, S.549-550.

Westermann, Harry: Anmerkung zum Urteil des BGH vom 9.11.1955, in: Juristische Rundschrift 1956, S.99-103.

Wieacker, Franz: Geschichtliche Ausgangspunkte der Ehereform, in: Deutsches Recht 1937, S.178-184.

Wiethölter, Rudolf: Rechtswissenschaft, Frankfurt a.M. 1968.

Wolff, Martin/Raiser, Ludwig: Lehrbuch des Bürgerlichen Rechts, 3. Band: Sachenrecht, 10. Bearbeitung, Tübingen 1957.

Wunschel, H.W. : Globalzession und verlängerter Eigentumsvorbehalt, in: Neue Juristische Wochenschrift 1959, S.1953-1954.

Zimmermann, Reinhard: Der oberste Gerichtshof für die Britische Zone (1948-1950) und die Fortbildung des Bürgerlichen Rechts, in: Zeitschrift für Neuere Rechtsgeschichte 1981, S.158-183.

RECHTSHISTORISCHE REIHE

Band 1 Studien zu den germanischen Volksrechten. Gedächtnisschrift für Wilhelm Ebel. Vorträge gehalten auf dem Fest-Symposion anläßlich des 70. Geburtstages von Wilhelm Ebel am 16. Juni 1978 in Göttingen. Götz Landwehr (Hrsg.) 1982.

Band 2 Hans Poeschel: Die Statuten der Banken, Sparkassen und Kreditgenossenschaften in Hamburg und Altona von 1710 bis 1889. 1978.

Band 3 Thomas Kolbeck: Juristenschwemmen, Untersuchungen über den juristischen Arbeitsmarkt im 19. und 20. Jahrhundert. 1978.

Band 4 Norbert Hempel: Richterleitbilder in der Weimarer Republik. 1978.

Band 5 Rolf Stratmann: Die Scheinbußen im mittelalterlichen Recht. 1978.

Band 6 Martin C. Lockert: Die niedersächsischen Stadtrechte zwischen Aller und Weser. Vorkommen und Verflechtungen. Eine Bestandsaufnahme. 1979.

Band 7 Joachim Rückert/Wolfgang Friedrich: Betriebliche Arbeiterausschüsse in Deutschland, Großbritannien und Frankreich im späten 19. und frühen 20. Jahrhundert. Eine vergleichende Studie zur Entwicklung des kollektiven Arbeitsrechts. 1979.

Band 8 Peter Bender: Die Rezeption des römischen Rechts im Urteil der deutschen Rechtswissenschaft. 1979.

Band 9 Friedrich Karl Alsdorf: Untersuchungen zur Rechtsgestalt und Teilung deutscher Ganerbenburgen. 1980.

Band 10 Dietmar Willoweit/Winfried Schich (Hrsg.): Studien zur Geschichte des sächsisch-magdeburgischen Rechts in Deutschland und Polen (Sammelband). 1980.

Band 11 Brigitte Hempel: Der Entwurf einer Polizeiordnung für das Herzogtum Sachsen-Lauenburg aus dem Jahre 1591. 1980.

Band 12 Klaus-Detlev Godau-Schüttke: Rechtsverwalter des Reiches. Staatssekretär Dr. Curt Joël. 1981.

Band 13 Rainer Polley: Anton Friedrich Justus Thibaut (AD 1772-1840) in seinen Selbstzeugnissen und Briefen. Teil 1: Abhandlung. Teil 2: Briefwechsel. Teil 3: Register zum Briefwechsel. 1982.

Band 14 Michael Wettengel: Der Streit um die Vogtei Kelkheim 1275-1276. Ein kanonischer Prozeß.1981.

Band 15 Otto Wilhelm Krause: Naturrechtler des sechzehnten Jahrhunderts. Ihre Bedeutung für die Entwicklung eines natürlichen Privatrechts. 1982.

Band 16 Helga Spindler: Von der Genossenschaft zur Betriebsgemeinschaft. Kritische Darstellung der Sozialrechtslehre Otto von Gierkes. 1982.

Band 17 Holger Otte: Gustav Radbruchs Kieler Jahre 1919 - 1926. 1982.

Band 18 Rüdiger Teuner: Die fuldische Ritterschaft 1510 - 1656. 1982.

Band 19 Gerhard Dilcher/Rudolf Hoke/Gian Savino Pene Vidari/Hans Winterberg (Hrsg.): Grundrechte im 19. Jahrhundert. 1982.

Band 20 Karl-Hans Schloßstein: Die westfälischen Fabrikengerichtsdeputationen - Vorbilder, Werdegang und Scheitern. 1982.

Band 21 Birger Schulz: Der Republikanische Richterbund (1921-1933). 1982.

Band 22 Engelbert Krause: Die gegenseitigen Unterhaltsansprüche zwischen Eltern und Kindern in der deutschen Privatrechtsgeschichte. 1982.

Band 46 Bärbel Baum: Der Stabreim im Recht. Vorkommen und Bedeutung des Stabreims in Antike und Mittelalter. 1986.

Band 47 Hans Popp: Die nationalsozialistische Sicht einiger Institute des Zivilprozeß- und Gerichtsverfassungsrechts. 1986.

Band 48 John Karl-Heinz Montag: Die Lehrdarstellung des Handelsrechts von Georg Friedrich von Martens bis Meno Pöhls. Die Wissenschaft des Handelsrechts im ersten Drittel des 19. Jahrhunderts. 1986.

Band 49 Volker D. Anhäusser: Das internationale Obligationenrecht in der höchstrichterlichen Rechtsprechung des 19. Jahrhunderts. 1986.

Band 50 Udo Beer: Die Juden, das Recht und die Republik. Verbandswesen und Rechtsschutz 1919-1933. 1986.

Band 51 Herbert Grziwotz: Der moderne Verfassungsbegriff und die "Römische Verfassung" in der deutschen Forschung des 19. und 20. Jahrhunderts. 1986.

Band 52 Ralf Conradi: Karl Friedrich Eichhorn als Staatsrechtslehrer. Seine Göttinger Vorlesung über "Das Staatsrecht der deutschen Bundesstaaten" nach einer Kollegmitschrift aus dem Wintersemester 1821/22. 1987.

Band 53 Dieter Dannreuther: Der Zivilprozeß als Gegenstand der Rechtspolitik im Deutschen Reich 1871 - 1945. Ein Beitrag zur Geschichte des Zivilprozeßrechts in Deutschland. 1987.

Band 54 Stephan Felix Pauly: Organisation, Geschichte und Praxis der Gesetzesauslegung des (Königlich) Preußischen Oberverwaltungsgerichtes 1875 - 1933. 1987.

Band 55 Rüdiger Schulz: Die Entstehung des Seerechts des Allgemeinen Deutschen Handelsgesetzbuches unter besonderer Berücksichtigung der Bestimmungen über die Reederei, den Schiffer und die Schiffsmannschaft. 1987.

Band 56 Reinhold Reis: Deutsches Privatrecht in den Weistümern der Zenten Schriesheim und Kirchheim. 1987.

Band 57 Jürgen Christoph: Die politischen Reichsamnestien 1918 - 1933. 1987.

Band 58 Gerhard Oberkofler/Eduard Rabofsky: Hans Kelsen im Kriegseinsatz der k.u.k.-Wehrmacht. Eine kritische Würdigung seiner militärtheoretischen Angebote. 1988.

Band 59 Arne Wulff: Staatssekretär Prof. Dr. Dr. h.c. Franz Schlegelberger. 1876-1970. 1991.

Band 60 Gerhard Köbler (Hrsg.): Wege europäischer Rechtsgeschichte. Karl Kroeschell zum 60. Geburtstag. 1987.

Band 61 Rüdiger Hütte: Der Gemeinschaftsgedanke in den Erbrechtsreformen des Dritten Reichs. 1900.

Band 62 Markus Göldner: Politische Symbole der europäischen Integration. Fahne, Hymne, Hauptstadt, Paß, Briefmarke, Auszeichnungen. 1988.

Band 63 Wolfgang Kröner: Freiheitsstrafe und Strafvollzug in den Herzogtümern Schleswig, Holstein und Lauenburg von 1700 bis 1864. 1988.

Band 64 Werner Gaile: Die Norder Theelacht. 1988.

Band 65 Karl v. Kempis: Andreas Gaill (1526 - 1587). Zum Leben und Werk eines Juristen der frühen Neuzeit. 1988.

Band 66 Wolf-Rüdiger Osburg: Die Verwaltung Hamburgs in der Franzosenzeit. 1811-1814. 1988.

Band 67 Christian Schudnagies: Hans Frank. Aufstieg und Fall des NS-Juristen und Generalgouverneurs. 1988.

Band 68 Otmar Jung: Senatspräsident Freymuth. Richter, Sozialdemokrat und Pazifist in der Weimarer Republik. Eine politische Biographie. 1989.

Band 69 Joachim Lohner: Das landeshauptmannschaftliche Gericht in Oberösterreich zu Beginn der Neuzeit. Eine Darstellung des oberösterreichischen Prozeßrechts am obersten Territorialgericht des Landes anhand der oberösterreichischen Landtafel.1989.

Band 70 Bernd Klemann: Rudolf von Jhering und die Historische Rechtsschule. 1989.

Band 71 Adalbert Langer: Männer um die österreichische Zivilprozeßordnung 1895. Zusammenspiel / Soziales Ziel. 1990.

Band 72 Robert-Dieter Klee: Die Landessuperintendentur Lauenburg. Ursprung und Entwicklung sowie Ende der Sonderstellung des Kirchenkreises Herzogtum Lauenburg durch die nordelbische Kirchenvereinigung. 1989.

Band 73 Heinrich Herrmann: Die Gehöferschaften im Bezirk Trier. 1989.

Band 74 Wilhelm Brauneder, Franz Baltzarek (Hrsg.): Modell einer neuen Wirtschaftsordnung. Wirtschaftsverwaltung in Österreich 1914 - 1918. 1991.

Band 75 Thomas Dreyer: Die "Assecuranz- und Haverey-Ordnung" der Freien und Hansestadt Hamburg von 1731. 1990.

Band 76 Bernhard Sendler: Die Rechtssprache in den süddeutschen Stadtrechtsreformationen. 1990.

Band 77 Brigitte Lehmann: Ehevereinbarungen im 19. und 20. Jahrhundert. 1990.

Band 78 Michael Sunnus: Der NS-Rechtswahrerbund (1928-1945). Zur Geschichte der nationalsozialistischen Juristenorganisation. 1990.

Band 79 Stefan Schulz: Die historische Entwicklung des Rechts an Bienen. (§§ 961 - 964 BGB). 1990.

Band 80 Gerhard Lingelbach, Heiner Lück (Hrsg.): Deutsches Recht zwischen Sachsenspiegel und Aufklärung. Rolf Lieberwirth zum 70. Geburtstag dargebracht von Schülern, Freunden und Kollegen, herausgegeben von Gerhard Lingelbach und Heiner Lück. 1991.

Band 81 Manfred Krohn: Die deutsche Justiz im Urteil der Nationalsozialisten 1920 - 1933. 1991.

Band 82 Angelika Kühn: Privilegierung nationaler Minderheiten im Wahlrecht der Bundesrepublik Deutschland und Schleswig-Holsteins. 1991.

Band 83 Georg Brun: Leben und Werk des Rechtshistorikers Heinrich Mitteis unter besonderer Berücksichtigung seines Verhältnisses zum Nationalsozialismus. 1991.

Band 84 Wolfgang Simon: Claudius Freiherr von Schwerin. Rechtshistoriker während dreier Epochen deutscher Geschichte. 1991.

Band 85 Friedrich-Carl Wachs: Das Verordnungswerk des Reichsdemobilmachungsamtes. Stabilisierender Faktor zu Beginn der Weimarer Republik. 1991.

Band 86 Jens-Uwe Petersen: Die Vorgeschichte und die Entstehung des Mieterschutzgesetzes von 1923 nebst der Anordnung für das Verfahren vor dem Mieteinigungsamt und der Beschwerdestelle. 1991.

Band 87 Ulrike Haibach: Familienrecht in der Rechtssprache. Die historische Entwicklung zentraler Ausdrücke des geltenden Familienrechts. 1991.

Band 88 Joern Christian Nissen: Die Beratungen des Seeversicherungsausschusses der Akademie für Deutsches Recht zu einem neuen Seeversicherungsgesetz (1934-1939). Ein Beitrag zur Entwicklung der allgemeinen Lehren des Seeversicherungsrechts unter besonderer Berücksichtigung des Handelsgesetzbuchs und der Allgemeinen Deutschen Seeversicherungs-Bedingungen 1919. 1991.

Band 89 Diethard Bühler: Die Entstehung der allgemeinen Vertragsschluß-Vorschriften im Allgemeinen Deutschen Handelsgesetzbuch (ADHGB) von 1861. Ein Beitrag zur Kodifikationsgeschichte des Privatrechts im 19. Jahrhundert. 1991.

Band 90 Gerhard Oberkofler: Die Vertreter des Römischen Rechts mit deutscher Unterrichtssprache an der Karls-Universität in Prag. Vom Vormärz bis 1945. 1991.

Band 91 Ulrich Andermann: Ritterliche Gewalt und bürgerliche Selbstbehauptung. Untersuchungen zur Kriminalisierung und Bekämpfung des spätmittelalterlichen Raubrittertums am Beispiel norddeutscher Hansestädte. 1991.

Band 92 Heinz Marcus Hanke: Luftkrieg und Zivilbevölkerung. Der kriegsvölkerrechtliche Schutz der Zivilbevölkerung gegen Luftbombardements von den Anfängen bis zum Ausbruch des Zweiten Weltkrieges. 1991.

Band 93 Kirsten Kraglund: Familien- und Erbrecht. Materielles Recht und Methoden der Rechtsanwendung in der Rechtsprechung des Oberappellationsgerichts der vier Freien Städte Deutschlands zu Lübeck. 1991.

Band 94 Reinhard Lorenz: Die politische und rechtliche Stellung des Proletariats in Preußen in der Zeit zwischen den Reformen und der Revolution 1848/49. 1991.

Band 95 Eric Hilgendorf: Die Entwicklungsgeschichte der parlamentarischen Redefreiheit in Deutschland. 1991.

Band 96 Hans J. Reiter: Die Handelsgesellschaft Villeroy & Boch von der Gründung 1836 bis zum Jahr 1878. 1992.

Band 97 Martin Johannes Heller: Reform der deutschen Rechtssprache im 18. Jahrhundert. 1992.

Band 98 Michael Kotulla: Die Tragweite der Grundrechte der revidierten preußischen Verfassung vom 31.01.1850. 1992.

Band 99 Michael Siefener: Hexerei im Spiegel der Rechtstheorie. Das crimen magiae in der Literatur von 1574 bis 1608. 1992.

Band 100 Andreas Ebert-Weidenfeller: Hamburgisches Kaufmannsrecht im 17. und 18. Jahrhundert. Die Rechtsprechung des Rates und des Reichskammergerichtes. 1992.

Band 101 Enno Bommel: Die Entstehung der Verwirkungslehre in der Krise des Positivismus. 1992.

Band 102 Ralph Steppacher: Die Berücksichtigung der bäuerlichen Postulate bei der Entstehung des ZGB und der Revision des OR. Ein Beitrag zur schweizerischen Kodifikationsgeschichte (1893 - 1912). 1992.

Band 103 Martin Fleckenstein: Die Todesstrafe im Werk Carl Joseph Anton Mittermaiers (1787 - 1867). Zur Entwicklungsgeschichte eines Werkbereichs und seiner Bedeutung für Theorie- und Methodenbildung. 1992.

Band 104 Jörn Eckert: Der Kampf um die Familienfideikommisse in Deutschland. Studien zum Absterben eines Rechtsinstitutes. 1992.

Band 105 Jörg Grotkopp: Beamtentum und Staatsformwechsel. Die Auswirkungen der Staatsformwechsel von 1918, 1933 und 1945 auf das Beamtenrecht und die personelle Zusammensetzung der deutschen Beamtenschaft. 1992.

Band 106 Andreas Rohde: Die Garantiehaftung des Vermieters und ihr Verhältnis zum Unmöglichkeitsrecht in dogmengeschichtlicher und modernrechtlicher Sicht. 1992.

Band 107 Tjark Siefke Kunstreich: Gesamtvertretung. Eine historisch-systematische Darstellung. 1992.

Band 108 Jürgen Krüger: Blindheit und Königtum. Die Blindheit des Königs Georg V. von Hannover als verfassungsrechtliches Problem. 1992.

Band 109 Wolfgang Putschek: Ständische Verfassung und autoritäre Verfassungspraxis in Österreich 1933-1938 mit Dokumentenanhang. Verfassung und Verfassungswirklichkeit. Mit einem Anhang: Denkschriften von Rechtsanwalt Dr. Erich Führer 1936/37. 1993.

Band 110 Klaus Hofmann: Die Verdrängung der Juden aus öffentlichem Dienst und selbständigen Berufen in Regensburg 1933-1939. 1993.

Band 111 Franz Kilger: Die Entwicklung des Telegraphenrechts im 19. Jahrhundert mit besonderer Berücksichtigung der technischen Entwicklung. Telegraphenrecht im 19. Jahrhundert. 1993.

Band 112 Wilhelm Brauneder (Hrsg.): Heiliges Römisches Reich und moderne Staatlichkeit. 1993.

Band 113 Thomas Heinrich: Das preußische Nichtehelichenrecht: Von der Aufklärung zur Reaktion. 1993.

Band 114 Gerald Kohl: Jagd und Revolution. Das Jagdrecht in den Jahren 1848 und 1849. 1993.

Band 115 Christian Schudnagies: Der Kriegs- oder Belagerungszustand im Deutschen Reich während des Ersten Weltkrieges. Eine Studie zur Entwicklung und Handhabung des deutschen Ausnahmezustandsrechts bis 1918. 1994.

Band 116 Elisabeth Bellmann: Die Internationale Kriminalistische Vereinigung (1889-1933). 1994.

Band 117 Julia Pfannkuch: Volksrichterausbildung in Sachsen 1945-1950. 1993.

Band 118 Jörg Offen: Von der Verwaltungsgemeinschaft des BGB von 1896 zur Zugewinngemeinschaft des Gleichberechtigungsgesetzes von 1957. 1994.

Band 119 Dorothee Kohlhas-Müller: Untersuchungen zur Rechtsstellung Theoderichs des Großen. 1995.

Band 120 Monika Rose: Das Gerichtswesen des Herzogtums Pfalz-Zweibrücken im 18. Jahrhundert. Ein Beitrag zur territorialen Gerichtsbarkeit im Alten Reich. 1994.

Band 121 Jörn Eckert / Hans Hattenhauer (Hrsg.): Bibel und Recht. Rechtshistorisches Kolloquium 9. - 13. Juni 1992 an der Christian-Albrechts-Universität zu Kiel. 1994.

Band 122 Robert Martin Mizia: Der Rechtsbegriff der Autonomie und die Begründung des Privatfürstenrechts in der deutschen Rechtswissenschaft des 19. Jahrhunderts. 1995.

Band 123 Walther Graf von Plettenberg: Das Fortleben des Liber Iudiciorum in Asturien/León (8. - 13. Jh.). 1994.

Band 124 Wolfgang Schulz: Das deutsche Börsengesetz. Die Entstehungsgeschichte und wirtschaftlichen Auswirkungen des Börsengesetzes von 1896. 1994.

Band 125 Frank Hagemann: Der Untersuchungsausschuß Freiheitlicher Juristen. 1949 – 1969. 1994.

Band 126 Andreas Rethmeier: "Nürnberger Rassegesetze" und Entrechtung der Juden im Zivilrecht. 1995.

Band 127 Edith Grether: Die Poesie der Throne. Die Juristen in der Fruchtbringenden Gesellschaft. 1995.

Band 128 Anna Bartels-Ishikawa: Der Lippische Thronfolgestreit. Eine Studie zu verfassungsrechtlichen Problemen des Deutschen Kaiserreiches im Spiegel der zeitgenössischen Staats. 1995.

Band 129 Jörg Schmidt: Otto Koellreutter 1883-1972. Sein Leben, sein Werk, seine Zeit. 1995.

Band 130 Christian Hattenhauer: Wahl und Krönung Franz II. AD 1792. Das Heilige Reich krönt seinen letzten Kaiser - Das Tagebuch des Reichsquartiermeisters Hieronymus Gottfried von Müller und Anlagen. 1995.

Band 131 Jutta v. der Decken: Das Seearbeitsrecht im Hamburger Stadtrecht von 1301 bis 1603. 1995.

Band 132 Detlev Schmidt: Die Reform des Rechts der Handelsvertreter von 1953. 1995.

Band 133 Gabi Roßdeutscher: Privatautonomie im Scheidungsrecht. Scheidungsbezogene Vereinbarungen in den letzten 200 Jahren. 1995.

Band 134 Harald Kahlenberg: Leben und Werk des Rechtshistorikers Walther Merk. Ein Beispiel für das Verhältnis von Rechtsgeschichte und Nationalsozialismus. 1995.

Band 135 Michael Steitz: Adelbert Düringer am Reichsgericht (1902-1915). Seine aktienrechtlichen Entscheidungen und sein Einfluß auf das Aktienrecht in Deutschland. 1995.

Band 136 Christian Becker: Beata Justorum Translatio. Juristen in schleswig-holsteinischen Leichenpredigten. 1996.

Band 137 Christoph Seiler: Vom Allgemeinen Landrecht zum Bürgerlichen Gesetzbuch. Dargestellt am Beispiel der höchstrichterlichen Judikatur zum kaufrechtlichen Sachmängelgewährleistungsrecht. 1996.

Band 138 Bernd Mayer: Die Vertrauensmännerausschüsse auf den preußischen Steinkohlegruben an der Saar. Entstehung und Wirken. Eine rechtshistorische Untersuchung. 1996.

Band 139 Rochus Scholl: Juden und Judenrecht im Herzogtum Pfalz-Zweibrücken. Ein Beitrag zur Rechtsgeschichte eines deutschen Kleinstaates am Ende des alten Reiches. 1996.

Band 140 Meike Bursch: Judentaufe und frühneuzeitliches Strafrecht. Die Verfahren gegen Christian Treu aus Weener/Ostfriesland 1720-1728. 1996.

Band 141 Markus Hillenbrand: Fürstliche Eheverträge. Gottorfer Hausrecht 1544 - 1773. 1996.

Band 142 Ulf Häder: Das gemeinschaftliche Oberappellationsgericht thüringischer Staaten in Jena. Ein Beitrag zur Geschichte des Gerichtswesens im 19. Jahrhundert. 1996.

Band 143 Andreas Bauer: Das Gnadenbitten in der Strafrechtspflege des 15. und 16. Jahrhunderts. Dargestellt unter besonderer Berücksichtigung von Quellen der Vorarlberger Gerichtsbezirke Feldkirch und des Hinteren Bregenzerwaldes. 1996.

Band 144 Christian Wirth: Der Jurist Johann Andreas Georg Friedrich Rebmann zwischen Revolution und Restauration. 1996.

Band 145 Stefanie Müller: Die Rechtsprechung des Hanseatischen Oberlandesgerichts zum persönlichen Eherecht in Hamburgischen Gerichtsfällen von 1879 -1900. 1996.

Band 146 Jean-Nicolas Morisset: Der Frachtvertrag in der *Ordonnance de la marine* von 1681. 1996.

Band 147 Dirk Lentfer: Die Glogauer Landesprivilegien des Andreas Gryphius von 1653. 1996.

Band 148 Wencke Mull: Die Haftung für Einsturzschäden nach den §§ 836-838 BGB in der Rechtsprechung des Reichsgerichts. 1996.

Band 149 Renate Zelger: Teufelsverträge. Märchen, Sage, Schwank, Legende im Spiegel der Rechtsgeschichte. 1996.

Band 150 Guido Kraß: Das Arrestverfahren in Frankfurt am Main im Spätmittelalter. 1996.

Band 151 F. Benedict Heyn: Die Entwicklung des Eisenbahnfrachtrechts von den Anfängen bis zur Einführung des Allgemeinen Deutschen Handelsgesetzbuches (ADHGB). 1996.

Band 152 Thomas Lang: Die Staats- und Verfassungslehre Carl Salomo Zachariaes. 1996.

Band 153 Michael Hebeis: Karl Anton von Martini (1726-1800). Leben und Werk. 1996.

Band 154 Gerald Hubert: Die Diskussion um die rechtliche Natur der Bizone in den Jahren 1947-1949. 1996.

Band 155 Christof Horn: Die Rechtsprechung des Reichsgerichts in Ehescheidungssachen der Jahre 1900 bis 1905. 1996.

Band 156 Hermann Nehlsen / Georg Brun (Hrsg.): Münchener rechtshistorische Studien zum Nationalsozialismus. 1996.

Band 157 Jan Otto Clemens Kehrberg: Die Entwicklung des Elektrizitätsrechts in Deutschland. Der Weg zum Energiewirtschaftsgesetz von 1935. 1997.

Band 158 Johannes Tradt: Der Religionsprozeß gegen den Zopfschulzen (1791-1799). Ein Beitrag zur protestantischen Lehrpflicht und Lehrzucht in Brandenburg-Preußen gegen Ende des 18. Jahrhunderts. 1997.

Band 159 Dietmar Olsen: Das kaufrechtliche Sachmängelgewährleistungsrecht des Code civil in der Rechtsprechung deutscher Gerichte im 19. Jahrhundert. Ein Beitrag zur Ablösung der Partikularrechte durch das BGB. 1997.

Band 160 Ulrich Bernhardt: Die Deutsche Akademie für Staats- und Rechtswissenschaft „Walter Ulbricht" 1948-1971. 1997.

Band 161 Claudia Susan Hoppe: Die Bürgschaft im Rechtsleben Hamburgs von 1600 bis 1900. 1997.

Band 162 Franz-Rudolf Ecker: Die Entwicklung des Bergrechts im Saarbrücker Steinkohlenrevier bis zum Ende des 18. Jahrhunderts. Ein Vergleich mit dem älteren deutschen Bergrecht. 1997.

Band 163 Anne Katrin Rückert: Politik und Privatrecht in der „konservativen Revolution". 1997.

Band 164 Gisbert Laube: Der Reichskunstwart. Geschichte einer Kulturbehörde 1919-1933. 1997.

Band 165 Nicolas Lührig: Die Diskussion über die Reform der Juristenausbildung von 1945 bis 1995. 1997.

Band 166 Regula Gerber Jenni: Die Emanzipation der mehrjährigen Frauenzimmer. Frauen im bernischen Privatrecht des 19. Jahrhunderts. 1997.

Band 167 Mischa A. Färber: Das gemeinschaftliche Testament in der höchstrichterlichen Rechtsprechung zum Allgemeinen Preußischen Landrecht und zum BGB. Ein Beitrag zur Ablösung der Partikularrechte durch das BGB. 1997.

Band 168 Catherine Antoinette Gasser: Philipp Lotmar 1850-1922. Professor der Universität Bern. Sein Engagement für das Schweizerische Arbeitsrecht. 1997.

Band 169 Lars Immisch: Der sozialistische Richter in der DDR und seine Unabhängigkeit. Der Versuch eines Rechtsvergleiches zum Unabhängigkeitsbegriff in der bundesdeutschen Rechtsordnung. 1997.

Band 170 Jessica Jacobi: Besitzschutz vor dem Reichskammergericht. Die friedenssichernde Funktion der Besitzschutzklagen am Reichskammergericht im 16. Jahrhundert, dargestellt anhand von Kameralisten. 1998.

Band 171 Ewald Hügemann: Die Geschichte des öffentlichen und privaten Mietpreisrechts vom Ersten Weltkrieg bis zum Gesetz zur Regelung der Miethöhe von 1974. 1998.

Band 172 Lutz Rentzow: Die Entstehungs- und Wirkungsgeschichte der Vernewerten Landesordnung für das Königreich Böhmen von 1627. 1998.

Band 173 Sabine Stürmer: Mühlenrecht im Herzogtum Pfalz-Zweibrücken während des 18. Jahrhunderts. Ein Beitrag zum Wirtschaftsrecht eines deutschen Kleinstaates im Alten Reich. 1998.

Band 174 Mario Bogisch: *Nemo testis in re sua*. Das Problem der Zeugnisfähigkeit bei der Anwendung der deutschen Zivilprozeßordnung von 1877. 1998.

Band 175 Rainer Oßwald: Pactane sunt servanda? Freiwilligkeit, Zwang und Unverbindlichkeitserklärungen im islamischen Vertragsrecht malikitischer Schule. 1998.

Band 176 Bettina Kern: Der preußische BGB-Entwurf von 1842. 1998.

Band 177 Inken Fuhrmann: Die Diskussion über die Einführung der fakultativen Zivilehe in Deutschland und Österreich seit Mitte des 19. Jahrhunderts. 1998.

Band 178 Annette Rieck: Der Heilige Ivo von Hélory (1247-1303). Advocatus pauperum und Patron der Juristen. 1998.

Band 179 Frank Bottenberg: Die Hamburgische Strafprozeßordnung von 1869. 1998.

Band 180 Matthias Krauß: Das kursächsische Postrecht von seinen Anfängen bis zum Ende des Alten Reichs. 1998.

Band 181 Torsten Schmidt: Die Entmündigung von den Anfängen des BGB bis zu ihrer Ablösung durch das Institut der Betreuung. 1998.

Band 182 Christian Nunn: Rudolf Müller-Erzbach. 1874-1959. Von der realen Methode über die Interessenjurisprudenz zum kausalen Rechtsdenken (Leben und Werk). 1998.

Band 183 Christian Ortloff: Das staatskirchenrechtliche System Wilhelm Traugott Krugs. Glaubens- und Gewissensfreiheit – eine Forderung der Vernunft. 1998.

Band 184 Christian Hattenhauer: Schuldenregulierung nach dem Westfälischen Frieden. Der sog. § *de indaganda* und seine Umsetzung im Jüngsten Reichsabschied (AD 1648 und 1654). 1998.

Band 185 Werner Schubert: Preußen im Vormärz. Die Verhandlungen der Provinziallandtage von Brandenburg, Pommern, Posen, Sachsen und Schlesien sowie – im Anhang – von Ostpreußen, Westfalen und der Rheinprovinz (1841-1845). 1998.

Band 186 Silvia Schumacher: Das Rechtsverhältnis zwischen Eltern und Kindern in der Privatrechtsgeschichte. 1999.

Band 187 Kai Sommer: Die Strafbarkeit der Homosexualität von der Kaiserzeit bis zum Nationalsozialismus. Eine Analyse der Straftatbestände im Strafgesetzbuch und in den Reformentwürfen (1871-1945). 1998.

Band 188 Jan Erik Backhaus: Volksrichterkarrieren in der DDR. 1999.

Band 189 Ralf Ruhnau: Die Fürstlich Thurn und Taxissche Privatgerichtsbarkeit in Regensburg. Ein Kuriosum der deutschen Rechtsgeschichte. 1999.

Band 190 Antonio Grilli: Die französische Justizorganisation am linken Rheinufer 1797-1803. 1999.

Band 191 Stephanie Kammerloher-Lis: Die Entstehung des Gesetzes über die religiöse Kindererziehung vom 15. Juli 1921. 1999.

Band 192 Jan Telp: Ausmerzung und Verrat. Zur Diskussion um Strafzwecke und Verbrechensbegriffe im Dritten Reich. 1999.

Band 193 Kurt von Pannwitz: Die Entstehung der Allgemeinen Deutschen Wechselordnung. Ein Beitrag zur Geschichte der Vereinheitlichung des deutschen Zivilrechts im 19. Jahrhundert. 1999.

Band 194 Sylvia Busch: Die Entstehung der Allgemeinen Gerichtsordnung für die Preussischen Staaten von 1793/95. Ein Beitrag zur Geschichte der Kodifikationsbewegung und der Reform des Zivilprozesses in Preußen im 18. Jahrhundert. 1999.

Band 195 Dirk Bieresborn: Klage und Klageerwiderung im deutschen und englischen Zivilprozeß. Eine rechtshistorische und rechtsvergleichende Untersuchung unter besonderer Berücksichtigung der Beeinflussung durch das römisch-kanonische Verfahren. 1999.

Band 196 Andreas Thier / Guido Pfeifer / Philipp Grzimek (Hrsg.): Kontinuitäten und Zäsuren in der Europäischen Rechtsgeschichte. Europäisches Forum Junger Rechtshistorikerinnen und Rechtshistoriker München 22.-24. Juli 1998. 1999.

Band 197 Franz Smola: Die Fürstlich Liechtenstein'sche Kunstsammlung. Rechtsfragen zur Verbringung der Sammlung von Wien nach Vaduz in den Jahren 1944/45. 1999.

Band 198 Frank Martin Krauss: Das geteilte Eigentum im 19. und 20. Jahrhundert. Eine Untersuchung zum Fortbestand des Teilungsgedankens. 1999.

Band 199 Matthias Frey: Die spanische Aktiengesellschaft im 18. Jahrhundert und unter dem Código de Comercio von 1829. 1999.

Band 200 Alexandra Gilde: Die Stellung der Frau im Reichsstrafgesetzbuch von 1870/71 und in den Reformentwürfen bis 1919 im Urteil der bürgerlichen Frauenbewegung. Eine Analyse ausgewählter Straftatbestände. 1999.

Band 201 Malte Dießelhorst / Arne Duncker: Hans Kohlhase. Die Geschichte einer Fehde in Sachsen und Brandenburg zur Zeit der Reformation. 1999.

Band 202 Jörg Hillmann: Territorialrechtliche Auseinandersetzungen der Herzöge von Sachsen-Lauenburg vor dem Reichskammergericht im 16. Jahrhundert. 1999.

Band 203 Carsten Engler: Die Kommanditgesellschaft (KG) und die stille Gesellschaft im Allgemeinen Deutschen Handelsgesetzbuch (ADHGB) von 1861. 1999.

Band 204 Vesta Hoffmann-Steudner: Die Rechtsprechung des Reichsgerichts zu dem Scheidungsgrund des § 49 EheG (EheG 1938) in den Jahren 1938-1945. 1999.

Band 205 Michaela Thiele: Die Auflösung von Arbeitsverhältnissen aufgrund Anfechtung und außerordentlicher Kündigung nach der Rechtsprechung des Reichsarbeitsgerichts (1927-1945). 2000.

Band 206 Peter Landau / Hermann Nehlsen / Mathias Schmoeckel (Hrsg.): Karl von Amira zum Gedächtnis. 1999.

Band 207 Marcus Flinder: Die Entstehungsgeschichte des Zivilgesetzbuches der DDR. 1999.

Band 208 Boris Franz Leo Bromm: Die Entstehungsgeschichte des Berufs des Handelsvertreters. Unter besonderer Berücksichtigung der Sozialgesetzgebung in den Jahren von 1871-1933. 2000.

Band 209 Winfried C. J. Eberstein: Das Tierschutzrecht in Deutschland bis zum Erlaß des Reichs-Tierschutzgesetzes vom 24. November 1933. Unter Berücksichtigung der Entwicklung in England. 1999.

Band 210 Patrick Deller: Der „nach dem Vertrage" vorausgesetzte Gebrauch (§ 459 Absatz 1 Satz 1 BGB). Eine kaufrechtliche Untersuchung unter Berücksichtigung rechtshistorischer wie rechtsvergleichender Grundlagen. 2000.

Band 211 Eckard Freiherr von Bodenhausen: Haftung des Geschäftsherrn für Verrichtungsgehilfen im Straßen- und Schienenverkehr. Eine Analyse der Entscheidungen des Reichsgerichts zu § 831 BGB (1900-1945). 2000.

Band 212 Birte Gast: Der Allgemeine Teil und das Schuldrecht des Bürgerlichen Gesetzbuchs im Urteil von Raymond Saleilles (1855-1912). 2000.

Band 213 Hansjörg Michael Huber: Koloniale Selbstverwaltung in Deutsch-Südwestafrika. Entstehung, Kodifizierung und Umsetzung. 2000.

Band 214 Ulf Björner: Die Verfassungsgerichtsbarkeit im Norddeutschen Bund und Deutschen Reich (1867-1918). Eine rechtshistorische Untersuchung über Gerichtsbarkeit im Spannungsfeld von Politik und Recht innerhalb der von Bismarck geschaffenen deutschen Bundesstaaten. 2000.

Band 215 Mathias Freiherr von Rosenberg: Friedrich Carl von Savigny (1779-1861) im Urteil seiner Zeit. 2000.

Band 216 Reinhard Binder-Kriegistein: Österreichisches Adelsrecht 1868-1918/19. Von der Ausgestaltung des Adelsrechts der cisleithanischen Reichshälfte bis zum Adelsaufhebungsgesetz der Republik unter besonderer Berücksichtigung des adeligen Namensrechts. 2000.

Band 217 Claudia-Regine Nerius: Johannes Lehmann-Hohenberg (1851-1925). Eine Studie zur völkischen Rechts- und Justizkritik im Deutschen Kaiserreich. 2000.

Band 218 Ludger Meuten: Die Erbfolgeordnung des Sachsenspiegels und des Magdeburger Rechts. Ein Beitrag zur Geschichte des sächsisch-magdeburgischen Rechts. 2000.

Band 219 Christoph Alexander von Wilcken: Die Reformbestrebungen zum Genossenschaftsgesetz in der Frühzeit der Bundesrepublik. Die Beratungen der Sachverständigenkommission zur Überprüfung des Genossenschaftsrechts 1954 bis 1958 und der Referentenentwurf von 1962. 2000.

Band 220 Verein Junger RechtshistorikerInnen Zürich (Hrsg.): ¿Rechtsgeschichte(n)? ¿Histoire(s) du droit? ¿Storia/storie del diritto? ¿Legal Histori(es)? Europäisches Forum Junger Rechtshistorikerinnen und Rechtshistoriker Zürich 28.-30. Mai 1999. 2000.

Band 221 Hans Christian Schüler: Die Entstehungsgeschichte der Bundesnotarordnung vom 24. Februar 1961. 2000.

Band 222 Nils-Eberhard Schramm: Die Vereinigung demokratischer Juristen (1949-1999). 2000.

Band 223 Silke Anke Torp: Das Rechtsverhältnis zwischen den Eltern und ihren Kindern. Dienstleistungspflicht, Aussteuer und Ausstattung. Eine Analyse der Rechtsprechung des Reichsgerichts und des Reichsarbeitsgerichts zu den Vorschriften der §§ 1616 bis 1625 des Bürgerlichen Gesetzbuches in der Zeit von 1900 bis 1945. 2000.

Band 224 Martin Jürgen Maaß: Die Geschichte des Eigentumsvorbehalts, insbesondere im 18. und 19. Jahrhundert. 2000.

Band 225 Stefanie Langer: Rechtswissenschaftliche Itinerarien. Lebenswege namhafter europäischer Juristen vom 11. bis zum 18. Jahrhundert. 2000.

Band 226 Ulrich Schmitz: Der Unterhaltsanspruch des nichtehelichen Kindes gegen seinen Erzeuger. Die rechtsgeschichtliche und dogmatische Entwicklung im deutschen Recht. 2000.

Band 227 Sebastian Günther: Friedrich Carl von Savigny als Grundherr. 2000.

Band 228 Henning Ibs: Hermann J. Held (1890-1963). Ein Kieler Gelehrtenleben in den Fängen der Zeitläufe. 2000.

Band 229 Matthias Rücker: Wirtschaftswerbung unter dem Nationalsozialismus. Rechtliche Ausgestaltung der Werbung und Tätigkeit des Werberats der deutschen Wirtschaft. 2000.

Band 230 Hendrik Sandmann: Die Entwicklung von Begriff und Inhalt des Wirtschaftsrechts durch die Rechtswissenschaft in der Weimarer Republik. 2000.

Band 231 Sibylle Müller: Gibt es Menschenrechte bei Samuel Pufendorf? 2000.

Band 232 Karin Olechowski-Hrdlicka: Die gemeinsamen Angelegenheiten der Österreichisch-Ungarischen Monarchie. Vorgeschichte – Ausgleich 1867 – Staatsrechtliche Kontroversen. 2001.

Band 233 Johannes Mierau: Die juristischen Abschluß- und Diplomprüfungen in der SBZ/DDR. Ein Einblick in die Juristenausbildung im Sozialismus. 2001.

Band 234 Jörg Wolff (Hrsg.): Stillstand, Erneuerung und Kontinuität. Einsprüche zur Preußenforschung. 2001.

Band 235 Friedo Schröder: Die anwaltliche Tätigkeit während der nationalsozialistischen Herrschaft. Eine Analyse der anwaltlichen Argumentation in Zivilprozessen anhand der vorhandenen Prozeßakten der Landgerichte Frankenthal, Wiesbaden, Limburg und Frankfurt und der Handakten der *jüdischen Konsulenten* des OLG-Bezirks Frankfurt. 2001.

Band 236 Der Code pénal des Königreichs Westphalen von 1813 mit dem Code pénal von 1810 im Original und in deutscher Übersetzung. Herausgegeben und mit einer Einleitung versehen von Werner Schubert. 2001.

Band 237 Klaus Richter: Deutsches Kolonialrecht in Ostafrika 1885-1891. 2001.

Band 238 Kai von Lewinski: Deutschrechtliche Systembildung im 19. Jahrhundert. 2001.

Band 239 Alexander Herzog: Sittenwidrige Rechtsgeschäfte in der höchstrichterlichen Rechtsprechung aus den Jahren 1948-1965. 2001.

Band 240 Claudia Rönnau: Die Beratungen des Wasserrechtsausschusses der Akademie für Deutsches Recht zu einem Reichswassergesetz (1934-1941). Ein Beitrag zur Dogmatik der Begriffe *Gemeingebrauch* und *Sondergebrauch* in der Zeit des Nationalsozialismus. 2001.

Band 241 Momme Rohlack: Kriegsgesellschaften (1914-1918). Arten, Rechtsformen und Funktionen in der Kriegswirtschaft des Ersten Weltkrieges. 2001.

Band 242 Rolf Geyer: Der Gedanke des Verbraucherschutzes im Reichsrecht des Kaiserreichs und der Weimarer Republik (1871-1933). Eine Studie zur Geschichte des Verbraucherrechts in Deutschland. 2001.

Band 243 Felix Lorenz Benjamin Lehmann: Der Rote Adlerorden. Entstehung und rechtliche Grundlagen (1705-1918). 2001.

Band 244 Marc Ludwig: Der Pfändungsschutz für Lohneinkommen. Die Entstehungs- und Entwicklungsgeschichte der Vorschriften zum Schutz vor Lohnpfändung in Deutschland. 2001.

Band 245 Alexander Wachter: Dorfschule zwischen Pastor und Schulmeister. Zur Säkularisierung des niederhessischen Schulwesens im 19. Jahrhundert. 2001.